Salpi

Raffi

ՍԱԼԲԻ

ՌԱՖՖԻ

Salpi

Copyright © 2014, Indo-European Publishing

Contact:
IndoEuropeanPublishing@gmail.com

ISNB: 978-1-60444-786-6

Սալբի

© Հնդեվրոպական Հրատարակչություն, 2014

Հրատարակված է Ամերիկայի Միացյալ Նահանգներում:

Կապ՝
IndoEuropeanPublishing@gmail.com

ISNB: 978-1-60444-786-6

Ա

ԽԼՎԼԻԿ, ԾԱՌԱՅՈՂ ԴԵՎԻԿԸ

Մի հին ավանդություն հաղորդում է հետևյալ առասպելը.

Ատրպատականի հայաբնակ գյուղերից մինի մեջ, Ջարեհավան նահանգում, վաղուց արդեն բնակվում էր ծերունի Հովասաբը, բարի և երկյուղած հայ-քրիստոնյա մարդը, որ Ծաղկավանում հյուրասեր շինականներից մեկն էր՝ հարուստ յուր մի քանի օրավար հողերով, խաղողաբեր այգիով և արհեստական անտառով: Նրա ոչխարների հոտը և ձիերի ու մատակների երամակը արածում էին յուր սեփական արոտամարգերում: Նրա ծանր և մեծ գութանը, նրա արծաթափայլ արորը ձգում էին յուր զորեղ գոմեշները, գեր ու պարարտ եզները:

Աստված քաղցր աչքով էր նայում այդ առաքինի ծերունու վրա, և նրա օրհնյալ գերդաստանը վայելում էին լի ուրախությամբ երջանիկ օրեր: Բայց մի չար բախտով, հանկարծ մի փորձանք պատահեցավ նրա մատակներին. ամբողջ երամակը, գժված, կատաղած, օրերով վազվզում էին դաշտերում, մի րոպե ևս հանգիստ չգտնելով արածելու: Երկյուղած ծերունին, համարելով այդ փորձանքը աստծու մի առանձին պատիժը, իսկույն սրբերի բարեխոսություններին դիմեց, մատաղ կտրելով, աղքատներին հաց բաժանելով և քահանաներին առատ փող բաշխելով, խնդրեց, որ պատարագ մատուցանեն եկեղեցուն և յուր կատաղած անասունների համար աղոթեն տիրոջ սեղանի վրա:

Բայց հնարք չեղավ: Պարոն Հովասաբը՝ ճարահատյալ սկսավ գործ դնել կախարդական զորություններ: Նա լսել էր յուր ծերունի պապիկից և յուր պառավ մամիկից, թե շատ անգամ փոքրիկ դևիկները չափազանց սեր ունին նստել ձիերի և մատակների վրա ու աներևութաբար վազ տալ դաշտերում: Գուցե այդ ասածի հիման վրա, պարոն Հովասաբի երամակը, գժված, սասանված, փախչում էին արոտների մեջ, տոտիկ տալիս, քացի զցում և ծլունկ լինում:

Այդ պատճառով, նա իմաստուն դերվիշներին մի քանի թիլիսմայական թղթեր գրել տվեց, և կաշու մեջ կարել տալով, կախեց յուր անասունների վզից: Թեպետ մի փոքր թեթևացավ նրանց առաջին հուզմունքը և վրդովմունքը, բայց մատակները ոչ բոլորովին հանգիստ էին: Վերջապես ծերունին մի դարաչի վհուկ կնոջ խորհրդով գտավ մի հնար, որով ոչ միայն կարողացավ բոլորովին հանգստացնել յուր չորքոտանիները, այլև որսաց չար դևիկներից մինը: Նա թամբում է յուր արաբական մատակներից մինը կարմիր և խայտաճամուկ համետով, նրա նստատեղը օծում է ձյութով, որի վրա շարում է պողովատի ասեղներ, կարթաձև ծայրերով, և այդպես թողնում է մատակը արոտների մեջ արածելու: Դևերը, իրանց ամենօրյա սովորության պես, գալիս են իրանց դիվական խաղն խաղալու: Մի մանուկ աղջիկ-դևիկ, տեսնելով փառավոր թամբած ձին, իսկույն թռչում, նստում է նրա վրա և սկսում է վազեցնել դաշտերի մեջ: Բայց խղճալի չէ զգում, որ յուր մարմինը շատ ամուր կերպով կպել էր ձյութին, և ասեղները, շարվելով նրա հալավների վրա, իսկույն երևան էին կացուցել դևիկը:

Պարոն Հովասաբը շուտով վրա է հասնում: Դևը որքան աշխատում է, չէ կարողանում պոկ գալ ձյութից: Պարոն Հովասաբը բռնում է ոգին, և անցկացնելով նրա վիզը պողովատի օղամանյակ, ամրացնում է առջևից կողպեքով, և նրա ականջներից քարշ տալով նույնպես պողովատի փոքրիկ օղակներ, յուր որսը տուն է տանում:

Գեղեցիկ էր փոքրիկ դևիկը յուր մատաղ հասակում. նրա կերպարանքը բոլորովին նման էր ադամորդիներին. միմիայն նա ուներ յուր հետևում խոզի պոչի նման մի երկայնություն, և նրա ոտերի կրունկները դեպի առաջ և մատները հետնակողմում էին: Նա որպես հնազանդ աղախին, երկար ժամանակ ծառայեց Հովասաբենց տան մեջ: Նա ավելում էր նրանց տունը, սրահը և բակը, կթում էր կովերը, գոմեշները և ոչխարները: Նա սափորներով խմելու ջուր էր բերում աղբյուրից, օրորում էր, երբեմն ծիծ էր տալիս նրանց փոքրիկ տղաներին: Նա զանգում էր խմորը, հարում էր խնոցի, թխում էր հաց և աթար, և առավոտյան շատ շուտով վառում էր թոնիրը:

Յուր հնազանդության հետ երբեմն նա չափազանց կամակոր և հանդուգն էր: Նրա հետ խոսում էին մի տեսակ ոճով, որին ասում են դիվական լեզու: Օրինակ՝ փոխանակ ասելու «ջուր բե՛ր» — «ջուրը տա՛ր», ասում էին՝ «ջուրը մի բե՛ր» — «ջուրը մի՛ տար»: Որովհետև եթե ասեին «բե՛ր», չէր բերելու, բայց եթե ասեին «մի՛ բեր», իսկույն կբերեր: Երբ կամենում էին ասել՝ «գնա՛, շուտ ե՛կ», ասում էին՝ «գնա, ուշ ե՛կ»: Երբ շատ հարստություններ ու թանկագին բաներ էին պահանջում նրանից, իսկույն բերում էր «Չիքենց» տանից:

Արդեն շատ դարեր և տարիներ անցել գնացել էին, մինչ դևը ծառայում էր Հովասաբենց տան մեջ: Բայց այդ հավերժական և անթառամելի մանկության ոգին, ընկնելով ադամորդու ձեռքում, պառավել էր. նրա ծամերը սպիտակել էին, և նրա աչքերը, որ տեսնում էին և մութի մեջ, նրանց լույսը պակասել էր, նա հազիվ էր տեսնում: Այդ ցավալի դրության մեջ նրան դարձյալ աշխատեցնում էին և ո՛չ ոք Հովասաբենց ազգատոհմից չէր լսում նրա աղաչանքները, որ արձակեր նրան:

Հովասաբենք դևին անվանում էին Խլվլիկ, որի մայրը, անհիշելի հավիտենից պառավ դևը, ամենայն տարի, Նավասարդի վերջին գիշերում միշտ գալիս էր Հովասաբենց կտուրի վրա և երդիկից լաց էր լինում, աղաղակում և աղաչանք անում, որ յուր աղջիկը արձակեին, խոստանալով փոխարենը վճարել մեծ փրկանք:

Դժվար էր գուշակել, թե քանի բոլորակ դարեր անցել էին պարոն Հովասաբի մահից, երբ նրա թոռնիկներից մինը, լուսահոգի Խնջիկը, հոժարացավ ազատել դևիկ գերիին, միայն այն պայմանով, երբ Խլվլիկի մայրը կուսուցաներ իրան մի հնար, որով ինքը կամ յուր որդիքը կարողանային փրկել բոլոր դիվահարներին: Դևի մայրը, թեև դժվարությամբ, այսուամենայնիվ, ճարահատյալ, ուսույց Խնջիկին կախարդական ուսմունքի գաղտնիքը և իրանց թագավորի ու թագուհու անունները, պատվեր տալով, թե երբ որևիցե դևին հրամայում էին այդ անուններով՝ իսկույն հալածական է լինում, իսկ երբ կանչում էին՝ տեսանելի կերպով երևան է լինում և հնազանդվում է ամեն տեսակ ծառայությունների: Բայց ամենասաստիկ երդում տվեց Խնջիկին, որ այդ գաղտնիքը, բացի յուր որդիներից, մի այլ մարդու չհայտնեին:

Երկար ժամանակ այդ գերբնական իմաստության գաղտնիքը ծածուկ մնաց Հովասաբենց ցեղի մեջ, առանց մի այլ մարդու հայտնելու: Նրանց տոհմի ծերունիները, որպես իմաստուն նահապետներ, այդ մեծակշիռ գիտության ծածկամիտ խորհրդապահներն էին: Անչափահասները այն ժամանակ միայն հաղորդակցություն կունենային այդ գիտության գաղտնիքին, երբ ստուգիվ վկայված կլինեին իրանց հաստատամտության մասին:

Հովասաբենք ոչ միայն իրանք կարողություն ունեին հրաշալի կերպով բժշկել դիվահարներին, այլ նրանց նվիրական բնակարանի հողեղեն փոշին, հեռու երկրներ տարվելով, երբ ցրվում էին դևոտների վրա, իսկույն բժշկվում էր ախտավորը...:

Նրանց տան կտուրների վրա, հողերի և փոշիների մեջ, թավալվում էին բորոտները, և իրանց մարմիններում եռ ու քոր ունեցող հիվանդները: Մի բարակ առվակ հոսում էր Հովասաբենց դռան առջևից. դրա եզերքը հովանավորված էին ուռենի ծառերով: Ավանդությունը վկայում է, այդ ուռենիները տնկվել էին այն ճյուղերից, որ ծաղկազարդի տոնում օրհնված էին տիրոջ սեղանի վրա: Այդ ահագին հսկայամարմին ծառերը կենդանի անբարբառ վկաներ էին, թե այն գերբնական իմաստությունը Հովասաբենց ազգատոհմի մեջ սկսվել էր ժամանակին խորին հնությունից: Որովհետև այդ ծերունի ուռենիքը կրում էին իրանց վրա խորհրդավոր անվանակոչությունը՝ «բժշկական ծառեր»: Եվ արդարև, ամառային տոթերի եղանակում, այդ նվիրական ծառաստանի զովացուցիչ հովանիների տակ, տեսանելի են մահիճներ ջերմախտով և տենդացավով հիվանդների, որոնք մի ջերմ հույսով սպասում էին գտնել առողջություն, լվացվելով առվակի սառը ջրի մեջ: Մնահավատ պառավները, նստած իրանց հիվանդների մոտ, ուռենի ճյուղերով հալածում էին նրանց երեսներից ճանճերը, և խուլ ու մաշված ձայնով՝ երգում են այդ ծառերի գովասանությունները:

Ծաղկավանի գերեզմանատան մեջ, որ դրված է մի բարձր, կրակապաշտական ատրուշաններից ձևացած մոխրաբլուրի վրա, նշանավոր է մինչև այսօր իմաստուն Խնջիկի գերեզմանը: Այդ լուսահոգու գերեզմանաքարի վրա գտնվում է մի փոսակ. նրա խորության մեջ անձրևի կաթիլներից շատ անգամ ձևանում է մի փոքրիկ լճակ, որի ջրովը լվացվում էին բորոտները: Ջերմախտով և այլ հիվանդությամբ տկարացածները նույնպես լեղանում էին այն հրաշալի գերեզմանաքարի վրա հասարակ ջրով:

Այդ գերբնական գիտությունը, Հովասաբենց տոհմի մեջ, որդոց որդի անցնելով, որպես մի ժառանգական սեփականություն, եկել, հասել էր վարպետ Պետրոսին, արվեստով ոսկերիչ՝ իմաստուն տղամարդուն, որ և եղավ Հովասաբենց համարյա վերջացած և սպառված ցեղի վերջին ժառանգը: Վարպետ Պետրոսը յուր մանկությունից ուխտեց աշխարհ չմտնել, չամուսնանալ, այլ առանձնանալով մի վանքում, միայնակյացների մոտ, ստացավ մի տարապայման աբեղայական ուսում: Նա երկար ժամանակ յուր անձը նվիրեց խստակեցության և ապրում էր անապատում, որպես մի աղոթասեր ճգնավոր:

Բայց նա շուտով հասկացավ յուր սխալը. — մտածելով, թե մի այդպիսի կյանք վարելով, նա չէր ունենալու ո՛չ մի զավակ և ո՛չ մի՛ ժառանգ, և նրանց ցեղի իմաստությունը, անտարակույս, կորչելու և անհետանալու էր աշխարհի երեսից: Եվ չկամենալով մի օտարական մարդու հավատալ իրանց գաղտնիքը, — նա շուտով վճռեց թողնել անապատը և դառնալ դեպի աշխարհ:

Հայտնի չէ, թե ինչ եղանակով բախտը նրան հանդիպեցրեց օրիորդ Թարլանին, այն հրաշագեղ աղջկան, որին ջերմ սրտով սիրեց նա, շուտով կապելով նրա հետ յուր ամուսնական պսակը: Բայց երկար տարիներ, նրանք ապրելով խաղաղությամբ, չհասան իրանց նպատակին. պատճառը, աստված չուզեց սրբել նրանց աչքերի արտասուքը և պարգևել նրանց մի զավակ: Դրա համար վարպետ Պետրոսը միշտ տրտմության մեջ էր, թե տերը պատժեց նրան, յուր անապատը թողնելու և աշխարհ մտնելու համար:

Վարպետ Պետրոսը մի ջլուտ, երկայն և բարակ տղամարդ էր, նիհար և գունատ երեսով, խորն ընկած և շիջած աչքերով: Նրա կերպարանքը սառն որպես մարմարիոն, կարծես թե, ցույց էր տալիս, թե նրա կյանքում միշտ չէր հեռացել նրանից անգութ հիվանդությունը:

Բաց թողնելով անապատը, թողնելով Սաղմոսը և Նարեկը, և գալով յուր հոր տունը, վարպետ Պետրոսը մի առանձին սիրով խորամուխ եղավ այն բազմաթիվ կիսամաշ և քրքրված գրչագիր մատյանների մեջ, որ մնացել էին նրա պապերից: Այդ թիլիսմայական գրքերի մթին առեղծվածները շուտով գրավեցին նրա խելքը, և նա կրկին անձնատուր եղավ խստակեցության: Ամբողջ շաբաթներ, ամբողջ ամիսներ, առանձնացած յուր մռայլոտ աղջամղջին սենյակում, վարպետ Պետրոսը, անտանելի ճգնություններով չարչարելով յուր մարմինը, ծոմով և պահեցողությամբ մաշելով յուր անձը, այդ բրահմանական միայնակեցությամբ, անցուցանում էր յուր կյանքի ամենապատվական ժամերը:

Այդ մարդը կախարդ էր:

Նրա առանձնարանը նույնպես անտանելի էր, որպես նրա տարապայման կյանքը: Ո՞վ կարող էր առանց սոսկալու մտնել այնտեղ, ինչե՛ր չէր տեսնելու նրա այդ դժոխանման բնակարանում: Աշխարհում ամենայն առարկաներ, որոնք բերում են զարհուրանք, որոնք բերում են սարսափ, բոլորը գտնվում են այնտեղ. — բվերի, չղջիկների չորացած մարմիններ, կապիկների, շների կառափներ, որոնց սպիտակ մակերևույթի վրա սև դեղով գծած են դևերի, սատանաների պատկերներ՝ այլանդակ և զարհուրելի կերպարանքներով:

Ոչ ոք այնպես մեծ համարում չուներ վարպետ Պետրոսի արվեստի և գիտության մասին, ո՛չ ոք այնպես չէր աստվածացնում նրան, որպես նրա կինը՝ մոլեռանդ տիկին Թարլանը: Դա մի երկյուղած և բարեպաշտ կին էր, որ ապրում էր միայն աստծո համար, հեռու յուր ամուսին այրի խորհրդական առանձնարանից, յուր անձնական սենյակում, որ յուր ներքին կերպարանքով բացատրում էր նրանում բնակվող տիկնոջ բնավորությունը և նրա կրոնամոլական ճաշակը: Այդ սենյակի մի անկյունում, պատուհանի հանդեպ, որ վարագուրած էր չթեղեն քողով, քարշ էր ընկած մի կանթեղ, որ ծխրտում էր աղոտ լուսով: Այստեղ, այդ ուխտյալ պատուհանի մեջ դրված են առտնին սրբությունները՝ տնային թերափիմները: — Ի՞նչ: — Սատանեն գիտե թե ինչ... «ծիծեռնակի կաթը միայն այնտեղ պակաս է»...: Այնտեղ կտեսնես մի մոխրագույն պաստառի վրա նկարված գեղարդը և մի կեղտոտ հին սուրբ Սարգսի պատկեր, որ ձիավորված հափշտակում էր հույնի աղջիկը: Այլև մի քանի ճյուղ ծաղկազարդի օրհնած ուռենի, մի փոքրիկ սրվակում լցված ծննդյան ավուր խաչաջուր, մի այլ սրվակում Անգեղ-աստվածածնա տաճարի քարաժայռից ինքնաբուխ ձեթ, մի քանի հատ անապատների նշխարներ, խաչելության պատկերներով, սուրբ Երուսաղեմի հող, սուրբ Կարապետի մեղր ու ծամոն: Մի քանի հատ օրհնության թղթեր, որ տիկին Թարլանը ուխտավորներին փող տալով, բերել էր տված ս. Էջմիածնից և այլ վանքերից:

Բացի վերոհիշյալ սրբությունները՝ այդ խորհրդական պատուհանի մեջ գտնվում էր և մի հին գրչագիր Ավետարան, մագաղաթի վրա գրված: Ուխտավորներին, որոնք գալիս էին համբուրելու այդ սուրբ գիրքը, տիկին Թարլանը միշտ պատմում էր, թե այդ Ավետարանը գրված էր մի սուրբ անապատական ճգնավորի գրչով, որ յուր բոլոր անտանելի ապաշխարություններով՝ երեք օրը մի անգամ ուտում էր մի հատ ցամաք հացի նշխարք: Այդ սուրբ գիրքը մեծ համբավ, մեծ համարում ուներ Ծաղկավանի և նրա շրջակա գյուղորայքի մեջ: Նա ձրի չստացավ յուր մեռել-հարույց մականունը և այն քանի-քանի տասնյակ մետաքսյա թաշկինակները, որոնց փաթոթներով այնքան հաստացել էր նա, որ ոչ միայն մի քրդի էշիրաթի գլուխը կլիներ նրա չափ, այլ դժվար կհասներ նրա մեծությանը մի թափառական մանրավաճառ ջհուդի կապոցը, որին հազիվ հասնում էր նրա ոժը՝ շալակել, և ըստ մարգարեական անեծքին, դռնից դուռ ման ածել:

— Ի՞նչ է գրված այդ գրքի մեջ, կարդո՞ւմ են, — կհարցնե մեկը:

— Հը՛մ... կարդա՞լ, անիծո՞ւմ ես, ո՞վ է այն աստծո մարդը, որ նրա գրող սուրբ ճգնավորի նման, երեք օրն մի նշխարք ուտելով, յոթն տարի պաս և ծոմ պահելով, երկար աղոթքներից և վշտակրությունից հետո, արժանավորություն ստանար՝ մերձենալ նրան:

Տիկին Թարլանը, յուր այնքան երկարամյա սպասավորությամբ, հազիվ թե, երազում մի փոքր շնորհի էր գտել սուրբ գրքի առջևը, ամեն մի շաբաթ երեկոներ խունկ ծխելու, ամեն օր կանթեղը վառելու, և հարկավորված միջոցներում, նրա թաշկինակների յոթն փաթոթներն արձակելու, երբ պետք էր մի մարդու երդում տալ նրանով, կամ դնել մի հիվանդի վրա:

Տիկին Թարլանը և նրա ամուսին վարպետ Պետրոսը, ասես թե, մի հատ ձու էին միջից կիսած: Այդ երկու հար ու նման բնավորությունները, կարծես հավիտենից նշանակված էին միմյանց համար: Մի զարմանալի համակրություն միավորել էր երկուսի սրտերը, որ միմյանց համար այնպես ջերմ և այնպես ախտաբորբոք կերպով զարկում էին:

Տիկին Թարլանը, այդ Պյութիաս մարգարեուհին, էր որպես իմաստնուհին Ծաղկավանի բոլոր կանանց մեջ: Նա, յուր լռին, ծածկամիտ և հանդարտ բնավորությամբ, էր միշտ անքննելի և խորախորհուրդ: Նրա երկաթի հաստատությամբ կամքը, նրա անդրդվելի համբերությունը, տվել էին նրա բնավորությանը միշտ անպղտոր և անփոփոխ հատկություններ: Բայց նա՝ յուր չոր ու ցամաք սառնասրտության հետ՝ ուներ և մի բարի և ջերմեռանդ սիրտ դեպ աստուծո կրոնքը և նրա պաշտոնը: — Սրբությամբ պահում էր տիրոջ շաբաթները և կյուրակեները: Սուրբ տոների օրերում միշտ նվիրում էր քավության պատարագներ, զոհելով մատաղներ, բաժանելով աղքատներին և վարձատրելով աստծո սեղանի սպասավորին, որ յուր համար բարեխոսական աղոթքներ կարդար սուրբ պատարագը մատուցանելու միջոցին: Այդ բոլոր կրոնական ծախսերը լրացնում էր հավատավոր տիկինը յուր ձեռքի վաստակներով, աստծուն առավել հաճելի լինելու համար:

Տիկին Թարլանը ուներ մեծակշիռ համարում յուր գյուղի կնիկների մեջ: Նրանց ամենը՝ հարկավորված դիպվածքներում, դիմում էին նրա օգնությանը և ամենքը գնում էին նրանից խորհուրդ հարցնելու: Թեպետ գրված չէր նրա ծննդյան տարեթիվը, բայց միտ դնելով նրա կերպարանքին, չէր կարելի համարել նրան ավելի քան երեսուն և հինգ տարեկան կին: Նրա հասակը տակավին բարձր և ուղիղ էր, նրա դեմքը՝ պատկառելի և վսեմ: Խորշումը թեպետ խազել էր մի քանի բարակ գծեր նրա լայն ճակատի վրա, բայց անգութ ժամանակը ասես թե խնայել էր նրա, թեև ցամաքած, բայց բոլորակ թշերի վրա, այն նուրբ վարդագույն կարմրությունը, — նրա մանկության զարնան դեռևս անծերանալի գեղեցկության առհավատչյան: Նրա խելացի խաժ աչքերը տակավին պահպանում էին իրանց վառվռուն փայլը: Առհասարակ մի կախարդական գրավիչ արտասանություն, յուր վսեմ բացատրություններով, արտափայլում էր նրա խորհրդական դեմքի վրա, որ պարզ երևացնում էր պատկերը մի ջերմեռանդ և կրոնամոլ հոգու:

Թեպետ մի բախտով, մողան յուր կործանիչ ոտքը տակավին կոխած չէր այդ երկրի վրա, բայց այսուամենայնիվ, տիկին Թարլանը ամենայն բանով որոշվում էր բոլոր կնիկներից, որ բնակվում էին Ծաղկավանում: Նրա հագուստներն էին միշտ միօրինակ և հնամաշ, բայց մաքուր և ստեպ լվանալուց կորուսած ծաղկանկարները: Տիկին Թարլանը, կարծես թե, կշտացել էր աշխարհից: Նա չէր սիրում այն շռայլ կանացի պճրանքները և այն ավելորդ զարդարանքները, որոնց այնպես ջերմ սիրով անձնատուր են արևելյան կանայքը: Նա չէր կրում յուր գագաթի վրա արծաթյա բոլորակ պսակը (գոտին), որ դնում են Ասիայի հայ կնիկները և ո՛չ նրա կրծքի վրա փայլում էր լանջաստղը՝ զարդարած գոհարներով: Եվ ո՛չ նրա վզից քարշ էին ընկած մանյակներ, շարած գույնզգույն ուլունքներով և զարդարած ոսկի և արծաթի դահեկաններով: Նա չէր կրում յուր ձեռքերի վրա ապարանջաններ, մատների վրա մատանիներ, և ո՛չ ականջներից գնդեր, և ոչ քթիցը՝ օղակ: Նրա թևքերը չունեին բազբանդներ, հուռութուլունք, այնպես սիրուն զարդարած ուլունքներով: Նա մեղք էր համարում որպես մի կուռք զարդարել յուր անձը և խրատում էր միշտ ապրել չափավորությամբ:

Հասնելով մինչ այն հասակին, տիկին Թարլանը ապրել էր միշտ սրբությամբ, նրա ձայնը չէր լսել մի այլ մարդ և ոչ նրա երեսը տեսել էր մի անհավատարիմ աչք: Նա յուր ազնիվ բնավորությամբ՝ միշտ եղել էր մի բարի օրինակ կանացի պարկեշտության և յուր անարատ բարք ու վարքով՝ մի խելացի խրատ յուր դրացի կնիկների համար: Նա խիստ նախանձավոր կերպով պախարակում էր այն կնիկներին, որոնք փոփոխում էին իրանց հագուստների ձևերը և չէին ամաչում տղամարդկանց հետ խոսելուց:

Բ

ՌԻԽՏՅԱԼ ՀԱՐՄՆԱՑՈՒՆ

Մեզանում աղջիկները և ազապ տղամարդիկ չգիտեն սեր և համարձակություն, չունին իրանց համար ամուսնացուներ ընտրելու: Նրանց սերը, նրանց ընտրությունը ծնողների կամքն է: Հայրը և մայրը իրանց աղջիկները որ տղային կամենան՝ կտան, և իրանց տղաներին ինչ աղջիկ որ ուզեն՝ կբերեն: Նրանք լեզու չունին խոսելու կամ ընդդիմություն գործելու...: Բայց ավելի ցավալի է, երբ շատ անգամ այդ որդեվաճառ, անազորույն ծնողները ոչ թե մի աղջկա գեղեցկությանը, խելքին նայելով են բերում իրանց տղային, կամ մի պատանիի կատարելության նայելով են տալիս իրանց աղջիկը, ո՛չ, այդ իրողության նրանք ամենևին ուշադիր չեն լինում, այլ հայրը մտածում է, այսինչ մարդը լավ, քաջ մարդ է, կարող է իրան շատ գործերի մեջ օգտակար լինել, թև ու թիկունք դառնալ և այդպես, յուր ցավերին կարեկից, յուր զինու փիալային ընկեր գտնելու մտքով, իրանց անմեղ աղջիկներր և տղամարդիկը գործիք ընտրելով՝ բարեկամություն և խնամություն են հաստատում: Այսպիսի հանգամանքներում շատ անգամ պատահում է, ծնողները՝ իրանց անձնական փափագը լցնելու և իրանց նպատակին շուտ հասնելու համար, չսպասելով մինչև իրանց զավակները հասունանան՝ երբեմն մի անչափահաս հինգ տարեկան աղջիկ պսակել են տալիս մի տարիքը առած տղամարդի հետ, և ընդհակառակն, մի հասուն օրիորդ պսակում են մի երեխայի հետ, և կամ երկու սեռի անչափահաս երեխայք — միմյանց հետ: Ամենևին չեն մտածում, թե ի՛նչ սարսափելի խռովություններ են պատահում մի զույգ այր և կնոջ մեջ, երբ նրանք առանց իրանց կամքի հոժարության, հիմար ծնողների ստիպմամբ էին մտնում ամուսնական լուծի տակ: Մի չար բախտով, Պարսկաստանում կա այն վատթար սովորությունը, որ մի աղջիկ և մի տղա նշանադրվում էին միմյանց համար ծնողների կողմից, երբ նրանք դեռ օրորոցում ծիծ էին ծծում, այլև՝ ծիծաղելի՛ խնամություն՝ երբ դեռևս իրենց մոր արգանդումն էին... Թեպետ շատ անգամ պատահում էր, որ ծնողները չէին հասնում իրանց նպատակին, որովհետև ծնվածները կա՛մ երկուսն էլ արու էին լինում, կամ էգ:

Հայաստանի սուրբերից ոմանք՝ որոնց անունով շինված կա մի վանք, կամ եկեղեցի. — նշանավոր են կացուցել իրանց համարումը ինչ-ինչ հատուկ հրաշագործություններով. բարեպաշտ ուխտավորները գնալով նրանց դուռը՝ բժշկություն էին գտնում. կամ ստանում էին իրանց փափագելի մուրատը: Օրինակ. Կորդվաց սարերի մեջ, Վասպուրականի կողմերում, դեպի սուրբ տիրամոր վանքը ջերմ հույսերով դիմում են ամեն կողմերից ուխտավորներ, որ ցավագարված են բորոտության և մարմնի փտության ախտերով: Այնտեղ են տարվում անդամալույծները և տեսակ-տեսակ խոցեր և ապականված վերքեր ունեցողները: Այդ վանքի սրահներում գտնվում են բազմաթիվ այդ տեսակ հիվանդներ, որ ամբողջ տարիներով մնում էին այնտեղ, կերակրվելով վանքի հացով: Նաև ամուլ կանայք գնում էին այնտեղ որդեծնություն հայցելու: Հայկա ձորի մեջ, Անգեղ գետի ափի մոտ հաստատված է սուրբ Աստվածածնի վանքը, որտեղ գնում են աչքացավով տկարացած ուխտավորներ, և այդ վանքի մեջ գտնված ապառաժից «ինքնաբուխ» ձիթով օծելով իրանց աչքերը, հույս ունեին բժշկություն գտնել: Փութկու սուրբ Գևորգ վանքը Մոզաց կողմերում նշանավոր է դիվահարներ բժշկելու մեջ:

Մենք միտք չունինք գրելու վանքերի հրաշագործությունների մասին, միայն չէր կարելի մի քանի խոսք չասել Մշու դաշտի մեջ գտնված Գլակա սուրբ Կարապետի վանքի մասին: Յուր հրաշագործ զորություններով՝ հայոց մեջ մեծ համարում ունի այդ վանքը: Հայոց երգիչ «աշղները» ռամկաբանորեն կոչում են այդ վանքը Մուրատատու Ջանգլի սուլթան սուրբ Կարապետ: Առաջին ածականը բարդված է թուրքերեն և հայերեն երկու բառից. «մուրատատու» նշանակում է շնորհաբաշխ կամ փափագկատար: Բայց չգիտենք ի՞նչ հարմարություն ուներ սուրբ Կարապետին տալ երկրորդ ածականը — «Ջանգլի սուլթան», այսինքն պատերազմող թագավոր:

Շատ տեղերում հայերի մեջ կա այն սովորությունը, որ մի տղամարդ չէ պսակվում մինչև սուրբ Կարապետ գնացած չլինի, իսկ պսակվելուց հետո անզավակության դեպքում նա կրկին դիմում է սուրբ Կարապետի դուռը և երբ իր նպատակին հասնում է՝ յուր առջնեկին անուն է դնում Հովհաննու յոթն անուններից մինը:

Աշուղները համարում են նրան իրենց քանքարի մուսան — նրանցից ոչ մինը համարձակություն չուներ սազ վեր առնել և «մեյդան» (հրապարակ, հանդես) դուրս գալ՝ մինչև գնացած չլիներ այդ վանքը, և երազի մեջ ստացած չլիներ սուրբ Կարապետի ձեռքից մի գավաթ էշխի (աշխույժի) ըմպելի, և մինչև նրա սազը օրհնած չլիներ վանքի վանահայրը: Նրա դուռը սիրով դիմում են իրենց արհեստը կատարելագործելու — լարախաղացներ, ըմբիշներ, և տեսակ-տեսակ նվագածուներ, ո՛չ միայն հայ, այլև թուրք և պարսիկներ: Կանանց արգելված է այդ վանքը գնալ, որովհետև սուրբ Հովհաննու գլխատման՝ մի տոփոտ կին էր պատճառ եղել, իսկ գնացողները չեն կարող գերեզմանի մատուռը մտնել և գերեզմանը համբուրել:

Ամեն մարդ, որ ուխտել է սուրբ Կարապետ գնալու, պետք է յոթն տարի շարունակ, Հոգեգալստից սկսած մինչև Վարդավառ, յոթն շաբաթ պաս պահե, որ արժանանա նրա դուռն գնալուն: Նրանց ամեն մինի ուխտը ընդունելի էր, երբ Մուրատ գետի ափի մոտ քնելով այնպիսի մի երազ են տեսնում, որը որևէ առնչություն ունի իրենց ուխտյալ նպատակի հետ: Թերևս այդիսկ պատճառով հիշյալ գետը (որ Եփրատի ճյուղերից մինն է), ստացել է «Մուրատ» խորհրդական անունը, որովհետև, նրան հասած՝ ուխտավորները սուրբ Կարապետից առնում էին իրանց մուրատները:

Վարպետ Պետրոսը և նրա կին տիկին Թարլանը, հասնելով իրանց կյանքի միջաասհմանին՝ դեռ զավակ չունեին, որ իրանց մահից հետո թող չտար, որ տան ճրագը մարի և տան ծուխը կտրվի: Այդ հոգեմաշ տրտմությունը պղտորել էր նրանց պարզ և խաղաղ օրերը, նրանց կյանքի ամենապատվական ժամերը: Առավել ևս այնպիսի մի երկրում, ուր հրեական հետևողականությամբ ամլությունը աստուծո առանձին պատիժ էր համարվում, և այդ նախատինքը տանջում էր խղճալիներին:

Վարպետ Պետրոսը հարուստ չէր, բայց յուր արհեստով ոչ միայն երջանիկ պահպանում էր յուր փոքրիկ ընտանիքը, այլև յուր համար փառավոր տուն-տեղ հաստատելուց հետո՝ տեր եղավ մի մեծ այգիի, որ կարող էր մի գյուղացիի տան ապրուստի բոլոր պիտույքները հոգալ: Նրա կինը, տիկին Թարլանը ո՛չ կարդացել էր և ո՛չ էլ համարում ուներ դեպի կարդալը կամ ուսում կոչված բաները. նրա կարծիքով բոլոր «կարդացվոր» մարդիկ չարագործ և մեղավորներ են, նրանք դասվում են սատանաների կարգում:

Կամենալով շարժել աստուծո և նրա սուրբերի գութը, նրանք բաշխում էին աղքատներին իրենց ցանքի և այգիի բերքի արդյունքի մի որոշյալ մասը: Տոն օրերին մատաղներ էին զոհում, այցելում էին հրաշագործ ուխտատեղիներ, և ամեն կյուրակեմտի երեկո, լուսավորում էին իրենց գյուղի եկեղեցին բազմաթիվ մոմերով, որպեսզի աստուծո «սիրտը քաղցրանա» նրանց վրա և բախտավորե նրանց ծերությունը — մի զավակ բաշխելով:

Արդեն յոթներորդ տարին լրանում էր, վարպետ Պետրոսը և յուր կին տիկին Թարլանը սրբությամբ պահում էին սուրբ Կարապետի պասը: Վարդավառից մի ամիս առաջ ուղևորվեց բազմաթիվ ուխտավորների քարավանը դեպի Մուշ: Նույն ժամանակ վարպետ Պետրոսը յուր կնոջ հետ ընկերակցելով տեր-Առաքելենց մահտեսի Ավետիսին, որ յուր մտերիմ բարեկամն էր՝ ուխտավորների հետ ճանապարհ ընկան: Այդ անբախտ մարդը՝ մահտեսի Ավետիսը, նույնպես անզավակ կնոջ այր էր, որ դիմում էր սուրբ Կարապետ նույն հույսով, որ նրան մի որդի պարգևեր:

Ուխտավորները կրոնական խորին հոգեզմայլությամբ ճանապարհին հանդիպում էին Հայաստանի բազմաթիվ վանքերին, որ այնքան բազմությամբ հայոց մոլեռանդ ազգը շինել է ամեն մի սարի վրա, ամեն մի ձորի մեջ, կղզիներում — իզուր վատնելով յուր հարստությունը... Այդ թամբալխանաներում — ծույլերի և տխմարների բնակարաններում — հավաքվելով ազգի մի կտրված և անպիտան մասը, սև մազե հագուստով սովոր են հրապուրել և թովել ջերմեռանդ ուխտազնացների սնահավատությունը և դատարկել նրանց քսակները...:

Տասնևհինգ օրվա ճանապարհորդությունից հետո, ուխտավորները անցնելով Հաղբակ, Վան, Բաղեշ՝ ոտք դրին Մշու դաշտի հողի վրա: Երբ նրանք անցել էին Մուրատ գետը, որ երկու ժամվա ճանապարհ է մինչև սուրբ Կարապետի վանքը, ջերմեռանդ ուխտավորները ձիուց վայր իջան և սկսեցին բոբիկ ոտով, արտասուք թափելով, աղոթք մրմնջալով, երկրպագություն տալով — գնալ մինչև վանքը:

Վանքի սրահների, գավիթների բոլոր իջևանները լի էին ուխտավորների բազմությամբ: Վարպետ Պետրոսը ներսը տեղ չգտնելով՝ յուր ընկեր մահտեսի Ավետիսի հետ — իրանց վրանը կազմեցին վանքի շրջապատից դուրս — մի բարձր սարավանդի վրա:

Մի օր, արևածագից խիստ կանուխ, երբ օդը թարմ էր ու զովացնող, երբ նա ծորում էր թփերի տերևների վրա անուշահոտ և քաղցրահամ մեղր (կազպ), երբ մի բարեբույր բուրմունք շնչում էր ամենուրեք՝ վարպետ Պետրոսը խռոված գիշերային երազներով՝ դուրս եկավ վրանից, քայլերը ուղղեց դեպի սարը — յուր սրտի մեջ կուտակված տխուր-տրտում զգացումները պատմելու ծառերին, ծաղիկներին և հողին: Մի ամբողջ ժամ անձնատուր եղած դառն մտածումների, լուռ-մունջ թափառում էր նա մացառների մեջ, մինչև հոգնեց, եկավ նստեց Լուսաղբյուրի մոտ, որի ափերը հովանավորված էին ուռենիներով: Ձեռքերով գրկելով յուր ծնկները, նա նստած ականջ էր դնում ջրի կախարդական քչքչալուն-փչփչալուն, որ այնպես հիանալի կերպով լսելի էր լինում գիշերային խորին լռության մեջ: Լուսինը վառեց յուր պայծառ ճրագը՝ հսկելու աշխարհի խավար տան մեջ: Բնության օրհներգուները հնչեցրին անտառի խուլ լռությունը՝ փառաբանելով գիշերվա լուսատուն: Բայց վարպետ Պետրոսի սիրտը չէր զգում ոչ մի ուրախություն, նա ընկղմված էր դառն, մելամաղձային տխրության մեջ:

Երբեմն նա իր հետաքրքիր աչքերը դարձնում էր դեպի վանքի արևելյան կողմը

— Ավետյաց բլուրի վերա, յուր մտքի մեջ պատկերացնելով այն կրոնական ժամանակների հոգին, երբ այդ սարի վրա բնակվում էին վրանների մեջ չորս հարյուրի չափ ճգնավորներ: Երբեմն նայում էր Ավետյաց բլուրի հյուսիսային կողմը, դեպի Հավատամ բլուրը, որից, սուրբ Լուսավորչի հրաշքով՝ ինն աղբյուրներից պարզ և հստակ ջուր է վազում, այդ առվակները միախառնվելով անցնում են վանքի միջով: Երբեմն էլ նրա տեսողությունը հրապուրում էր վանքի հարավային կողմում մի փոքրիկ մատուռ, ուր ճգնում էր յոթն խոտաճարակ աբեղաների միաբանությունը, այստեղ այժմ էլ կարելի էր տեսնել Անտոնի և Կրոնիդեսի դամբարանները:

Այդ հրաշալի տեսարանը, որ ամեն մի րոպե հազարավոր սրբազան զգացմունքներ էր ծնում նրա հոգու մեջ՝ պատկերացնելով նրա ուղեղի մեջ բազմաչարչար Լուսավորչի և նրա հզոր օգնականի ծաղկավետ աշխատությունները քրիստոսական կրոնի համար — երբեք չկարողացան ցրվել տխրության սևաթույր թուխպերը, որ կիտված կուտակված էին վարպետ Պետրոսի սրտի վրա:

Երկար ժամանակ նա նստած էր այսպես և դառն կերպով լաց էր լինում, մինչև մի անհանգիստ քուն, որ ավելի նման էր մի ջերմախտական թմրության — տիրեց նրան, նա այնպես, բաց ընկողմանեցավ արձակ օդի մեջ:

Արդեն լուսն աստղը — Արուսյակը փողփողում էր դեռևս նոր բարձրացնելով յուր գլուխը սարերի գագաթներից: Թռչունների հազարավոր տեսակները պատրաստվում էին փառաբանելու տվնջյան լուսատուն: Վարպետ Պետրոսը զարթնում է քնից: Այժմ նրա դեմքը արտահայտում էր ուրախություն, նա հանդարտ էր որպես պայծառ երկինքը: Հանկարծ նա լսում է մի ձայն.

— Բարև, եղբա՛յր:

— Աստծո բարին քեզ, մահտեսի Ավետիս, հազար բարի, — պատասխանում է վարպետ Պետրոսը ուրախությամբ ողջունելով:

— Երևի շատ ժամանակ է, որ այստեղ նստած եք, — ավելացրեց մահտեսի Ավետիսը. — ես զարմացա, երբ զարթնելով ձեզ չգտա վրանի մեջ:

— Դուք տակավին քնած էիք, երբ ես կեսգիշերին զարթեցա քնից. խառնափնթոր երազներ խռովեցրել էին իմ միտքը, և իմ սիրտը սաստիկ վրդովված էր: Երկար նստեցի անկողնիս մեջ, կարդացի իմ առավոտյան աղոթքները, բայց և այնպես որևէ թեթևություն չզգացի, ավելի և ավելի անհանգիստ էի լինում: Կրկին գլուխս բարձին դրի, բայց քունը վաղուց փախել էր իմ աչքերից: Ես վճռեցի դուրս ելնել վրանից, մի փոքր ազատ շունչ առնել և կազդուրել իմ զորությունը: Երկար, ես աննպատակ և աննպատակ թափառում էի գիշերային խավարի մեջ մինչև եկա այս աղբյուրի մոտ, դրա սառն ջրով լվացի երեսս. հոգիս մի փոքր զվարթություն զգաց: Ես ախորժանոք լսում էի թռչունների տաղերգը, որ եղանակում էին ուռենի ճյուղերի վրա նստած: Այդ քաղցրալուր ձայները կախարդական զորությամբ թովեցին իմ ուշադրությունը, ես հափշտակվեցա մի անբացատրելի հոգեզմայլությամբ, և շուտով իմ աչքերը ծանրացան քնով:

Մինչ վարպետ Պետրոսը պատմում էր յուր գիշերային անցքը, մահտեսի Ավետիսը զարմանալի համակրությամբ, աչքերը լարած, ականջ էր դնում, թե ի՛նչ պիտի լինի յուր բարեկամի զրույցների վերջը: Վարպետ Պետրոսը շարունակեց.

— Երբ ես խորին քնի մեջ էի, մի նոր տեսիլք հրապուրում է երևակայությունս, զգում եմ ինձ մի ընդարձակ անտառի մեջ. կարծես թե մի բան որոնում էի այնտեղ, ուր օդը արբված էր հիանալի անուշահոտությամբ, և առավոտյան ցողը, որ հազարավոր գոհարներով զարդարել էր խոտաբույսերի և ծաղիկների գլուխները՝ թրջում էին իմ ոտները: Ես սքանչանոք դիտում էի եղևնիների հսկայական բարձրությունները և նայելով այն ահագին, փտած և արմատներից գետին գլորված ծերունի մայրածառերին՝ զարհուրելով նկատում էի մահի անհաղթելի իշխանությունը, որ տիրում է բոլոր տիեզերքի վրա: Մի քարաժայռի բարձրությունից տեսանելի էր մի ջրվեժ, որ սարագագաթից հոսելով ձևացնում էր մի հիանալի, ապակենման կամարակապ, որ ա՛յնքան գեղեցիկ փայլում էր հեռվից յուր թափանցիկ պայծառությամբ: Պարզ և ջինջ, մանիշակագույն երկնքի վրա փողփողում էր փայլուն գույներով ծիածանը: Մի ալևոր եղջերու յուր մանուկ ձագերի հետ խմում էր սպիտակ փրփուրների միջից, որը, առաջանալով՝ ձևացնում էր մի պայծառ առվակ, որ և ուղիղ ներս էր հոսում անտառի խորքում: Երբ ես զմայլված բնության այդ սքանչելի պատկերներով դիմում էի ուղիղ դեպի այդ տեսարանը՝ հանկարծ քարայրից դուրս եկավ իմ հանդեպ մի ալևոր անապատական մարդ: Նա նմանում էր մի խստակյաց ճգնավորի, որը յուր հոգու հանգստությունը գտել էր այդ անտառի լռության մեջ: Նրա ուղտի բրդից հորինած վերնազգեստը ծածկում էր սպիտակ քաթանից շապիկը, որ յուր քղանցքսերով հասնում էր մինչև նրա բոբիկ ոտները: Նրա մեջքը ամրացրած էր սև մաշկե գոտիով: Մի երկաթե խաչ հաստ շղթայից քարշ էր ընկած նրա մերկ, արևից սևացած, թավամազ կուրծքի վրա: Անապատականը մի բարձրահասակ և բարակ ծերունի էր: Սպիտակ մորուքը հասել էր մինչև մաշկյա գոտին: Նրա գլխի անհյուս ծալքերը արծաթաջրած ալիքներով, անփույթ, խառնափնթոր — ծածանվում էին մերկ թիկունքների վրա: Երեսը՝ գունատ, նիհար, երկայնաձև՝ բայց պատկառելի, պարզ և զվարթ էր. ճակատը՝ լայն և բարձր, աչքերը՝ խոժոռ և կրակոտ, որոնց կենդանի արտափայլությունը պարզ տեսանելի էր թավախիտ հոնքերի տակից: Յուր ձեռքին բռնած զլուխը կեռ գավազանը, որ նմանում էր հովիվների ցուպին, նա մխեց գետնին և կանգնեց իմ առջև: Այդ միջոցին, ո՛վ Մահտեսի, մտաբերում եմ՝ որ մենք երկուքս միասին էինք, դուք ևս ինձ մոտ էիք: Նա հանդարտ կերպով այսպես խոսեց.

— Ես մի ճգնավոր եմ, ինձ անվանել են «անապատում հնչող ձայն»: Ես կերակրվում եմ մեղրով, որ օդը առատորեն թափում է այս անտառի տերևների վրա, ես ուտում եմ և՛ մարախ: Բայց որովհետև ձեր բախտը առաջնորդել է ձեզ ինձ հանդիպելու իմ լռին առանձնության մեջ, ահա հյուրասիրում եմ ձեզ մի զույգ կարմիր խնձորներով, որ այդ անտառի ազնիվ պտուղներիցն են, և դուք բախտավոր կլինեք դրանցով: — Այս խոսքերը ասելուց հետո նա յուր կողքին քարշ ընկած մաղախից, որ ավելի նմանում էր հովվական պարկին, դուրս բերեց մի զույգ կարմիր խնձոր, որոնք կարծես թե Եդեմի ծառերից քաղված լինեին: Մինը տվեց ինձ, մյուսը — քեզ, մահտեսի Ավետի՛ս, այնուհետև աներևութացավ նա ուռենյաց ծառաստանի մեջ: Թեպետ մենք շատ աղաչեցինք, որ կանգնե, որ համբուրենք նրա ոտները, նա ուշադրություն չդարձրեց, գնաց — հեռացավ մեզանից: Այնուհետև ես իմ խնձորի կարմիր մակերևույթի վրա նայեցի ուրախությամբ, և չկարողացա զսպել իմ զարմանքը՝ տեսնելով նրա կեղևի վերա ոսկե տառերով գրված «Սալբի» անունը: Դուք ևս, ո՛չ սակավ զարմանալով, ցույց տվիք ձեր ձեռքի խնձորի վրա մի երկրորդ անուն, նույնպես ոսկե տառերով գրված «Հովհաննես»: Մինչ մենք սքանչացած աշխատում էինք բացատրել այդ խորհրդական անունների գաղտնիքը, և թե ո՞վ էր այն երկնավոր ալևորը՝ հանկարծ զարթեցի և զգացի — երազ էր:

Երբ վարպետ Պետրոսը ավարտել էր յուր երազի պատմությունը, զարդարած արևելյան գեղեցկախոսության պաճուճանքով, մահտեսի Ավետիսի կնճռոտ երեսը պարզվեց. նա փաթաթվեց վարպետ Պետրոսի վզով, գրկախառնվեց նրա հետ, ասելով.

— Ախ, իմ սիրելի բարեկամ, միթե չգիտեք թե ո՛վ է եղել այն երկնային ալևորը — սուրբ Կարապետը, իմ բարեկամ, փառք տվեք աստծուն, մեր ուխտը ընդունելի է եղել երկնքում...: Տերը սուրբ Կարապետի բարեխոսությամբ կկատարե մեր փափագները...: Ապա ի՞նչ են նշանակում այն երկու անունները — երկու խնձորների վրա:

Վարպետ Պետրոսը տեսավ, որ յուր բարեկամի ասածներ հեռու չէին ճշմարտությունից, և իրոք նրա սրտում տպավորվեց այն միտքը, թե յուր երազը մի այլ խորհուրդ չուներ, քան թե յուր լսածները մահտեսի Ավետիսից:

— Ճիշտ է ձեր խոսքը, Մահտեսի, — կրկնեց վարպետ Պետրոսը.— ճշմարիտ, դուք մի կատարյալ երազահան եք: Եղբայր, ես մտաբերում եմ երեխայությանս ժամանակ լսած հեքիաթները իմ պառավ տատիցս, որպիսին են Թրիարի և Զոհրայի, շահ-Սմայելի և այլ սիրավեպերը: Նրանց ծնողները, որ անժառանգ եղբայրներ են եղել, երազում տեսնում են մի դերվիշ, որ նրանց տվել է խնձոր և դրանով նրանք ծնել են զավակներ՝ առաջուց ուխտելով ամուսնացնել միմյանց հետ ծնվածները, եթե նրանք երկսեռ լինեին,

— Ա՜խ, եղբայր, այդ ուխտը մենք ևս անենք, — նրա խոսքը կտրեց մահտեսի Ավետիսը:

— Շատ բարի, շատ լավ, — ուրախանալով պատասխանեց վարպետ Պետրոսը մեր հավատարիմ բարեկամությունը թող լինի խնամություն:

— Խնձորների վրա գրված «Հովհաննես», «Սալբի» անունները նույնպես ցույց են տալիս, թե ծնվածները տղա և աղջիկ են լինելու...:

— Անտարակույս…անտարակույս...

Աստուծո լույսը բացվեց:

Վանքի զանգակների խուլ և ձգական ձայնը լսելի եղավ թփապատ բլուրների մեջ: Ժամհարները սկսեցին հրավիրական կոչ կարդալ ուխտավորների իջևանների առջև, որ աղոթքի գան:

Երկու բարեկամները լի բախտավոր հույսերով գնացին վանք: Միաբաններից մի սրբակրոն վարդապետի (որ այն օր պատարագիչ էր տիրոջ սեղանի վրա) առաջարկեցին առատ «հիշոց» — մի քանի աշրաֆի, որ նրանց ուխտադրության հաստատության համար աղոթեր պատարագի միջոցին: Այն օր նրանք մատաղ մորթեցին, բաժանեցին աղքատներին և հրավիրեցին պատարագիչ վարդապետին ճաշելու իրանց վրանում: Վարդապետը ճաշից հետո օրհնելով մի կտոր հաց տվեց մահտեսի Ավետիսի և վարպետ Պետրոսի ձեռքը, նրանք կտրեցին հացը, կերան, զոհացան՝ կրկին ուխտելով իրանց խնամության մասին:

Արդարև՝ տուն դառնալուց հետո՝ մի որոշյալ ժամանակից հետո վարպետ Պետրոսին ծնվում է մի աղջիկ, որի անունը դնում են Սալբի, իսկ մահտեսի Ավետիսին ծնվում է մի արու զավակ, որ կոչեցին Հովհաննես, որ և յուր պատանեկության հասակում վայելչագեղ և քաջ տղամարդ լինելու համար ստացավ Ֆրիդովսիի հերոսի անունը — Ռուստամ: Նրանք օրորոցում նշանդրվեցան՝ լինելու միմյանց հարս ու փեսա...:

Գ

ԼԻԼԻԹԸ

Հովասաբենց վարպետ Պետրոսը և նրա կինը՝ տիկին Թարլանը ծնողական բարեխնամ հոգաբարձությամբ սնուցանում էին իրանց մի հատիկ զավակը՝ փոքրիկ Սալբին, որի քնքուշ և ազնիվ կազմվածքը, հրեշտակային դեմքը — առիթ էին տալիս գուշակելու, թե նրա պատանեկության գարունը ծաղկելու էր գեղեցկության բոլոր անուշահոտ վարդերով: Փոքրիկ սալբին ուներ սև մետաքսանման մազեր, թուխ, վառվռուն աչեր, նուրբ-կամարաձև հոնքեր, բոլորակ և լիքն երեսս, փափուկ վարդագույն թշեր: Նա աճում, մեծանում էր անհամեմատ արագությամբ: Նրա ուղիղ հասակը ձգվում էր դեպի բարձր, որպես մի մշտականաչ սալբի ծառ (նոճի):

Նրա դաստիարակությունը, սկսյալ մանկությունից առաջ էր գնում նրա ծնողների գաղափարների և ճաշակի համաձայն: Բայց ի՞նչ օրինավոր ուսում և դաստիարակություն կարող էր ստանալ խղճալի Սալբին մի այնպիսի հորից և մորից, որոնց խելքը-միտքը վարակված էր կախարդական առեղծվածներով, որոնց բարք ու վարքը ցույց էին տալիս մոգական մոլեկրոնություն, որոնց բնավորությունը, խոսակցությունը, օրինակները և ուսմունքը՝ որ ամեն օր տեսնում և լսում էր Սալբին՝ բավական էին մանկությունից տպավորելու նրա մաքուր սրտի վրա հիմար սնոտիապաշտությունը և մոլեկան սնահավատությունը:

Մի գիշեր վարպետ Պետրոսը և տիկին Թարլանը՝ երկուսը միասին՝ նստած խոսում էին և փոքրիկ Սալբին նրանց ականջ էր դնում:

— Վա՛յ խեղճիկ, ի՛նչպես մեռավ Մեհրապենց հարսը, — ասաց հանկարծ տիկին Թարլանը ափսոսելով:

Մեհրապենց հա՞րս, մեռա՞վ, — հարցրուց վարպետ Պետրոսը զարմանալով:

— Հա՛, այսօր իրիկնապահին. բայց ափսո՛ս, ինչ ազնիվ հոգի էր այդ չքնաղազեղ կնամարդը: Այո՛, նա մեռավ իր ծաղկափթիթ հասակում...:

— Ափսո՛ս, ափսո՛ս, — կրկնեց վարպետ Պետրոսը. վա՛յ նրա անբախտ տղամարդին... բայց չգիտե՞ք նրա մահվան պատճառը:

— Յուր տղայի ծնունդը. չկարողացավ ազատվել:

— Ա՛խ, ո՛րքան անմեղ տղաներ և ո՛րքան խղճալի մայրեր փչացրել են և պիտի փչացնեն այդ անգութ մանկաբարձ պառավները իրանց հիմարությամբ...:

— Մանկաբարձ պառավը մեղ չէ ունեցել. ասում են, որ հանգուցյալի լերդը գողացել էին «մեզնից աղեկները» (դևերը), — առարկեց տիկին Թարլանը, երեսը խաչակնքելով:

— Մի այդպիսի դիպվածում դարձյալ մեղը մանկաբարձինն է, որովհետև նրանք կարող էին գործ դնել ծննդականներին հարկավոր զգուշությունները:

— Որպիսի՞ զգուշություններ:

— Ահա այդպիսի. — շուրջանակի խազել տան մեջ, չորս պատերի երեսին մի սև գիծ, և մի գիծ ևս դռան շեմքի առջև, կարդալով այդ գործողություններին պատշաճ աղոթքները, որ բոլոր մանկաբարձները գիտեն: Այդ նախազգուշությունները կարգելեն դևերին երդիկներից կամ դռնից մտնել և մերձենալ ծննդկանին: Բայց շատ անգամ պատահել է, որ նախազգուշություններ կատարելուց առաջ, ներս մտած են լինում «չարքերը»: Այդ ժամանակ պետք է դնել ծննդկանի չորս կողմը մերկ դաշույններ, պողպատից շինած գործիքներ և արձակել մի հրացան: Իսկ երբ ազատվել է ծնընդկանը՝ պառկած տեղը, գրելու է նրա վերմակի չորս անկյունների վրա երեք հրեշտակների խորհրդական անունները — Սանվի, Սասանվի, Սամանկալեֆ, և «ի բաց լիցի Լիլիթ»:

— Ո՞վ է այդ «Լիլիթը», — նրա խոսքը կտրեց տիկին Թարլանը:

— Միթե չգիտե՞ք, — խոսեց վարպետ Պետրոսը, — Լիլիթը է դևերի մի նշանավոր ցեղի նահապետուհին, որ մարդկային ազգի հետ հին թշնամության պատճառով՝ ուխտել է միշտ մահ նյութել ծննդկաններին և նրանց տղաներին: Դրա համար է, որ վերմակի անկյունների վրա գրում են ա՛յն երեք հրեշտակների անունները, որոնցից հալածվում է չար Լիլիթը:

— Ի՞նչ գաղտնիք կա դրա մեջ. դուք չեք պատմել ինձ մինչև այսօր մի այդպիսի բան:

Վարպետ Պետրոսը կարևոր համարեց պատմել յուր կնոջը Լիլիթի պատմությունը, և սկսեց այսպես.

— «Եվա նախամորից առաջ՝ աստված ստեղծեց հայր Ադամի համար ընկեր — Լիլիթը. դա Ադամի մոտ երկար չմնաց, այլ խռովելով հեռացավ նրանից: «Տեր», բողոքեց նախահայրը, «կինը, որ ինձ տվիր՝ չէ հնազանդվում. նա թողեց և հեռացավ ինձնից»: Այն ժամանակ աստված ուղարկեց երեք հրեշտակներ — Սանվի, Սասանվի և Սամանկալեֆ, որ հաշտեցնեն Լիլիթը Ադամի հետ: Հրեշտակները գտան Լիլիթին այն ծովի վրա, ուր կորավ Փարավոնը յուր զորքերի հետ. հայտնեցին աստուծո հրամանը, թե եթե նա չհնազանդվեր Ադամին և չհաշտվեր նրա հետ՝ տիրոջ անեծքով օրը նրա որդիներից հարյուրը պիտի մեռնեին: Լիլիթը չհոժարեց վերադառնալ Ադամի մոտ: Հրեշտակները կամեցան ձգել նրան ծովի ալիքների մեջ: Լիլիթը պաղատեց, որ չնեղեն և չչարչարեն իրան, և երդվեց, ասելով. — թեպետ ես մտադիր էի այսուհետև վնասել ադամորդիների արու տղաներին՝ նրանց ծնունդից ութ օր հետո, և էգերին՝ երեսուն օր հետո, բայց ես դաշն եմ կապում ձեզ հետ և անկեղծ երդումով հաստատում եմ իմ պայմանները՝ այլևս չվնասել մարդոց որդիների տղայոց՝ երբ տեսնեի ձեր անունները արձանագրված նրանց վերմակների անկյունի վերա: (Եվ այսպես, ամեն օր մեռնում են նրա ծնունդներից հարյուր հոգի):

Քանի այդ թալմուտական առասպելը մոտենում էր յուր վերջին, փոքրիկ Սալբին դողում էր վախից: Լիլիթի և դևերի պատմությունը զարթեցրին նրա սրտում մի անսովոր երկյուղ: Նա չկարողացավ ավելի դիմանալ և խնդրեց մորը, որ քնացներ իրեն: Բայց խեղճ երեխան չկարողացավ քնել, ամբողջ գիշերը նա անցրեց մի անհանգիստ դրության մեջ: Խառն և զարհուրելի երազներ խռովում էին նրա քունը. նա շատ անգամ քնաշորերից ցատկում և փախչում էր կոչելով. «Վա՛յ դևերը... դևերը»: Վարպետ Պետրոսը և տիկին Թարլանը գործադրեցին իրանց կախարդական բոլոր գիտությունը, բայց չկարողացան հանգստացնել երեխային. արևաբացին նա մի փոքր քնեց, բայց այնուհետև չկարողացավ վեր կենալ մահճից, որովհետև սաստիկ վառվում էր ջերմախտով:

Փոքրիկ Սալբիի հիվանդությունը ծանր հարված պատճառեց իր ծնողների սրտին: Վարպետ Պետրոսը և տիկին Թարլանը անհնարին տխրության մեջ, բոլորովին հուսահատված երեխայի մյուս անգամ առողջանալու մասին՝ միշտ լաց էին լինում: Նրանք ամենևին չէին մտածում, թե նրա հիվանդանալու պատճառը եղել է իրանց գիշերային խոսակցությունը դևերի մասին, այլ առավել կարծում էին թե անպատճառ այն չար Լիլիթը պիտի վնասած լինի երեխային՝ յուր անունը հիշելու համար:

Առավոտյան, լսելով Սալբիի հիվանդությունը, Հովսաբենց տունը մտան նրանց դրկիցները՝ ծերունի Մկրտիչը յուր կնոջ՝ Մարթայի հետ.— «բարձը բարի լինի...: Աստված հիվանդություն չտա»,— ասելով գնացին նստեցին հիվանդի մահճի մոտ:

— Քանի՞ օր է, որ հիվանդ է Սալբին,— հարցրուց պառավ Մարթան առժամանակյա լռությունից հետո:

— Գիշերվանից,— պատասխանեց տիկին Թարլանը վշտալի ձայնով:

— Միթե այսքան ժամանակ անխնա՞մ եք թողել, և մի ճար չե՞ք արել:

— Ի՞նչ ճար... իմ ճարը մնացել է աստված... բայց այն հնարները, որ կարող է գործադրել ադամորդու խելքը՝ բոլորը գործ եմ դրել:

— Ի՞նչ եք արել,— կրկնեց հետաքրքրությամբ պառավը:

— Հիվանդության սկզբում, կարծելով որ «չար աչքով տվին» իմ երեխային, առավոտյան թոնրում հաց թխելու միջոցին՝ ալյուրը անխմոր շաղախից շինեցի փոքրիկ գնդակներ և «ասմունքն» ասելով ձգեցի թոնրի մեջ, կրակի վրա, և իրավ, գնդակները սաստկությամբ տրաքեցան՝ չար աչքերն էլ նրանց հետ:

— Այլևս ոչի՞նչ:

— Երբ տեսա գնդակները օգուտ չարեցին, առաջ տարավ հիվանդի մայրը, իսկույն մի մարդ ուղարկեցի ջիուղ խախամ-Շմենթոյի մոտ. նա գրքին նայելով ասել է՝ «չարից» է, թշնամի ոգիներից հարված է ստացել. նա հավկիթի վրա, սև հավի արյունով՝ գրել էր մի բան՝ պատվիրելով, որ թաղենք գերեզմանատան ճանապարհի վրա:

— Ինչու՞ դուք «մեռիտաջ» (կարոտ) եղաք ջիուղին,— մյուս կողմից նրա խոսքը կտրեց ծերունի Մկրտիչը— այդ կարող էր անել և ձեր ամուսին այրը, նա այդ գիտության (կախարդության) մեջ գերազանց է բոլորից:

— Այդ ճիշտ է,— պատասխանեց տիկին Թարլանը,— բայց չե՞ք լսել, որ «մարդ յուր մեռելը չէ կարող թաղել». բացի այդ, ինձ ասացին, որ ծնողների «թղթերը» չեն ներգործում իրանց զավակների վրա, այդ պատճառով մի այլ «փթիկ» տվի տեր Աբրահամը գրեց. գիտե՞ք, նրա գիրը սարը կճեղքե…: այդ փթիկը տերտերի պատվերով, յոթն աղբյուրի ջրով տրորեցինք և թասի մեջ, գիշերը «աստղունք» դրինք. առավոտյան լուսաբացին տվինք խմեց: Բայց և այնպես, այդ բոլոր զորավոր արարողությունները ոչ մի օգուտ չարեցին իմ երեխիս:

— Զարմանալի է, իրավ զարմանալի,— գլուխը շարժելով կրկնեց ծերունի Մկրտիչը:

Այդ միջոցին վարպետ Պետրոսը հիվանդի մոտ չէր: Նա յուր առանձնարանում, ո՞վ գիտե, ինչ գործողությամբ էր զբաղված՝ յուր երեխան մահից փրկելու համար: Բայց պառավ Մարթան երկար խոսակցությունից, երկար խորհրդակցությունից հետո— պատվիրեց, որ առավոտյան ժամ և պատարագ անել տան, աղքատներին հաց բաշխեն և շահեն սրբերի կամքը: Այնուհետև դուրս գնաց յուր ծերունի ամուսնու հետ՝ մաղթելով հիվանդին առողջություն:

Հաջորդ օրվա առավոտյան Ծաղկավանի սուրբ Գրորգ եկեղեցու մեջ հիվանդի համար պատարագ մատուցվելուց հետո, բոլոր ժողովուրդը երեք անգամ «տեր ողորմյա» ասելուց հետո, երբ ժամը դուրս եկավ, բոլոր եկեղեցականները հասարակ ժողովրդի հետ միասին՝ գնացին Հովասաբենց տունը: Այստեղ տիկին Թարլանը կեսգիշերից հոգացել էր առատ և ճոխ «ժամուհաց»: երբ բոլորը կերան-լիացան, ոտքի ելան, և մի-մի վառած մոմ ձեռքերին բռնած «պաշտում» կատարեցին, և հիվանդին առողջություն խնդրելով, Հովասաբենց ննջեցյալներին հանգիստ, արքայություն և կենդանյացը բարի հաջողություն մաղթելով՝ դուրս գնացին: Բայց տեր Մարուքը՝ Հովասաբենց ծխատեր քահանան և մահտեսի Ավետիսը՝ նրա խնամին, մի քանի ծերերի հետ, մնացին վարպետ Պետրոսի մոտ և նրան մխիթարելու և տխրությունը ցրվելու համար խոսակցում էին այս ու այն դատարկ առարկաների վրա:

Բայց կից սենյակում, որտեղ պառկած էր հիվանդը, շրջապատված մի քանի հնացած և փտած հասկացողությամբ պառավներով, որոնց թվումն էին Հուրի Խան-Դայան՝ մահտեսի Ավետիսի մայրը և Մարթան՝ ծերունի Մկրտիչի կինը— ծանր ու բարակ մոլեռանդ կերպով խոսակցում էին զանազան խնդիրների մասին:

— Աստուծով… այսավուր «պաշտում պատարագը» և մեր զորավոր սուրբ Գևորգը կազատեն Սալբիին հիվանդությունից,— խոսեց պառավ Մարթան:

— Այդ ճիշտ է,— նրա խոսքը կտրեց Հուրի Խան-Դայան.— բայց Ղալ… գյուղի Աղքիլիսան, այդ հրաշալի եկեղեցին բոլորից զորավորն է. մի անգամ փոքրիկ Պողոսը հիվանդ էր. Մենք հույս չունեինք նրա կյանքի մասին. բայց ես վերցրի մի խոյ մատաղացու, գնացի նրա դուռը՝ երեխաս հետս տանելով: Մատաղը կտրել տվինք, փառավորվի տեր Օհանը, մատաղի արյունից խաչաձև դրոշմեց երեխիս ճակատին, օրհնեց... և մենք տուն դարձանք, այնուհետև, որպես սատանի չարիքը ձեզանից հեռու, իմ երեխան նույնպես փարատվեցավ ցավից:

— Աղքիլիսայի գործը բոլորովին հրաշք է, — ասաց պառավ Մարթան.— չորս տարի առաջ (ես մի քանի տարի շարունակ հիվանդ էի ջերմախտով), տեր Մինասն էր քահանա այնտեղ. աստված յուր կարգն օրհնե. հատուկ աստուծո մարդ էր: Մի գիշեր «Աղքիլիսան» երազում իմաց է տալիս նրան, որ ես յուր տաճարի համար մի վարագույր կարեմ, և այնուհետև ուխտ գնամ նրա դուռը. և խոստանում է փրկել իմ ջերմախտը: Ես առանց ուշացնելու կատարեցի սրբի հրամանը, և իսկույն փարատվեց իմ ցավը:

— Ինչո՞ւ եք այդ ասում, — ավելացրեց Հուրի Խան-Դայան, գլուխը շարժելով. — ես հասակով բոլորիցդ մեծ եմ, ես անցրել եմ ավելի շատ սև և սպիտակ օրեր, քան թե դուք. ես ավելի շատ բան եմ լսել և տեսել Աղքիլիսայի մասին: Հին օրերում, մի քուրդ գողանալով նրա դրսի գավթի դուռը, յուր շալակն է առնում և սկսում է յուր տունը տանել. հասնելով յուր տունը, երբ կամենում է յուր գողացածը վայր դնել՝ չէ կարողանում, որովհետև դուռը նրա մեջքին կպած լինելով չէ շարժվում: Որքան քաշում և շարժում են, չեն կարողանում դուռը պոկել: Քուրդը ճարահատյալ, մի քանի օրից հետո, դուռը ուսին, մի քանի մատաղ յուր հետ բերելով, գալիս է Աղքիլիսա. մի քանի օր մնում է այնտեղ, կտրում է մատաղները. տերտերը աղոթում է նրա համար, և դուռը պոկ է գալիս նրա քամակից: Է՜հ, նրա հրաշքները անբավ են... Դուք լսել եք, թե ո՛րպես կատաղեցավ այն վայրենաբարո խանը, որ կտրեց այդ եկեղեցու անտառի ծառերից՝ յուր տունը ծածկելու համար. և ա՛յն, որ արյուն էր թորում ծառերի բունից, երբ կտրում էին կացինով:

— Դուք, տիկին Թարլան, ուխտեցեք Աղքիլիսային մի բան Սալբիի համար, — առաջարկեցին հիվանդի մորը:

— Ես խոստացել եմ, — պատասխանեց տիկին Թարլանը. — տասներկու լիտր վառելու ձեթ. բացի դրանից մեր երեք տարեկան երինջիականջի ծայրը կտրեցի, ուխտելով, որ Սալբին ինքը առողջանալուց հետո տանե նրա դուռը:

Մինչ կանայք տաքացած սնապաշտական ոգևորությամբ խոսում էին սուրբերի, եկեղեցիների և ուխտատեղիների հրաշքների մասին, հանկարծ ներս մտան մի քանի ծեր մարդիկ Հովասաբենց բարեկամներից՝ ինքը վարպետ Պետրոսը, նրա խնամին՝ մահտեսի Ավետիսը, տեր Մարուքը և մի քանի այլ մարդիկ:

Երիտասարդ կանայք իսկույն, որպես դները խաչանշանից՝ փախան, աներևութացան մարդիկը տեսնելով. մնացին մի քանի հնառած պառավներ, որոնք, առանձնանալով սենյակի անկյունում, բոլորը միաժողով նստեցին աչք ու երեսները ծածկելով իրանց սպիտակ լաչակներով:

Եկվորները պատեցին հիվանդի չորս կողմը, ամենքն էլ գդակները վերցրին՝ երբ տեր Մարուքը սկսեց կարդալ «պահպանիչը», այնուհետև բոլորը նստեցին հիվանդի մահճի մոտ:

Հիվանդը անզգա թմրության մեջ էր. նրա թույլ շնչառությունը ցույց էր տալիս, թե նրա դրությունը վատ է: Վարպետ Պետրոսի սիրտը չդիմացավ. նա՝ աչքերը լցված արտասուքով՝ դուրս գնաց:

— Տեր հա՛յր, ծառա եմ աջիդ, — ասաց ծերերից մինը.— իհարկե, «ինչ որ քո ոտքը գիտե, մեր գլուխը չգիտե», բայց և այնպես ներեցեք համարձակությանս... ինձ երևում է, թե հիվանդը վատ դրության մեջ է. լավ չէ՞ր լինի մի փոքր, եթե բժշկության Ավետարան կարդայիք վրան:

— Լա՛վ ես հրամայում, պարոն Թորոս, Ավետարանը և՛ հոգևոր, և՛ մարմնավոր կերակուր է, — պատասխանեց քահանան, ամենևին չհասկանալով յուր սերտած բառերի իմաստը, և հրամայեց յուր տիրացուին, որ բերե Հովասաբենց մեռել-հարույց Ավետարանը:

Երբ Ավետարանը բերեցին, բոլորը գդակները հանած՝ ոտքի կանգնեցան: Քահանան ձայն տվեց. — «Ալըմաղը» բերեք. ծերերից երկու մարդ բռնեցին այլուրի մաղը հիվանդի գլխի վրա, և տեր Մարուքը Ավետարանը նրա վրա դնելով սկսեց շարական ասելով մեկ-մեկ բաց անել Ավետարանի վրայից փոշոտած, ծխում-մխում սնացած աղլուխները: Խղճալի տեր Մարուքը, որ չգիտեր մի այլ երգ, տասն անգամ կրկնեց զանազան եղանակներով նույն երկտող շարականը, բայց Ավետարանի վրա փաթաթած աղլուխները տակավին չէին վերջացած: Վերջապես երևան եկավ մի հաստ կազմով գիրք, մագաղաթի վրա կարմիր, կապույտ և զանազան ներկերով գրված. նրա մաշկյա կողերը զարդարված էին հասարակ ակներով և մի պղնձյա խաչով, որ ամրացված էր նրա կողքի վրա:

Բոլորը երկյուղածությամբ երկրպագություն տվին, երեսները խաչակնքեցին՝ տեսնելով աստուծո գիրքը, որ տեր Մարուքը բացելով սկսեց կարդալ «բժշկության» ավետարանները, որոնց կենսատու զորությունը «Ալրմաղի» ծակերից առատապես մաղվելով՝ թափվում էր հիվանդի վրա...: Ավետարանը վերջացնելուց հետո, քահանան ավելի քաղաքավարություն գործ դնելով (շատ կարելի է, յուր նյութական օգուտը մտածելով)՝ հրամայեց, որ ջուր բերեն: Տիրացուն թասի մեջ ջուր բերեց նրա մոտ: Տեր Մարուքը սկսեց «խաչալվա» անել, վերցրեց փոքրիկ պղնձյա խաչը, որ դրած էր Ավետարանի մոտ, և մի քանի խառնիխուռն աղոթքներ կարդալով՝ երեք անգամ խաչանիշ արեց օրհնած ջուրը, որից հետո տվեց թասը տիրացուին, որ յուր ձեռքումն բռնելով՝ կանգնեց քահանայի մոտ:

Փառավորվի՛ տեր Մարուքը. առավ պղնձյա խաչը, թաթխեց օրհնած ջրի մեջ և նրանով խաչաձև գծեց հիվանդի ճակատը ասելով. «սա եղիցի բժշկություն և փարատություն ցավոց քոց». երեք անգամ կրկնեց գործողությունը, քահանան «խաչալվա» ջրից սրսկեց հիվանդի երեսի վրա, ապա ասաց բոլորին. — դե, որդիք, դուք էլ մին-մին եկեք, սուրբ Ավետարանը համբուրեցեք և օրհնած ջրին մասնակից եղեք:

Նույն ժամանակ բոլորը մեկ-մեկ առաջ գալով համբուրում էին սուրբ Խաչը և սուրբ Ավետարանը, դնում նրա կազմի վրա արծաթե դահեկաններ. և քահանան տեսնելով մի րոպեի մեջ կիտված արծաթը սուրբ Գրքի վրան՝ եռանդագին հաճությամբ օրհնած ջրով օծում էր նրանց ճակատները և խմեցնում նրանց:

Երբ ամեն ինչ վերջացած էր, տեր Մարուքը խորին զմայլանքով գրպանը լցնելով սիմոնականության արծաթը և նկատելով հիվանդի ծանր և թույլ շնչառությունը, կասկածեց, թե միգուցե տարաժամ նա մեռներ: Այդ պատճառով հանեց ծոցից մասնատուփը (որ առաջ մի հանգուցյալի քթախոտի տուփն էր, և իբր կողոպուտ հասել էր տեր Մարուքին) և հաղորդեց հիվանդին տիրոջ սեղանի փշրանքով:

Նույն միջոցին վարպետ Պետրոսի աչքերը լցվեցան արտասուքով, տեսնելով, որ տեր-հայրը վատ կարծիք ուներ հիվանդի մասին:

— Հոգս մի անիր, որդի, — ասաց նա վարպետ Պետրոսին. — այդ սրբությունը առողջության գլխավոր դեղն է հիվանդների համար. դա թեթևացնում է ամեն տեսակ ցավեր:

Արդարև, ամենքյան լցված հոգևոր ջերմեռանդությամբ, սպասում էին, թե ի՜նչ ներգործություն կանեին հիվանդի վրա սուրբ արարողությունները, բայց տեր Մարուքը այդ իրողությանը ամենևին ուշադրություն չդարձրեց. նույն րոպեում նա զբաղված էր մի այլ բանով. նա չկարողանալով արձակ-համարձակ տեսնել խաչահամբույրների հաշիվը, մի ձեռքը գրպանը տարած՝ կամաց կամաց համարում էր արծաթները:

Քահանան վեր կացավ, և բոլոր բազմությունը նրա հետ դուրս գնաց: Հիվանդի մահճի շուրջը պատեցին դարձյալ պառավ իմաստնուհիները և սկսեցին խոսել իրանց առասպելաբանական խորհրդածությունները:

Մի քանի շաբաթից հետո տեր Մարուքի շնորհիվ և աստուծո ողորմությամբ, փոքրիկ Սալբիի տկարությունը հետզհետե ուղղվելով նա բոլորովին առողջացավ ի մեծ ուրախություն յուր ծնողների:

Դ

ՎԱՐԺԱՊԵՏԸ ԵՎ ՎԱՐԺՈՒՀԻՆ

Վարպետ Պետրոսը երկար չվայելեց յուր զավակի ուրախությունը, որ սուրբ Կարապետը բաշխել էր նրան: Նա վախճանվեց, անմխիթար սգի մեջ թողնելով յուր կինը՝ տիկին Թարլանը և յուր հինգ տարեկան աղջիկը՝ նազելի Սալբին: Սալբիի մայրը, ամուսնու մահից հետո բարեխնամ կերպով հոգաբարձու եղավ փոքրիկ Սալբիի կրթությանը: Յոթն տարեկան հասակում Սալբին հանձնվեց Հովասաբենց դրացի Մարթային, խելացի և բանագետ պառավին, որի խոհեմության և շնորհալիության մասին տիկին Թարլանը մեծ համարում ուներ: Պառավ Մարթան ինքը կարդացած չէր և ոչ իսկ տիկին Թարլանը յուր աղջիկը հանձնեց նրան այն մտքով, որ գիր կարդալ և ուսում սովորե: Գրագիտությունը այն ժամանակ մի չար բախտով՝ սովորություն չէր, ո՛չ միայն աղջիկների, այլև տղայոց համար: Բայց տիկին Թարլանը հանձնեց Սալբիին յուր նոր վարժուհուն, որ նրան ծառայելով՝ կար և ձև, խելք-հրամանք և ազնիվ ու առաքինի բարք ու վարք սովորե:

Տունը, որի մեջ բնակվում էր Մարթա պառավը յուր ալևոր ամուսնի՝ Մկրտչի հետ, արժանի է հարգասիրության, ո՛չ նրանով միայն, որ նա մի զույգ արդար և բարեպաշտ ամուսնակիցների բնակարանն էր, այլ առավել նրանով, որ այդ տունը պահում էր յուր մեջ մեր պապերի հին տների շինվածքի բոլոր ձևերը, ներքին և արտաքին բոլոր սարք ու կարգը, բոլոր կահ-կարասիքը, տներ՝ որոնց մեջ նրանք անցրել են իրանց ցավալի կյանքը Պարսկաստանում:

Դռան առջև, երկու կամ երեք թզաչափ բարձրությամբ ձգած է կովերի «կուն» (աղբը), որպեսզի փողոցի միջից անցուդարձ անողների ոտերի տակ պնդանալով «տարթ» (տոոֆ) դառնա, հետո կտրեն թոնրի վառելիքի համար: Այդ ապականությունը անձրևային օրերին ձևացնում է մի գարշահոտ ճահիճ, որի մեջ մինչև ծնկները թաթախվելով, ոտերդ և «սոլերդ» (կոշիկներդ) մի լավ ներկելով այդ հինայի մեջ, ներս ես մտնում՝ գլուխդ խոնարհեցնելով մի նեղ դռնից. քո առջև բացվում է նախագավիթը յուր ցածրիկ, քայքայված շրջապարիսպներով, շինած պնդացած կավից, որ, երկար ժամանակ «մոլայի» կամ «սվաղի» երես չտեսնելով՝ համարյա կիսամաշ էին եղել անգութ անձրևից, ձյունից և կարկուտից: Այդ նեղ և անձուկ բակի տարածությունը հազիվ յուր մեջ կարողացել է տեղավորել աղբանոցը, ուր թափում էին ամեն օր վառած աթարի մոխիրը, և արտաքնոցը՝ շրջապատած ճյուղերից հյուսած ցանկապատով: Հարկավորության այդ երկու գլխավոր տեղերում, որ միանգամայն բակի միակ զարդարանքն էին կազմում, ժամանակի ընթացքում ամենայն տեսակ ապականությանց՝ աղբի և մոխրի բավական մթերք հավաքվելով, կուտակվում, բարձրանում՝ կազմում էին մի քանի բլուրներ, որ ոչ սակավ ձեռնտու էին լինում տանտիրոջ օգտին, երբ երկրագործը գնելով այդ ապականությունը, տանում էր յուր հողերը պարարտացնելու, նրանց ուժ և զորություն տալու համար: Այդ օրինյալ գնողի շնորհիվ մի քանի օր բակը ազատվում էր ժահահոտությունից, և մարդ կարող էր, առանց պնչածակերը երկու մատերով պինդ փակելու՝ բակի միջով անցնել և մտնել ծերունի Մկրտչի տունը — եթե նրա հետ գործ ունենար:

Առաջին շինվածքը բակի հարավային ճակատում՝ է սրահը. մի երեք կուսից պարսպով պատած, առջևը կամ երեսը բաց, փայտյա վանդակապատով չափարած ծածկոծ, որը մինչև այսօր պահում է յուր հին անունը: Այստեղ բնակում են ամառը, կամ եղանակների տաք օրերին: Սրահի միջից բացվում է մի նեղ դուռն, որ ներս է տանում դեպի խրճիթը՝ գլխավոր տաք բնակարանը, որի մեջ անց են կացնում ձմեռը:

Այդ քառակուսի խուղը շուրջանակի չորս կավյա խարխուլ պատերի վրա պահում էր ցածր, ծխից-մխից սևացած առաստաղը, որ գմբեթաձև բարձրանալով, յուր գագաթում թողնում է մի բոլորակ ծակ, որին անուն են տալիս «երդիք»: Այդ նեղ բացվածքից կաթում էր մի աղոտ լույս, որ հալածում էր խրճիթի խորին, մելամաղձական խավարը: Բոլորովին մերկ, որպես դուրսը — գետնի մեջ, խրճիթի կենտրոնում փորած է «թոնիրը», մի բոլորակ խոր կամ փոս, որի մեջ ամեն օր վառում են և նրանում եփում են տան համար հարկավոր բոլոր ուտելիքը: Աթարի թանձր և կծու ծուխը սև ամպերի նման բարձրանալով թոնրից՝ հավաքվում է գմբեթահարկ առիքի մեջ և որպես վուլկանի բերանից — քուլա-քուլա դուրս է գնում և սև վիշապների նման գալարվում է օդի մեջ:

Ամեն օր հարկավոր է վառել թոնիրը կերակուրի և տաքանալու համար, և այդպես, ամեն օր ծերունի Մկրտչի խրճիթը ձևացնում է մի մթին ծխի օվկիանոս, որի մեջ լող են տալիս տանտերերը, հազալով, փռշտալով — իրանց արցունքոտած աչքերը ճմռելով և տրորելով. մինչև աստուծո շնորհիվ աթարի մեջ սպառվում է վառվող նյութը, սև թուխպերը կամաց-կամաց դուրս են գնում, խավարը հալածվում է և մռայլի միջից սկսում են տեսանելի լինել խրճիթի ներքին առարկաները: Պառավ Մարթան՝ տնարար տանտիկինը, պպզած թոնրի շրթան մոտ, շերեփը ձեռքում, խառնում է իրանց համար եփած ապուրը, իսկ ծերունի Մկրտիչը, նույնպես կկզած թոնրի մոտ, մի կոտրած պտուկի կտորի մեջ բովում է յուր համար սեխի կորիզներից «աղանձ» և թեպետ նրա բերանում միայն մի քանի ատամ էին մնացել, բայց աղանձը լցնում է յուր գրպանը և մինչև իրիկուն ծուլորեն սկսում է «չրթել»: Այդ էր նրանց միակ սենյակը, որը, չնայած որ շատ ընդարձակ չէր, բայց ծերունի Մկրտիչը նայելով յուր դրացիների անձուկ խրճիթներին, որոնց մեջ նրանք խեղդվում էին, նա գոհունակ սրտով ամեն օր «բարի լույսի» դեմ փառք է տալիս աստծուն, խնդրելով որ լուսավորի յուր հանգուցյալ պապի հոգին, նրան հանգիստ արքայություն պարգևե՝ իրան մի այդպիսի մեծ և ընդարձակ տուն թողած լինելու համար, որի նմանը չունեին բոլոր գյուղացիք Ծաղկավանի մեջ: Այդ տան մեջ բնակվում էր ծերունի Մկրտիչը յուր առաքինի կնոջ և ընտանի անասունների հետ:

Խրճիթի վերնակողմում դրված է «փեթակը»՝ մի մեծ փայտյա արկղ, բաժանված զանազան պահարանների, որոնց մեջ լցրած են ալյուր, ցորեն, լավաշ և տան բոլոր պաշարեղենը: Փեթակի վրա դրված են քնաշորերի, սփռոցների և կապերտների ծալքերը: Դռան աջ կողմում մեծ-մեծ թխած փթիրները և տառթերը պարսպաձև միմյանց վրա շարած՝ թումբի նման բարձրանալով, բաժանում են խրճիթի մի փոքրիկ մասը, ուր լեցրած է աթարներով, ոչխարի գնդաձև պտտուրներով, չոր ու ցամաք տերևներով, որոնք գործ են ածվում թոնրի ամենօրյա վառելիքի համար: Դռան ձախակողմում այդպիսի նյութերով կտրած մի անկյուն էր կացուցանում մարագը, ո՛ւր լեցրած է դարման (հարդ), խոտ՝ չորքոտանիների ձմեռվա ապրուստի համար: Դրանց մոտն է և հավերի թառը: Խրճիթի մի անկյունում շինված է չորքոտանիների մսուրը, որի վրա կապած են Յուղաբերը՝ պառավ Մարթայի գեր ու պարարտ կովը, յուր սիրուն խայտաբղետ հորթի հետ, որի մարմնի սպիտակ գծերը կամ «զոլերը» նա ներկել էր հինայով. նրա մոտ՝ կովի մատաղահաս երինջը, որ տալիս էր լի հույսեր յուր գալ տարվա մեջ հղի լինելուն: Մի փոքր հեռուն, կանգնած է, ականջները ծուլորեն վայր կախած — մոխրագույն էշը՝ «ծերունի Մկրտչի ոտերը» — որպես կոչում էր նա:

Կարծես թե երկար տարիների կենակցությունը սովորեցրել էր այդ օրինյալ անասուններին կարեկցաբար մասնակից լինել իրանց տերերի ուրախ և տրտում զգացմունքներին: Երբ պառավ Մարթան շատ անգամ յուր վշտերը և տխրությունը հալածելու համար մոտենում էր յուր մտերիմ Յուղաբերին, քորելով, փայփայելով նրա սիրուն գլուխը, և կամ գրկում էր նրա կայտառ հորթը, սկսում էր համբուրել նրան, կովն էլ, ուրախությամբ յուր պոչը շարժելով, գլուխը թափ տալով, դուրս հանելով յուր խարտոցի նման լեզուն՝ սկսում էր լիզել յուր տիկնոջ խորշոմած երեսը:

Ամեն օր, երբ ծերունի Մկրտիչը քորոցը ձեռքում սկսում էր գովաբանելով քորել յուր իշու մարմինը, նրա խեղկատակ գրաստը չէր դադարում յուր ծերունի տիրոջ հետ խաղալ յուր ամենօրյա կատակերգությունը, նա շատ անգամ յուր ատամներով ձիգ էր տալիս նրա հանդերձի փեշերից, ծլունկ լինում, տոտիկ տալիս, քացի զցում և վեր-վեր թռչում, մինչև արձակելով յուր հետքից մի սաստիկ տրխկոց՝ շարժում էր յուր տիրոջ սառն երեսի չոր ու ցամաք խորշոմները մի անսովոր ծիծաղով:

Յուղաբերը յուր անունի համեմատ ամեն օր առատ կաթ և յուղ էր տալիս: Պառավ Մարթայի դրացի կանայք մախանոք նայում էին մի այդպիսի բախտին, տեսնելով, որ իրանց երեք կամ չորս կովերը հազիվ էին տալիս Յուղաբերի չափ կաթ: Մի այդպիսի անսովոր բան առիթ տվեց նրանց կարծելու, թե պառավ Մարթան գործ էր դնում կախարդական զորություններ:

Եվ արդարև, թեև պառավը ոչ ոքի չէր հայտնել, բայց մենք գիտենք, որ ոչ սակավ նշանակություն ուներ կաշվի մեջ կարած այս եռանկյունի թուղթը, որ քարշ էր տվել նա Յուղաբերի երկու լուսնաձև կոտոշների մեջտեղում — ճակատի վրա: Այլև շատ անգամ համբարձման գիշերին պառավը լիքը մի կուժ ջրով դնում էր թուրքերի գոռխանայում նրանց գերեզմանների մեջ. առավոտյան լուսաբացից առաջ, առանց խոսելու, առանց ետև մտիկ տալու՝ տանում էր տուն և այն կժի ջրով հարում ծծումը, և ծծմի մեջ բոլոր մածունը կարազ էր կտրում: Այլև, նրա ծծումի կանթից միշտ քարշ էր ընկած շորի մեջ կարած մի քանի հատ չորս տերևանի խոտ, որ թիլիսմանական զորություն ուներ:

Ե՜վ այդպես — խրճիթի մի կողմում ահագին փեթակը, մյուսում կովի և իշի ախոռը, դրան աջակողմում վառելիքների ամբարը, ձախակողմում դարմանոցը և հավերի թառը, խրճիթը չորեք կողմից այդպես նեղանալով — թոնրի շրթերի մոտ մնում էր մի քանի թիզ արձակ գետին, ուր փռած էր երկու հասիր (փսիաթ), որոնց վրա նստում էին երկու ալևոր ամուսինները իրանց ոտերը թոնրի մեջ մեկնելով:

Ծերունի Մկրտիչը վաղուց հետե, երբ նրանց զավակ չէր ծնվում, պահում էր մի քանի հատ տնօրիկ (ընտանի) աղավնի, այն մտքով, որ դրանցով կշահեր աստուծո հոգին և կստանար նրանից որևէ վարձատրություն: Այդ պատճառով նրանք մեղք համարելով թափել այդ արդար թռչունների արյունը, ո՜չ մորթում էին և ո՜չ ուտում նրանց միսը: Առավոտները քնաթաթախ վեր է կենում պառավ Մարթան, դուռը բաց անում, դուրս գալիս, «ճո՜ւ-ճո՜ւ-ճու՜», ձայն է տալիս նա: Եվ նույն րոպեին դուրս են թափվում հավերը և աղավնիները: Նա ցրվում է նրանց առջև կուտը, և հավերը, ուրախ-ուրախ պառավի չորս կողմը պտտվելով, կաչկաչելով — սկսում են կտցել հունդերը: Բազմաթիվ ճնճղիկներ ևս, իրանց ամենօրյա սովորության համաձայն վայր են իջնում և նրանց հետ խառն սկսում են քաղել կորյակի, ցորենի հատիկները: Պառավը ամենևին չէ հալածում չար ճնճղիկները, թույլ տալով, որ երկնքի թռչուններն ևս կերակրվին յուր հունդերով:

Ծերունի Մկրտիչը թեպետ յուր տարիքը առած՝ բայց տակավին մի ժիր և աշխատասեր մարդ էր: Նա ամբողջ ամառը անցնում էր մշակելով յուր երկու օրավար հողը, և աշնանը քաղում էր գետերի եզերքից ու ճախիններից բավական ջիլ (զզեր), ժողովում էր յուր տան մեջ և ձեռքով նրանցից հասիրներ էր գործում: Բացի դրանից, նա հավաքում էր բավականաչափ ճապուկ ուռի ճղեր, նրանցից քթոցներ, զամբյուղներ հյուսելու համար: Պառավ Մարթան ևս շատ գործունյա և տնարար կին էր. նա ամեն օր, թոնիրը վառելուց և տունը կարգի դնելուց հետո յուր բամբակ մանելու ճախարակը առջևը դրած մինչև իրիկուն աշխատում էր նրանով: Այդ համեստ արհեստներով նրանք ո՛չ միայն վաստակում էին իրենց ապրուստի պիտույքները, այլև իրանց դրացիների մեջ, ուր աղքատությունը ճնշել էր յուր ծանրության տակ բյուրավոր խղճալի հայերի գերդաստաններ — նրանք համարվում էին հարուստ:

Փա՛ռք աստուծո, ծերունի Մկրտչի փեթակը լի էր ալյուրով, ախոռի մեջ կապած էր գեր և պարարտ կովը յուր սիրուն հորթի հետ, նրա մոտ կապած նորահաս երինջը և ուժեղ էշը, թառը տասն հատ հավերով, ծալքը լի էր շորերով: Դրսում ցանած հողը՝ բացի դրանից, նա վճարել է տան և գլխի հարկը, քահանայի և վանքի պտղին, այնուհետև նրա դռնից կանչող չկա. ոչ մի մարդ նրանից առնելիք չունի: Իսկ նրա դրացիք, ընդհակառակն, հառաչում են խանի ֆերրաշների վարոցների տակ և չեն ազատվում ծանր հարկերից:

Բայց խոսքը մեր մեջ թող մնա — ծերունի Մկրտիչը մի քանի արծաթ կռան թաքցրած հոգեբաժին ևս ուներ, որ նա խնայողությամբ ավելացնելով յուր վաստակներից, պահել էր յուր վերջին օրերի համար, որ այդ արծաթով պատարագ մատուցել տային յուր հոգու համար, և ժամով-քահանայով թաղեին իրան:

Ծերունի Մկրտիչը գյուղի մեջ ամենօրյա պատահական դեպքերի կենդանի օրագիրն էր. նա գիտե՝ թե այս ինչ մարդը ի՛նչ զարմանալի երազ է տեսել, ո՛վ մեռել, ո՛ւմ որդի ծնել, ո՛վ պսակվեց, որին նշանեցին, կամ ով քանի՛ օրից հետո հարսանիք ունի: Նաև խոսում է հոգևորական բաների վրա, թե եկեղեցում ի՛նչ կարդացին, այս ինչ տերտերը քանի՛ սխալ ասաց: Շատ անգամ նա խոսում է նաև տերությունների և պատերազմների վրա, և հաստատում է գրքերի ու սրբերի խոսքով, թե խեղճ հայ-քրիստոնյային պիտի «մի լույս ծագե, որով նրանք ազատվելու են անօրենների բռնությունից: Բայց թե ո՞րտեղից էին հասնում նրան այդ լուրերը, ստո՞ւյգ էին, թե սուտ՝ ո՛չ ոք չգիտեր:

Ժամատան կոչնակները զարկում են: Առաջին մարդը, որը երևան է լինում բեմի առջև՝ ծերունի Մկրտիչն է: Նա, չսպասելով լուսաբացին, վառում է կանթեղները և ջահերը, գրքակալը դնում է սեղանի առջև, կարգի է բերում բեմի վրա գրքերը և խաչերը, պատրաստում է բուրվառի մեջ շիկացրած ածուխ, և յուր քթի աղլուխով սրբում է պատկերների փոշին, մոմեր վառելով նրանց առջև, համբուրելով, երկրպագություն տալով՝ հեռանում է:

Գալիս են քահանաները: Ծերունին շտապելով բերում է փիլոնները, ձգում տերտերների ուսի վրա, և գրպանից հանելով քթախոտի պարկը՝ ժպտալով, շախա-շուխա անելով, նրանց մեծարում է, ձեռները պաչում և բազում օրհնություններ ստանալով՝ գնում կանգնում է յուր տեղում: Սկսվում է ժամերգությունը: Եկեղեցին լցվում է հավատացյալ գյուղացիների բազմությամբ: Ծերունին դարձյալ հանգիստ չէ, նա անդադար ցատկում է այս ու այն կողմը, կտրում է պատրույգների ծայրերը, լուսավորում է կանթեղները, որի յուղը պակաս էր՝ լցնում է. եթե պատկերների մինի մոմը հանգած ծխրտում է՝ յուր մատներով սպառում է ծուխը, որ անախորժ հոտ չարձակեր դեպի սուրբ պատկերը: Երբ նա կանգնած էր յուր տեղում, նրա սրատես աչքերը նայում են դեպի ամեն կողմ: Եթե տերտերի շուրջառի կամ փիլոնի փեշերից ծալված էին, և կամ մի տեղ կծկված էին, շուտով գնում և ուղղում էր այն: Քահանան կարդում է սուրբ Ավետարանը: Մի մանուկ տիրացու լուսավորում է աստուծո գիրքը՝ սխալմամբ յուր ձախ ձեռքով: Ծերունին նշմարում է այդ, բարկությամբ գնում է, խլում է մոմը և աջ ձեռքով է բռնել տալիս, ապա նայում է դեպի դասերը. եթե փոքր երեխաներից մինը մի անկարգություն էր գործում, մոտենում և նրա գլխին մի ապտակ է թխկացնում, ականջն մի լավ ձիգ է տալիս և մռմռալով հետ է դառնում, կանգնում է յուր տեղում: Երբ նա հանգիստ կանգնած «տերողորմյայի» հատիկները ձեռքում չխչխկացնում և համարյա լսելի ձայնով կարդում է ժամերգուների հետ, բայց միաժամանակ հուշարարի նման նա չէր դադարում հեռվից նշան տալ այս կամ այն քահանային կամ տիրացուին իրանց կարգը պահելու և ընթերցվածքի մեջ իրանց սխալը ուղղելու: Թեպետ նա ինքը կարդացած չէր, բայց երկար տարիների ժամ գալու սովորությունը սովորեցրել էր նրան անգիր սերտել եկեղեցական աղոթքներից, երգերից և այլ ուսմունքներից շատերը: Այդ պատճառով, շատ անգամ, քահանան պատրաստ չեղած ժամանակ նա էր օրհնում ժամը «Հայր մեր» և ուրիշ աղոթքներ ասում, այլև սուրբ Ավետարան կարդում, դրա համար ծերունի Մկրտիչը ստացավ «կես տերտեր» մականունը:

Այդ բոլորը թեպետ խիստ ծանր էր եկեղեցականներին, բայց նա ամենևին ուշադրություն չէր դարձնում նրանց տրտունջին, այլ սիրով շարունակում էր կատարել աստուծո տան սպասավորությունը:

Ծերունի Մկրտչի, որպես մի սնահավատ և մոլեռանդ հայի — ո՛չ միայն տարապայման բնավորությունը, առաքինի բարք ու վարքը արժանի էին հարցասիրության, այլև՛ նրա հագուստը առավել գրավում է մեր ուշադրությունը յուր խորհրդական ձևով: Այդ հագուստը կարող էր ճիշտ օրինակ տալ մեր պապերի հին զգեստաձևերի, որոնց վրա մի ասեղի չափ չէ ներգործել «մոդան»: Նրա գրպաններում, ծոցում և գդակի մեջ կարելի էր գտնել ամենայն ինչ, որ այնքան հին տարիներից մեծ զգուշությամբ պահվում էր որպես սրբություն: Նրա ամենասիրելի կինը անգամ չէր կարող ձեռնամերձ լինել նրա հագուստի ուխտյալ պահարաններին, որոնց մեջ գտնվում էին — մոմի կիսավառ կտորներ, մի նշանավոր վանքից նրան ուղարկված նշխարքի պատառներ, օրհնության թղթեր, սուրբերի փոքրիկ պատկերներ, զանազան խաչեր պղնձից և սաղաֆից: Այլև նա յուր գդակի մեջ, գլխի վրա պահում էր չորս մատնաչափ լայնությամբ և երեք անգամ յուր հասակի երկայնությամբ մի մագաղաթի վրա գրվածք, որին անուն է տալիս «ճառ»: Նրա վրա զանազան փայլուն ներկերով նկարված են հրեշտակապետների — սերովբեք և քերովբեքի և սուրբերի պատկերներ, ամեն մինի ներքև մի աղոթք նույն սուրբի անունով, որ վերջանում էր հետևյալ խոսքերով. — «Եվ եղիցիս պահապան ծառայիս աստուծոյ Մկրտչին եւ կողակցի նորին Մարթային»: Սնապաշտ մարդիկ պատմում են, որ այդ հաստ մագաղաթի փաթոթը, ծուխի և մուխի մեջ սևացած, քրտինքի մեջ եղոտած, ցեցակեր եղած շատ անգամ, տեսել են, որ նա մութ տեղում լույս էր տալիս, և զարհուրելի ձայներով մեկ տեղից դեպի մյուսը թռչկոտում: Ուրիշ ի՛նչ բաներ չէր կարելի գտնել այդ մարդու հագուստի զաղտնածածուկ ծալվածքի մեջ: Նրա «արխալուխի» աջ թևի ներսի կողմից, «ղաղաքի» մեջ, եռանկյունի ձևով միմյանց մոտ կարած են զանազան փոքրիկ և մեծ «փթիկներ». գրված անհասկանալի նշանագրերով:

Միևնույն բնավորությունն ուներ և նրա կինը, պառավ Մարթան, ջերմեռանդ և կրոնամոլ կնամարդը: Կարծես թե աստված դրանց ստեղծել էր միմյանց համար, երկուսը իբր մի մարմին, կապված էին կրոնքով, և երկուսի մեջ բնակվում էր մի հոգի: Պառավ Մարթան ավելի սնապաշտ էր քան յուր ամուսինը. նա հավատալով հայերի մեջ եղած այն ավանդության, թե դևերը և սատանաները վախենալով խույս են տալի պողովատից, որովհետև պողովատը լուծում է նրանց աներևույթ լինելու կարողությունը, այդ ավանդության հիման վրա, նա մի պողովատե օղամանյակ էր անցրել յուր պարանոցին, բազուկներին ապարանջաններ և մատին մի հատ մատանի — նույն մետաղից: Նա յուր հարսանիքի հագուստի կապոցի վրա նույնպես շարել էր ասեղներ, որպեսզի դևերը նրանց չմերձենային և գիշերները հագնելով հարսանիք չանեին: Բացի դրանից, պառավ Մարթան յուր անձը պատսպարել էր զորավոր գրվածքներով, մանր ուլունքներով զարդարված նրա թևերի վրա կապած «բազբանդները» պարունակում էին իրենց մեջ «թիլիսիմներ»: Մի արծաթյա կիսալուսին, խազած անհասկանալի նշանագրերով՝ քարշ էր զցած յուր պարանոցի մանյակի շարքից: Նա յուր վզին կապել էր մեկ մատնաչափ երկայնությամբ արծաթյա խողովակ, որ ավելի նմանություն ուներ թնդանոթի խողովակին: Դրա մեջ ամփոփված էր մի թղթե փաթոթ, ո՞վ գիտե ի՛նչ լեզվով գրված: Այդ թողել էր նրան յուր հանգուցյալ մայրը, որ մեռնելու ժամանակ դողդոջուն ձեռքով մեկնեց դեպի յուր աղջիկը, ասելով. «Ա՛ռ, Մարթա՛, անցրու պարանոցովդ այդ հուռութքը, դա կպահպանի քեզ ամենայն չարից...»: Նրա երեսի երկու կողմից, ականջների վրա, զնդերու հետ միասին կախած էին գույնզգույն մետաքսյա գործվածքների մեջ կարած քառանկյունի ձևով փոքրիկ փթիկներ, որ հայոց լեզվով նշանակում է կախարդական բժժանքներ:

Մենք ավելորդ ենք համարում ձանձրացնել մեր ընթերցողին, մի ըստ միոջե նկարագրելով պառավ Մարթայի բոլոր զարդարանքը, որ շնչում էին կախարդական և կռապաշտական ոգով: Բայց չէ կարելի մի քանի խոսք չասել նրա սնահավատության մասին կրոնական իրողության մեջ:

Մի օր նրանց տան մեջ մի մեծ դժբախտություն պատահեց. առավոտյան Մարթան վեր կացավ, թոնրի խուփը վեր առավ և զարհուրեց տեսնելով թոնրում սատկած իրանց կատուն: Նա սկսեց ցավակցաբար և ողորմելի եղանակով հառաչել, ո՛չ նրա համար միայն, որ նա կորցրեց յուր սիրելի կատուն, այլ ավելի այն պատճառով, որ կատուն թոնրի մեջ սատկելով՝ պղծել էր նրան: Նա շուտով կանչեց յուր ամուսինը, երկուսը միասին դուրս քաշեցին սատկած կատուն ու ձգեցին նրան իրանց տանից հեռու, գյուղից դուրս: Այնուհետև կանչեցին քահանային, որը օրհնեց թոնիրը, մաքրեց՝ «խաչալվա» ջուր սրսկելով նրա մեջ, և պատվիրեց քառասուն օր վառելուց հետո միայն նրա կողերի վրա լավաշ թխել:

Ահա. մի այդպիսի զերդաստանի մեջ, մի այդպիսի վարժապետի և վարժուհու հոգաբարձության հանձնվեց Հովասաբենց Սալբիի, մեր վիպասանության հերոսուհու կյանքի առաջին դաստիարակությունը և ուսումը:

Բայց ի՞նչ ուսում, ի՞նչ դաստիարակություն: Ի նկատի ունենալով այն չարչարանքները, որ խղճալի աղջիկը կրում էր պառավ Մարթայի ձեռքում, սխալ չէր լինի ասել, որ Սալբին մի ժիր աղախին էր այն տան մեջ: «Սալբի՛, աղբյուրից ջուր բեր... թոնիրը վառե... տունը ավելե՛ ... կովը կթե՛ ... հավերուն կուտ, ջուր տուր... այ՛ս վեր առ... այ՛ն վեր դիր...»: Այդպիսի հրամաններ նա լսում էր առավոտից մինչև իրիկուն պառավ Մարթայից:

Ծերունի Մկրտիչը ևս, յուր հերթում, չէր թողնում, որ խեղճ աղջիկը հանգիստ մնար: «Սալբի, չիբուխս լցրու՛, զա՛րկ, հասիրների ջիլերը թրջե՛, որ կակղեն, էշուն ջուր տուր»: Շատ անգամ հրամայում էին նրան մաքրել ախոռը, կովի և իշու աղբը քթոցով շալակն առնել և դուրս տանել, կամ թոնիրի մոխիրը կողովի մեջ լցնելով՝ տանել աղբանոցը: Այդ բոլոր ծառայությունը խղճալի աղջիկը կատարում էր առանց դժգոհության, որովհետև նա միշտ աշխատում էր շահել ծերունի Մկրտչի և պառավ Մարթայի սիրտը, որպեսզի նրանք չգանգատվեին յուր անագորույն մորը, թե Սալբին խելոք չէ, ականջ չէ դնում, որպիսի դեպքերին Թարլանը խիստ սաստիկ ծեծ տալով պատժում էր յուր աղջիկը, պատվիրելով, որ նրանք նույնպես ծեծեին նրան, մինչ առնեին, ոսկրը թողնեին, աչքը հանեին՝ ափի մեջ դնեին, որ խելոքանա, բան սովորե և օրինավոր կին դառնա...

Ե

ԼԵՅԼԻ ԵՎ ՄԵՋՆՈՒՆԻ ՀԱՄԱՍՏԵՂՔԸ

Ամառային գիշերներին, երբ սովորաբար քնում են կտուրների վրա արձակ օդի մեջ, արևելքի մայրիկները պատմելով իրանց հարցասեր զավակներին Լեյլիի և Մեջնունի սիրո վեպերը, մատով ցույց էին տալիս այն երկու պայծառ աստղերի վրա, որ ա՛յնպես հիանալի փայլում էին գեղեցիկ երկնակամարի վրա: Լեյլիի սիրով զծված-ցնորված Մեջնունը, այդ անբախտ տարփածուն, այս չար աշխարհի մեջ չկարողանալով հասնել ըղձին, աստված փոխադրում է նրանց համաստեղների կարգում: Այնտեղ, ազատ և արձակ երկնքի մեջ դարձյալ խիստ անողորմ գտնվեց դեպի նրանց սիրահարությունը, որովհետև նրանք անչափելի տարածությամբ միմյանցից հեռու, այրվում վառվում են սիրո կրակով:

Բայց տարին մի անգամ, սուրբ Համբարձման գիշերը տիրոջ հրամանով Լեյլին և Մեջնունը անչափելի ճանապարհ կտրելով՝ մոտենում են միմյանց, գրկախառնվում և առնում են իրենց կարոտը...:

Պառավ Մարթան քանի՛-քանի՛ տարիներ այն կախարդական գիշերին, շատ անգամ իրանց կտուրի վրա անքուն հսկել է, սպասելով այն ուխտյալ րոպեին, երբ այդ երկու աստղերը՝ անբախտ Լեյլին և Մեջնունը — մերձենալով կհամբուրեին միմյանց: Բայց միշտ մի ակամա թմրություն տիրելով նրան, անմասն էր կացուցել խղճալի Մարթային այն դյութական ժամի բոլոր գաղտնիքից: Այնուհետև պառավ Մարթան անձնատուր եղավ տեսակ-տեսակ ճգնությունների և սկսեց աղոթքով, ծոմով և պահեցողությամբ մաշել յուր անձը: Մի գիշեր սուրբ տիրամոր շնորհիվ տեսնում է՝ հանկարծ անհուն երկնքի երեսը շառագունեցավ. լսելի եղան հրեշտակային տաղերգներ քաղցրաձայն նվագների հետ, բնության խորին լռությունը կենդանացավ թռչունների անուշ մեղեդիներով, աստղերը սկսեցին երկնքից վարդեր թափել. օդի մեջ բուրեց անուշ խնկահոտություն, և պառավ Մարթան, զգաստանալով այդ նշաններից, աչքերը դեպ երկինք բարձրացրեց, տեսավ այն երկու հրաշալի աստղերը չափազանց պայծառացած՝ որպես երկու արեգակ՝ միմյանց մոտեցան...:

Նույն րոպեին բոլոր առարկաները, բոլոր ծառերն ու ծաղիկները, հանքերը, սարերը և քարերը — բոլորը լեզու ստացած սկսեցին շնորհավորել նրանց տեսակցությունը, պատմել բոլոր գաղտնիքները, որ բնությունը թաքցրել էր իրանց մեջ, թե իրանք ինչպիսի ցավի դարման կարող են լինել և ինչ էր իրենց գոյության խորհուրդը: Ահա այդպես պառավ Մարթան ճանաչելով մի քանի բժշկական խոտեր, այնուհետև սկսեց հայտնապես, առանց որևիցե վարձատրության՝ օգնություն հասցնել անճար հիվանդներին, և բժշկել թեթև ցավեր: Բայց այն չնչին վարձատրությունը, որ նա պարսկերեն կորչում էր «նիազ», պառավ Մարթան ընդունում էր ոչ թե յուր նյութական օգտի համար, այլ, որպես հավատացնում էր նա, թե առանց նիազի բժշկական դարմանները իրանց զորությունը կկորցնեին: Օրինակ, տեսնում ես մի օր ծերունի Մկրտչի խրճիթը ներս է մտնում մի կին, յուր գրկում փաթաթած երեխա է, հեզիկ բարև տալով, գնում, նստում է պառավ Մարթայի կողքին: Ծերունի Մկրտիչ հյուսում է փսիաթ՝ յուր սովորական երգը երգելով: Եկող կինը, ծերունուց ամաչելով, երեսը յուր թանձր և անթափանցիկ երեսքողով մինչև կուրծքը ծածկելով՝ լուռ և մունջ նստած է: Ծերունին նշմարելով, որ յուր ներկայությունը արգելք է լինում նորեկ հյուրին, վեր է կենում, և իշու «նուխտից» բռնելով՝ դուրս է տանում գետի եզերքում արածացնելու պատրվակով:

— Բարո՛վ, Խաթուն-Բաջի, — ասում է Մարթան:

— Աստծո բարին քո արևին, — պատասխանում է եկվորը:

— Ի՞նչ կա, բարի լինի, — հարցնում է պառավը:

— Աստուծով բարի է… բայց Մարթա, իմ աչքի լույս, երեխես ահա մի ամիս է ցավից աչք չէ բացում:

— Հա՛, քույրիկ, այս տարի չար տարի է, ցավ ու չոռն շատ է. տերտերն էլ այդպես է վկայում գրքի խոսքով… Հարբուխ, խորուզակ, տաքոտք, համարյա ամեն տան մեջ տանջում են երեխաներին:

— Բայց իմ երեխիս ցավը մյուսների նման չէ. նրանց շատերի վիզը և կոկորդը ուռչում է, կամ հազում են. «խաչլիցն» է, ասում են. այդ պատճառով սուրբ Խաչ ուխտ գնալով — փրկվում են: Բայց իմ երեխիս չար աչքով տվին և այդպես, օրըստօրե հալվում և մաշվում է:

«Չար աչքում չար փուշ», ասաց պառավը, երեխայի ձեռքը բռնելով և նրա երեսին նայելով:

— Բայց ես վախենում եմ «չարոց» լինի, — առաջ տարավ Խաթուն-Բաջին:

— Բա, «չարոց» է, երեխի վրա սաստիկ վախ նստելով, չեք տվել շուտով «աղոթեն», դրա համար ուղլուկ (բարակցավ) է բռնել:

— Իրա՛վ, այդպես է, մեր հացթուխը, այն անիծյալ Նուբարը՝ անցյալ օրը երեխիս վախեցրեց «Մարդագայլի» անունով: Հապա դրան ճար չկա՞:

— Ինչո՛ւ չէ. ուզո՞ւմ ես դյուրին լինի բանը, սուրբ Սարգսին ուխտ տար:

— Տարա, բայց բժշկություն չեղավ… — պատասխանեց Խաթուն-Բաջին հոգոց հանելով: — Ո՜ւհ, քույրիկ, ժամանակը փոխվել է, ասես թե սրբերը քարասրտել են. նրանք առաջվա նման քաղցր աչքով չեն նայում մարդոց վրա:

— «Կույրը որպես փակած աչքով նայում է աստծուն, աստված էլ նույնպես է նայում կույրին, ասում է թուրքի առածը, — պատասխանեց պառավ Մարթան ծանրությամբ: — Սուրբերը միևնույն բարի սուրբերն են. բայց ադամորդիների բարքը ապականվել է. նրանք իրանց մեղքերով բարկացրել են երկինքը:

— Հա մեր մեղքիցն է ամենայն պատիժն ու պատուհասը, որ աստված բերում է մեր գլխին… Ա՛խ երեխես, ա՛խ իմ ազնիվ աղավնյակս…: Ինձ էլ յուր հետ կմաշե և խորին գերեզման կտանի…:

Խաթուն-Բաջին սկսում է դառն կերպով լաց լինել, բայց պառավ Մարթան մխիթարեց նրան ասելով — աստված ողորմած է. հույսդ մի կտրիր, Խաթուն-Բաջի. տերը ծաղկեցնում է կիսավառ աթարոցը և մեռած սարին-քարին շունչ է պարգևում.երեխիդ դարման տալու ժամանակը անցել է, բայց այժմ մի թեթև կերպով «կաղոթեմ» և վախն կբռնեմ. աստուծո և սուրբ տիրամոր բարեխոսությամբ կլավանա:

Այնուհետև պառավ Մարթան պառկեցրեց հիվանդը քամակի վրա, բացեց նրա փորը և կուրծքը և սկսեց թզով չափել սրտի բոլորտիքը, որ իմանա արդյոք սիրտը յուր տեղո՞ւմն է թե ո՛չ: Նա ստուգեց, թե սիրտը չորս մատնաչափ ցած էր իջել և երեխան սաստիկ վախեցած է եղել: Դրա համար նա վերցրեց մի կտոր ածուխ, գծեց նրա ճակատի և երկու թշերի վրա փոքրիկ խաչ, երկուսն էլ նրա սրտի և պորտի վրա, մինն էլ ձախ ձեռքի վրա — յուր շրթունքների միջից փթփթացնելով մի քանի անհասկանալի և խառնափրնթոր աղոթքներ: Հետո հրամայեց Սալբիին, որը նրա առջև դրեց մի թաս լի ջրով. նա բռնեց հիվանդի գլուխը խորհրդական թասի վրա, երեխայի երեսը պատկերացավ ջրի հայելու մեջ. պառավը անխոս նայում էր ջրի մակերևույթին. նրա խորշոմած և ցամաք շրթունքը դարձյալ շարժվում էին. երևում էր թե նա մի բան էր կարդում: Այգ գործողությունից հետո նրա ձեռքը տալիս է մի կշիռ, պառավը թասը դնում կշռի թաթի մեջ և սկսում է բուրվառի նման, խաչաձև շարժել հիվանդի վրա՝ անլսելի ձայնով կարդալով յուր «սամունքները»: Խաթուն-Բաջին զարմանում էր, տեսնելով, որ թասի միջի ջուրը չէր թափվում, որքան և կշիռի թաթը պտտվում էր:

Վերջապես, պառավ Մարթան դադարում է. օրհնած ջրից սրս կում են հիվանդի երեսին, մի փոքր խմեցնում են և մնացյալը թափում են դեպի արևելք:

Գուցե սառը ջրի զրզռումից հիվանդը մի փոքր զվարթություն զգաց, սկսեց շարժվել, աչքերը բացել, հազալ, ապա երկու անգամ փռշտաց:

— Փա՛ռք աստծո, «զահտ բերեց» (այսինքն երկու անգամ փռշտաց), — ասաց պառավ Մարթան ուրախանալով: Աստուծով խեյր է, երեխաղ կփրկվի սուրբ տիրամոր շնորհիվ:

— Սուրբ տիրամոր ձեռքը թող ամեն անճարների վրա լինի, ասաց Խաթուն-Բաջին: — Աստված քեզ էլ հանգիստ, արքայություն թող պարգևե, քո՛ւյր Մարթա... Նուբարի երեսը թող սևանա, որ այդ չարը բերեց երեխիս գլխին...

— Ի՞նչ է արել Նուբարը, — հարցրուց պառավը:

— Չէ՞ որ ասացի, թե վախեցրեց երեխիս մարդագայլի անունով:

— Բա, չե՞ք լսել, ասում են գիշերով մարդագայլը ման է գալիս :

— Տեր ողորմյա, — գլուխը շարժելով կրկնեց պառավը: — Դեռևս շատ այդպիսի բաներ կլսեն մեր մեղավոր ականջները...: Բայց դուք ե՞րբ եք լսել, Խաթուն-Բաջի, — խոսքը փոխեց պառավը:

— Արդեն մեկ շաբաթ է, այդ զարհուրելի լուրը պտտվում է, — շարունակեց Խաթուն-Բաջին. — ասում են մի քանի գյուղերից մարդագայլը հափշտակել է գառներ, ոչխարներ, այլև՛, քա՛ր դառնա նրանց ծնողների սիրտը... — խլել է օրորոցներից տղաներ...

Պառավ Մարթան վերջին խոսքը լսելով զարհուրեց:

— Այդ աստուծո պատիժն է, որով կամենում է խրատել մեղավոր մարդոց, — ասաց նա. — մի անգամ ևս մարդագայլը երևաց, երբ ես իմ հոր տանը աղջիկ էի:

— Բայց այս վերջինը խիստ շատ կատաղի է, — պատասխանեց Խաթուն-Բաջին:

— Անտարակույս, դա մի դև է լինելու, որ մի սուրբի անեծքով ստացել է գայլի կերպարանք: Քրիստոսն էլ հրամայեց, որ դևերը մտնեն խոզերի մեջ:

— Չէ՛, Մարթա, հոգիս, ասում են մարդագայլը եղել է մի վանքի վարդապետ, Կ... գյուղացի Թոմաս անվամբ: Այդ պատճառով նա խոսում և խաբում է մարդկային լեզվով: Մի գիշեր նա մի ջրաղացի դուռն է բախում. «բաց արեք, խեղճ ճանապարհորդ եմ, — ասում է նա, — բուքը և բորանը ինձ խեղդում են, ողորմություն արե՛ք, հոգի ազատեցեք, ես մի հայ մարդ եմ...», ջաղացպանը բացում է դուռը և զարհուրում է, տեսնելով ահագին մարդագայլը ներս մտած: Այս խոսքերը պառավ Մարթայի վրա սարսափ են ազդում. նա սկսում է մունջ խաչակնքել յուր երեսը և աղոթք կարդալ:

— Մարդագայլը վնաս չէ՛ տալիս ջաղացպանին, որովհետև նա վառում է թոնիրը և սոված մարդագայլի համար «շոթեր» է թխում: Նա անհագ կերպով ուտում է: Եվ որովհետև երկար ժամանակ նրա մարմնի վրա բույն էին դրել լվերը, ոջիլները և անիծները, նա մերկանում է յուր գայլի մուշտակից, որ այն փոքրիկ ուտող-մաշող գազանները թոթափե թոնրի կրակի մեջ: Ջաղացպանը զարմանում է տեսնելով թոնրի շրթան մոտ նստած մի սև վարդապետ գայլի մուշտակը ձեռքում: Նա հարձակվում է նրա վրա, որ խլե մուշտակը և կոխե թոնրի մեջ, որ այրվի: Բայց մարդագայլը իսկույն աներևութանում է...:

— Վա՛յ քո հոգուն, վարդապետ, որքան նա սիրում է գայլի մուշտակը, որ մարդկությունից գազանի փոխվելով՝ հափշտակե և ուտե մարդոց և ոչխարների միս... — ասաց պառավ Մարթան անկեղծ պարզամտությամբ:

Համարյա ամեն օր ծերունի Մկրտչի տանը տեղի էին ունենում այդ օրինակ կախարդական տեսարաններ, և ամեն օր փոքրիկ Սալբին լսում էր այդպիսի առասպելաբանական զրույցներ յուր վարժուհուց և նրա այցելուներից: Եվ այսպես սնոտիապաշտությունը, յուր բոլոր այլանդակ կերպարանքներով, սկսած մանկության մատաղ հասակից նրա հստակ և մաքուր սրտի վրա խոր կերպով տպավորվում էր:

Բոլոր այցելուներից ավել, պառավ Մարթայի գիտության մասին նրա ամուսինը մեծ համարում ուներ: Այս պատճառով, նրա առտնին հասարակ խոսակցությունը յուր կնոջ հետ ավելի հետաքրքիր էր յուր սնահավատության հատկություններով: Օրինակ, շատ անգամ, ծերունի Մկրտիչը, եկեղեցուց կյուրակե օրերը տուն դառնալով, երբ ճանապարհին գլուխը մի փոքր տաքացած է լինում «արաղ»-ով, ներս է մտնում և յուր խռպոտ ձայնով «ողորմի աստված » ասելով՝ նստում է թոնրի մոտ, յուր կնոջ կողքին: Նա լուռ է.նրա երեսի խորհրդավոր գծագրությունը ցույց է տալիս, թե նա մի բանի մասին խորին կերպով մտածում էր: Լռության մեջ նա տաղտկանում է, և բերանը մինչև ականջները բանալով հորանջում է, արձակելով մի դառն հառաչանք: — «Ա՛խ, է՛յ, վա՛յ... աստված»: Այնուհետև ուշի գալով ծոցի գրպանից դուրս է բերում քթափոշու դեղին պարկը և լի բուռով, մանրած խոտը վեր է քաշում պնչածակերից: Քթախոտը, յուր կծու ներգործությամբ գրգռում է նրա քթի մկնակները, նա հազում է կոկորդն մաքրում և թքում է: Եթե աստուծո հաջողությամբ նա փռշտում է՝ նա բոլորովին զգաստանում է և երեսին խաչ հանում. «նահլաթ քեզ չար սատանա», վրա է բերում և աչքերը ուշադրությամբ լարում է յուր կնոջ վրա, ասելով.

— Մի բան հարցնեմ քեզ, Մարթա:

— Ի՞նչ, ասա՛:

— Մեղրը պա՞ս է, թե ո՛չ:

Պառավ Մարթան պատասխանում է թե պաս է, որովհետև նա գոյանում է մեղրաճանճերից, որ արյունավոր կենդանիների դասից են: Յուր խոսքը հաստատելու համար առարկում է թե, եթե մեղրը պաս չհամարվի՝ հավկիթն ևս պետք է ուտվեր, որպես բանջար. ավելացնում է, թե շաքարը նույնպես պաս է և ուտելը մեղք, որովհետև պղծված է անասունների ոսկրանյութով:

Այդ միջոցին ծերունին բռնելով փոքրիկ Սալբիի ականջից ձիգ տալով նստեցնում է յուր կնոջ մոտ.— Լսիր, Սալբի, և բան սորվե՛, ասում էր նրան: Շատ անգամ պատահում էր, որ ծերունին, խռոված գիշերվա երազներով՝ առավոտյան զարթնում է սովորականից կանուխ, նստում է յուր քնաշորերի մեջ, և երկար ու ձիգ խոսքերով սկսում է Մարթայից հարցնել յուր երազի մեկնությունը: Ապա սկսում է տեղեկանալ այլ երազների գաղտնիքները, թե ի՞նչ էր նշանակում երազի մեջ սև խաղող ուտելը, հարսանիքի և թմբուկի ձայն լսելը, սառն ջրի մեջ լողանալը, կամ ի՞նչ խորհուրդ ունի ձախ աչքի վերնակոպի, աջ ականջի ծայրի խաղալը և այլն: Որոնց պատասխանը ստանալուց հետո շարունակում է, երբ «ղարան» կոխում էր մի քնած մարդ, «ղարան» հալածելու համար «Հայր մեր» պետք է ասել, Հիսուս-Քրիստոսի անունը արտասանելու է:

Պառավ Մարթան ահ ու դողով խոսում է ծերունի Մկրտչի հետ

«մահտարաժամեր»-ի մասին, թե ինչ խորհուրդ ունեին խոլերան, ժանտախտը, կամ ո՞վքեր էին գրողները: Նա հայտնում է, թե այս ինչ գյուղում, այս ինչ պառավը ման է գալիս գրողների հետ, և թե՛ գրողները կամեցել են զարկել Ավազակյանց մելիք-Պիղատոսին, բայց պառավը բարեխոսել է իշխանի կենաց համար: Դրա համար մելիքը նրան երկու բեռ ցորեն էր բաշխել:

Փոքրիկ Սալբին յուր վարժուհու մոտ ոչ միայն կար ու ձև էր սովորում, այլև կարում էր գեղեցիկ ասեղնագործած նկարներ, պատրաստում էր յուր հարսանիքի հագուստը, որ նրա կյանքի հանդիսավոր օրերի փառավոր զգեստը լինելով՝ լինելու էին — նրան գերեզմանի պատանքը: Նույնպես պառավը սովորեցնում էր նրան բարոյական և իմացական խրատներ, որ անհրաժեշտ էին ամեն մինի առօրյա կյանքի մեջ: — Օրինակ, — ասում էր նա, — մի շուն, որ երկար ժամանակ ծառայում էր մի տան մեջ, երբ սատկում է, նրա գլուխը բակի դռան շեմքի տակ թաղելը օղուրով է (բարեհաջող է): Խուզած մազերը ոտքի տակ ձգես — գլուխդ կցավի, պետք է ջրի մեջ գցել: Կտրած եղունգները մի բանի մեջ փաթաթած պատերի ճեղքում դնելու է, որովհետև մյուս կյանքում կպահանջեն: Կրակի վրա սառն ջուր ածելը մեղք է: Տաք ջուրը գետնի վրա ածելու լինիս — դևերը կբարկանան, պատահմամբ կթափվի նրանց երեխաների վրա, որոնք աներևութապես ման են գալիս տան մեջ: Ագռավի կռնչալը արևամուտից հետո՝ չար բան է գուշակում: Շների տխուր ոռնալը մահաբեր է: Թոնրի կրակի բոցերի կամ թխած լավաշի սուլելով ձայն հանելը — սով կբերե: Բայղուշի (բու) ձայնը — ավերում է գուշակում: Մարին երբ աքաղաղի պես է խոսում, եթե նրա գլուխը չկտրես — տերը կմեռնի: Պառավը շատ անգամ ասում էր յուր աշակերտուհուն զանազան սովորական բաների մասին. թե կաչաղակին ո՛վ է իմաց տալիս, երբ նա խաբարներ (լուրեր) էր բերում. աղունակի (աղավնու) միս ուտելը ինչո՞ւ է մեղք. ճնճղուկին ո՛վ անիծեց. կամ Սողոմոնը ո՞րտեղից էր սովորել թռչունների լեզուն, և ինչ զաղտնիք ուներ նրա մատանին:

Պառավը երկար խոսել գիտեր հրեշտակների, սերովբեների, քերովբեների, դևերի, սատանաների և «մեզնից աղեկների»մասին: Նա պատմում էր խիստ զարմանալի բաներ արքայությունից և դժոխքից, թե արքայության ճանապարհի վրա մի մեծ հրեղեն գետ կա, որ վառվում է ծծմբով և նավթով (քարյուղ), նրա վրա կա մի մազե կամուրջ, արդարները առանց վնասի անց են կենում, բայց մեղավորների ոտները սայթաքում են և նրանք գլորվում են հրեղեն գետի մեջ, որ տանում էր դեպի դժոխքը:

Նա ասում էր, եթե մի երիտասարդ աղջիկ խոսում և ծիծաղում է մի նորահաս երիտասարդի հետ, որ նրա ազգակից չէր և կամ յուր երեսի և մարմնի վրա արվեստական խալեր էր շինում՝ նա երբեք չէր կարող անցնել մազե կամուրջից, այլ ընկնելով հրեղեն գետի մեջ, օձերի և կարիճների բաժին պիտի դառնա:

Պառավը սովորեցնում էր նրան և շատ «դրոց» բաներ, թե ո՛րպես Քրիստոսին տվին մի բաբիին աշակերտելու, և Քրիստոս առանց այբ և բենը սովորելու՝ կարդում էր թովրաթը. բաբիի մոտից արտաքսվելով՝ աշակերտում է մի ներկարարին և միևնույն կարասի մեջ ներկում է ամեն գույներով կտավներ: Ուրիշ շատ բան է պատմում Հիսուսի և Հովհաննեսի մանկությունից, և նրանց կատարած հրաշագործություններից, որոնցից և ոչ մինը չէ գտնվում մեր ընդունած Ավետարանի մեջ. նա շատ անգամ ծիծաղելի եղանակով պատմում էր, թե ինչպես մի օր Քրիստոս և Մուհամմեդը դաշն կապեցին, որ գետնից կաթի աղբյուր բխեցնեն. Մուհամմեդը գիշերով գետնի մեջ թաղել տվեց կաթով լիքը տիկեր, և մի հնար բանեցրեց, որ գավազանը զարկելուն պես դուրս հոսեր կաթը: Առավոտյան, երբ գնացին որոշված տեղը, Քրիստոս գավազանը գետնին զարկելուն պես կաթ բխեց, բայց Մուհամմեդը ոչինչ չկարողացավ անել, որովհետև խոզերը գիշերով պատռել էին յուր թաղած տիկերը, այդ պատճառով Մուհամմեդը պատվիրեց մուսուլմաններին խոզի միս չուտել: Նա պատմում էր խոտաճարակ ձգնավորի, անառակ որդու և «աճուճ-պճուճների» մասին: Խրատում էր նրան չուտել թուրքի հացը և թուրքի մորթած միսը. մի աման, որի մեջ թուրքը մի բան էր կերել — պիղծ է մինչև լվացվեր «խաչալվա» ջրով:

Զ

ՄԵՐ ՀԵՐՈՍԸ

Տեր-Առաքելենց տունը, յուր պարզ, անխարդախ նահապետական բնավորության հատկությամբ ձևացնում էր մի օրինյալ գերդաստան, որ արտացոլում է մեր արժանահիշատակ նախնիքների առաքինի կյանքի բոլոր անմեղ և անզարդ պատկերները: Այդ տունը միշտ ունեցել է կարդացող և գիտնական տղամարդիկ: Տեր-Առաքելենց տոհմից, Ծաղկավանի գերեզմանատնում շատ թվով եպիսկոպոսների, վարդապետների և քահանաների գերեզմաններ վկայում էին, թե եկեղեցական ծառայությունը, ժամանակի խորին հնությունից դեվտական կարգով միշտ շարունակվում էր այդ ցեղի մեջ, մինչև՝ հասնելով մահտեսի Ավետիսին, ծույլ և անգրագետ գյուղացուն — խսպառ վերջանում է:

Այդ գերդաստանի գլխավոր անդամներն էին — Հուրի Խան-Դայան՝ ութսունամյա պառավը, մահտեսի Ավետիսի մայրը, Մահտեսիի կինը՝ տիկին Սկուհին, նրա որդին՝ փոքրիկ Ռուստամը — Սալբիի ուխտյալ նշանածը: Բայց դրանցից, նրանց տանը ապրում է օրիորդ Սալլաթինը՝ տ. Սկուհու կրտսեր քույրը, որ մի որբ աղջիկ լինելով, մահտեսի Ավետիսը պահում էր իրանց մոտ: Ծառայողների կարգին էին պատկանում — Նազլու աղախինը և հավատարիմ հսկայամարմին Խաչոն:

Ծաղկավանը լինելով մի սարին մերձակա գյուղ, հարուստ էր յուր ջրարբի հողերով և արոտամարգերով, հնար էր տալիս գյուղացիներին, ոչ միայն երկրագործությամբ, այլև խաշնարածությամբ պարապել: Ամեն տարի, գարնան սկզբին, երբ մեծ Աղվանը ձյունի սպիտակ ծածկոցը թոթափելով — ամբողջ սարը հիանալի կերպով կանաչազարդվում էր, Ծաղկավանից հարյուրավոր գերդաստաններ — զուգված-զարդարված, սազ ու քյամանչա, դհոլ և զուռնա ածելով, նստած սիգապանծ երիվարների վրա, հարս, աղջիկ, կին և տղամարդ, զինված, ուրախ-ուրախ, երգ երգելով, իրանց հովիվների հետ, վրաններն էշերին ու եզներին բարձած — գնում էին սարը, մի քանի ալևորներ և պառավներ մնում էին իրանց տանը, որպեսզի մշակների հետ հոգս տանեին այգիների և ցանելի հողերի տնտեսությանը:

Ծաղկավանի ամառը և աշունը խիստ տխուր են: Շինական կյանքի ժրաջան և արդար վաստակարարությունները, այստեղ ներկայացնում են իրանց դժոխմբեր և տրկական պատկերները: Խղճալի գյուղացին այստեղ հանգիստ չունի գործելուց — նրա ընտանիքի ապրուստի պիտույքների վրա ծանրանում են ավելի խանի անտանելի հարկերը. ստիպում են նրանց գործել, և գործել չափից դուրս... իրանց անձերը մաշելու և սպառելու չափ:

Ոչ ոք առանց արտասուքի չէ կարող նայել այդպիսի բազմաթիվ աշխատավոր հասարակության վրա, որ հեծում և հառաչում էին աղքատության լծի տակ: Ինչո՞ւ, միթե աստված անիծե՞լ է նրանց: — Այդ չգիտենք մենք... միայն այդ հիմար մարդերի բազմությունը իրանց տխմար կամքի հոժարությամբ տանում են ստրկության և գերության բոլոր դժնդակ և անարգ ծառայությունները: Նրանք մշակում են ուրիշի հողը, նրանց իրանց արյունախառն քրտինքով՝ վաստակում են ուրիշի հացը, նրանք իրանց աշխատություններով լցնում են ուրիշի քսակը: Տեսնո՞ւմ ես այն երկրագործը, որ այնպես պարծանոք կիտել է յուր կալի մեջ ցորենի ահագին շեղջը, այդ՝ իրեն չէ պատկանում, այդ պիտի լցնե խանի ամբարը… և խղճալի շինականը տխուր և հուսահատ, անվարձ և դատարկ, «քառեշտը» (հեծանոցը) թևին դրած, դառնում է տուն...:

Այդ երկրի մեջ, ա՛յն գերդաստաններն են ավելի հարուստ համարվում, որ թվով շատ աշխատավոր ձեռքեր՝ այսինքն գործող տղամարդիկ ունին: Մահտեսի Ավետիսը անբախտ էր այդ նկատմամբ, այն պատճառով, որ նա չուներ ո՛չ բազմաթվ եղբայրներ, և ո՛չ էլ հասուն որդիք: Նա ինքն միայնակ, մի քանի վարձկան ծառաների հետ, ստիպված էր յուր անդադար աշխատությամբ լցնել յուր վրա դրած բոլոր ծանր կարիքները:

Ամեն օր Մահտեսին մեկ րոպե անգամ հանգիստ չունի յուր բերանը մի պատառ հաց դնելու, ի՞նչ անե խղճալին. միայնակ և անօգնական մարդ է, բայց դաշտում մի տեղ բանում է գութանը, մի տեղ՝ «ոսկին» (արորը), մի այլ տեղ կալ են կալսում, մի տեղ արտ են հնձում, մի տեղ խոտ են քաղում... բացի դրանցից, այգի կա, ոչխար կա, տավար կա... Ամենի վրա պետք է վերահասու լինել, ամենի համար հոգս տանել, բոլոր աշխատողները օտար մարդիկ են, օտար հայրերի որդիք են, մեկ րոպե գործը թողիր՝ ահա մնաց գործը, որովհետև մշակը հոգս չունի, նա յուր կերակուրի և վարձքի տերն է. նկատելով այդ հանգամանքները, պետք է մտածել, թե ինչ դրության մեջ կլիներ մահտեսի Ավետիսի խղճալի ընտանիքը, երբ ստիպված էին ամեն օր կերակրել այդքան բազմաթիվ վարձկան աշխատողներ: Հուրի Խան-Դայան, չնայելով նրա ութսունամյա ծերությանը, տակավին ժիր ու վաստակարար — մեկ րոպե դադար չուներ աշխատելուց: Տիկին Սկուհին, այն օրինյալ տնարար կինը, արևածագից մինչև կես գիշեր, բնավ հանգիստ չուներ: Նա ոչ միայն յուր գերդաստանի տանտիկինն էր, այլ յուր տան հացթուխը, խոհարարը, մատակարարը, յուր տղայոց ստնտուն, այլև յուր ընտանիքի դերձակը լինելով՝ կարում էր բոլորի հագուստը: Բայց ամենայն դառն աշխատությունները քաղցրանում են՝ երբ վայելում ենք նրանց պտուղները, իսկ երբ մեր աշխատությունը դառնում է ուրիշների վայելչության նյութ՝ մեզ միայն ունայն չարչարանքն է մնում…:

Ձմեռն է գյուղացիների հանգստի միակ ժամանակը. երբ նրանց արտերը և այգիները, նրանց մարգերը, արոտները՝ անհոգ քնած են սպիտակ ձյունեղեն վերմակի տակ, երբ նրանց տավարները, նրանց ոչխարները տաք գոմերի մեջ հանգստորեն վայելում են իրանց համար պատրաստված պաշարը: Դատարկապորտ գյուղացիք հավաքված փարախներում, իրանց անասունների մոտ, շատախոսում են դատարկ զրույցներ, և պատմում են միմյանց իրանց գլխին եկած հետաքրքրական անցքերը, կամ թե, գտնում են մի աշըղ, որ նրանց համար երգում և սազ է ածում, թագավորների և սիրողների հեքիաթներ է պատմում:

Բայց այդ զվարճություններից, այդ զբոսանքներից զուրկ էր մահտեսի Ավետիսը. — նրա մենակությունը, ընտանիքի հոգսը թույլ չէին տալիս նրան մինչև անգամ ձմեռը անգործ մնալու: Նա յուր անասունների ախոռի մի կողմում շինել էր մի փոքրիկ սաքու, որ տաքացած էր չորքոտանիների շնչով: Այստեղ էր նա հաստատել յուր ջուլհակի (ոստայնանկի) մեքենան և կես գիշերից սկսած այդ մելամաղձական բնակարանի մեջ լսելի էր լինում Մահտեսիի մաքուգի և դֆայի տխուր և դաշնակավոր չկչկոցը: Նրա կինը, տիկին Սկուհին, կամ պատրաստում էր թելի մասուրաներ և կամ հարդարում էր հինածը. երբ նա յուր ամուսնուն օգնելու պետք չէր, հեռու նստում էր յուր դյազգեհի մոտ, Նազլուի հետ միասին հինում էին շալեղեն և ասվեղեն գործվածքներ, որոնց թելերը նա ինքը իլիկով ամառը սարում մանել էր՝ իրանց հովիվների կանանց հետ: Գեղեցիկ է նայել այդ ժրաջան կանանց վրա, երբ սարերում՝ հեռու իրանց վրաններից, կանգնած մի բարձր քարաժայռի գլխին, կամ մի հստակ աղբյուրի մոտ, երգելով, պտտեցնում են իրանց իլիկը: Բանաստեղծական այդ տեսարանը երևան է հանում հովվական կյանքի անմեղ և անզարդ բնավորությունը: Բայց ավա՛ղ հայոց հովվուհիների իլիկը նրանց համար չէ մանում... նրանց ազնիվ և նուրբ գործվածքները իրանց կիսամերկ զավակները չեն հագնում, այլ, վաճառելով՝ վճարում են անգութ պարտատիրոջ տոկոսիքը, կամ ավելի վատթար, շատ անգամ բարբարոս քուրդը ավազակաբար կողոպտում է նրանց բոլոր գույքը՝ նրանց ոչխարների հետ: Մահտեսի Ավետիսի միակ հանգստի և օրհնության ժամերը լինում էին ավագ պասին: Այդ ապաշխարհական օրերին միջօրեից առաջ ժողովրդի ծերերը հավաքվում էին եկեղեցու բակում մի խուցի մեջ, քահանան նրանց համար կարդում էր Այսմավուրքը, սրբոց վարքը, և նրանք ախորժանոք լսում էին աստուծո և կրոնքի խոսքերը:

Հուրի Խան-Դայան, որպես բոլոր սնապաշտությունների կենդանի օրինագիրք, որպես տեր-Առաքելենց տոհմի հնամոլ պատրիարքը, յուր ձեռքում ուներ տնտեսական կառավարության ղեկը, ընտանիքի մյուս անդամներից ոչ ոք համարձակություն չուներ գործել նրա կամքին դեմ, այլ պահպանում էին իրանց տան ծերի պատիվը և նրա ծանրակշիռ համարումը: Տիկին Սկուհին, որ արդեն քանի որդոց մայր էր, առանց նրա խորհրդի՝ չէր կարող մի պատառ հաց յուր բերանը տանել, նա չափազանց պատվում էր յուր պառավ կեսրոջը գիշերները, երբ նա անկողին էր մտնում, տիկին Սկուհին նրա մոտ նստելով՝ մաժում էր նրա ոտերը, յուր ձեռքերով տրորում էր նրա մեջքը և չէր հեռանում նրա կողքից մինչև նա չքներ:

Ռուստամը, մեր վիպասանության նազելի հերոսը, որպես մի օրինյալ գերդաստանի զավակ, ուր նահապետական անզարդ կյանքի պարզությունները դեռևս պահպանում էին իրանց ծաղկափթիթ քնքշությունը, Ռուստամը, որպես մի հանդուգն և մեծահոգի մանուկ, յուր կյանքի ազատ շնչի հետ ներս էր շնչել մի ախտաբորբոք և դյուրազգրգիռ հոգի, մի՝ երկաթի պնդությամբ կամք և աներկյուղ սիրտ — արժանի է հարցասիրության յուր բնավորության մի քանի անզուգական հատկությունների համար: Նրա երեսի մի փոքր սևակարմիր գույնը, թուխ գանգուրների հետ՝ մի առանձին վայելչությամբ գեղեցկացնում էին նրա զվարթ և սիրուն դեմքը: Լայն և բարձր ճակատը սահմանափակվում է ներքևից սև-թավախիտ հոնքերով, որոնք երկու կողմից կամարաձև գալով քթի վերնակողմում միավորվում էին, մյուս ծայրերը երկարելով մինչև ականջները — ձևացնում են երկու սև աղեղնաձև գծեր, խաղած մեկ կողքից մինչև մյուսը: Նրա աչքերը, այն թուխ վառվռուն աչքերը՝ նապաստակի երկչոտ աչքերի նման դուրս ընկած չեն, այլ՝ առյուծի հպարտ նշաձև աչքեր, նետի պես երկայն թերթերունքներով՝ փայլուն են երկու աստղերի պես: Նրա քիթը, յուր բոլորակ վերջավորությամբ, համեմատելով երեսի լայնության հետ — կարելի է ասել փոքր էր, բայց այդ նրա դեմքին մի գրավիչ քնքշություն էր տալիս: Նրա խելացի երեսը, այն պարզ հոգու հայելին՝ չուներ ոչ մի խոժոռություն. նրա գորշ և մի փոքր նիհար թշերը, որոնց վրա չէին երևում մազի հետքեր, ավելի էին փայլում ողորկությամբ, միայն վերնաշուրթը դեռ նոր էր սկսել դըշդըշալ դեռաբուսիկ սև մազերով: Նրա ուղիղ և վայելչագեղ հասակը, ուռած կմբավոր կուրծքը, նրա լայն թիկունքը, գրավիչ սեգ հայացքը, մարմնի հպարտ և անհոգ շարվածքը, այդ բոլոր բարեգուշակ նշանները, առիթ էին տալիս ամեն տեսնողներին հուսալ, թե մի օր այդ նորահաս պատանին լինելու էր մի հոյակապ պարթևաձև տղամարդ հսկայատիպ մարմնով և ահավոր կազմվածքով:

Մանուկ Ռուստամը կարդացած չէր. նրա հայրը այդ մասին հոգս չտարավ նրա համար, և ինչ որ կարդում է տերտերը եկեղեցու մեջ, նրանցից մի բան չի հասկացել: Այդ պատճառով, նա չգիտե տիրոջ օրենքը: Բայց նա ունի յուր հատուկ օրենքը, որ բնությունը գրել է նրա սրտի վրա: — Դեռ մանկությունից սկսեց եփ գալ նրա հոգու մեջ քաջազնական ոգին և նա — մի զաղտնի համակրությամբ սկսեց սիրել զենքերը: Յուր տասննչորս տարեկան հասակում՝ հորիցը թաքուն՝ նա գնեց մի հրացան, մի հատ Խորասանի ընտիր թուր և մի զույգ ատրճանակ, և այնուհետև նա կարող էր միայնակ, որպես մի խաշնարած ցեղի հզոր պարոն — վերակացու լինել իրանց ոչխարներին և հովիվներին — սարում:

Դեռ յուր պատանեկան հասակում նա ցույց տվեց յուր ընդունակությունները այդ տեսակ պարապմունքների մեջ, որոնք ազատ չէին ահարկու վտանգներից: Մի անգամ, երբ քրդերի ասպատակները հարձակվելով ծաղկավանցոց վրանների վրա՝ կամենում էին նրանց հոտերը ավար տանել, Ռուստամը ավազակների հետ քաջությամբ պատերազմելով, խլեց նրանց ձեռքից իրանց ոչխարները, ստանալով երեսի աջ կողմում, ականջի և աչքի մեջտեղ — գլխից ուղղաձիգ դեպի ներքև այն խոր սպին, որ կտրելով ճակատի աջակողմը, հոնքի մի ծայրը՝ հասնում էր մինչև ականջի վերջը. ամեննին չվնասելով նրա գեղեցկության, այլ տալով նրա դեմքին ահարկու բացատրություններ:

Մի այդպիսի կյանք, պաշարված բարբարոսների հափշտակություններով, ավազակությամբ՝ ընդմիշտ պատերազմի աղմուկների մեջ, պատանի Ռուստամի բնավորությանը տվեց վայրենի և կատաղի հատկություններ: Նա խիստ դյուրազրգիռ էր և բարկացկոտ և ուներ անողոքելի և աներկյուղ սիրտ, պողովատի կարծրությամբ հաստատ կամք: Նա չէր կարող տանել որևէ անարդարություն — յուր ազատության իրավունքը, յուր մարդկային պատիվը անարատ պահելու համար, նա պատրաստ էր նահատակվելու: Առաջին աչքաբացին տեսնելով յուր շրջակայքում յուրայինների գերիացած և ստրկական վիճակը, միշտ լսելով նրանց ահ ու վախը, նրանց դառն հառաչանքները, ամեն օր տեսնելով հազարավոր անբախտների անտանելի չարչարանքները, նա ստացավ մի նախանձոտ ազգասիրական ոգի, որով նա միշտ պատրաստ էր յուր արյունով սրբել նրանց աչքերի արտասուքը: Ո՞րտեղ էր ծնվել Ռուստամը, որ այդպես չլիներ: Նրա խանձարուրը եղան անուշահոտ ծաղիկները, նրա օրորոցը՝ կանաչ խոտերը և թավշյա արոտամարգերը, նրա առաջին լալու արձագանքը — չկրկնեցին շքեղազարդ դահլիճի պատերը — այլ մի պարկեշտ հովվական վրան, ահագին քարաժայռերը, սար, ձոր և անտառը: Վարժատան մեջ չմաշվեց նրա կյանքը: Խելացի բնությունը՝ ինքն էր նրա վարժապետը: Անուշահոտ ծաղիկներից, կանաչ թփերից, խոտավետ մարգերից ստացավ նա յուր հոգու ազնվությունը: Պարզ և կապուտակ երկինքը, վարդագեղ արշալույսը, ոսկե արևը, արծաթյա լուսինը, բյուրավոր փայլուն աստղերը ներշնչեցին նրա հոգուն կրոնի և աստուծո զգացումը: Երգող փետրազարդ թռչունները, հեզիկ շշնջող զեփյուռը, ծառերի և թփերի խշխշոցը, նրանց տերևների կախարդական սոսափյունը, պարզ և հստակ աղբյուրները, նրանց — խոտերի և ծաղիկների միջից կարկաչելով և սուլելով — հոսանքը, արարչագործության այդ բոլոր հրաշալի պատկերները վառեցին նրա երևակայությունը գերբնական կրակով և բաշխեցին նրան մի ազնիվ և գեղեցկասեր ճաշակ, մի աշխուժոտ և զգացմունքով լի սիրտ: Ամպերի սոսկալի որոտումը, սև թուխպերի բոմբյունը, կայծակի ահեղ ճարճատյունը, ահագին լեռնաժայռերի ճաքճքվելով, թնդալով — սարերի գագաթներից դեպի վայր գլորվելը, հեղեղատի պղտոր ալիքների գոռոցը, մրրիկի զարհուրելի մռնչյունը՝ մինչ այդ աստիճան աներկյուղ, մինչ այն աստիճան ամրապինդ էին արել նրա սիրտը, որ նա առանց սոսկալու, առանց ահ ու դողի, ուրախ և զվարթ, յուր օրհնության երգերը խառնում էր սոսկալի մրրիկի սուլելու և ֆշֆշոցի վայրենի ձայների հետ:

Երբ Ռուստամը յուր կրիմյան հրացանը ուսին, խորին կեսգիշերային պահուն, մնջիկ — միայնակ հսկում է իրանց ոչխարների փարախի և վրանների չորս կողմը, իրանց ոչխարները քուրդերի և խորամանկ գայլերի բերանից ազատ պահելու համար — երբ նա հանկարծ լսում է հեռավոր սարից մի սոված արջի, մի ահագին քավթառի կամ մի կատաղի վագրի սոսկալի մռնչյունը, նրա հոգին վառվում է ուրախությամբ. նա արիաբար դիմում է դեպ չարագուշակ ձայնը, իսկ երբ դարանամտած մի քարի ետևը նա հաջողում է զարկել և գետին գլորել վիթխարի գազանը, այլևս նրա հրճվանքին սահման չկա: Նա ցնծությամբ կրում է յուր շալակին ահագին որսը, բերում, դնում է իրանց վրանի առջև: Առավոտյան, նրա հասակակից պատանիները ամաչելով նայում են նրա երեսին, բայց մանուկ աղջիկները — գովաբանում են նրա քաջագործությունը, և նրանց կուսական սրտի մեջ ծնվում են սիրո զգացմունքը:

Աներկյուղ քաջասրտության հետ նրա բնավորությունը ուներ հեզ, մաքուր, ազնիվ և քնքուշ կողմեր ևս: Ո՞րտեղ էր մեծացել նա, որ այդպես չլիներ — նա բնության հարազատ որդին էր, վաճառանոցներում և առևտրական խանութներում չէր դեղնել նրա դեմքը արծաթասիրության նախանձից և հոգեմաշ հուսահատությունից: Նրա հպարտ, կրակով լի սևորակ աչքերը չէ՛ին մեռել, չէ՛ին նվազել — ամեն ժամ նայելով ապրանք գնողի ճանապարհի: Նրա անխարդախ և անկեղծ սիրտը չէր թունավորված շահասիրության ախտով, և նա երբեք որպես վաճառողների որդիքը — յուր լեզվին թույլ չէր տվել անուղիղ բան խոսել, որպեսզի պեսպես կեղծավորությամբ, հազար և մեկ երդումով, բյուրավոր սուտ վկայություններ բերելով՝ աշխատեր մի ծանր գնով վաճառել մի աժանագին ապրանք, և այնպիսով ավելի հմտանալ խաբեբայության կեղտոտ արվեստին:

Ռուստամը ոչ մի վատ համարում չուներ մարդկանց վրա: Նա չէր ճանաչել նրանց չարությունները. նա բոլորին համարում էր յուր հայրը, մայրը, քույրը և եղբայրը: Նա այնպես էր հասկացել, թե ամեն սիրտ այնպես մաքուր և պարզ էր, որպես այն հստակ աղբյուրները: Նա ա՛յնպես էր հասկացել, թե ամեն ոք ա՛յնպես ազնիվ, ա՛յնպես սուրբ է, որպես այն անուշահոտ նախշուն վարդերը: Նա ա՛յնպես էր հասկացել, թե մարդիկ ա՛յնպես բարի և ա՛յնպես առաքինի էին՝ որպես այն անմեղ և անարատ գառները:

Սիրո ախտը, որ բոլոր կրքերից առաջ վառվեց նրա մանուկ հոգու մեջ — ավելի զգալի էր նրան: Աշղների «մեջլիսներում», երբ նա լսում էր Քյարամի և Ասլուի, Աշըղ-Ղարիբի ու Շահսանամի, Թըհարի և Զոհրայի սիրավեպերը, նրա արյունը բորբոքվում էր, նա ասպետական նախանձախնդրությամբ պատկերացնում էր յուր մեջ յուր սիրուհին՝ մի սիրուհի, որին ուխտել էր նա յուր կյանքի ամենապատվական ժամերը: Բայց երկրի սովորությունները, ազգային խորթ և օտարոտի բարք ու վարքը, երբեք չէին թույլ տալիս նրան գոնե մի անգամ տեսնել յուր սիրուհու երեսը և նրա բերանից մի քանի բառ լսել:

Տասնևինգ տարեկան էր Ռուստամը, երբ մի օր, Աղվանա սարերում, ուր իջևանել էին Ծաղկավանի բոլոր խաշնարած գերդաստանները, առավոտյան հովին, արևածագից առաջ, նստած սարի վրա, մի աղբյուրի մոտ, նա յուր քաղցր հրեշտակային ձայնով երգում էր յուր սերը, հանկարծ տեսավ նա մի նազելի աղջիկ, կուժը ուսին, եկավ աղբյուրից ջուր տանելու: Նա մտածեց ինքն իրան՝ «իրա՛վ, դա՛ է լինելու իմ սիրո կույսը, որ սուրբ Կարապետը բաշխել է ինձ»:

Արդարև՛ նա՛ էր, չքնաղագեղ Սալբին, որ լսելով Ռուստամի առավոտյան երգը, ջուրը պատճառ բռնելով՝ եկել էր տեսնելու այն սիրուն տղամարդի երեսը, որ ա՛յնքան այրվում և խորովվում էր յուր սիրով: Ռուստամը, բռնելով նրա ձեռքից, հայտնեց յուր սերը, հարցրուց թե նա ևս կամենո՞ւմ էր սիրել իրան. աղջիկը կարմրելով՝ հնչեց այն սուրբ բառը — «այո՛», և մեկ զույգ համբույր կնքեց նրանց ուխտը...:

Այնուհետև ժամադիր եղան նրանք այն նվիրական աղբյուրի մոտ՝ երբեմնապես միմյանց տեսնելու:

Մենք կդնենք այստեղ սիրո առաջին երգը, որ Ռուստամը երգեց Աղվանա սարերի մեջ:

Սե՛ր իմ, ո՛վ սեր, սե՛ր,
Ա՛խ, դու անգո՛ւթ սեր,
Տարա՛ր խե՛լք-միտքըս՝
Գլխիս եղար տեր:

Ո՛վ իմ սիրո կույս,
Հատոր իմ հոգվույս,
Առանց քե՛զ, մի ժամ
Կյանքից չունիմ հույս:

Մարդիկ անհամար
Ինձ խենթ, խելագար
Կոչում են այժմուս՝
Դո՛ւ եղար պատճառ:

Մինչ ե՞րբ դու այդպես
Ինձ պիտի տանջես.
Մինչ ե՞րբ, դո՛ւ ճրա՛գ-
Այրվող թիթեռն՝ ես:

Ե՛կ առ իս, ե՛կ առ իս,
Գոնյա՛, ա՛ռ հոգիս,
Սիրով կբաշխեմ՝
Քեզ իմ հրեշտակիս:

Գուցե քե՛զ համար՝
Գրիչն արդար՝
Ինձ նշանակեց —
Ջոհվել չարաչար:

Ասա՛ դո՛ւ, Լոկմա՛ն,
Գիտե՞ս դու դարմա՛ն
Սիրահար սի՛րտը
Բուժելու միայն:

— «Ո՛հ, չունի՛, չունի՛,
Նա դարման չունի:
Սիրահար սրտին՝
Սե՛րը դեղ կանի»:

Սուրբ ես դու, ո՛վ սեր՝
Քեզ ստեղծող տեր-
Երկնից և երկրի՝
Արեց հեր և մեր:

Ես էլ քո պաշտոն՝
Առի անտրտունջ,
Միշտ սերը պաշտել
Մինչև վերջի շունչ:

Է

ԱՆՀԱՎԱՏ ԴԱՍՏԻԱՐԱԿՉՈՒՀԻՆ

Կյուրակեմուտ իրիկո՛ւն էր: Մահտեսի Ավետիսը յուր մոր հետ գնացել էին ժամ, բայց նրա կինը՝ տիկին Սկուհին, յուր քրոջ — օրիորդ Սալլաթինի հետ մնացել էին տանը, որովհետև, այդ երկրի սովորության համեմատ, պառավները և ծերունիները պետք է ամեն օր շարունակ ժամ գնան, բայց երիտասարդ կանայք, նորահարսերը, և մատաղ օրիորդները եկեղեցու երես են տեսնում ամբողջ տարվա ընթացքում՝ միայն երկու անգամ, այսինքն Մեծ և Փոքր Զատիկներին, որ «սրբություն» առնեն և հաղորդվին Քրիստոսի հետ:

Բայց տիկին Սկուհին տանը մնալով՝ բոլորովին հանգիստ չէր — նա անդադար աշխատում էր այս և այն առտնին գործերով, զգուշանալով՝ չլինի թե նրա սկեսուրը ժամից դառնալուց հետո, տան մեջ մի չնչին անկարգություն գտնելով՝սկսեր նրան նախատինք տալ:

— Աղջի՛, Նազլո՛ւ, — վերջապես ձայն տվեց տիկին Սկուհին յուր աղախնին, — գնա՛ փարախի գավիթը — հավերը թառը քշիր, ծառաներին պատվիրիր փարախի երդիկները փակեն: Ո՛ւհ, ո՛րքան ցուրտ է այսօր: Ձմռանաս դառնալու ժամանակ Պողոսին վախեցնել, որովհետև նա անդադար լացում է...:

Նազլուն դուրս գնաց, բայց փոքրիկ Պողոսը ավելի՛ և ավելի՛ էր լաց լինում, ո՛վ գիտե ինչ բանի համար:

Մի քանի րոպեից հետո, դրան հետևից լսելի եղան զարհուրելի կըռմըռալու ձայներ:

— Ը՛շ-շ-շ... Ը՛շ-շ-շ...ձայն տվեց տիկին Սկուհին արջամարոզը...արջամարոզը... սո՛ւս…սո՛ւս...

Բայց նազլուի զարհուրելի կըռմըռոցը դարձյալ լսելի եղավ:

— Վա՛յ... ամա՛ն... արջամարո՛զը... եկա՛վ, եկավ: Պո՛ղոս եկավ, որ քեզ ուտի, — կրկնեց մայրը:

Բայց հանկարծ նազլուն ներս մտավ: Վա՛յ, հարսիկ, ես մեռա... սիրտս տրաքեց... լեղիս պատռվեց... ամա՛ն, ես մեռա:

— Ա՛ղջի, նա՛զլու, սև հազնես, ի՞նչ է, ի՞նչ պատահեց քեզ, — հարցրուց տիկին Սկուհին՝ զարմացած ձևանալով:

— Ամա՛ն աստված... — առաջ տարավ Նազլուն կցկտուր ձայնով, — ո՛ւհ, երբ միտքս բերում եմ, մարմինս սարսռում է, ախոռատան բակում, տեսա մի զարհուրելի հրեշ, պոչը երկայն, ինքը մազոտ, աչքերում կրակ էր վառվում, գլխի վրա երկու եղջյուր ուներ...։ Նա յուր ճանկերի մեջ բռնած՝ ուտում էր մեր մշակ Խաչոյի տղան — փոքրիկ Սահակը... ա՜խ ինչպես ցավագին լա՛ց էր լինում խեղճ Սահակը...

— Է՜հ, հողը քո գլխին, Նա՛զլու, — ասաց տիկին Սկուհին, — իրավ դու տեսել ես մարդագայլը, բայց նրան ասեիր, թե իմ փոքրիկ Պողոսը այլևս լաց չի լինում։

— Հա՛, ես այդպե՛ս էլ ասացի, բայց մարդագայլը ասաց, եթե Պողոսը էլի այնպես լաց կլինի՝ ես կգամ նրան էլ կուտեմ։

Խեղճ Պողոսը զարհուրելով այս խոսքերից մի քանի րոպե լուռ կացավ, մինչև քունը նրան բոլորովին հանգստացրեց։ Նրա մայրը ուրախ էր, որ կարողացավ խաբել յուր երեխային։

Նույն ժամուն Ռուստամը տավարների փարախում, ծառաների մոտ էր. այնտեղ վերահասու էր լինում իրանց անասուններին և նրանց հետ միասին մաքրում էր կովերի, եզների և գոմեշների աղբը, խոտ և դարման էր տալիս և ուրախանում էր, տեսնելով թե նրանցից ո՛րն է շատ գիրացել։ Վերջացնելով յուր գործը, աշխուժավոր պատանին եկավ յուր չորս տարեկան մանուկ քուռակի մոտ, և պտույտ գալով նրա շուրջը՝ հիանում էր նրա գեղեցկության վրա։ Նա առեց քորոցը (ղաշովը) և սկսեց քորել յուր քուռակը, հեզիկ շրթունքների միջից եղանակելով մի երգ։ Ձմեռվա սկզբից, ինքը, պատանին, յուր ձեռքով հոգս է տանում յուր ձին դարմանելու, որ նա ավելի գիրանա, զորանա և մեծանա։

— Խաչո, — ասաց նա յուր մտերիմ ծառային, — տեսնո՞ւմ ես, քուռակը աշունքից սկսած ո՛րքան մեծացել է. հավատա, գարունքին Ծաղկավանի փարախներից ո՛չ մի ձի դրա նման չի դուրս գալու։

— Անտարակույս, այդպես է, — նրա խոսքին հաստատություն տալով պատասխանեց Խաչոն. — քո ձիու հատը ո՛չ միայն մեր գյուղում, այլ մեր ամբողջ մահալումը չկա։ Ճանճակերենց Հարությունի տղան էլ պարծենում է, թե ձի ունի.անցյալ օր նրանց փարախը մտա, տեսա, ի՞նչ ձի, մեր կարմիր կովի հորթը — քեզ օրինակ։

— Դու գիտե՞ս սա՛ ի՞նչ ցեղից է... ա՜խ դրա «սոհն» ղուրբան... սա՝ արաբների քյահլանների ամենաազնիվ արյունիցն է. Մահմուդ-բեկը յուր եղբորը չէր բաշխի մի այդպիսի քուռակ, բայց նա իմ բարեկամն է, ինձանից անց չկեցավ։

— Բայց մի բան եմ լսել, Ռուստամ, — նրա խոսքը կտրեց Խաչոն։

— Ի՞նչ խոսք, ի՞նչ բան, — հարցրուց շտապով Ռուստամը։

— Վախենում եմ. ասեմ, սիրտդ կոտրվի։

— Չէ, ասա՛, իմ սիրտը կոտրվող սիրտ չէ։

— Ասում են, մելիքը՝ խանի մոտ սատանայություն է արել քո ձիու մասին, և խանը ասել է՝ «կառնեմ Ռուստամի ձեռքից, հայն ի՞նչ է, որ լավ ձի նստի, հային՝ էշն ու յուր խղճությունն է՛լ է բավական...»։

— Ա՛յ տղա, ո՛րքան միամիտ ես դու, — խոսեց պատանին արհամարհանոք. — ես քեզ այդքան երկչոտ չէի կարծում, Խաչո՛, ասենք թե ես մի լավ ձի չունեմ, մի սիրուն կնիկ ունեմ. խանը պիտի իմ ձեռքից առնե՞, մի՛թե կարո՞ղ է մի այդպիսի բան։

— Հա՛, Ռուստամ, քանի որ մենք այդպես գերի կմնանք այդ անօրենների ձեռքում, որ ոչ աստված ունին, ո՛չ խղճմտանք՝ մեր տունը, մեր տեղը, մեր գույքը, մեր ապրանքը՝ ինչ խոսքս երկարացնեմ, նույնիսկ մեր կինն և որդիքը — մերը չեն... ինչ որ ուզեն կանեն, ինչ որ կամենան՝ կկատարեն...։ Տեսա՞ր անցյալ օր, ո՛րպես անիրավությամբ խլեցին տարան Միհրապի թոռը, այն աննման աղջիկը։ Նրա ծնողները բացի լալուց՝ ոչինչ չկարողացան անել։ Նրա ա՛յնքան բազմաթիվ դրացիները, բոլորը երկյուղից փախան, իրանց տներում թաքնվեցան և դռները փակեցին: Խղճալի Նարկիզը, որպես մի անմեղ զառն՝ մնաց գայլերի ճանկերի մեջ...

Այդ խոսքերը վառեցին դյուրազգիռ պատանու սիրտը. ցավակցության զգացողությունից՝ մի քանի կաթիլ արտասուք երևաց նրա տխրած երեսի վրա: Նա շրջեց երեսը և արագությամբ սրբելով արտասուքը՝ ասաց. —

— Այդ իրա՛վ է, Խաչո, մի այսպիսի երկրի մեջ հայի աստղը խավար է... բայց հավատացնում եմ քեզ, քանի որ իմ գլուխը կենում է այս ուսերի վրա, չկարծեմ մի մարդ կարողանա իմ տնից բռնությամբ մի բան տանել:

Խելացի Խաչոն ոչինչ պատասխան չտվեց: Նա գիտեր, որ մի տարապայման տենչ՝ աներևույթ կերպով եփ էր գալիս այդ մանուկ սրտի մեջ. բայց անհնարին տխրությամբ կրկնեց յուր պապերի ասածը. «Մի ձեռքը ծափ չէ զարկում»:

Ռուստամը կրկին մոտեցավ ձիուն, ձեռքը քսեց նրա պարանոցին, հարդարեց նրա նորաբույս բաշը և կամենում էր դուրս գալ փարախից, երբ նրան կանգնեցրին մի քանի հոգի:

— Աղա՛, — ասացին նրանք, — այս օրվա փոթորիկը մեզ հնար չտվեց փարախից դուրս գալ և մեզ համար ուտելու հաց մուրալ. ի սերն աստուծո, պատվիրեցեք, որ այս գիշեր կերակրեն խեղճերիս:

—Մի՞թե դուք զնում եք դռներից հա՞ց մուրալու, և դրանով ամո՞թ բերում մեզ վրա, միթե իմ հայրը և ես չե՞նք պատվիրել, որ ամեն օր ձեզ օրական պատշաճավոր կերակուր տան, — հարցրուց տհաճությամբ Ռուստամը:

— Ճիշտ է, ա՛ղա, — պատասխանեցին նրանք միաձայն, — բայց մենք շնորհակալ ենք և նրա համար, որ դուք տվել եք մեզ տաք օթևան ձմեռելու: Այդ բավական է. դրանից ավել պետք չէ ծանրություն տալ:

— Ո՛չ, ո՛չ, ես կվշտանամ, եթե ձեզնից մինը բախե ուրիշի դուռը. քանի այստեղ եք, դուք աստուծո հյուրն եք, մեր պարտականությունն է հոգս տանել ձեր ապրուստի համար. — հացը մերը չէ՛, աստուծո տվածն է:

Այնուհետև Ռուստամը առանց ուշանալու դուրս գնաց փարախից, մտավ յուր մոր մոտ, և բարկանում էր նրա վրա, թե ինչո՛ւ օրինավոր կերպով հոգս չէր տանում անբախտներին՝ որ ապավինած էին իրանց ողորմության: Դրանք մի հայ գերդաստանի ընտանիքն էին, որոնց գյուղը բոլորովին կողոպտել էին քուրդերը, և բնակիչները ապրուստի համար ո՛չ մի հնարք չունենալով՝ ցիրուցան էին եղել զանազան կողմեր, և բտրի քրիստոնյաները ընդունելով նրանց իրանց տները՝ պահպանում էին: Մահտեսի Ավետիսը տեղ տվեց յուր փարախում՝ այդ անբախտ ընտանիքներից երկուսին:

Դռան մուրճը զարկեց

— Է՛յ, Նա՛զլու, — ձայն տվեց տիկին Սկուհին, — ժամավորքը եկան, գնա՛, դուռը բա՛ց արա:

Թեթևաշարժ աղախինը վազեց, դուռը բաց արավ, ներս մտան Հուրի Խան-Դայան և նրա որդի մահտեսի Ավետիսը:

Հուրի Խան-Դայան, կռացած յուր գավազանի վրա, դողդողալով, տրտքալով առաջ էր գնում, հասնելով տան շեմքի վրա, «ի մուտս իմոյս սենեկիս զծազրեա՛ քո արյամբդ» ասելով ներս մտավ:

Այդ մոլեռանդ պառավը, որի ամեն մի քայլը, ամեն մի շարժվածքը ունեին մի-մի խորհրդական զաղտնիք, խրճիթը ներս մտնելուց հետո սկսեց կատարել յուր սովորական ծեսերը: Նա ջերմ հավատով, երկրպագություն տալով, երեսն խաչակնքելով՝ մոտեցավ խրճիթի արևելյան անկյանը, ուր պատուհանի մեջ դրած էին մի քանի սրբություններ և մի սրբի պատկեր:

Այստեղ, այս ուխտյալ պատուհանի հանդեպ, երկար կանգնած աղոթում էր նա, ստեպ-ստեպ ծունր դնելով, երեսին խաչ հանելով և «տեր ողորմյայի» հատիկները ամեն մեկ անգամ տեր ողորմյա՛ ասելու ժամանակ՝ դարձնելով: Վերջապես, «զի քո է արքայություն և զորություն» ասելով, ուսերի վրա նստած բարի և չար ոգիներին դեպի աջ և դեպի ձախ կողմերը գլուխ տալուց հետո, և խրճիթի չորս անկյուններում նստած պահապան ոգիներին նույնպես երկրպագություն տալուց հետո, — մի առանձին ջերմեռանդությամբ «ողորմյա աստված» ասելով՝ գնաց նստեց քուրսու մոտ:

Խրճիթը, ուր հավաքվել էր նույն ժամանակ տեր-Առաքելենց փոքրիկ գերդաստանը — խորին մելամաղձական լռության մեջ էր: Տիկին Սկուհին , քուրսուց հեռու, մի անկյունում առանձնացած, օրորում էր յուր փոքրիկ Պողոսը: Նա չէր համարձակվում գնալ թոնրի մոտ, ուր այն ժամանակ նստած էր յուր սկեսուրը: Նազլու աղախինը՝ ձեռքը ծնոտին դրած նստել էր տիկին Սկուհու մոտ: Պատանի Ռուստամը, ձեռքերը սրտին դրած՝ կանգնել էր հոր սպասին, հնազանդությամբ սպասելով — երբ նա կիրամայեր վառել ծխափողը և կամ մի այլ ծառայություն: Հուրի Խան-Դայան մեջքը տված քնաշորերի ծալքին, ոտքերը մեկնել էր քուրսու տակ, որ դրված է թոնրի վրա: Մահտեսի Ավետիսը միայն նստած էր մոր մոտ լուռ և անխոս:

Հուրի Խան-Դայայի դեմքը ձնացնում էր մի տխուր և տրտում պատկեր, որի կծու արտահայտությունը բարկության սաստիկ բորբոքումն էր բացահայտում, որ նույն րոպեին խռովում էր նրա սիրտը: Մոխրագույն կատուն, նրա սիրելի կենդանին, կռռալով՝ քծնում էր յուր պառավ տիկնոջ չորս կողմը, բայց և այնպես չկարողացավ յուր քնքուշ հաճոյամոլությամբ ամոքել նրա ճակատի կնճիռը: Երկար լռությունից հետո, հանկարծ, որպես մի սև թուխպ, որ ծածկում էր երկնքի ավելի մեծ տարածությունը՝ որոտաց, թնդաց և խոր շմած աչքերից կայծակներ արձակելով, պոռաց նա յուր ժանգոտ ձայնով դեպի տիկին Սկուհին.

— Տո՛, փուչացած, այս տան սուրբը-սրբությունքը դու խպառ խափանեցիր, քեզնով մեր քրիստոնեությունը կորա՛վ: Չէ՞ որ այսօր կյուրակեմուտ իրիկուն է, քանիցս պատվիրել եմ այսպիսի գիշերներին խնկածխությունը անպակաս լինի այս տան մեջ, և սուրբ պատուհանի առջև, բացի ամենօրյա կանթեղից նա՛և վառվեն յոթն մեղրամոմի պատրույգներ: Դրանցով մեր տան բարի ոգիները կուրախանան, իսկ չարերը կտրտմեն: Խաչապաշտի տուն է, այդպես պետք է կատարել տիրոջ օրենքները: Է՛լ ի՞նչ խորհուրդ ունի հայ-քրիստոնեությունը, ի՞նչ է այն բարի հրեշտակների վարձը, որ միշտ պահպանում են մեզ, — այն մի բուռն սուրբ խունկը, որի անուշահոտությամբ զվարճանում են նրանք: Ինչո՞ւ Չարին ուրախացնենք, որ Բարին տրտմե և մեր ձախ թևի վրա սատանան նստած գրե մեր մեղքերը յուր դավթարի (տետրակ) մեջ: Է՛հ, «սնին սապոն ինչ անե, խնին խրատը»: Այդ առաջին անգամը չէ… ես մինչև այսօր քեզանից մի խելացի բան չեմ տեսել:

Խղճալի Սկուհին, թեպետ մի հասունացած կին էր և երկու երեք զավակների մայր, միտ դնելով լռություն պահելու և ծերերի խոսքը պատվելու կանոններին, ո՛չ միայն օրինավոր կերպով յուր իրավունքը կարող չէր պաշտպանել նրա առջև, այլև թույլատրելի չէր նրան յուր կեսրոջ մոտ համարձակ խոսել: Այսքանը միայն կարողացավ ամոթխածությամբ յուր երեսքողի տակից Նազլուի լեզվով ասել նրան.

— «Թող ներե բարի սկեսուրը, հավատացնում եմ բոլոր սրբերի անունով, որ այդ գործի մեջ մի մազաչափ մեղք չունիմ: Որովհետև մեր տան խունկը վերջացել էր, ուղարկեցի պառավ Մարթայից փոխ առնելու, նրանք էլ հազիվ թե այս գիշերվա համար ունեին, և մոռացա շուկայից բերել տալու»:

— Հոգեշահ և աստվածահաճո գործերը կմոռանաս, գիտե՛մ, — կրկնեց

պառավը գլուխը շարժելով, — բայց ուտելու համար չամիչ, կամ խուրմա լիներ, երբեք չէիր մոռանա շուկայից բերել տալու:

Տիկին Սկուհին չկամենալով սկեսուրի աչքի առջև կանգնելով ավելի բորբոքել նրա բարկությունը և առիթ տալ նոր դժգոհության, դուրս եկավ խրճիթից, գնաց հոգալու անբախտ ընտանիքների ընթրիքի մասին, որի համար պատվիրել էր իրան Ռուստամը:

Մահտեսի Ավետիսը, գիտնալով յուր մոր տրտնջոտ և քրքթմնջոտ բնավորությունը, ոչինչ չխոսեց, գլուխը քարշ ձգած տնից դուրս եկավ, գնաց անաստնների փարախը չորքոտանիներին վերահասություն անելու համար:

Հուրի Խանի-Դայան միայնակ մնաց խրճիթում, նստած քուռսու մոտ: Այնտեղ մնաց Նազլու աղախինը, որ լուռ կանգնած էր մի անկյունում մռայլ աղջամուղջի մեջ: Հուրի Խան-Դայային խիստ զգալի եղավ յուր որդու և հարսի այդպիսի վարվեցողությունը: Նա, առժամանակյա լռությունից և ծանր մտածմունքից հետո, գլուխը խոնարհեցնելով, ձեռքը ծնոտին դրած, սկսեց ինքն իրան խոսել, մտաբերելով յուր հանգուցյալ ամուսինը՝ քահանա տեր Մինասը, և յուր օրհնյալ տունը, որ նրա օրով մի նոր Երուսաղեմ էր: «Քո հոգին թող միշտ լուսի մեջ լինի, բարի քահանա...», ասաց նա ինքն իրան. «քանի դու կենդանի էիր, այս տունը ուներ հայ-քրիստոնեության համ ու հոտ, բայց երբ որ տերը մեզ զրկեց քեզանից և դու մեզնից հեռացար դեպ երկնքի լուսեղեն պալատները, բոլորը քեզ հետ տարար: Եվ մեր աստղը խավարեցավ, և մեր բախտը կուրացավ, մեր տան սրբությունները պղծվեցան, անօրենությունը համարձակ ոտք կոխեց մեր շեմքի վրա: Ըստ այսմ ամենայնի աստծո ողորմությունը անչափ է... լավ է, որ քարը քարի վրա մնում է դեռ, որ երկինքն փուլ գալով մեզ տակով չէ անում, և անդունդը պատռվելով մեզ կուլ չի տալիս: Փա՛ռք քեզ, տեր, փառք քեզ, քո բարությունը անչափ է... Ա՛խ, լուսահոգի քահանա... — նորից կենդանանում է նրա ուղեղի մեջ հանգուցյալի հիշատակը, — դու միայն էիր իբրև տան պահապան ոգի. ո՞ր գիշերը առանց «եկեսցե» ասելու, առանց Սաղմոսը և Նարեկը ծայրե ի ծայր կարդալու, առանց յոթանասուն ծունր իջնելու, քունը տիրում էր քո աչքերին: Քո սուրբ աղոթքների շնորհիվ, մեր խրճիթի չորս կողմը կանգնում էին ամրոցի նման բարձր աշտարակներ և շրջապարիսպ. քանի՛ցս անգամ գիշերին այդ տեսնելով գողերը չէին համարձակվում մեր տունը մտնելու: Քո ժամանակ մեր տան սրբությունները խավարի մեջ լույս կտային և պահպանող ոգիները խունկերի անուշահոտ բուրմունքից ուրախանում էին: Բայց երբ դու մեռար, բոլորը քեզ հետ վերջացավ, և մենք մնացինք անմխիթար տխրությամբ՝ իբրև գերի մի մոլորյալ գերդաստանի մեջ:

Մինչ Հուրի Խան-Դայան այդօրինակ խորհրդածության մեջ էր, նրա մտածմանց ամբոխմունքը ցրվեց փոքրիկ Պողոսի լացի ձայնը, նա հրամայեց Նազլուին, որ յուր մոտ դնե յուր թոռան օրորոցը և յուր թույլ ձեռքով սկսեց օրորել նրան: Յուր ամուսնի հիշատակը, յուր տան վաղեմի օրերի անմեղ, կրոնական կյանքն, որ նույն րոպեում վառել էին նրա երևակայությունը, առիթ եղան բորբոքելու նրա սառը սրտի մեջ բանաստեղծական շիջած կայծերը և նա ջերմ ոգևորությամբ սկսեց երգել, հանդարտ շարժելով յուր թոռան օրորոցը...

Քնե՛, քնե՛, սիրուն թոռնյակ,
Քնե՛, անուշ դու քնով.
Օրորոցդ հանդարտ կշարժեմ
Ես մայրական ջերմ սիրով:

Քնե՛, քնե՛, անմեղ հրեշտակ,
Քնե՛, անուշ դու քնով.

Քեզ օ՛ր կասեմ, քաղցր օ՛ր,օ՛ր…
Քեզ օ՛ր կերգեմ մեղմ ձայնով:

Աչքդ փակիր, իմ աղավնյա՛կ.
Ա՛յդ աչքերդ վառվռուն.
Քաղցր քունը վերադ սփռե՝
Յուր թևիկները նախշուն:

Աչքդ փակի՛ր, իմ սիրեկան.
Քնե՛, որ շուտ մեծանաս.
Քո վատաբախտ ծնողաց համար
Խելոք տղա դու դառնաս:

Երբ մեծացար, իմ նազելի,
Մանուկ եղար դու քնքուշ,
Տերտերի մոտ կուղարկեմ քեզ
Սերտել տաղեր, երգ անուշ:

Քեզ կսորվեցնե տեր հայրիկը՝
Սաղմոս, ժամագիրք, Նարեկ,
Փառաբանել աստծո անուն՝
Ամբողջ գիշեր ու ցերեկ:

Երբ որ ծաղկին սև մորուքով՝
Այդ լուսափայլ լիքը թշեր,
Անապատը կուղարկեմ քեզ,
Ճգնել անդ օր ու գիշեր:

Քնե՛, քնե՛, սիրուն որդյակ,
Քո մոր սրտին մխիթար.
Քնե՛ և շուտ մեծացիր դու,
Ինձ քո ձեռքով հողը տար:

Այդ հրեշտակի սուրբ լեզվովդ
Աղոթք կարդա ինձ վըրա,
Տերը շուտ կլսե քեզ,
Տատիդ հոգվո ճարն արա՛:

Իմ հոգվույս դու նվիրե
Քո առաջին պատարագ,
Որպես Բիբին արյուն ծովեն,
Ինձ մեղքից փրկե, որդյակ:

Ը

ՄԻ ԾԱՂԻԿ, ԽԵՂԴՈՂ ՓՈՒՇԵՐԻ ՄԵՋ

Մի օր մի անծանոթ հյուր հայտնվեցավ տեր-Առաքելենց տանը, մի տղամարդ, երեսունհինգ տարեկան, վայելուչ հասակով և եվրոպական հագուստով: Նրա անունն էր Արամ Աշխարունի, բնիկ պարսկաստանցի, որը բարեբախտություն էր ունեցել իր տասնչորս տարեկան հասակում հանդիպելու մի ամերիկացի ճանապարհորդի և նրա հովանավորությամբ տարվում է Նոր աշխարհը և յուր բարերարի շնորհիվ ընդունվում է որպես աշակերտ Նյու-Յորքի մի աստվածաբանական ճեմարանի մեջ:

Յուր ուսումն ավարտելով՝ պարոն Աշխարունին ստանում է աստվածաբանության վարդապետի տիտղոս. դուրս գալով ճեմարանից՝ մտնում է միսիոներական կարգը և որպես առաքյալ Ավետարանի քարոզության՝ ուղարկվում է Հնդկաստան: Այնտեղ հինգ տարի շարունակ աստծո խոսքը բարբարոսներին քարոզելով և միանգամայն լեռնաբնակներից սաստիկ վերքեր ստանալով, պարոն Աշխարունին հիվանդ տարվում է Ամերիկա: Բայց առողջանալուց հետո յուր կյանքի մնացյալ օրերը յուր ազգին պիտանի կացուցանելու մտոք, նորահաս քարոզիչը, աշխարհի երեսին երկար թափառելուց հետո դադար է գտնում Պարսկաստան:

Տեսնելով յուր ազգակիցների ցավալի վիճակը՝ «խեղճը եկավ նրանց վրա, որ աշխատած և ցրված էին, ինչպես ոչխարներ, որ հովիվ չունեին»: Ընդունվելով տեր-Առաքելենց տանը՝ պարոն Աշխարունին մի քանի օրից հետո հայտնեց մահտեսի Ավետիսին, թե ինքը պատրաստ էր բոլորովին ձրիաբար ծառայել նրա զավակների ուսման և կրթության: Մահտեսի Ավետիսը սիրով հոժարվեցավ այդ առաջարկության: Եվ շուտով պարոն Աշխարունին աշակերտներ ունեցավ հանձին պատանի Ռուստամի և նրա մորաքույր օրիորդ Սալլաթինի: Բայց տարվա ընթացքում նա ունեցավ և այլ աշակերտներ և աշակերտուհիներ, որոնց ծնողները աղքատ մարդիկ լինելով և օգուտ քաղելով ձրի դասավանդությունից, իրանց երեխաները դուրս բերելով տերտերների և տիրացուների տնից՝ հանձնում էին պարոն Աշխարունուն:

Պարոն Աշխարունին տեսնելով յուր գործի հաջողակ ընդունելությունը և այն, որ օրեցօր բավական ավելանում էր նրա աշակերտների թիվը, մտածեց ավելի կազմակերպել յուր վարժարանը: Տեր-Առաքելենց վրա ծանրաբեռնություն չլինելու համար նա վարձեց մի այլ տուն, ուր հաստատեց երկու սեռի մանկանց համար երկու առանձին դպրատներ:

Բայց նրա գործին ավելի շատ ուժ և զորություն տվող մեկենասը մահտեսի Ավետիսն էր: Իսկ երբ պարոն Աշխարունու հեռավոր բարեկամները հասկացան նրա հաջողակ գործունեությունը Պարսկաստանում, խոստացան նյութապես օգնել նրան, որով ժրաջան վարժապետը միտք ուներ առավել բարեկարգել յուր վարժարաններին դրությունը: Բայց հանկարծ մի փոթորիկ բարձրացավ խառնիճաղանջ տգետների կողմից և «նրա սերմերը փուշերի մեջ բուսան, և փուշերը խեղդեցին նրանց»:

Խավարասեր տերտերները, որկրամոլ տիրացուները՝ զրկվելով արաղի (օղի) և գինու սրվակներից, քուֆտայի և տոլմայի ամաններից, և այն բոլոր պատիվներից, որ նրանք ստանում էին իրանց աշակերտների ծնողներից, որպես երկրորդական վարձք, սկսեցին չարաչար նախանձիլ, և հրեական աղմուկներ բարձրացնելով ասել, թե «դա մոլորություն է ուսուցանում»: Օգնական գտնելով իրանց վիճակային առաջնորդ տեր Սուրմակյան արքեպիսկոպոսին և Ծաղկավանի աղա Մելիք Պիղատոս Ավազակյանցին և մի քանի վասակներին և մեհրուժաններին, իրանց բոլոր կատաղությամբ մոլեգնած ամբոխը, մի բան կաշառք տալով խանին, փակեցին պարոն Աշխարունու վարժարանի դռները՝ արգիլելով ժողովրդին իրանց որդիքը նրա մոտ ուսանելու ուղարկելուց:

Պարոն Աշխարունին մնաց դարձյալ առանց աշակերտի, տրտում և հուսահատ, յուր պարապմունքը նվիրելով միայն տեր-Առաքելենց Ռուստամի և նրա մորաքույր օրիորդ Սալլաթինի կրթության և մի քանի այլ աշակերտների, որոնք գաղտնապես ուղարկվում էին նրա մոտ:

Պետք է չմոռանալ մահտեսի Ավետիսի ազգասիրական զոհաբերությունները, որ չնայելով թե այն տարին նրա այգին շատ վնաս էր բերել, նա միշտ պաշտպան կանգնեց գիտնական վարժապետին, ամեննին չթուլացնելով յուր մեջ ուսումնասիրության եռանդն ու փափագը:

Բայց օրիորդ Սալլաթինը աննկատելի կերպով աճում և հասունանում էր, նրա մտավոր և բարոյական կրթության հետ՝ օրեցօր նրա գեղեցկության վարդերը ծաղկում, փթթում և անուշահոտվում էին: Բայց պարոն Աշխարունին չգիտեր և նրա գլխով չէր անցել այն միտքը, որ մահտեսի Ավետիսը և նրա կին տիկին Սկուհին վաղուց իրանց մտքում դրել էին, որ պարոն Արամին իրանց փեսա դարձնեն: Երբ հայտնեցին նրան այդ մասին, նա համարեց մեծ սրբապղծություն՝ ամուսնանալ յուր աշակերտուհու հետ, որի վրա մինչև այն օր նայել էր եղբոր աչքով, որպես յուր հարազատ քրոջը:

Երկար ստիպմունքներից, երկար թախանձանքներից հետո, պարոն Աշխարունին, յուր նպատակները իրագործելու հեռատեսությամբ թե վատ չէր լինի այդ երկրի մեջ հաստատվել, վերջապես, անհնարին տհաճությամբ՝ ընդունեց օրիորդ Սալլաթինի ձեռքը:

Տիկին Սալլաթինը, ուսած լինելով ոչ միայն հայերեն լեզուն, այլև բավական անգլիերեն և ֆրանսերեն և մասնավորապես ուսումնասիրած լինելով մի քանի արհեստներ և առավելապես կրթված լինելով Աստվածաշնչի գիտությամբ, կարճ ժամանակվա մեջ հավաքեց մի քանի աղջիկներ յուր բարեկամներից և նրանց կրթության հոգսը յուր վրա առավ:

Այդ մի քանի աշակերտուհիները, որ տիկին Աշխարունին պահում էր յուր մոտ կար ու ձև սովորեցնելու անվամբ, խավարասերների կողմից հարուցին ոչ սակավ հալածանք դեպ նրանց ծնողները. շատ կարելի էր մյուս անգամ ցրվեին տիկին Սալլաթինի աշակերտուհիների փոքրիկ ժողովը, եթե նրանց չօգներ պարոն Խոսրով Մելիքզադեն, մի հարուստ տղամարդ յուր խելքով, ուսմամբ և արծաթով:

Յուր նոր մեկենասի՝ պարոն Մելիքզադեի շնորհիվ, տիկին Աշխարունին բավական հաստատելով յուր վարժարանի դրությունը, յուր ուշադրությունը դարձրեց դեպ օրիորդ Սալբին՝ յուր քրոջ՝ տիկին Սկուհու որդի Ռուստամի նշանածը, մտածելով, թե մեծ անհարմարություն էր մի շատ ու քիչ ուսյալ տղամարդին ունենալ մի անկիրթ կին: Այդ պատճառով նա շատ աշխատություն թափեց, մինչև կարողացավ նրա մոլեռանդ մորը՝ տիկին Թարլանին համոզել, որ նա յուր աղջիկը դո՛ւրս բերեր հնամոլ և սնահավատ Մարթայի տնից և իրան հանձներ ճշմարիտ ուսում ստանալու:

Տիկին Թարլանը, ոչ միայն աղջիկներին կրթություն և ուսում տալը համարում էր մի ավելորդ բան, այլ ավելի վնասակար, որովհետև, նրա կարծիքով, աղջիկները կարդալ ուսանելով մի ավել բան չէին ավելացնելու, այլ կլինեին խորագետ դիկկներ, կորցնելով իրենց մաքուր և առաքինի վարքն ու բարքը: Բացի դրանից, նա չէր հոժարում յուր աղջիկը մոտեցնել այն տանը, ուր ուսանում էր և նրա հանդերձյալ (ապագա) ամուսնացուն:

Օրիորդ Սալբիի բնական ընդունակությունը, տիկին Մալլաթինի անդադար ջանքը պատճառ եղան, որ նա կարճ միջոցում սովորեց ոչ միայն հայոց հին ու նոր լեզուները, այլ բավականաչափ գաղիերեն և անգղիերեն:

Պարոն Աշխարունուն չմնաց և ոչ մի աշակերտ բացի Ռուստամից, բայց, դժբախտաբար, Ռուստամը զուրկ էր այն ընդունակություններից, որ կարողանար ըմբռնել յուր վարժապետի սերմանած ազատ գաղափարները, ազատ և լուսավոր մտքերը կրոնքի մասին: Նաև թույլ էր նա արհեստներ և լեզու սովորելու մեջ. նա ուսավ միայն հայոց հին լեզվի քերականությունը, որով կարողանում էր հասկանալ յուր կարդացածը ու գիտեր մասամբ գաղիերեն: Մյուս առարկաների մեջ նա առավելապես սիրում էր բանաստեղծությունը և հին ու նոր ազգերի պատմությունը, մանավանդ հունաց և հռոմայեցվոց: Նա խիստ ատում էր մաթեմատիկան, և թվաբանությունից՝ առաջին չորս գործողություններից ավելի բան չգիտեր: Նա ավելի ախորժանոք կարդում էր դյուցազնական բանաստեղծությունը.Հոմերոսի աշխատությունները նրա ամենասիրելի գրքերն էին: Ինքը նույնպես վատ չէր գրում և ոտանավորներ ու երգեր շարադրելու տաղանդ ուներ:

Ճշմարիտ կրոնագիտությունը, որ նա սովորեց Ավետարանի լուսով, չենք կարող ասել, թե բոլորովին մեղմեց և թուլացրեց նրա մեջ ընդաբույս վայրենի բնավորությունը, այլ նրա փոխարեն ներշնչեց նրա մեջ քաջազնական կոչված առաքինությունը: Նա չէր մեղադրում Մովսեսին՝ յուր ազգակիցը չարչարող եգիպտացին սպանելու համար, գովում էր մանուկ Դավթի քաջագործությունը, Գողիաթին սատակելու համար: Նա երբեմն հակառակում էր փրկչի այն խոսքերին, թե մի երեսին զարկելու ժամանակ՝ մյուսը պետք է դեմ տալ. առավել հավանություն էր տալիս մովսիսական փոխարինությանը. «ակն ընդական» — «ատամն ընդ ատաման»:

— Ինչո՞ւ, — հարցնում էին նրանից:

— Որովհետև, — պատասխանում էր նա, — քանի մարդիկ պատրաստված չեն Ավետարանի սրբազան գաղափարները ընդունելու, քանի նրանց խղճմտանքը մեռած է, քանի նրանց սրտի մեջ չարություն կա, անկարելի է այդ կերպով վարվել նրանց հետ, որովհետև, երբ նա զարկում է իմ ձախ երեսին, և ես դարձնում եմ և աջ երեսս, նա՝ իմ հնազանդությունը խոնարհության տեղ դնելով՝ չէր դադարելու չարությունից, այլ կասեր. «դե՜, գլուխդ էլ...»: Բայց մենք մարդիկ ենք, աստված ստեղծել է մեր գլուխը ուղղաբարձ դեպ վեր, ամոթ է մեզ, երբ մենք, անասուններին հավասարվելով ընդունենք այդ անարգությունը, մեր գլուխը խոնարհեցնելով և ուրիշի ոտքի տակը տալով:

Նրան ասում են թե Քրիստոս հրամայել է, ով որ շապիկդ ուզե, ապա (վերարկուդ) էլ տուր:

— Տո՜, անխելք տնաքանդ, — ասում է նա, — դու կարծո՞ւմ ես, թե վերարկուս տալով գո՞հ էր լինելու նա, ոչ, ամեննին ոչ. դուք չգիտեք թե մարդիկ ո՜րքան անհագ և չկշտացող էակներ են...: Եթե վերարկուս տամ, կասե՝ «փոխանդ էլ տուր»: Այդ ես տվի...: Դու կարծում ես ձե՞ռք կվեր առնի, մինչև բոլորովին չմերկացնե և կաշիս էլ չառնե: Բայց «ինչո՞ւ ես փրթեմ, ուրիշը քերթե». — «Զաֆեն ես քաշեմ, ձվաձեղը Գասպարն ուտե»: Այս աշխարհում ամեն ինչ պարտք է, ո՜չ ոք չէ ցանում յուր սերմը՝ ուր հույս չունի հնձելու. ոչ ոք չէ տալիս, երբ հույս չունի առնելու. միով բանիվ, այս աշխարհում ո՜չինչ բան ձրի չէ, ո՜չ միայն մարդկանց ընկերակցության մեջ, այլև աստծո մեջ: «Շնորհ և զորություն չունեցող սրբին մատաղ չեն կտրում»: Ես երբեք աստծուն երկրպագություն չէի տալու, երբ գիտենայի, թե նա արքայություն և դժոխք չունի, կամ իմ ապրուստի խնամքը նրա ձեռքում չէ...:

Այդ խոսքերը ոչ թե բխում էին նրա սրտի ներքին զգացմունքներից, այլ նայելով մարդկանց չարությանը՝ ամենքը կամենում են իրանցից տկարները միանգամայն զերի, ստրուկ և ավանակ շինեն՝ իրանց հանգստության և վայելչության համար. — այդ պատճառով մեր ոգելից հերոսը տեսնելով մարդկանց մեջ եղած եսական անիրավությունը, տխուր հուսահատությամբ կրկնում էր, թե քրիստոնեությունը տակավին աշխարհի վրա չէ եկել. մարդիկ ապրում են բարբարոսության մեջ:

Ռուստամը կրոնքի և աստծո պաշտոնի մասին յուր հասկացողությունների մեջ նույնպես նախանձոտ և հանդուգն եղավ, որպես յուր նախկին վայրենության մեջ: Նա նայում էր յուր դրացիների սնապաշտության և մոլեռանդության վրա ինկվիզիտորի աչքով, նախատական կերպով արհամարհում էր նրանց սնահավատությունը, վիճելով ո՛չ միայն հասարակ ժողովրդականների՝ այլև եկեղեցականների հետ: Ռուստամի մի այդպիսի համարձակությունը վշտացնելով շատերի սիրտը՝ հարույց նրա դեմ հասարակաց ատելությունը, և այսպիսով նա ունեցավ բազմաթիվ թշնամիներ:

Մահտեսի Ավետիսը նույնպես չմնաց յուր նախկին գռեհկության մեջ: Պարոն Աշխարունին բազում ստիպմամբ համոզեց նրան՝ ուսանել յուր մայրենի լեզվի գրագիտությունը և նա մի կարճ ժամանակում ոչ միայն ազատ կարդում էր Աստվածաշունչը, այլև բացատրում էր նրա բազմախորհուրդ մեկնությունները: Բայց տիկին Սկուհին մնաց յուր նախկին հասկացողության մեջ, նա տակավին հետևում էր փտած հնությանը, և միշտ ենթակա լինելով յուր մոլեռանդ սկեսուրի ազդեցությանը, նրա երկյուղից, նրա նախատինքների տակ խեղճ կինը ոչինչ չկարողացավ սովորել և ըստ հայկական առածի «Աղբյուրի մոտ ծարավ մնաց»:

Հուրի Խան-Դայան տեր-Առաքելենց գերդաստանի մեջ մի սև անձն էր, որ չէր կարողանում տանել պարոն Աշխարունիի և նրա ամուսնու ներկայությունը, նրանց, ըստ նրա ասության, մոլար վարդապետությունը, որ ավանդում էին իրենց «Ջհուդի Քնիշտայի» մեջ, այդ պատճառով նա անհնարին տհաճությամբ հալածում էր նրանց: Նա չէր կարողանում սառն աչքով նայել օրիորդ Սալբիի վրա, երբ նա շատ անգամ արձակ համարձակ անցնում էր նրա առջևից առանց ամաչելու, առանց պատիվ դնելու նրա ծերության: Նա չէր կարողանում համբերել յուր թոռան, որպես կոչում էր «լրբություններին», երբ նա յուր աչքի առջև խոսում էր յուր նշանածի հետ, առանց յուր պառավ տատիցը պատկառելու: Հուրի Խան-Դայան մահու չափ վշտացել էր, տեսնելով յուր տան մեջ յուր պապերի հին սովորությունները խախտված և ոտնակոխ եղած, երբ նրա ընտանիքը այլևս ուշադիր չէր պաս ու ծոմ պահելու, երբ նրանք այլևս հարգանք չէին մատուցանում սրբերին և նրանց պատկերներին. այդ պատճառով նա ավելի հոժար էր մեռնել, քան կենդանի աչքով տեսնել յուր տան մեջ այդպիսի սրբապղծություն:

Մի գիշեր, երբ տեր-Առաքելենք բոլորը հավաքվել էին միասին, և Հուրի Խան-Դայայի դեմքը մի գոհունակ հանդարտություն էր ցույց տալիս, մահտեսի Ավետիսը ժամանակը հարմար գտնելով, ուզեց հասկանալ նրա կարծիքը յուր որդու հարսանիքի մասին:

— Մայր իմ, — ասաց նա, — ահա Ջրօրհնյաց (ծննդյան) զատիկն անցավ, սուրբ Սարգիսն էլ նրա հետ. մի քանի օրից հետո կգա բարեկենդանը. և նրա հետևից կգա երկար ու ձիգ մեծ պասը: Այն ժամանակ՝ մեր հայրապետադիր կանոնների համեմատ, այլևս պսակ չէ լինում: Էլ ե՞րբ պետք է կատարենք Ռուստամի հարսանիքը:

— Հարսանի՛ք... — կրկնեց խորհրդական ձայնով պառավը, գլուխը շարժելով. այդ բառը պատկերացնում է իմ գլխի մեջ անցած գնացած ժամանակների քնքուշ հիշատակները... և համեմատելով այդ՝ այս նոր և չար ժամանակի հետ, ես ակամա ստիպված եմ իմ թոռան հարսանիքի մասին բոլորովին լուռ մնալ...: Որդի, ես «իմ ձեռքերը լվացել եմ» այդ գործից և բոլորը հանձնում եմ ձեր կամքին:

Մահտեսի Ավետիսը գիտեր յուր պառավ մոր հնամոլությունը. նրան հայտնի էր, թե նա ինչպիսի աչքով էր նայում յուր տան մեջ կատարված մասնավոր վերանորոգությունների վրա. համենայն դեպս նա պատվելով նրա ծերությունը ո՜չ միայն նրա կամքի դեմ չէր գործում, այլև միշտ պատվիրում էր յուր զավակներին, հնազանդ լինել յուր մորը և շահել նրա սիրտը: Նա ավելի փաղաքշաբար առաջ տարավ.

— Իմ լուսահոգի հորս մահից հետո ես միշտ հետևել եմ ձեր կամքին, այս մեծակշիռ ընտանեկան հարցի մեջ ևս պետք է որոնել ձեր հաճությունը և ձեր ընտրողությունը:

— Ես չեմ կամենում խոսել մի հարցի մասին, որի մեջ մինչև այսօր չէ՛ եղել իմ կամքը, — սառնությամբ պատասխանեց պառավը:

— Բա՛յց, մտածեցե՛ք, որ Ռուստամի և Սալբիի նշանադրության խորհուրդը որևիցե մարդկային կամքով չէ եղել, — նրա խոսքը կտրեց Մահտեսին, — այլ, որպես ձեզ հայտնի է՝ մի հրաշալի տեսիլքով: Սուրբ Կարապետի վանքում և մի սուրբ ուխտադրության դաշնով, որ կնքվել է նույն սրբի գերեզմանի վրա:

— Այդ իրա՛վ է... միայն Ռուստամը և Սալբին պղծեցին սուրբ ուխտը:

— Ինչո՞ւ:

— Նրա համար, որ նրանք դուրս եկան այն ճանապարհից, որով գնացել էին նրանց արժանահիշատակ հարքը. նրա համար, որ նրանք իրենց անպարկեշտ և անվայել բարք ու վարքով, իրենց համարձակ և անամոթ վարվեցողությամբ՝ ավերեցին, փչացրին այն մաքուր, վսեմ և պատկառելի օրենքը, որ կար մանուկ տղամարդերի և նորահաս աղջիկների մեջ:

Մահտեսի Ավետիսը լուռ լսում էր, յուր մտքի մեջ ծիծաղելով յուր մոր հնոտի նեղսրտության վրա, որի համար սրբազան մի բան, էր յուր պապերի անասնական կյանքը:

— Ես անցրել եմ ավելի շատ օրեր, քան թե դուք, — առաջ տարավ պառավը. — և ես տեսնում եմ արևի լույսը ավելի հին տարիներից... մեր պապերի բարք ու վարքը այսպես չէ՛ր. մեր օրերում կույս աղջիկները և ազապ տղամարդիկը չգիտեին թե ինչ է սերը. երբ նրանք լսում էին հարսանիքի, պսակվելու անունը, ամոթխածությամբ կարմրում էին և նրանց աչքերը լցվում էին արտասուքով: Բայց ա՛յժմ... — վա՛յ մեր մեղավոր հոգիներին — աղջիկը, զուգած-զարդարած յուր մարմինը հազար ու մի պչրանքներով, հալվում, մաշվում է հաճոյամոլությամբ զինքը սիրել տալու համար: Իսկ տղամարդը այրվում և վառվում է յուր սիրուհու կրակով...: Ի՞նչ ասել է այդ — չէ՞ որ դա ազգային կյանքի մեջ մի ժանտախտ է, որ ապականում, փտեցնում է առաքինությունը, որ մահացնում է պարկեշտությունը և ողջախոհությունը...:

— Մայր իմ, — խոսեց մահտեսի Ավետիսը, — ինչո՞ւ եք դուք այդպես ծուռն աչքով նայում ձեր թոռան և նրա հարսնացուի միմյանց հետ համարձակ վարվողության վրա. չէ՞ որ աստված ինքը դրեց այդ սուրբ սերը նրանց սրտերի մեջ՝ երբ դեռ նրանք իրանց մայրերի արգանդումն էին: Մի՛թե մեղավոր պիտի համարվին նրանք, որ հակառակ մի կեղտոտ և տարապայման ասիական սովորության՝ համարձակվում են հայտնի կացուցանել իրանց սիրահարությունը:

— Ի՞նչ ասել է սիրահարություն, այդ ի՞նչ օտարոտի բառ է, — կոչեց պառավը բարկացած, — ի՞նչ է նշանակում մի սեր այր և կին մարդերի մեջ, որ չեն կապված որևիցե աստուծո օրենքով, եթե ո՛չ — լկտի ցանկություն, լրբություն և հեշտախոսություն:

— Ուրեմն ձեր կարծիքով աշխարհում չկա՞ և չպիտի՞ լինի սուրբ սեր, — հարցրուց մահտեսի Ավետիսը:

— Երբ մի բարի բանի գործադրությունը՝ մյուս շատ չար բաների առիթ է տալիս, լավ է խափանե՛լ այդ բարին. մի կաթիլ քաղցր ջուրը չէ կարող փոխել մի դառն ծովի տտիպ համը: Երբ իմդուռը բաց թողնելով՝ շատ բարի մարդերի հետ ներս են մտնումշատ չարեր, գողեր և ավազակներ՝ լավ է — փակվի այդ ճանապարհը: Ահա՛, որդի՛, դրանք անհերքելի ճշմարտություններ են: Եվ այսպես, մի սուրբ սեր, որպես դուք անվանում եք, երբ թույլատրվի,ճանապարհ կբանա անթիվ խարդախ և պիղծ սերերի... և այդնկատումով իսկ՝ խելացի Ասիան ամենայն զգուշությամբ արգելում է մարդկանց հաղորդակցությունը կանանց հետ, և այդպիսով պահպանում է մարդկության սրբությունը և մաքրությունը:

Մահտեսի Ավետիսը ոչինչ չպատասխանեց, այլ գլուխը քարշ զգած լուռ դուրս գնաց: Բայց Ռուստամը, որ մինչև այն րոպեն դրան ետևից ականջ էր դնում՝ ներս մտավ և ասաց.

— Մայրի՛կ, դուք սխալ նախապաշարման մեջ եք, պետք է հետևել լուսավոր ժամանակի պայմաններին և պահանջներին, պետք է...

— Լո՛ւռ կաց, մի խոսիր, լակո՛տ, — գոռաց պառավը, — այդ խոսքերը ժանտա՛խտ են, մահացո՛ւ են, դրանք թունավորում են իմ օրինյալ գերդաստանի անմեղ պարզամտությունը: Իսկ քո հոգին ապականված է այդ ազգակործան գաղափարներով՝ ընկերանալով Արամի և Մելիքզադեի նման վտանգավոր մարդոց հետ. քո թոքերի մեջ նրա՛նց շունչն է փչում, դու հեռո՛ւ ես հայոց օրենքներից, քո մեջ մոլություն կա, դու միա՛կ պատիժն ու պատուհասն ես, որ նյութում ես իմ տան կործանումը...:

Թ

ՀԻՆ ԵՎ ՆՈՐ

Մի օր Հովասաբենց տանը ներս է մտնում մի պառավ, յուր հետ բերելով յուր յոթն տարեկան թոռը, խնդրում է տիկին Թարլանից բժշկել նրան, որովհետև մալահվոր էր եղել, այսինքն՝ ամբողջ մարմինը կարմիր բորոտած՝ սաստիկ քոր էր գալիս: Տիկին Թարլանը մերկացնում է մանուկը և մի կոշտ մազե լաթի կտոր ձեռքն առնելով՝ սկսում է թքել նրա մարմնի կարմրած տեղերի վրա, և այն լաթով սաստիկ քսել և տրորել՝ չդադարելով միևնույն ժամանակ մունջ աղոթքներ կարդալուց:

Երեխան ճչում էր, ցավից լաց էր լինում: Նրա ձայնը ներս բերեց օրիորդ Սալբիին, որը չկարողանալով զսպել յուր ծիծաղը և մի հեգնական հայացք ձգելով դեպի մոր գործողությունը, ասաց.

— Մա՛յր, փոխանակ այդ խեղճ երեխան սպանելու, ա՛յդ կոշտ մազով նրա մարմինը շփելով՝ հրամայեցեք դրան լուծողական տան, կամ երակներից արյուն բաց թողնեն, այդ ավելի օգտակար կլինի:

— Երբ հերթը ձեզ հասնի, — պատասխանեց տիկին Թարլանը բարկությամբ, — դուք ա՛յդպես արեք... բայց ես քանի կենդանի եմ, ձեռքիցս չեմ թողնի իմ գիտցածը:

Օրիորդ Սալբին ոչինչ չխոսեց, այլ հեռացավ նրանից:

Մի քանի րոպեից հետո տիկին Թարլանի մոտ մտավ պառավ Մարթան. Հովասաբենց տիկինը պատմեց նրան յուր աղջկա հանդգնությունը, որ համարձակվում էր իրան բան սովորեցնել:

— Աստված ավելի փատթարիցը ազատե, — ասաց պառավ Մարթան վշտացած

ձայնով. — ձեր աղջկա այժմյան ավերված բարք ու վարքը գուշակում է մի ցավալի ապականություն նրա բարոյականության մեջ:

— Հա՛, իմ քո՛ւր, հա՛, ճշմարիտ է ձեր ասածը, — հաստատեց տիկին Թարլանը, — բայց մեղավորը ե՛ս եմ... ե՛ս իմ ձեռքով իմ տունը քանդեցի և իմ աստուծո զառ աղջիկը զազան դարձրի — տալով նրան ա՛յն մոլորեցուցիչների (Աշխարունենց) ձեռքը, որոնք իմ աղջկան խելքից, ամոթից և շնորհքից դուրս բերին:

— Իրա՛վ, այդպես է, երբ Սալբին իմ աշակերտուհիս էր, տեսնո՞ւմ էիր, թե ո՛րքան խելացի և հնազանդ էր նա, բայց ա՞յժմ, ո՛ւհ, նա արժանի չէ մինչև անգամ սատանա կոչվելու... ո՛չ մեծ է ճանաչում, և ո՛չ փոքրը, բոլորին անպատվում է:

— Միթե մեր պապերը անխե՞լք էին, որ իրենց աղջիկներին կարդալ չէին սովորեցնում, չէ՛, իմացե՛լ են, թե կարդա՛լ ասած բանը ինչ սև կբերե իրանց գլխին:

— Է՛հ, պապերին ո՞վ է նայում, — առարկեց Մարթան. — այժմ «նոր հավեր են եկել, երկաթե ձվեր են ածում»:

Այսպես, օրիորդ Սալբիի ո՛չ միայն կծու և համարձակ խոսքերը, ա՛յլև նրա խորթ և օտարոտի վարմունքը միանգամայն դեմ էին նրա նեղսիրտ մոր բնավորությանը և շատ անգամ առիթ էին տալիս նրա դժգոհությանը՝ զրգռելով նրա անտանելի տհաճությունը: Օրինակ, տեսնում ես մի գիշեր, օրիորդը ճրագի առջև հայելուն նայելով՝ սանրում էր յուր ծամերը, մայրը բարկանում էր, թե գիշերը վնասակար է այդպես անել, և ստիպմամբ խլում էր աղջկա ձեռքից սանրը: Երբ օրիորդը հարցնում էր դրա պատճառը, մայրը այնպիսի հեքիաթներ էր պատմում, որ նրա աղջիկը թուլանում էր ծիծաղելուց: Այդ արհամարհական ծիծաղները ավելի էին վշտացնում մոր սիրտը, որովհետև օրիորդը ոտնակոխ էր անում մոր խրատները, որոնց մասին ուրիշները ա՛յնքան մեծակշիռ համարում ունեին:

Տերունի Մկրտիչը և նրա կին Մարթան, որպես մոտիկ դրկիցներ՝ ավելի գնալ գալ ունեին Հովասաբենց տան հետ, քան ուրիշները: Շատ անգամ տերունին, ոգևորված ջերմեռանդությամբ, պատմում էր «Մանուկ ավետարանից» մի դիպված, և շրջապատողները խորին զմայլանքով լսում էին — հանկարծ՝ մյուս կողմից, օրիորդ Սալբին հեգնական ոճով ձայն էր տալիս — «Է՛հ, գլուխներս տրաքեց... դարձյալ առասպել...»:

Տերունին յուր բարկացկոտ հայացքը ձգելով նրա երեսին, ասում է.

— Աղջի՛, քո մշտական այդպիսի անհավատ խոսքերը առիթ են տալիս կարծելու, թե՛ անտարակույս նեռի մայրը դո՛ւ ես լինելու... քեզնի՛ց պիտի ծնվի աշխարի ապականողը...:

— Ինչո՞ւ, — հարցնում է օրիորդը բոլորովին սառնությամբ:

— Որովհետև դու չե՛ս հավատում սուրբ պատմություններին:

— Ես չեմ հավատում այն պատճառով, որ մեր ընդունած Ավետարանի մեջ այդպիսի բաներ չե՛ն գրված:

— Միթե սակա՞վ են այն բաները, որ գրված չեն սուրբ Ավետարանի մեջ: «Եթե ամենը գրված լինեին՝ աշխարհս բավական չէր լինի գրքերը տանելու», պատասխանում է տերունին հեղինակավոր ոճով:

— Ուրեմն մենք պիտի բավական լինինք գրվածքներով միայն, — կրկնում է օրիորդը հաստատ կերպով:

— Լո՛ւռ կաց, ա՛նհավատ, — մյուս կողմից սաստում է նրան մայրը, — քո չար լեզվին թույլ չէ՛ տրված քեզնից հասակավոր մարդերի հետ:

Շատ անգամ, օրիորդ Սալբին, բամբասանքի տեղիք չտալու համար, ամեննին ուշադրություն չէր դարձնում տան մեջ կատարվածի մասին: Բայց պատահում էր, որ նա բաց գլխով սառը ջուր էր խմում, կամ բաց գլխով դուրս էր գնում մութ ժամանակ, կամ ծամոն էր ծամում գիշերը, այդ բոլորի համար նրան հանդիմանում էին ասելով

— «եթե բաց գլխով մութի մեջ դուրս գաս՝ չարքերը կզարկեն» գլխից. բաց գլխով սառը ջուր խմես՝ ջուրը կթռչի դեպի ուղեղը, մարդ կմեռնի և երբ գիշերապահին ծամոն ծամես՝ մեռելները կնեղանան, իբր թե նրանց միսն ես ծամում: Իսկ նրանց աղախին Նազլուն գիշերը տունը ավլելու միջոցին՝ շատ անգամ անզգուշությամբ մոռանալով տիկին Թարլանի այդ մասին պատվերը, — մոռանում էր նախապես ավելը բռնել ճրագի վրա և ծայրը այրել, «հարսանիքի տուն եմ ավլում» ասելով. և տիկին Թարլանը նշմարելով աղախնի մի այդպիսի սխալմունքը, ավելը խլում էր նրա ձեռքից և սկսում էր նրանով զարկել խեղճի գլխին: Ի՞նչպես կարող էր օրիորդ Սալբին զսպել յուր ծիծաղը: Եվ այդ լռին, խայթող ծիծաղը բավակա՛ն էր՝ մոր բարկությունը բորբոքելու, և նրա հայհոյանքների կարկուտը թափելու յուր գլխին:

Վերջին օրերը օրիորդ Սալբիի և նրա մոր մեջ մի նոր վեճ ծագեց, որ ամենօրյա խռովությունների պատճառն էր լինում: Օրիորդ Սալբին ասում էր, թե իրանց սառն և խոնավ խրճիթի մեջ ապրելը իրանց առողջության համար վնասակար էր. ասում էր, թե ինքը չէր կարող այլևս տանել թոնրի ամենօրյա վառելու չարչարանքը, բացի այդ՝ թոնրի դժոխային ծուխը, մուխը, որ մի քանի ամբողջ ժամ էր տևում, շատ վնասակար էր յուր աչքերին և թոքերին: Նա ստիպում էր յուր մորը, մի փոքրիկ սենյակ շինել տալ և նրա մեջ դնել մի եվրոպական երկաթե վառարան, որ բացի իրանց սենյակը լավ տաքացնելուց, կպատրաստեր նրանց ամենօրյա կերակուրները և հացը: Օրիորդը հաստատում էր, որ մի այդպիսի վառարան մաքրության և շնորհալիության հետ միասին ավելի սակավ ծախքի էր կարոտ քան թոնիրը, որի համար ամեն օր հարկավոր էր հինգ քթոց ցան և ցախ, և չնայած դրան՝ խրճիթը միշտ ցուրտ էր լինում:

Տիկին Թարլանը ամենաասատիկ կերպով ընդդիմանում էր այդ խնդիրներին, ասելով՝ թե իրանք սովոր չէին այդ եղանակով կյանք վարելու, և թե ինքը չէր կարող լքել և թողնել յուր հարց նվիրական օջախը (կրակարանը), որ կերակրել էր իրան և Հովասաբենց պապերին:

Վերջապես օրիորդ Սալբին, հակառակ յուր մոր կամքին, հում աղյուսներով շինել տվեց մի փոքրիկ սենյակ, և պարոն Աշխարունու միջնորդությամբ՝ Ամերիկայից մի երկաթյա վառարան բերել տվեց խոհարարության բոլոր անհրաժեշտ պիտույքներով: Այդ սենյակը ասիական ճաշակով չէր շինված: Նա ավելի նման էր մի եվրոպացի կնոջ առանձնասենյակին, մի քանի աթոռ, մեկ գրասեղան և սոֆա՝ բռնել էին իրենց պատշաճավոր տեղերը. մի կողմում դրած էր օրիորդի պչրանքի սեղանը, նրա հանդեպ մի մեծ հայելի, սանր և այլ կանացի պաճուճանքների գործիքներ: Պատերի վրա ամրացրած՝ երևում էին նշանավոր մարդոց պատկերներ, որ ազգերի գրականության մեջ երևելի են եղել իրանց տաղանդով: Նրա մատենադարանը ևս աղքատ չէր — մի քանի գրքեր, հայրենի և այլազգի լեզուներով, գեղեցիկ՝ ոսկեզօծ կազմերով՝ դրած էին մի անգույն փայտից շինած ապակեկազմ պահարանի մեջ: Պատուհաններում և լուսամուտներում կարգով շարված էին խեցյա ամաններով ծաղիկներ, նրանց վրա, վանդակների մեջ ճլվլում էին երկու հատ դեղձանիկ: Այդ սենյակը շինվելուց հետո տիկին Թարլանը մի անգամ ևս չէր մտել այնտեղ, ո՛չ այն պատճառով, որ դա շինվել էր իր հաճության ընդդեմ, այլ՝ որովհետև նրա միջի կահ-կարասիքը միանգամայն ատելի էին նրան: Նա չէր կարողանում անտարբեր նայել յուր աղջկա շատ ու քիչ շռայլություն ցույց տվող առանձնասենյակին:

— Ինչո՞ւ, — հարցնում էր նրան աղջիկը:

— Որովհետև, — պատասխանում էր մայրը, — մեչ դրացիներերտը աղքա՛տ թե հարո՛ւստ, բոլորը միօրինակ՝ բնակվում են մրոտ ու գձուծ խրճիթների մեջ, իրանց՝ աղքատ և խեղճ մարդիկ ցույց տալու համար, որպեսզի կալվածատեր խանը, կամ մյուս թուրքերը՝ նրանց փողատեր չհամարեին, և գիշերով չկողոպտեն նրանց տները: Բայց մի այսպիսի շռայլություն՝ գողերի նավազակների վտանգներից մեր տունը հեռու չէ՛ պահելու:

Բայց օրիորդ Սալբին այդպիսի կասկածներից երկյուղ չեր կրում. «կամ ապրել լա՛վ և մարդկորեն՝ կամ ամենևին ո՛չ...», կրկնում էր նա Ռուստամի սովորական ասածը:

Մի օր տիկին Թարլանը գնաց մի մոտիկ գյուղ, յուր հիվանդ ազգակցի տեսության:

Հովասաբենց տանը ոչ ոք չմնաց բացի օրորդ Սալբին և աղախին Նազլուն: Հանկարծ երևան եկավ Ռուստամը, և օրիորդ Սալբիի հետ նտավ նորակառույց սենյակը

— Բարով, շնորհավոր լինի, — ասաց պատանին ուրախությամբ, քնքշությամբ սեղմելով օրիորդի ձեռքը: — Բարով վայելես, Սալբի, ահա մարդավարի բնակարան, ես շա՛տ եմ հավանում:

— Ի՞նչ արած... մաշվեցանք խլուրդների նմանխրճիթի ծակամուտներում՝ ծուխ ու մուխ կուլ տալով. գոյնա՛ այսուհետև կարող ենք ազատ շունչ քաշել:

— Իսկ ձեր մայ՞րը:

— Իմ մայրը իր հին զուռնան է փչում... նա տակավին այստեղ չէ մտել. նա չէ ուզում հեռանալ յուր նվիրական բրճիթից:

— Է՛հ... ահա՛ ինչ է նշանակում կույր նախապաշարմունք...:

— Հա՛, Ռուստամ — քնքշապար ավելացրուց սիրուն օրիորդը, — դա՛ է ամենածանր և ամուր շղթաներով կաշկանդում թույլ մտքերը:

Պատանին հեզնականապես ժպտաց:

— Լա՛վ, ի՞նչ լուսավոր զգացումներ կարող էր ունենալ մի մարդ, որ երեխայությունից բնակվում է խավար մտքով, խավար հոգով, խավար շրջակայքի մեջ, — խոսեց Ռուստամը:

— Ո՛չ մի...: Բայց երբ մարդ ունենա փառավոր բնակարան, յուր շքեղ սենյակներով, ծաղիկներով, կահ-կարասիքով և քաղցրաձայն սոխակներով, այնպես չէ՞, Ռուստամ, նա՛ յուր կյանքի սկզբից կսկսի ծանոթանալ և սիրել այն, որ գեղեցիկ է, ա՛յն՝ որ վսեմ և ազնիվ է:

— Հա՛, իմ նազելի, նա ապրում և շնչում է պոեզիա... նրան մենք ասում ենք բախտավոր, բայց հայերի կյանքը մռայլված է տխուր և սև պրոզայի մթին աղջամուղջի մեջ...:

Այդ խոսքերի վրա ոգելից պատանիի երկաթե պնդությամբ սիրտը ակամա վրդովվեց, և նրա թշերի վրա երևեցան մի քանի կաթիլ արտասուք, օրիորդ Սալբին չնշմարեց այդ սրբազան կաթիլները, և խոսեց.

— Իմ մայրը ասում է, թե մեր այսպիսի տուն ունենալը մեզ կարող է վտանգի ենթարկե, իբր թե թուրքերը մեզ հարուստ համարելով, երկյուղ կա, որ մտնեն կողոպտեն մեզ: Բայց ես կարծում եմ, թե այս խոսքերով նա կամենում է ինձ վախեցնել:

— Չէ՛, Սալբի, նա ձեզ չէ՛ խաբում, — պատասխանեց պատանին խորին զգացողությամբ: — Այդ ճշմարիտ է... գերիների համար օտար աշխարհում ոչ մի վայելչություն չկա. նրանց աղքատը և հարուստը ապրում են միօրինակ դժբախտության մեջ. հարուստը յուր արծաթը խորում է հողի տակ և ինքը ման է գալիս հնոտի հագուստներով և բոբիկ ոտներով. երբ մինը ունի և չէ՛ կարողանում վայելել, ա՛յդ աղքատությունից ավելի ցավալի է...:

— Ինչո՞ւ, միթե, աստված անիծե՞լ է մեր ազգը, — հարցրուց օրիորդը տխրելով:

— Չէ՛, աստված չէ՛ անիծել, բայց հայերի վիճակը խիստ նման է անառակ որդու առակին, նրանք թողին իրանց հոր տունը, իրանց հայրենիքը, և ցրվեցան օտար աշխարհներ, և պանդխտության մեջ՝ նրանց մեծ մասը մյուս ազգերի անդդին կուլ գնալուց հետո, մնացածների վիճակը տեսնում ենք. նրանց օրը միշտ սև կլինի մինչև կրկին չդառնան դեպ իրանց հոր տունը և նորոգեն իրանց բաժանված ուժը և զորությունը:

— Մի՞թե կարելի՞ էր այդ:

— Ինչո՞ւ չէ: Հայերին ո՞վ է արգելում դառնալ դեպ իրանց հայրենի երկիրը, կամ աշխարհի երեսին մի կտոր հող գտնել և բնակվել նրա վրա — ազգովին:

— Աշխարհի երեսին մի կտոր հո՞ղ, — նրա խոսքը կտրեց օրիորդը քնքշությամբ.— բայց, Ռուստամ, իմ կարծիքով, մի տունկ չի զորանալու իր կլիմայից դուրս՝ օտար հողի վրա. մեր հայրենիքի սուրբ հո՛ղը, սուրբ ջո՛ւրը և սուրբ օ՛դը միայն կարող են զորացնել հայոց որդիքը, ուժ, կյանք և հոգի ներշնչել նրանց երակներում:

— Հա՛, իմ նազելի, — կրկնեց պատանին. — ես գաղթականություն չեմ քարոզում. ես մեր սիրելի եղբայրներին չեմ առաջարկում Նոր Հոլանդիայի ափերը և Յապոնիայի կղզիները... Իհարկե պանդխտի վիճակը ցավալի է — նրա աչքը չէ չորանում արտասուքից. նրա սիրտը միշտ կոտրած է, մանավանդ երբ նա ապրում է ուրիշի դրոշի տակ, կամ թե մի այնպիսի եգիպտական ծառայության և մի այնպիսի փարավոնյան գերության մեջ, որպես մենք...: Եգիպտոսի բռնակալը Իսրայելի արուները հրամայում էր գետը նետել, բայց մեր կանայք, մեր սիրուն-սիրուն մատաղահաս աղջիկները իրանց պատվով, իրանց մաքուր կուսությամբ զոհ են գնում մեր բռնակալների հեշտախոսությանց...:

— Մի Մովսե՛ս պետք է, իմ սիրելի, — ասաց օրիորդը անձկանոք. — մի Մովսես, որ առաջնորդեր գերիները դեպի նոր Քանան:

— Չէ՛, Սալբի, իմ կարծիքով աստված այժմ դադարել է հրաշք գործելուց, մեզ մնում է — առաջնորդ ընտրել մեր բանականությունը, մեր խելքը, և իմացական լուսավորության հրեղեն սյունը մեր առջևից տանել. մեր ազգայնությունը, մեր կրոնը և մեր լեզուն պահպանելու և աշխարհի երեսին իբրև մարդ ապրելու համար — ձեռք բերել մեր հայրերից անիրավությամբ հափշտակված հողերը, որոնց վրա մենք և մեր որդիքը կարող էինք ազատարար արմատ ձգել, աճել և զորանալ:

— Ա՛խ, երանի՛ էր այն ժամանակ, — բացականչեց օրիորդը լի զգացողությամբ, բայց հնարավո՞ր կլինի ...:

— Ինչո՞ւ չէ... երբ աշխարհի մեջ առաջ կգա արդարություն և իրավունք, երբ հաղթահարվածներին, բռնադատվածներին և գերիներին կարեկցություն կցույց տա համաշխարհական մարդասիրությունը, այն ժամանակ — ամեն մի ազգ կստանա իր կորցրած ժառանգությունը:

— Այդ դժվար է... — տխրությամբ կրկնեց օրիորդը, և սկսեց երգել:

> «Հայաստա՛ն, Հայաստա՛ն,
> Դու եդեմյան շքեղ բուրաստան.
> Արդյոք կլինի՛, որ քեզի տեսնեմ,
> Քո պայծառ օդը մի րոպե շնչեմ.
> Ինձ համար այն ժամ դառն չէ՛ մահը՝
> Երբ քո սուրբ հողում հանգիստ կգտնեմ»:

— Ռուստամ, դուք սիրո՞ւմ եք այդ երգը, — հարցրուց օրիորդը դադարելով երգելուց:

— Հա՛, պարոն Խոսրով Մելիքզադեն՝ այդ նազելի մանուկ բանաստեղծը վատ չէ գրում, նրա տաղերը ազդու և ոգելից են,— պատասխանեց Ռուստամը:

Հանկարծ ներս մտավ միջահասակ մի պատանի, նիհար և գունատ երեսով, խելացի և փայլուն աչքերով, սև, մետաքսանման ծամերով. դա պարոն Խոսրով Մելիքզադեն էր:

— Բարո՛վ, — ասաց նա ծիծաղելով. — «գելը ամպ օր կուզե, գողը՝ մութ գիշեր». տիկին Թարլանի բացակայությունը հնար է տվել ձեզ այդպես հանգիստ և անվրդով միասին նստելու և զրուցելու:

— «Գելի անունն տաս,ականջները տրար կգա», — պատասխանեց Ռուստամը կատակով.— Խոսրո՛վ, այս րոպեիս քո մասին էինք խոսում:

— Արդարև, ասես թե մի այդպիսի բան ազդեց իմ սրտին. դռնից անցնում էի, երբ լսեցի օրիորդ Սալբիի երգը. իսկույն հասկացա, թե տիկին Թարլանը տանը չէ լինելու, որ դա այդպես համարձակ երգում է, մտածեցի չփախցնել հաջող առիթը:

Օրիորդ Սալբին դուրս գնաց, հրամայեց Նազլուին, որ զար իրանց մոտ, դաիվե և ղեյլան պատրաստեր հյուրերի համար: Բա՛յց աղախինը հրաժարվեց, ասելով, թե ինքը կամաչեր մտնել տղամարդկանց մոտ: Օրիորդը ստիպված էր յուր ձեռքով պատվասիրել յուր հյուրերը մատուցանելով նրանց դաիվեն և ղեյլանը:

— Դուք նեղություն մի կրեք, — արգելում էր նրան պարոն Մելիքզադեն:

— Ապա ո՞վ պիտի կրե, երբ մեր հիմար աղախինը չէ կամենում երևալ տղամարդկանց, — պատասխանեց օրիորդ Սալբին:

— Նա ձեր մոր հավատարիմ աշակերտուհին է, նրա մեջ տեղ են բռնել ձեր մոր բոլոր վարդապետությունները, — ասաց մանուկ բանաստեղծը:

Մինչ սրանք այսպես ծանր ու բարակ զրուցում էին, տեր-Առաքելենց տան մեջ տեղի էր ունենում հետևյալ խոսակցությունը:

— Դուք ո՛րքան անհոգ եք, այ մարդ, — ասաց տիկին Սկուհին յուր ամուսնուն. — չէ՞ որ մեծ պասը եկավ, բայց դուք ձե՛ր որդու հարսանիքի մասին չե՛ք մտածում:

— Ի՞նչ մտածել, — պատասխանեց մահտեսի Ավետիսը սառնությամբ. — առավոտյան տյառընդառաջ է, գիտեմ, որ դու այս երկրի սովորության համեմատ գնալու ես խնամատես, խոսիր տիկին Թարլանի հետ, որ նա ևս հաճություն տա, այս շաբաթ հարսանիքը կատարենք վերջացնենք:

— Դուք, ճշմարիտ, երեխայի նման եք խոսում. ձեր աչքին հարսանիքը մի թեթև բա՞ն է երևում, չէ որ պատրաստություն պետք է՛:

— Ի՞նչ պատրաստություն, — կնոջ խոսքը կտրեց մահտեսի Ավետիսը. — ո՛չինչ պատրաստություն պետք չէ: Ես մի քանի բարեկամներով, առանց դալմադալի, առանց զոհազոհի, իմ հարսը պսակից հետո եկեղեցուց տուն կբերեմ, մի թեթև դաիվեով պատվելով իմ հյուրերը:

— Հա՛... աչքներս լույս, որդի ենք պսակում, — հեգնաբար կրկնեց տիկին Սկուհին. — որդի մեծացրինք, որ նրա հարսանիքի ուրախությունը վայելենք, իսկ սա ասում է՝ առանց դհոլի, առանց զուռնայի, առանց հաց ու գինի տալու՝ մի դառն դաիվեով պիտի հարսանիք անեմ:

— Ապա ի՞նչ ես մտածում, հիմար, — բարկությամբ խոսեց մահտեսին.— դո՛ւ տնտեսագետ չե՛ս, չես հասկանում ինչ ասել է յոթն օր, գիշեր ու ցերեկ շարունակ, գյուղի ամբողջ բնակիչներին հյուրասիրել. դրա համար բավական չեն լինի տասն կարաս գինի, յոթն բեռ ալյուր, մի կարաս արաղ և հինգ եզ մսացուի համար. այլև ո՛րքան բրինձ, ո՛րքան եղ...: Ա՛խ, այդ նոր և տուն քանդող սովորությունը՝ շաքարի և չայի գործածությունը՝ աստուծո մի մեծ պատիժ է...:

Տիկին Սկուհին վշտանալով, ոչինչ չպատասխանեց. նա լուռ դուրս գնաց յուր ամուսնու մոտից:

— Բայց դո՛ւք, աղա՛, Հուրի Խան-Դայայի մասին չեք մտածում, որը բոլորովին հակառակ է հարսանիք կատարվելուն — ասաց Նազանին, որ կանգնած էր այնտեղ:

— Գիտեմ, նրա ներկայությունը կթունավորե հարսանիքի եղած չափավոր ուրախությունն ևս, — պատասխանեց մահտեսի Ավետիսը: — Բայց նրա անտանելի տրտունջներից ազատվելու համար նրան ուխտ կուղարկեմ Բարդուղիմեոս Առաքյալի վանքը: Երկար ժամանակ է, որ նա այդ մասին խնդրում է ինձ: Մինչև նրա դառնալը, ամենայն ինչ վերջացած կլինի:

— Բայց, աղա՛, դուք ընդունեցեք իմ տիկնոջ խնդիրը, հարսանիքը թող զուռնայով լինի, — ասաց աղախինը:

Մահտեսի Ավետիսը ծիծաղեց: — Որ դու պար գա՛ս, հա՞,— հարցրուց նա:

Ժ

ՆՎԻՐԱԿԱՆ ԿՏԱԿԸ

Տոները, կյուրակեները և բարեկենդան օրերը, առավե՛լ քան մյուս ժողովրդակարգերը՝ մի առանձին դյուրացուցիչ և ուրախարիթ զորություն ունին՝ մանավանդ գյուղացիների համար: Խղճալի գյուղացիները, միշտ ծանրաբեռնված իրանց ապրուստի դժվարին հոգսերով, խանի և կալվածատիրոջ անտանելի դուրբաններով, բեգարներով (անվարձատրելի աշխատություններով) ո՛րքան ուրախությամբ անձնատուր են լինում այն անդորրացուցիչ և անդարդ զվարճություններին և զբոսանքներին, որ պարգևում են նրանց տիրոջ հանգստի օրերը: Այդ նվիրական օրերին, որ նրանք գողանում են իրանց կյանքի գերությունից, գյուղացիք նորոգում են իրանց սպառված և մաշված զորությունը, կազդուրում են իրանց տկարացած անձը, և խանը՝ յուր բոլոր բռնակալական բնավորությամբ՝ չէ խլում հայ բայաթից այն մխիթարությունը, որ պարգևել էր նրա կրոնը:

...Թվականի փետրվար ամիսն էր:

Ձմեռային պլնոր արևը, հավաքելով յուր վերջին թույլ ճառագայթները, մտավ Դուշմանաց սարերի ետևը, թողնելով ամպերի վրա մի քրքմագույն շառավիղ:

Երեկոյացավ:

Ատրպատականի Ծաղկավան գյուղի մեջ, սուրբ Գևորգ եկեղեցում, երեկոյան հասարակ ժամասացությունը վերջանալով՝ քահանաները և տիրացուները՝ ժողովրդի հետ՝ դուրս էին եկել բակը — տյառնընդառաջի տոնախմբությունը կատարելու: Եկեղեցու գավթի մեջտեղում, դռան առջև, դիզած էր վառելի նյութերի մի մեծ կույտ, որոնցով պիտի վառվեր նվիրական կրակը: Վառելիքի արևմտյան կողմում, երեսը դեպ արևելք դարձրած՝ քահանան բարձր և ձգական ձայնով կարդում էր տյառընդառաջի Ավետարանը: Տիրացուները, ոմանց ձեռին բուրվառ, ոմանց՝ քշոց և ոմանց էլ փոքրիկ զանգակներ, իսկ ժողովրդի ձեռքերին վառած մոմեր, — բոլորել էին վառելիքների շուրջը: Նրանց ետևը, երեսները ծածկած, փաթաթված իրանց սպիտակ չարսավների մեջ՝ կանգնել էին կանայք. և այստեղ ու այնտեղ՝ խառնիխուռն վազվզելով՝ աղաղակում էին երեխաները:

Սուրբ Ավետարանի ընթերցվածը վերջացավ. քահանան դպիրների հետ միաձայն սկսեցին երգել «Քրիստոս փառաց թագավոր» շարականը. քշոցները զնգզընգացրին, փոքրիկ զանգակները ճընգճընգացրին և այդ անախորժ նվագի հետ միախառնվելով ժամասացների անձև-անկանոն երգեցողությունը, ժողովրդի անխորհուրդ աղաղակը, — թնդեցնում են օդը խառնափնթոր ներդաշնակությամբ: Եկեղեցու բակում ձևացել է մի բաբելոնյան բլբլոց:

Քահանան բարկությամբ ձեռքով նշան է անում, — վայրկենապես տիրում է խորին լռություն: Տեր Մարկոսը, — այսպես էր տերտերի անունը, — մեքենաբար երեսը դարձնում է դեպ բազմությունը, և մի ճարտար քարոզողի ոճով խոսում է նրանց մի «ծանուցում», թե ինչ խորհուրդ ուներ այն ավուր տոնը:

— Այսօր, իմ սիրելիք, — ասում է նա, — այսօր սուրբ եկեղեցին հանդիսով կատարում է տյառընդառաջի խորհրդական տոնը: Այսօր Քրիստոսի ծնողքը՝ օրենքին համեմատ տանում են Հիսուս մանուկը տաճարը ներկայացնելու տիրոջ առջևը: Այսօր ինքնին բացվում են աստվածորդու առջև այն դռները, որ հին ժամանակներից փակված էին Եզեկիել մարգարեի ձեռքով: Եվ Սիմեոն ծերունին, երեք հարյուր վաթսուն և չորս տարի աղոթքով և ճգնությամբ տաճարի մեջ ապրելով, վերջապես յուր գիրկն է ընդունում Իսրայելի և հեթանոսների փրկիչը, գուշակելով՝ թե որպիսի սրերով էր խոցվելու նրա խեղճ մոր՝ Մարիամի սիրտը: Եվ Աննա մարգարե կինը, շարժված սուրբ հոգիից, խոսում է բազմությանը և նրա ծնողներին, թե նա՛ է աշխարհի փրկիչը և մարգարեների ակնկալությունը: Բայց նույն ժամուն ամբողջ Երուսաղեմը դղրդվում է, մարդկանց մեջ մի անհասկանալի խռովություն է ընկնում: Մարդկանց անթիվ բազմություններ, զրգռված զաղտնի ազդեցությունից, ջահեր, լապտերներ, մոմեր և կրակ վառած՝ կոչում, աղաղակում էին. «գնանք տերին ընդառաջ». այդ պատճառով մեր սուրբ հայերը այդ տոնին տյառընդառաջ անունն են տվել, որի հիշատակը կատարում ենք, վառելով այդ սուրբ կրակը, այն կրակավառության փոխարեն, որ հրեաները կատարեցին:

Տեր Մարկոսի հրամայելով, վառելիքի շուրջը բոլորեցին տասննհինգ նորահաս տղամարդիկ, հարսանիքի հագուստներով, դրանք նույն տարվա նորապսակ փեսաներն էին, որոնց ձեռքով սովորություն էր վառել սուրբ կրակը:

— Բայց եկեղեցին, — առաջ տարավ քահանան, — այդ սուրբ կրակը, այդ ազնիվ զոհաբերությունը, սիրո այդ միակ օրինակը և նշանը, նվիրում է յուր երկնավոր փեսայի հիշատակին, որ այսօր խոնարհվել է՝ կապելու յուր պսակը յուր նորահարսի — եկեղեցու հետ: Տիրոջ համար արդար ծառաներ բազմեցնելու համար: Եվ դուք, իմ սիրելիք, դառնում է նա դեպ կանգնած նորափեսաները, դո՛ւք ևս այս տարի առեցիք ձեր պարանոցի վրա այն քաղցր լուծը՝ ընդունելով ամուսնական խորհուրդը: Այդ պատճառով, դուք նմանություն ունեք երկնավոր փեսային. ուրեմն ձե՛զ, նորապսակներին է միայն արժան վառել այդ սուրբ կրակը, և ձեր մաքուր ձեռներով նվիրել սիրո աստծուն:

Երբ նորափեսաները մոտեցան կրակ տալու՝ քահանան արգիլեց նրանց ասելով. — դուք եկեղեցու կանոնները չգիտե՞ք: Չէ որ պետք է առաջուց հայտնել, թե ի՞նչ են ձեր ընծաները եկեղեցուն, որով ձեր զոհաբերությունը կլինի աստծուն ընդունելի և մարդկանց հաճելի:

Մինչ նորափեսաները ամոթխածությունից կարմրելով՝ ամա չում էին պատասխանել շահախնդիր քահանայի հարցին՝ ահա եկեղեցու դռնից դուրս եկավ, պատառոտած մուշտակը հագին, մի կեղտոտ մարդ: Ամենքին ծանոթ ժամհար Մըխոն է նա, որ միանգամայն կատարում է երեցփոխանի և զանձապետի պաշտոնները: Մըխոն, — նրա մկրտության անունը Մխիթար էր, — ուսերը շարժելով, գլուխը քորելով և մի բուռն դեղին քթախոտի փոշի յուր պարկի միջից դեպ պնչածակերը ուղարկելով՝ և մի առողջ փռշտալուց հետո, փաղաքշաբար մոտեցավ քահանային և ասաց.— տերտեր ջան, քո հոգուն մատաղ, դու քո գործին կաց, այդ պարոնների ընծաների մասին հոգս մի աներ, քո Մըխո ծառան այնքան հիմար չէ, յուր գործը գիտե... դեռ դուք ժամը չմտած՝ ես իմ հաշիվս վերջացրել էի այդ պարոնների հետ:

Ժրաջան ժամկոչը յուր խոսքը վերջացնելով, գլուխը քարշ ձգած, փսփսալով՝ կամենում էր կրկին եկեղեցի ներս մտնել, որպես թե մի մեծ գործով էր զբաղված, բայց հանկարծ նրան կանգնեցրեց անհամբեր տեր Մարկոսի ձայնը. — Դու ո՛չ մեռնես, Մըխո, ո՞ւր ես այդպես մկնի նման շուտ ծակը մտնում. մի ասա, լսենք, լեզուդ հո չէ՞ ցավում, արդյոք ի՞նչ է նորափեսաներից քո ստացածը, թող ե՛ս էլ հասկանամ, ժողովուրդն էլ:

«Ես ուզում եմ բանը ծածուկ մնա, — ասաց Մըխոն յուր մտքի մեջ. — գիտեմ, էգուց մյուս օր կասես — Մը՛խո, դաֆտարումը կես-կես գրե: Բայց քանի որ դու այդքան միամիտ կլինես, ինձ էլ դժվար չէ ասելը»:

— Ի՞նչ ես շշկլած, քեզանից բան եմ հարցնում, — կրկնեց քահանան:

— Ի՞նչ... հա՛.. տասննհինգ նոր փեսա չե՞ն մի, — ուշի գալով հարցրուց ժամկոչը:

— Հրամեր եք, աղա ժամկոչ, — կատակելով պատասխանեց քահանան:

— Ահա քեզ հաշիվ. — դասաբ Առաքելենց տղա Կիկոն տվել է մի ոչխար և մի թուման փող: Լաք Արզումանի տղա Ոսկանը՝ մեկ տիկ գինի և յոթն դռան փող, կռնատ Սիմոնի տղա Քոչարը՝ երկու աման արաղ և չորս հատ աքլոր: Դողոշենց Միրզոն՝ շեն մնա, երեք թուման փող և տասն զրամ վառելու ձեթ:

Տեր Մարկոսը, որ ախորժակով լսում էր ընծաների անունները, ուշի գալով հասկացավ յուր սխալմունքը, և չկամենալով, որ դրանց մասին յուր ընկեր տեր Մարուքը տեղեկություն ստանար՝ ասաց ժամկոչին. — բավակա՛ն է, բավակա՛ն, ինչպես երեւում է քո հաշիվը մինչև կեսգիշեր վերջանալու բան չէ՛. այսուամենայնիվ երեսդ թող սպիտակ լինի, շատ ապրիս, իմ աշխատասեր Մխիթար. քո շնորհիվ, բարեկենդանին կունենանք մի ճոխ ու բարիքներով լի խնջույք... այլևս ի՛նչ է պակաս մնացել... — ոչխա՛ր, գինի՛, արա՛ղ, փո՛ղ... արդարև ցանկալի՛ բաներ. դրանց անո՛ւնը միայն — զվարճություն է բերում...

Մի փոքր ծիծաղելով, մի փոքր կատակելով, երբեմն Մըխոյի հետ, երբեմն յուր մոտ կանգնած մարդկանց հետ, տեր Մարկոսը, յուր կեղծավոր զվարճախոսությամբ շահում էր ամենի սրտերը, և բոլորեքյանք շնորհակալ և գոհ էին նրանից,որ այնպես ուրախ և ծիծաղադեմ քահանա ունին:

— Դե՛հ, որդիք, առաջ եկեք, — ասաց քահանան, յուր ձեռքի օրհնած մոմով վառելով նրանց պատրույգները. — դե՛, հրամեցեք և կրակը վառեցեք: Աստված քո որդուն էլ փոխ անե, պարոն Թորոս, բարով քո որդու ձեռքն էլ այս կրակը վառե, պարոն Սարխոշ, — ասում էր անդադար տեր Մարկոսը, գյուղի իշխանների սիրտը շահելով, որոնց որդիքը առաջիկա տարին պիտի պսակվեին:

Քահանայի ասելն և ցամաք վառելիքի գոռալը մեկ եղավ: Թանձր ծուխը, կանաչ-կարմիր բոցերի հետ բարձրացավ մինչև ժամատան կաթուղիկեն: Խառնիճաղանջ ամբոխը միմյանց դիպավ: Կրկին տիրեց խառնակություն... Սնոտիապաշտությունը մի վայրենի և կատաղի հոգեզմայլություն ազդեց ռամիկների սրտի վրա: Հա՛յ... հո՛ւյ... հարա՛յ... հրո՛ց, ծիծաղ, աղաղակ, երգ և շարական, բոլորը միմյանց խառնվեցան...: Տեր Մարկոսի զգուշացուցիչ աղաղակները այլևս չէին օգնում և եթե ժամկոչ Մըխոն այնքան ճարտար և աչքաբաց մարդ չլիներ՝ և շուտով չհավաքեր սրբությունները, շատ կարելի է գիրք, գրքակալ, խաչ, Ավետարան, շարական և մաշտոց, բոլորը միասին՝ նվիրական կրակի առողջ կերակուր կդառնային... Մոլեռանդության լոկ կատաղի երևույթները չէին հանդիսանում այստեղ,. այլ կրոնը ձևացնում էր մի կախարդական կատակերգություն՝ երբ ժողովուրդը դյութական և մոգական զգացողությամբ ոգևորված՝ պտտվում էր խարույկի չորս կազմով և կամ լոք էր տալիս և թռչկոտում էր նրա վրայով:

Սուրբ տյառընդառաջը այդքանով միայն չէ վերջանում: Այնուհետև ամեն մի գյուղացի ջերմեռանդությամբ վառում է յուր ձեռքի մոմը «նվիրական կրակով», որ այդ մոմով, նրանցից ամեն մինը վառե յուր տան կտուրի վրա պատրաստած խարույկը:

Երբ ամենից առաջ այր մարդկանց բազմությունը, շտապելով միմյանց խթելով, դուրս էին զնում եկեղեցու բակից, եվրոպական թխագույն հագուստով մի կին, երեսը կանաչ շղարշով վարագուրած, հեռուն կանգնած՝ արհամարհանքով նայում էր, կարծես յուր մտքի մեջ պախարակելով ռամիկների մի այդպիսի անոտհապաշտությունը: Նրան մոտեցավ մի այլ կին, նրա երեց քույրը, տիկին Սկուհին, ասիական հագուստով, և ասաց. — Տեսա՞ր, Սալլաթին, հոգիս, ո՞րքան լավ անցավ այս տարի տյառընդառաջը:

— Փառավորվի՛ տեր Մարկոսը, — պատասխանեց տիկին Սալլաթինը կատակելով. — քանի այդ աստվածահաճո քահանան կենդանի է՝ ձեր եկեղեցին կունենա քրիստոնեական համ ու հոտ...:

— Ինչու ձե՞ր, — հարցրուց տիկին Սկուհին վշտանալով,— միթե դու ևս մեր եկեղեցուն չե՞ս պատկանում:

— Հա՛, այնպես լեզվիս վրա եկավ այդ խոսքը... բայց, Սկուհի, դու գիտես, ես չեմ սիրում այդ ծեսերը. դրա համար, ինձ ախորժելի չէ՛ միշտ տեր Մարկոսի երեսը տեսնել...: Այս երեկո ժամ եկա լոկ հետաքրքրությունից դրդված:

— Ո՛չ, ո՛չ, տեր Մարկոսը մի օրինյալ քահանա է. նրա իմաստությունը չափ չունի: Չլսեցի՞ր թե ինչպիսի սքանչելի ոճով էր պատմում Սիմեոն ծերունու և Աննա մարգարեուհու մասին:

— Հա՛, նա ամբողջ Աստվածաշունչը յուր փորումն ունի, — կատակեց տիկին Սալլաթինը.— նա պատմում է սուրբ գրվածքը՝ խառնած անտեղի ավանդությունների հետ:

— Ազգային ավանդություններն ևս չպետք է կորցնել, — ասաց տիկին Սկուհին, չհասկանալով յուր խոսքը:

— Չպետք է կորցնել այն մտքով, որ ավանդության և ծեսերի մեջ կարելի է գտնել ազգերին հատուկ նշաններ, նրանց բնավորությունը և նրանց կյանքի պատմությունը — մասնավորապես: Բայց երբ ավանդությունները մտցվում են և՛ կրոնական կյանքի մեջ, ռամիկը սրբազնացնում է նրանց և այդ ավանդությունները դառնում են հավատքի էական մասեր:

Այսպես խոսելով երկու քույրերը հանդարտ կերպով առաջ էին քայլում, մինչև հասան զյուղամիջում մի տեղ, որ բաժանվում էր երկու ճանապարհի:

— Ե՛կ այս փողոցով գնանք, Սալլաթին, քույրս, — նրա ձեռքից բռնելով ասաց տիկին Սկուհին:

— Ի՞նչ առիթ ունինք այն կողմ գնալու, — հարցրուց տիկին Սալլաթինը:

— Այս ճանապարհը տանում է դեպ Հովասաբենց տունը. և ե՛ս պետք է այս երեկո այնտեղ գնամ «խնամատես». խնդրում եմ դո՛ւ ևս ինձ հետ եկ:

— Ի՞նչ հարկ կա ա՛յսօր խնամոց տուն գնալու:

— Չգիտե՞ս, որ տյառընդառաջին սկեսուրները գնում են խնամիների տուն, իրանց հարսնացուները հանում են կտուրի վրա, որ կրակ տեսնեն:

— Ուրեմն դո՛ւք ևս միտք ունիք օրիորդ Սալբին՝ ձեր Ռուստամի նշանածը հանել յուր հոր կտուրի վրա, և հաղորդ կացուցանել ռամիկների ուրախությանը:

— Ի՞նչ արած, մեր պապերի սովորությունն է, — պատասխանեց տիկին Սկուհին, — պետք է կատարել, թեպետ օրըստօրե մեր ազգային այնքան գեղեցիկ, այնքան խորհրդավոր ավանդությունները կորչում — անհետանում են...: Միթե ա՞յսպես էր կատարվում տյառընդառաջը հին օրերին...: Այժմ մարդկանց սրտերը սառել են. բոլորը թերահավատ են դարձել և սուրբ բաները չեն ընդունում:

Տիկին Սալլաթինը նշմարելով, որ յուր քույրը այդ խոսքերով մասամբ իրան էր կշտամբում, չկամեցավ ավելի դիպչել նրա նախապաշարված կարծիքներին, որ չկոտրեր յուր երեց քրոջ սիրտը, որին ա՛յնքան սիրում էր: Մանավանդ, որ նա նույն րոպեին ցանկանում էր գնալ Հովասաբենց տուն օրիորդ Սալբիին տեսնելու:

— Ես հոժար եմ քեզ հետ Հովասաբենց տունը գնալու, — ասաց տիկին Սալլաթինը, — միայն թե դուք էլ պարտավոր եք այսօր վարվել տյառընդառաջին հատուկ սովորական վարք ու կարգով:

— Ո՞րպես, — հարցրուց տիկին Սկուհին, չհասկանալով յուր քրոջ ասածը:

— Տյառընդառաջին խնամիները ընծաներ են տանում հարսնացուի տունը. դուք ուղարկե՞լ եք:

— Ինչպե՜ս չէ, համարյա թագավորի արժան բաներ:

— Օրինակ:

— Օրիորդ Սալբիի համար մեկ կարմիր մեշադու մետաքսե քող, մեկ թանկագին քիշմիրյան շալ, մի գեղեցիկ՝ պարանոցի մանյակ մարջանով և ոսկի դահեկաններով շարած, մի հատ ֆերուզա մատանի, մեկ զույգ սաղրի սոլեր:

— Իսկ քաղցրավենիք դրե՞լ եք դրանց հետ:

— Ինչպես չէ, նաբաթ, նողուլ, շաքար, ամեն տան մեջ այսօր բովում են միմիայն խարբուզակի և սեխի սերմեր, կարկաթ (աղանձ) են շինում և չամչախառն ուղարկում են խնամատես. բայց դրանց փոխարեն՝ ես բովել եմ տվել նշի, ընկույզի, ծիրանի կորիզի և սիսեռի կարկաթ, և զանազան ազնիվ մրգեղեններով՝ ուղարկել եմ Հովասաբենց տունը:

— Այո, դուք հատկացյալ սովորությունից ո՛չ մի բան բաց չեք թողել, — պատասխանեց տիկին Սալլաթինը, խորհրդավոր եղանակով:

— Սերը սիրուց կծնի, քույրիկ, — բացատրեց տիկին Սկուհին անկեղծ կերպով. — Ի՞նչ արած, խնամիներս արժանավոր մարդիկ են. իմ հարսնացուի, օրիորդ Սալբիի համար եթե գլո՛ւխս վեր դնեմ, եթե հոգիս մատաղ անեմ՝ կորած չէ. գիտե՞ս նա ի՛նչ ազնիվ պտուղ է...: Իմ Ռուստամի խելքը տարե՛լ է, գիշեր-ցերեկ դադար չունի նրա պատճառով:

— Մի՛թե այդպիսի նյութական բաներո՞վ պետք է ձեր սերը խնամոնց ցույց տաք:

— Հայ-քրիստոնյան դրանից ավել ի՞նչ կարող է անել. մեզ մնում է՝ սիրել, բարեկամությունը՝ սրբությամբ պահել, միմյանց բարիին խնդալ, չարին տրտմել, որ աստուծո ահեղ դատաստանի առջև սևերես չմնանք:

— Բայց մի խոսք մոռացար ասել:

— Ի՞նչ խոսք:

— Խնամոց «բաժինքը» ամեն հանդիսավոր օրերին ուղարկե՛լը:

— Հավատացնում եմ, որ սկսյալ այն օրից, երբ խնամության անունը մտել է մեր և Հովասաբենց տան մեջ, ես ամբողջ տարվա ամեն մի տոնախմբության սովորության համեմատ, աստուծո տվածից՝ իմ հարսնացուի «բաժինքը» չեմ խնայել. Օրինակ՝ Նավասարդի գիշերը՝ ձմերուկ, խարբուզակ, միլաղ և զանազան ծառերի պտուղներ. առավոտյան՝ արդար յուղով եփած հարիսա. ամեն մի մեծ և փոքր զատիկներին՝ փառավոր և թանկագին խալաթներ, քաղցրավենիքներով և ընտիր մրգերով. մնացյալ օրերին՝ ինչ որ մեր սովորությունների համաձայն պատշաճ է:

Տիկին Սալլաթինը զարմանում էր յուր քրոջ պարզամտության վրա, որ նա գյուղական սովորությունները համարում էր մովսեսադիր օրենքներ կամ քրիստոնեական հավատքի մի մասը՝ որից մի չնչին բան պակասեցնելը — իրան մեղք էր համարվելու:

— Դու կարծում ես ձեր հարսնացու օրիորդ Սալբին դրանցով ուրախ կլի՞ներ, — հարցրուց տիկին Սալլաթինը:

— Ինչո՞ւ չէր լինի, — զարմանալով պատասխանեց տիկին Սկուհին:

— Նրա՛ համար, որ նա մի «նոր մարդ» է:

— Ի՞նչ ասել է «նոր մարդ»:

— Մի մարդ, որ ունի առողջ խելք, գիտե ճշմարիտ կերպով մտածել և ունի խելացի կերպով ընտրություն անելու ընդունակություն:

— Ուրեմն, մենք չգիտե՞նք մտածել, և մեր ընտրությունները անխե՞լք են, — նրա խոսքը կտրեց տիկին Սկուհին:

— Դուք մտածել չգիտե՛ք և չունիք խելացի ընտրություն, որովհետև դուք հետևում եք հնությանը, ինչ որ տեսել և սովորել եք ձեր պապերից՝ ձեզ համար սո՛ւրբ է:

Տիկին Սկուհին չգիտեր, թե ինչ պատասխաներ և կամենալով կրճատել այդ խոսակցությունը, ասաց.

— Բավական է, քույրիկ, կանանց արժան չէ խոսել այդպիսի խորունկ առարկաների վրա, որոնց նրանց միտքը չէ՛ կարող հասնել,

— Ինչո՞ւ, կնիկները մարդ չե՞ն, կնիկները միշտ իրանց խավար տգիտությա՞ն մեջ պետք է մնան:

— Կանանց տրված է գիտնալ իրանց տնտեսական գործերը և իրանց տան կառավարությունը:

— Այսինքն թե ինչպես պետք է թոնիրը վառել, հաց թխել, կերակուր եփել այդպես չէ՞, — կատակելով ավելացրուց տիկին Սալլաթինը:

ԺԱ

ՆՅՈՒԹԱՊԱՇՏՈՒԹՅՈՒՆԸ

Երկու քույրերը, այնքան հակառակ իրենց գաղափարներով, այդպիսի խոսակցությամբ տաքացած՝ տեսան իրանց առջև Հովասաբենց տան դուռը: Երեք անգամ զարկեցին մուրճը: Աղախինը՝ հասուն և լիքը հասակով մի աղջիկ, բացեց դուռը, և ուրախությամբ ներս վազեց, խնամիների գալուստը յուր տիկնոջ հայտնելու:

Տիկին Թարլանը, այսպես էր հարսնացուի մոր անունը, իսկույն ընդառաջ գնաց հյուրերին, և յուր երկրի գեղեցկախոսության ոճով, սկսեց բարևել նրանց գալուստը:

— Բարով, բարով, իմ թանկագին բարեկամներ, — ասաց նա գրկախառնվելով, — այս մի անսպառ ուրախություն է ինձ համար, երբ ես բախտավոր եմ գտնվել վայելելու ձեր այցելության շնորհքը, հավատացնում եմ ձեզ սիրո անունով, որ իմ լեզվիս պակասում են ա՛յն կենդանի բառերը, որոնցով կարող լինեի բացատրել իմ հոգեզմայլությունը և իմ ուրախալի զգացմունքները...: Իսկապե՛ս երջանիկ է իմ տան շեմքը՝ երբ ձեր ոտները կոխում են նրան, ձեր առաջ պետք էր մատաղներ զոհել, բայց ներեցեք, պաս օր է. դրանց փոխարեն իմ հոգիս ձեզ մատաղ, զավակս ձեզ ծառա, տուն ու տեղս ձեզ ընծա...: Ա՛նչափ բարի է ձեր գալուստը, հազար բարի... իմ աչքիս, իմ գլխիս վրա տեղ ունիք, ազիզ խնամիներ, համեցե՛ք, համեցեք, խնդրեմ, Սկուհի, Սալլաթին, սիրականներ:

Սիրալիր գրկախառնությունից և ջերմ համբույրներից հետո տիկին Սկուհին, որ յուր լեզվի արևելյան քաղցրախոսության արվեստով յուր խնամիից պակաս չէր, այսպես խոսեց.

— Այդ ձեր անուշ, անուշ խոսքերը, ազնիվ խնամի, ճշմարիտ, մեղրից և շաքարից համեղ են...: Ի՞նչ պետք է մատաղը, երբ անկեղծ բարեկամության մեջ, անկեղծ սերը՝ միշտ յուր աստվածահաճո զոհաբերությունն ունի. սուրբ և անխարդախ սերը, որ ա՛յնքան քաղցր և ախորժելի է, որ մարդ չէ կշտանում նրանից՝

միակ երկնային բարիք է: Դա աստվածեղեն է, դա աստուծո հոգուց է կաթել մարդկանց սրտերի մեջ, և շաղկապում է մեզ, որպես միմյանց՝ նո՛յնպես և երկնքի հետ:

— Սուրբ Գևորգը, — երդվեց տիկին Թարլանը, — իմ սրտի ուրախությունը, իմ հոգու հանգստությունը, բոլո՛րը, բոլո՛րը՝ ձեզնից է կախված: Ես ձեզնո՛վ եմ շնչում, ձեզնո՛վ եմ ապրում... առանց ձեզ՝ իմ օրը, իմ արևը սև է, առանց ձեզ՝ իմ կյանքը խավար է:

Տիկին Սալլաթինը, որ հեռուն կանգնած, լուռ և անխոս, զարմանում էր նրանց այնքա՛ն ավելորդ սեթևեթանքի վրա, որով արևելցին գիտե հեղեղել յուր զգացումները, յուր սրտի ջերմ և կրակոտ կրքերը, կտրեց նրա խոսքը, ասելով. — Խնամի Թարլան, տարակույս չկա, որ դուք և իմ քույր Սկուհին անչափ սիրում եք միմյանց, որպես ձեր սրտի համակրությունը ցույց է տալիս... բայց կարծեմ ձեր ժամանակը անցնում է, պետք է ձեր կտուրը բարձրանալ և կրակը վառել...:

— Հա՛, ուշ է, միայն ես ձեզ էի սպասում, որ միասին վառենք կրակը, — պատասխանեց տիկին Թարլանը:

— Բայց հրամայեցեք, որ օրիորդ Սալբիին այստեղ կանչեն, որ մեզ հետ միասին կտուրը բարձրանա, — ասաց տիկին Սկուհին:

Տիկին Թարլանը հրամայեց Նազանիին՝ բարձրահասակ օրիորդ աղախնին, որ գնա օրիորդ Սալբիին կանչե:

Օրիորդ Սալբին, ամենևին ուշադրություն չդարձնելով, թե ինչ էր կատարվում յուր շրջակայքում — գյուղի մեջ, միայնակ առանձնացած յուր սենյակի մեջ, նույն ժամանակ խորին ուշադրությամբ մի գիրք էր կարդում, երբ Նազանին ներս մտավ, հայտնեց թե մայրը և խնամիները դրսում սպասում էին նրան:

— Ի՞նչ են կամենում նրանք, — հարցրուց օրիորդը սառնությամբ:

— Մի՞թե չգիտես, Սալբի, — պատասխանեց Նազանին ծիծաղելով. — այսօր տյառընդառաջ է, կտուրների վրա կրակ են վառում, և նորահարսերը և հարսնացու աղջիկները կրակի շուրջը ման են ածում...:

— Գիտեմ, միայն, Նազանի, ես զրադաշտական մոգպետի պաշտոն չեմ կամենում կատարել: Գնա՛: Ես չեմ գալու, թող իրանք վառեն այդ կրակը... դու գիտե՛ս, ես կռապաշտություն չեմ սիրում...:

— Ամա՛ն, Սալբի, քո հոգուն մատաղ, քեզ սպասում են, մայրդ կբարկանա, եթե չգաս: Գնանք, թե ինձ կսիրես, ի՞նչ վնաս ունի, երբ նրանք շնորհակալ կլինեն քեզնից: Տիկին Սալլաթինը ևս այնտեղ է:

— Տիկին Սալլաթինը այնտե՞ղ է, ուրեմն կգամ, — ասաց օրիորդ Սալբին և վերկացավ, որ գնա:

— Այսպես չէ՛ կարելի, — նրան կանգնեցնելով ասաց Նազանին. — դուք ձեր գլխի վրա գոնե մի քող ձգեցեք, այդպես բաց երեսով ամո՛թ է:

— Հա՛, նրանք սիրում են տեսնել ամեն ինչ վարագուրած, պարուրած և կապկապած, — ասաց նա խորհրդական ոճով, և ձգելով յուր գլխի վրա մետաքսե կարմիր քողը, դուրս եկավ մինչև կուրծքը ծածկած երեսով:

Խնամիները և Սալբիի մայրը բակում սպասում էին նրան: Երբ տիկին Սկուհին հեռվից տեսավ յուր հարսնացուին, յուր սիրելի որդի Ռուստամի նշանածը. — «Ե՛կ, համբուրեմ քեզ, իմ սիրական, — ասաց նա մոտենալով — ե՛կ, մի ամաչիր, քեզ մատաղ լինիմ»: — Այս խոսքերով, նա բռնեց օրիորդ Սալբիի ձեռքը, մոտ քաշեց, և բարձրացնելով նրա երեսի քողը, երկու ջերմ համբույր քաղեց նրա փափուկ, վարդակարմիր թշերից, որոնք նույն րոպեին, ո՛չ այնքան ամոթխածությունից, որքան մի գաղտնի տհաճությունից էին շառագունած: Օրիորդը փոխարենը համբուրեց տիկին Սկուհու ձեռքը և մոտենալով տիկին Սալլաթինին՝ չհամբուրեց, այլ բարեկամաբար բռնեց և սեղմեց նրա ձեռքը:

— Խնամի Թարլան, հարսնացուն այս տարի բավական մեծացել է, — ասաց տիկին Սկուհին, ոտքից մինչև գլուխ չափելով օրիորդ Սալբիին, որ անշարժ և լուռ կանգնած էր նրանց առջև:

Տիկին Թարլանը չկարողանալով զսպել օրիորդ Սալբիի նկատմամբ յուր տհաճությունը և անզոհությունը, ասաց.

— Էհ, ի՞նչ օգուտ մարմնի չափազանց աճելությունը, երանի՜ խելքը՜վ մեծացած լիներ:

— Ձեզ դյուրին է մի այդպիսի անտեղի կարծիք ունենալ Սալբիի մասին, — խնամի, — նրա խոսքը կտրեց տիկին Սալլաթինը. — որովհետև «ձեր երկուսի ջուրը մի առվով չէ՜ գնում»:

— Ի՞նչ եք կամենում ասել, — հարցրուց տիկին Թարլանը:

— Դուք նայում եք երկու հակառակ ծայրերից, — առաջ տարավ տիկին Սալլաթինը, — ձեզ դժվար է հաշտվել միմյանց հետ. նա՝ կրթյալ է և նոր, իսկ դուք անուս եք և հին...:

— Ինչ կամենում եք՝ ասացեք, — նրանց խոսքը կտրեց տիկին Սկուհին. — բայց «քուրդը յուր թանին թթու չի ասիլ». իմ Սալբին, իմ նազելի հարսնացուն, իմ սրտի ուզածին չափ լա՜վ է. խելո՜ք, ազնիվ բնավորությա՜մբ, պարկե՜շտ և ամոթխա՜ծ է:

Տիկին Թարլանը վշտանալով տիկին Սալլաթինի կծու խոսքերի համար, խոսքը փոխեց ասելով.

— Հավատացնում եմ ձեզ, խնամի Սկուհի, այդ բառը, որով դուք կոչում եք իմ աղջկան ձեր հարսնացու՝ բոլորովին անարժան է նրան, որովհետև ես իմ աղջիկը այն մտքով չեմ տվել, որ ձեր որդու հարսը դառնա, այլ իմ հոժար կամքով եմ նվիրել՝ որ ձե՜զ համար լինի ստոր աղախին և ստրուկ ծառա, ձեր ոտքերի սոլ և ձեռ-ների մահրամա:

— Չէ՜, չէ՜, — նրա ձեռքը բռնելով ասաց տիկին Սկուհին, — ես նրան կպահեմ իմ աչքի լույսի պես. Սալբին հրեշտակ է, թե՜ հոգով և թե՜ մարմնով:

Օրիորդ Սալբին, այդ մեծահոգի և հանդուգն բնավորությամբ աղջիկը, եթե յուր երկրի սովորության համեմատ՝ դատապարտված չլիներ լռության, համբերության և ամոթխածության՝ անպատճառ կպատասխաներ — «բավակա՜ն է, ես չեմ կարող տանել այդպիսի անտեղի գովասանքներ». բայց նույն րոպեին նրա լեզուն կապ էր մի պյութագորյան չխոսնականությամբ. նա դժվարությամբ զսպեց յուր անհամբերությունը, մինչև բոլորը դեպի կտուրը տանող սանդուղքով — վեր բարձրացան:

Գյուղի բոլոր տանիքների վրա տեսանելի էր կրակավառության արարողությունը: Թվում է, իբր բոլոր շրջակա գյուղորայք, տիրոջ բարկությունից՝ զարհուրելի հրդեհներով — անխնա այրվում, կրակվում և ծխոտում էին: Ծաղկավանը հին Սոդոմ-Գոմորն էր հիշեցնում: Թեպետ մութը պատել էր աշխարհը, բայց այստեղ, խարույկների բոցերը — գիշերը ցերեկի էին փոխում: Կրակների գոռոցի հետ խառնվելով հրացան գործիքների որոտը, դեպ երկինք բարձրացող շառաչուկների ճարճատյունը, նրանց օձանման գալարվիլը, ճայթելը օդի մեջ — մյուս կողմից, մեծ-մեծ կուժերի միջից ածխախառն վառոդի, վուլկանյան լավայի նման — թնդալով ֆշֆշալով — արտահոսվիլը — այդ բոլոր հրարվեստական գործողությունները խորտակում, թնդեցնում էին երկինքը, դղրդեցնում էին շրջակա սարերը — երկրի վրա՝ ահ և զարզանդ տարածելով: Դրանց հետ միասին տռնասեր գյուղացիների ուրախալի աղաղակները, նրանց խառնաձայն տաղերգությունները, կրակի չորս կողմով կատարված նրանց հիմար պարն ու կաքավը՝ այդ բոլորը ի մի առած՝ ա՜յնքան ծիծաղելի էին, որքան մոլեկան և կատաղի:

Այդ հետաքրքրական տեսարանները ավելի կենդանացնում էր զուռնան, որ յուր զիլ և բարակ ճլվլուն ձայնով, յուր հավատարիմ ընկերների դափի, դհոլի և դահիրայի հետ — նվազվում էին այդ տարվա նորափեսաների կտուրների վրա:

Այդ աղմկալի հանդիսակատարության մեզ միակ տհաճ և խռոված արարածները — մեծ-մեծ շներն ու փոքրիկ լակոտներն էին, որ զարհուրելով և սասանելով մի այդպիսի հանկարծակի դղրդումից, դուրս գալով գյուղից՝ թափառական — վազ էին տալիս դաշտերի մեջ — իրանց հաչելու տխուր և տրտում հեծկլտոցը խառնելով հասարակաց ուրախության հետ:

Հովասաբենց տունը, որպես մի հասարակ գյուղացու բնակարան, զուրկ էր շռայլ փառահեղությունից, այդ պատճառով տիկին Թարլանը չէր կարողացել ավելի մեծահանդես տոնել սուրբ տյառընդառաջը: Այստեղ, մի ո՛չ այնչափ ընդարձակ կտուրի վրա, կրակավառության արարողությունը խիստ պարզ էր և աղքատին: Վառելիքների փոքրիկ կրակաշեղջից բարձրանում էին վառվող նյութերի թույլ և կանաչագույն բոցերը. ինքը տիկին Թարլանը, անթրոցը ձեռքում, խառնում էր կրակը, ավելի զորություն տալով նրա բոցերին, և լուռ փսփսացնում էր աղոթքի նման մի բան: Նրա խնամիներից տիկին Սկուհին օգնում էր նրան, խարույկի վրա վառելանյութ ավելացնելով, իսկ տիկին Սալլաթինը, հեռուն կանգնած, խոսում էր օրիորդ Սալբիի հետ, անլսելի ձայնով:

— Տեսնո՞ւմ ես, Սալբի, — ասաց տիկին Սալլաթինը մատով ցույց տալով, — մի ժամանակ, մեր քաջ Վարդանի և Վահանի օրերին, այդ մոխրաբլուրների վրա, զրադաշտական ատրուշանների անշիջանելի կրակներն էին վառվում, բայց մեր արժանահիշատակ նախնիքը, իրանց արյունով մարեցին այն կրակը, որ սպառնում էր լափլիզել, այրել և անհետացնել սուրբ քրիստոնեությունը: Բայց այսօր, ի՛նչ ցավալի տեսարան է այդ... այսօր վառվում են նրանք ամեն մի քրիստոնյա կոչված հարստի և աղքատի, մեծաշեն ապարանքների, գձուծ խուղերի և խրճիթի կտուրների վրա...:

— Այդ նշանակում է, — պատասխանեց օրիորդ Սալբին ցածր ձայնով, — կրակապաշտությունը, որ Զրադաշտի մոգերը չկարողացան ներմուծել հայոց մեջ, ներս բերին մեր հիմար տերտերները քրիստոնեական փաթոթով պարուրած...

Դրանց խոսակցությունը ընդհատեց տիկին Թարլանը, որ մոտենալով՝ բռնեց օրիորդ Սալբիի ձեռքը և մոտեցրեց կրակին.

— Դո՛ւ, — ասաց նա, — ամեն օր տրտնջում ես, թե գլուխդ ցավում է, սպասիր, ես կբժշկեմ քո գլխացավը:

Այնուհետև մոլեռանդ մայրը, մի քանի անորոշ և անհասկանալի բառեր և ոգիների անուններ արտասանելով, Սալբիի ծամերի հյուսերից մինը դուրս քաշելով քողի տակից՝ կամենում էր խանձել ունելիքով բռնած կրակով. օրիորդ Սալբին յուր վհուկ մոր կախարդական խորհուրդը հասկանալով՝ դուրս քաշեց յուր ձեռքը նրա ձեռքի միջից, և արհամարհական կերպով մի կողմ քաշվեց, այս խոսքերը արտասանելով.

— Գիտե՞ս ինչ է գրված սուրբ գրքի մեջ, — ասաց նա, — «բոլոր կախարդների և կռապաշտների բաժինը՝ կրակով և ծծմբով վառած լճի մեջ պիտի լինի, որովհետև կախարդները պիղծ են աստուծո առջև»:

Այդ խոսքերը մահու չափ ազդեցին տիկին Թարլանի սրտին, բայց յուր աղջկա պատիվը չկամենալով ոտքի տակ տալ յուր խնամիների առջև, մի այլ ժամանակի թողնելով յուր տհաճության թույնը՝ մեծ դժվարությամբ զսպեց յուր բարկությունը:

Բայց տիկին Սկուհին, այդ պարզամիտ կինը, ամենևին չհասկանալով յուր հարսնացուի և նրա մոր մեջ անցածը՝ նույն միջոցին հմայում էր մի այլ թիլիսմանական գործողություն: Նա յուր մատներով մի բամբակյա թել էր ոլորում, որն երեքպատկելով՝ բռնում է յուր բերանի առջև (այդ ժամանակ նրա շրթունքները շարժվում են, կարծես թե մի բան է կարդում)՝ և երեք անգամ փչում է նրա վրա, այնուհետև այրելով թելի երկու ծայրերը, նորահարսի նարոտի նման, շապկի տակից երեք անգամ փաթաթում է յուր վզով, հուսալով, որ դրանով բժշկելու էր յուր եռօրյա տենդացավը:

Օրիորդ Նազանին, նույն րոպեին հեռուն կանգնած մի՝ այլ դյութական թիլիսմ էր կատարում. — նա կրակով այրում էր յուր գլխին ծածկած քողի ծայրերը: Այդ նա անում է հավատացած լինելով՝ թե այդպիսով յուր անձը ազատ կպահվի աչահարությունից (բաղնազարից):

Օրիորդ Սալբին հեռվից նշմարելով այդ, մոտեցավ նրան և ասաց.

— Նազանի, քո ո՞րտեղն է ցավում, որ այդպես ես անում:

— Է՛հ, տրաքեն չար աչքերը, — պատասխանեց նա. — մեր գյուղում աչքով սարը կճեղքեն:

— Դա կազատե՞ քեզ աչքով տալուց, — հարցրուց օրիորդ Սալբին:

— Հա՜, Սալբի, միթե դու չգիտե՞ս:

— Ես գիտե՛մ... բայց դո՛ւ այն պտուղը չե՛ս, որ քեզ աչքով զարկեն. աչքով զարկում են սիրուն աղջիկներին միայն, և ամեն բան, որ գեղեցիկ և հրաշալի է, — պատասխանեց նա կատակով:

— Լավ, լավ, Սալբի, գիտենք, որ դու սիրուն ես. աստված քեզ չար աչքից պահե. բայց ես է՛լ իմ տեղը ունիմ... Մի՛ ծիծաղիր ինձ վրա, — ասաց Նազանին վշտանալով:

— Ուրեմն քեզ համար մի բաղնազարի աղոթք գրել տուր և միշտ քեզ մոտ պահիր:

Մինչ դրանք այդպես խոսում էին, հանկարծ մերձակա տանիքից, որ կից էր Հովասաբենց կտուրին, լսելի եղան խառնաձայն աղաղակներ.

— Վա՛յ... վա՛յ... ամա՛ն... ի սեր աստուծո... օգնության հասեք... ազատեցեք... էյվա՛յ... էյվա՛յ... վա՛յ... ողորմություն արեք... ազատեցեք… մեռավ...:

Տիկին Թարլանը յուր խնամիների հետ, և մյուս կտուրներից շատ մարդիկ շուտով այնտեղ հավաքվեցան և տեսան, որ իրանց դրացիի տունը մի մեծ հրդեհով անխնա վառվում էր: Օգնության հասնող մարդկանցից ոմանք սկսեցին հրդեհը շիջել, և մի քանիսը բոցերի միջից դուրս քաշեցին Հովասաբենց բարի դրկից խղճալի Հարապետին:

— Հա՛յ, ջուր բերեք, ջուր բերեք, — աղաղակեցին մի քանի մարդիկ:

Թեպետ շուտ կարողացան հանգցնել Հայրապետի վրայի այրվող հագուստը, բայց չկարողացան հետ դարձնել նրա կյանքը, որովհետև ողորմելու ամբողջ մարմինը միանգամայն խորովված լինելով՝ մի փոքր անցած՝ նրա ձեռքերն ու ոտները կծկվեցան, և նա մեռավ:

Ի՞նչ հրդեհ էր այդ: — Նրանց տանիքի վրա վառած նվիրական հուրից մի կայծ, քամու զորությամբ տարվելով, աննկատելի կերպով հրդեհում է ախոռատան բակում դիզած արոտները, և այնտեղից անցնելով, այրում է մի փոքրիկ տնակ, ուր, նույն միջոցին, քնած է լինում խղճալի Հայրապետը, խորին թմրության մեջ՝ հարբած լինելով Բաքոսի ըմպելիքով:

Տիկին Սալլաթինը, նշմարելով այրվածի կնոջ դառն հառաչանքը, սկսեց նրան մխիթարել այս խոսքերով.

— Մի՛ լար, ո՛վ կին, թեև քո մարդը այլևս արևի լույսը չէ տեսնելու, դարձյալ նա բախտավոր է, որ հաջողեց մեռնել սակավ մարդկանց համար վիճակված մի փառավոր մահով: Յուր կյանքը զոհելով նվիրական կրակի բոցերին նա դասվեցավ երանելի մարտիրոսների և սուրբ նախատակների կարգը: Դրա փոխարեն մյուս կյանքում պսակ կընդունե գուցե Որմզդի ձեռքից...:

Սզավորը չհասկացավ այդ հեգնական խոսքերի իմաստը և ավելի դառնագին սկսեց լալ:

Բայց օրիորդ Սալբին, մոտենալով, կամաց ասաց տիկին Սալլաթինի ականջին.

— Շատ կարելի է, որ պատվելի այրվածը փոխանակ փառավոր պսակ ընդունելու Որմզդի ձեռքից, արդեն հյուր գնաց Արիմնի մոտ:

— Դու սխալվում ես, Սալբի, — պատասխանեց տիկին Սալլաթինը, — լսո՞ւմ ես, ի՛նչ է խոսում այնտեղ ռամիկը:

Եվ իրավ, բազմության մեջ մի մարդ ասում էր յուր ընկերներին.

— Ա՛յ տղերք, տեսա՞ք, ի՞նչ բախտավոր էր այդ մարդը. մնաց, մնաց, վերջը մի այդպիսի բարի մահով վախճանվեց...: Ճշմարի՛տ, նրա տեղը արքայության մեջտեղն է: Ի՞նչ օգուտ, քանի որ մեր ազգը հավատ և հույս չունի. եթե մահմեդական մեկը լիներ, հիմա թուրքերը կամ պարսիկները դրա վրա մի գումբազ (մատուռ) էին կանգնել: Ինչո՞ւ Մուհարլեմի կռիվներում, Քալբլայի ճանապարհում և Մեքկայի անապատներում մեռածները ճեննաթի մեջ, Մահմեդի մոտ պիտի գնան, բայց մեր այսօրվա օրումս նահատակվածը՝ արքայություն չի՞ գնալու:

— Խոսքդ շաքարով, մուղդուսի Պիրրո, — ասաց մի ուրիշը. — ճշմարիտ,ավետարանի միջիցն ես խոսում, և խոսքերդ ջավահիր են, բայց ի՞նչ անես, լսող չկա:

— Արդեն սրբացրին, — ասաց օրիորդ Սալբին. — ե՛կ գնանք, ես մրսում եմ:

— Ո՞ւր գնանք, չե՞ս սպասելու մինչև մայրդ էլ ցած իջնի, — հարցրուց տիկին Սալլաթինը:

— Ո՛չ, նրանք դեռ շատ գործ ունեն, կուշանան, մենք գնա՛նք, մի փոքր տաքանանք:

Նրանք երկուսը միասին ցած իջան կտուրից: Տիկին Թարլանը յուր սրտի մեջ զայրացավ, որ նրանք մինչև վերջը չսպասեցին: Տիկին Սալլաթինը օրիորդ Սալբիի հետ մտան վերջինիս սենյակը, ուր նույն րոպեին վառարանում փայտ էր վառվում: Ո՛րքան մեծ եղավ նրանց ուրախությունը, երբ տեսան, որ Ռուստամը, մի լայն վերարկուի մեջ փաթաթված, դռնից ներս մտավ:

— Սալբի, ես լսեցի ձեր դրկիցներից մի մարդ է այրվել, — ասաց նա, առանց բարևելու, անփույթ կերպով գնալով նստելով տիկին Սալլաթինի մոտ:

— Հա՛, Հայրապե՛տը, — ցածր ձայնով պատասխանեց օրիորդ Սալբին:

— Դու չէի՞ր տրտմի, եթե այրվողը քո լուսահոգի մայրը լիներ — հարցրուց պարոն Ռուստամը ծիծաղելով:

— Ինչո՞ւ չէի տրտմի, — հարցրուց օրիորդ Սալբին:

— Որովհետև կազատվեինք, որպես դո՞ւ, նույնպես և ես: — Մի՛թե մենք գերի՞ ենք:

— Դեռ մի բանով պակաս գերիներից... — պատասխանեց պարոն Ռուստամը:

— Ահա մի քանի րոպեից հետո նա վայր կիջնե կտուրից, և ես ստիպված կլինեմ, ակամա քեզ թողնել և փախչել, իսկ այժմ ներս մտա, գիտնալով, որ նա տանը չէր:

— Ինչո՞վ է մեղավոր տիկին Թարլանը, — հարցրուց տիկին Սալլաթինը, — երբ մեր երկրի ու մեր ազգի սովորությունն է, որ երիտասարդ աղջիկները ոչ մի կերպ չպիտի լինեն օտար մարդկանց հետ:

— Զարմանալի հրեշներ են այդ ասիական ազգերը, — պատասխանեց Ռուստամը բարկանալով: — Նրանք առանց ամաչելու գործում են ամեն անվայել բան, որ երբեք աստված չէր հրամայել, բայց ամաչում են հայտնի կացուցանել սուրբ սերը, որ աստուծո օրենքով օրհնված էր:

— Պարկեշտությունը, պատկառանքը և ամոթը մարդկային բնության ազնիվ և անուշահոտ ծաղիկներն են, — ասաց տիկին Սալլաթինը:

— Թո՛ղ տուր, թե աստվածդ կսիրես, մորաքույր, այդպես չեն քո գաղափարները, ես գիտեմ, դու կամենում ես բարկացնե՛լ ինձ:

Իսկապես տիկին Սալլաթինը հեգնաբար էր խոսում. այլապես՝ նա սիրում էր ազատություն, այդ խորհրդական բառի մեր դարու հասկացողությամբ:

— Սա՛լբի, դու բարկացա՞ր, որ այդպես համարձակ խոսեցի. հա՞, — հարցրուց Ռուստամը:

— Դու չափազանց հանդո՛ւգն ես, Ռուստամ, — պատասխանեց Սալբին:

— Ի՞նչ արած... ահա տյառընգառաջը անցավ, և մի քանի օրից հետո կանցնի բարեկենդանն էլ...: Մեծ պասին միշտ լռբի կեր ու երդիկին մտիկ տուր, մինչև այդ աստուծո պաահիժը վերջանա... մինչև Համբարձումից հետո մեր պարոն տերտերները ասեն՝ թե կարելի է պսակ կատարել:

Այդ խոսքերը Ռուստամը արտասանեց այնքան տաքացած և կրքով, որ տիկին Սալլաթինը և օրիորդ Սալբին թուլացան ծիծաղից:

— Դու շա՛տ ես շտապում, Ռուստամ, — ասաց տիկին Սալլաթինը:

— Նա գուցե երկյուղ է կրում, որ ձեռքիցը խլեն, — հեգնեց օրիորդ Սալբին:

— Ինձ մի մեղադրեք, իմ նազելիներ, — առաջ տարավ Ռուստամը. — սերը մի դժվար բան է, դա ամենակատաղի կիրքն է մարդկային բնության մեջ... մի՛թե, Սալբի, միևնույնը չէ՞ զգում և՛ քո սիրտը... միթե դու էլ գիշեր ու ցերեկ չե՞ս մաշվում այդ մոլեկան ցավով...:

Օրիորդ Սալբին գլխով «այո»-ի նշան արեց, որ չնշմարեց տիկին Սալլաթինը:

ԺԲ

ՄՈԳՊԵՏԸ

Նվիրական կրակները արդեն մարել էին բոլոր կտուրների վրա, բայց նրանց փոխարեն լույս էին տալիս բյուրավոր ճրագներ: Այլևս լսելի չէին լինում հրձիգ գործիքների որոտը, շառաչուկների ճարճատյունը, ո՛չ էլ մարդկանց կատաղի աղաղակները: Բայց գիշերային խորին լռությունը կենդանացնում էին երգերի և նվագարանների հիանալի ձայներ, որ լսելի էին լինում տանիքների վրա դրված խնջույքներից:

Տիկին Թարլանը յուր խնամիի հետ տակավին տանիքից ցած չէր իջել. նրանք անհամբեր սպասում էին քահանային, որ գար կրա՛կը օրհներ, այնուհետև ամեն ինչ կվերջանար:

Հանկարծ հայտնվեց նա:

Ծերունի տեր Մարուքը, նույն ավուր տոնի իմաստուն մոգպետը, Հովասաբենց տոհմի ծխատեր քահանան, իրան վիճակված ժողովրդի հարուստների կրակի առաջ օրհնելով և նրանց տյառընդառաջը շնորհավորելով՝ հերթը ստորին ժողովրդին հասնելով՝ մտաբերեց Հովասաբենց տունը: Նրա տիրացուն, որ յուր երեց որդին էր, շիջած բուրվառը ձեռքին քարշ գցած — հետևում էր հորը: Եթե մինը կամենար գինեմոլի մի պատկեր՝ յուր անճոռնի և այլանդակ կերպարանքով, մի այլ ավելի հարմար օրինակ չէր գտնի, բացի այդ մի զույգ հայր ու որդուց: Տերտերը, գլուխը երերելով, գլորվելով, պատերին և ցեխերին երկրպագություն տալով, յուր փիլոնը կիսաքարշ՝ գետնից տանելով, փառաջայի դրոշակները աղբերի և ցեխերի մեջ աղտոտած, գդակի վրա մի կույտ հող ու մոխիր, աչքերը կարմրած, երեսը թոթշնած, որպես մի կատաղած արջ կամ քավթառ — վայրենի կերպարանքով, հազիվհազ բռնելով յուր դողդոջուն իրանը երկու ցեխոտ ոտների վրա — մոտեցավ, կանգնեց կրակի մոտ: Նրա որդին ավելի վատթար դրության մեջն էր: Ի՞նչ մեղ ունին նրանք…: Ի՞նչ անեն, որ չհարբեն. այդ երեկո ամենաքիչը հարյուր տուն էին ման եկել կրակ օրհնելու համար, և ամեն տեղ մեծարել էին քահանային օրհնյալ ըմպելիքով: Եթե տեր Մարուքը ամեն մի տան մեջ, չափավորություն պահելով կես-կես բաժակ անգամ խմած լիներ — հիսուն բաժակի գումարը ո՞ւմ չէր հարբեցնի: Բայց նա, եթե կներե մեզ տերտերը ճշմարիտն ասելու՝ ամեն տան մեջ հետ չէր մնում չորս-հինգ բաժակից: Ի՞նչ անե տեր Մարուքը. ո՞ւմ սիրտը կոտրե չխմելով. ժողովուրդ օրհնելը նրա պաշտո՛նն է. չէ՞ որ օրհնությունը անհրաժեշտ պետք է կատարել գինու բաժակի վրա…: Բայց և այնպես, տեր Մարուքը յուր քահանայական պարտավորությունը վերջացրել, և հայերի ասության ոճով, այդ դրության մեջ «յուր էշը ցեխից հանել է»: Բոլոր հարուստների կրակները օրհնած վերջացրած լինելով, մնում էին մի քանի աղքատ մարդիկ, դրանց համար լոկ մի խաչակնքումն էլ բավական էր, փոխանակ ա՛յնքան օրհնությունների և արարողությունների, որ կատարվում էին սուրբ կրակի շուրջը:

— Բարի ողջույն, — ասաց քահանան, մաշտոցը թեքի տակից դուրս հանելով:

— Օրհնյա տեր, — ձայն տվին ամեն կողմից և մոտեցան համբուրելու նրա աջը: Քահանան նրանց գլուխների վրա ձեռք դնելով ասում էր.

— Աստված օրհնեսցե, շատ ապրիք, շատ ապրիք, որդիք:

Տեր Մարուքը սկսեց օրհնել մոխիրը, մի քանի գլխից-պոչից կրճատած աղոթքներով, և կամենալով ավելի քաղաքավարություն գործադրել, մաշտոցը երկու ձեռքով վեր բարձրացրեց, իսկ տիրացուն հանդիպակաց կողմից բուրվառը դեմ արեց — սկսեցին «անդաստան» (թափոր) անել և մոխրի շուրջը պտույտ գալ: Բայց հանկարծ, չգիտեմ ինչ պատահեց. տեր Մարուքը, կարծես մի աներևույթ հարվածից, գետին գլորվեց, սկսեց թավալվել մոխիրների մեջ: Գինարբության ախտը մինչ այն աստիճան սաստկացել էր այդ մարդու մեջ, մինչև պատճառել էր մոլարբեցության խելացնորություն: Բայց տիկին Թարլանը, չհավատալով, որ տիրոջ սպասավորներին մի այդպիսի ցավ կարող է հանդիպել, դարձավ և ասաց տիկին Սկուհուն.

— Գիտե՞ս, խնա՛մի, ինչ պատահեց տերտերին:

— Ի՞նչ պատահեց, — զարհուրելով հարցրուց տիկին Սկուհին, որ հեռուն կանգնած, դողում էր երկյուղից:

— Հրեշտա՛կ տեսավ, իմ քույր, — պատասխանեց տիկին Թար– լանը:

— Հապա, հրեշտակ տեսավ, — մյուս կողմից փաստաբանեց տիրացուն, — իմ հայրը միշտ խոսո՛ւմ է հրեշտակների հետ:

Ո՛չ այս և ո՛չ այն — տեր Մարուքը նույն րոպեին սովորական կերպով հարբած էր: Թեպետ տիկին Թարլանը նրա չորս կողմով մի բոլորակ խաչ էր գծում կտուրի վրա, որ ոգիները թող տային նրան և քահանան զգաստանար, բայց գուցե ցրտի ներգործությամբ, մի քանի րոպեից հետո նա ուշքի եկավ, վեր կացավ, և մտաբերելով, որ կրակի օրհնությունը թերի էր մնացել, բռնեց մաշտոցը, և խաչանիշ անելով կրակի վրա, ասաց.

— Այս գրքի միջի բոլոր աղոթքները և օրհնությունները քեզ վրա լինի, ո՛վ սուրբ կրակ:

— Վերջացա՛վ, գնաց… — մյուս կողմից կրկնեց տիրացուն, — այլևս ի՞նչ պետք ծանր ու բարակ կարդալ ամեն մի աղոթք, երբ մի համառոտ խոսքով վերջանում է ամեն ինչ:

Թեպետ այդ միջոցին տեր Մարուքի երևակայությունը պղտորված, և լեզուն ծուլացել էր աղոթքների համար, բայց այնուամենայնիվ նա չկարողացավ մոռանալ յուր սուրբ պարտականությունը — աջահամբույրների նկատմամբ: Երկու ձեռքով մաշտոցը պինդ բռնեց յուր առջև. ամենից առաջ տիկին Թարլանը մոտ գնաց, համբուրեց գիրքը, ձգելով նրա կազմի վրա զամած բոլորակ պղնձյա խաչի երկու արծաթի դրամ, այնուհետև մյուսները, նույնպես համբուրելով, տալիս էին արծաթ, բայց ո՛չ այն չափով, որքան տիկին Թարլանը բաշխեց, թեպետ խղճալի տեր Մարուքը անդադար հորդորելով ասում էր.

— Օրհնածներ, որքան կարող եք շատ տվեք. քանի շատ տաք, ա՛յնքան առավել վարձք կառնուք. ա՛յնքան առավել հոգու փրկություն կլինի ձեզ:

Մաշտոցի վրա դիզված արծաթները գրպանը լեցնելով, կարծես թե տեր Մարուքը գնալով ավելի և ավելի էր զգաստանում. մանավանդ, երբ նա մի կողմ քաշվելով վեր ածեց այն բոլորը, որ մինչ այդ ամբարվել և ծանրացել էր նրա ստամոքսի մեջ...: Օրիորդ Նազանին ջուր ածեց, տեր Մարուքը լվաց երեսը և ապականված մորուքը: Այնուհետև նա բավական սթափվեց, խելքի եկավ, և կրկին կրակի մոտ գալով, վեր առավ մի բուռն մոխիր, ցրվեց տանիքի չորս կողմը և մնացածը պատվիրեց տիկին Թարլանին — ամփոփել մի պարկի մեջ, ասելով.

— Խելացի տիկին, պինդ պահիր քո ականջների մեջ քահանայի խրատները, որ կամենում է հայտնել քեզ, թե ինչ խորհրդով հրամայել են մեզ մեր արժանահիշատակ պապերը մինչև մյուս Ստյառընդառաջը սուրբ մոխիրը խնամքով պահելու: Այդ հրաշալի մոխիրը, յուր սքանչելի զորությամբ օգտակար է լինում տնտեսական ամեն բաների մեջ: Օրինակ, եթե դրանից ցանելու լինիս տավարների և ոչխարների վրա, նրանց այլևս ցավ չի պատահի, միշտ առողջ և պարարտ կլինեն, առատ կաթ և յուղ կտան: Եթե դրանից ցրվելու լինիս այգիի ծառերի և որթերի տակ՝ կազատվին թրթուրից, վնասակար ճճիներից, կարկուտից և առատ արդյունք են բաշխում: Այդ փոշուց ցանում են արտերի, առվույտների, հնձելու խոտի մեջ, որ մարախը չուտի, ժանգը չչորացնե, և ազատվին խորշակից և այլ պատուհասից: Դրանից ցրվում են մի զույգ ամուսնակիցների անկողնի մեջ, երբ թշնամի փհուկների դյութելով նրանց մերձավորությունը արգելված է, երբ նրանք ամուլ են և կամ նրանց զավակները ծնվելուց հետո շատ չեն ապրում: Այդ բոլորից զարմանալի զորությամբ փրկում է, ազատում է...: Մի այլ ժամանակ ես կպատմեմ ձեզ, թե այլևս քանի-քանի զորություններ ունի այդ սուրբ մոխիրը:

Քահանայի խոսքերը արդար յուղի նման հալվում էին տիկին Թարլանի ականջներում. նա յուր մտքի մեջ զարմանում էր նրա անչափ իմաստության և այնքան բաներ գիտնալու վրա: Տեր Մարուքի գործած այն անքաղաքավարությունը նրա մոլությունների մասին ոչ մի տհաճություն չհարույց տիկին Թարլանի սրտի մեջ: Բայց տիկին Թարլանը շատ ուրախ էր, որ տիկին Սալլաթինը և օրիորդ Սալբին այնտեղ չգտնվեցան և ականատես չեղան քահանայի անկարգությանը, որ իրանց համար կատակի և ծիծաղի առարկա շինեին:

Գիշերը տարաժամեցավ. բոլորը միասին կտուրից ցած իջան:

Մի ընդարձակ սենյակ, յուղային ճրագներով լուսավորված, համեստ կերպով զարդարած էր, մի ո՛չ հարուստ, այլ միջասահման գյուղացու կարողությունը ներածին չափ:

Սփռոցի վրա, սենյակի միջավայրում, դրված էին զանազան ուտելիքներ և սրվակներով գինի: Տեր Մարուքը նստում է յուր համար պատրաստված փափուկ օթոցի վրա, սեղանի պատվավոր գլխում: Նրա տիրացու որդին, հոր հրամանով, նստում է հեռու, ներքև, սեղանի մյուս ծայրին: Տիկին Թարլանը, որպես չափահաս կին, համարձակվում է նստել քահանայի մոտ, թեպետ ամաչում է ուտել, բայց տերտերին գինի է տալիս «անուշ-խմեք» մատուցանելով սեղանի ազնիվ պատառներից: Իսկ տիկին Սկուհին, հեռուն երեսը ծածկած միայնակ նստած է մի անկյունում: Տիկին Թարլանը լեցնելով մի մեծ գավաթ կարմիր գինի, մատուցանում է քահանային, ասելով.

— Համեցեք, տեր հայր, այդ գինին շատ անուշ է, համեցեք, մեր այգիի խաղողներիցն է:

— Թող օրհնվի դրա այգին, միշտ թարմ և կանաչ մնան ողկուզենիքը, — ասաց տեր Մարուքը, ընդունելով գինին, և յուր ուրախալի հայացքը ձգելով գավաթի կարմիր մակերևույթի վրա, առաջ տարավ. — թող օրհնյալ լինի մեծ նահապետի հիշատակը, նա այնքան բարեբանված չէ մարդկության երկրորդ նախահայր լինելու համար, որքան ավելի շնորհակալ պետք է լինել նրան, որ մարդկանց ուսույց գինի շինել. այս երկնային ազնիվ ըմպելիից ավել մեր Փրկիչը մի այլ արժանավոր բան չգտավ Կանայում յուր առաջին հրաշքը ցույց տալու համար. այլև հաստատեց յուր սուրբ արյունի փոխարեն...: — Այդ դատողությունից հետո տեր Մարուքը յուր ձեռքի գավաթը դեռ չխմած՝ մի երկար, անհամ և տաղտկալի օրհնություն սկսեց.

— Հավասարական կենդանությո՛ւն... Թարլան քույրիկ, շատ ապրիս, քեզ արքայություն. տեր ամենակալը քեզ անթառամ պսակին, լուսեղեն պատմուճանին, վերին Երուսաղեմի երանությանց — արժանացնե. տեր Հիսուս այս օջախը միշտ շեն ու հաստատ պահեսցե. այն մի հատիկ սիրուն աղջիկդ ծաղկեցնե և յուր սրտի բարի խորհրդի կատարումն տա: Հիսուս միածին, տիկին Թարլանի հանգուցյալ ամուսին ողորմած ուստա Պետրոսի հոգին լուսավորեսցե: Սկուհի, — դեպ նրան դառնալով ասաց — շատ ապրիս: Տեր աստված այդ ձեր առնտուրինայսինքն խնամության — փոշիմանություն (ապաշավանք) չտա. բարով Ռուստամի կանաչ-կարմիրը (նարոտը) կապես. կարմիր հարսդ տուն բերես, որդիքով, թոռներով ու ծոռներով ուրախանաս: Տե՛ր, դո՛ւ երկրիս՝ խաղաղություն, թագավորաց՝ հաշտություն և մեր խեղճ հայ ազգին՝ սեր ու միաբանություն, և այս օրհնյալ ըմպելիքին՝ հաջող ճանապարհորդություն տուր: Նազանի, աստված քեզ էլ մի բախտ տա, բարով սիրուն փեսա ունենաս:

Տեր Մարուքը, որպես օրենքն էր, մաքրազարդեց գավաթը:

— Անո՛ւշ, անո՛ւշ, — ձայն տվեց մյուս կողմից տիկին Թարլանը, նրան ուտելու մի բան մատուցանելով. նա էլ ընդունելով այդ և դեպ բերանը տանելով, ավելացրեց.

— Աստուծո բարին թող չպակասի ձեռքիցդ, շեն ու հաստատ մնաս:

Այսպես, գինու գավաթները սկսեցին դատարկվել. տիրացուն ևս, իբր թե հորիցը ամաչելով, երեսը դեպ մի կողմ շուռ տալով, գաղտնի մի քանի բաժակ կոնծել էր: Երբ քահանայի գլուխը մի փոքր տաքացել էր, տիկին Թարլանը նրան հարցրուց.

— Տեր հայր, ծառա եմ սուրբ աջիդ, ասացեք խնդրեմ, ի՞նչ գուշակեց այս տարի «սուրբ կրակը»:

— Որքան ասես, շատ բարի բաներ, — պատասխանեց իմաստնաբար տեր Մարուքը: — Միթե չնշմարեցի՞ք ժամատան բակում, թե ի՞նչպես բոցերը, աբեղյան ողջակիզի նման՝ ուղղակի դեպ երկինքն էին ձգվում, և ո՛րքան փառահեղությամբ պայծառ լուսինը դուրս եկավ սարերի հետևից տյառընդառաջի տոնը օրհնելու և սուրբ հրավառությանը սպասավորելու, իսկ արևը մտնելու ժամանակ, որքան հիանալի տեսարան ձևացավ կապույտ երկնակամարի վրա. կարծես, բոլոր ամպերը զուտ ոսկի լինեին քրքումի գունով ներկված: Ահա այդ բոլորը բարեգուշակ նշաններ էին:

Այս խոսքերը, որ տեր Մարուքը արտասանեց մի փոքր բանաստեղծական ոճով, հարյուրավոր անգամ, նույն ոգևորությամբ պատմել էր հարցասեր կանանց:

— Այդ երևցած նշանների մասին, տե՛ր հայր, դուք «գրքին» նայեցի՞ք, — հարցրուց տիկին Թարլանը:

— Ինչպես չէ, այս տարի կլիման լինելու է առողջարար, ջուրը առատ, ցանքերը և այգիները պտղավետ, աժանություն երկրի, ու թագավորաց խաղաղություն, — պատասխանեց տեր Մարուքը:

— Կովերի և հավերի մասին մի բան գուշակո՞ւմ է սուրբ կրակը:

— Հա՛, ի՞նչպես չէ.. ավելի գլխով, քան լեզվով, պատասխանում է գուշակողը. — կովերը այս տարի առատ կաթ են տալու, որով այս տարի ունենալու եք շատ եղ ու պանիր: Բայց չմոռանաք սուրբ մոխրից մի փոքր ցրվել գոմի մեջ...: Հավերդ էլ արդյունալի կլինին ձվերով ու ճուտերով, բայց չմոռանաք տեր Մարուքը վարձատրելու մի քանի տասնյակ նոր ձվերով, որով ես առիթ կունենայի «աղոթել» ճուտերը, և կապել քորքորայի (ցինի) բերանը, որ չհամարձակվի հափշտակել փոքրիկ վառյակները:

Տիկին Թարլանը ուրախացած այդ օգտավետ նախագուշակություններով, համբուրեց քահանայի աջը:

— Հա՛ այդպես... մեռնիմ բերնիդ, — ասաց նա. — ձուն մի ոչինչ բան է, իմ գլուխը, իմ տունը տեղը, բոլորը ձեզ փեշքաշ (ընծա) է, բավական է, որ ձեր սուրբ աղոթքը մեզ պահապան լինի և մեզ օրհնող լինեք, մենք ինչպես էլ լինի կապրենք և ստեղծողին փառք կտանք:

— Հանաք եմ անում, Թարլան բաջի, — խոսեց տերտերը ծիծաղելով, — ես ձեր ողջությունը կցանկանամ, որ միշտ շեն ու պայծառ լինիք: Իհարկե, դուք որ կաք՝ մեր սյուրուն (հոտն) եք, իսկ մենք ձեր չոպանը, պետք է ձեր կաթից ուտենք, ձեր բուրդից հագնենք, որ ձեզ էլ գայլերի բերանից ազատենք, և խոտավետ արոտներում արածացնենք:

Տիրացուն, որ այդ ժամանակ ոտքի վրա կանգնած, մեքենաբար շարժում էր բուրվառը, և գլուխը դմբացնելով, խլինքը վեր քաշելով, ծոծրակը քորելով, բերանը մինչև ականջները բացած հորանջելով, մտավոր հափշտակության մեջ խորասուզված, ավելի գինու ազդեցությամբ քան թե մի այլ խորհրդով, այսպես խոսեց.

— Մեր սուրբ Էջմիածինը, մեր սուրբ Լուսավորիչը... մեր սուրբ մեռոնը... մեր... մեր... մեր... — այլևս նրա պղտորված երևակայությունը չկարողացավ ժողովել խոսքերի հետքը:

Բայց տիկին Թարլանը կարդալով նրա միտքը, ավելացրուց.

— Իհա՛րկե, առանց նրանց հայ-քրիստոնյայի վիճակը վատ կլիներ: Մենք նրանցո՛վ ենք ապրում, և նրանք են, որ միշտ բարեխոս են աստուծո աթոռի մոտ — քրիստոնյա ազգի համար...:

Տեր Մարուքի ստամոքսը արդեն լցվել, նախկին աստիճանին էր հասել: Նա վեր կացավ, և գլորվելով կամենում էր հեռանալ, բայց մի նոր միտք արգելեց նրան:

— Գիտե՞ք, առավոտյան պատարագ պիտի լինի, և ես պատարագիչն եմ, — ասաց նա:

Տիկին Թարլանը հասկացավ, թե ի՞նչ էր կամենում քահանան ասել. մոտ գնաց, թաքուն դրեց քահանայի ափի մեջ մի հատ արծաթի դրամ, որպես «հիշոց», որ նա յուր մեղքերի համար բարեխոս լիներ տիրոջ սեղանի վրա:

Մոզպետը հեռացավ:

Օրիորդ Սալբիի առանձնասենյակում Սալբին, Ռուստամը և տիկին Սալլաթինը տաքացած խոսում էին, երբ ներս մտավ օրիորդ Նազանին և հայտնեց թե տիկին Սալլաթինին կանչում են: Տիկին Աշխարունին, այսպես էր նրա ազգանունը, վեր կացավ, որ գնա:

— Սիրելի մորաքույր, — ասաց Ռուստամը, — խոսիր օրիորդ Սալբիի մոր հետ, որ քանի պասը չէ եկել՝ բարեկենդանին հարսանիքը վերջացնեն:

— Ես այս գիշեր հատկապես այդ նպատակով մնալու եմ տիկին Թարլանի մոտ

— զուցե համոզեմ նրան, որ ավել չուշացնե, — պատասխանեց տիկին Աշխարունին:

— Ինչո՞ւ եք այդպես շուտ գնում, — հարցրուց օրիորդ Սալբին:

— Ձեր երկուսի մեջ անպատշաճ է լինել փահրատի չալին. մնացեք Ռուստամի հետ միայնակ. գոնյա մի քանի րոպե սիրախոսելու, — պատասխանեց տիկին Սալլաթինը:

Բայց Հովասաբենց օրիորդը այն թեթև, անպարկեշտ աղջիկներից չէր, որ յուր նշանած տղամարդի հետ միայնակության հաջող րոպեները անցներ հեշտախտային զվարճությամբ: Նա յուր ծանրաբարոյության հետ ուներ և ա՛յն սառնասրտությունը, որ ակամա ամաչեցնելու էր Ռուստամին մի այդպիսի լկտի ցանկասիրություն պահանջելու: Օրիորդ Սալբին յուր սովորական համեստությամբ, գլուխը քարշ զցած, առանց վեր նայելու, խոսեց.

— Դու չափազանց շտապում ես հարսանիքի համար, այնպես չէ՞, Ռուստամ:

— Ի՞նչ պետք է անել. մեռանք — մաշվեցանք ծակամուտից գողունի միմյանց մոտ գալով գնալով, այդ ես՝ հարյուրից մի անգամ միայն հազիվ է հաջողվում: Մինչև ե՞րբ պետք է կրենք այդ անտանելի ցավերը, — ասաց Ռուստամը:

— Եվ դո՛ւ կարծում ես, թե ես քո հոր տան մեջ լինելով՝ դու առիթ կունենայի՛ր լիամասնաբար ինձ սիրելու:

— Ինչո՞ւ չէ:

— Երևակայիր, Ռուստամ, — ծանրությամբ առաջ տարավ օրիորդը, — ո՛րքան էլ յուր արյունախում և եղեռնավոր բնավորությամբ անտանելի լինի բարբարոսական բռնակալությունը — հազարապատիկ դժնդակ և վատթար է այն բռնությունը, որ ասիական կյանքի մեջ ոտնակոխ է արել կանանց սեռի արդար իրավունքը, ճնշել ու կաշկանդել է նրանց ազատությունը և թունավորել է նրանց հիվանդոտ դրությունը: Մտածիր, ի՞նչ վայելչություն, ի՞նչ քաղցրություն ունին այստեղ երկու սիրողները սիրո վայելքի մեջ՝ երբ նրանք չեն կարող միմյանց հանդիպել արձակ և համարձակ, երբ նրանց հայտնված սերը, որպես մի անսովոր միջադեպ՝ հասարակաց բամբասանքի, չարախոսության և զզվանքի նյութ է դառնում:

— Թեպետ ամեն տեսակետներով ազատությունը գովելի է, թեպետ բռնակալության մեջ ճնշվում, խեղդվում և ոչնչանում են մարդկության բարի ձգտումները, բայց, Սալբի, մի հին բանաստեղծական ոգով մտածելով, ինձ թվում է, որ սերը ավելի է քաղցրանում և ախորժելի դառնում — երբ մարդ շատ դժվարություններով է որսում նրան: Դա մի բնական օրենք է: Մեզ համար, կախարդիչ և առասպելաբանական վայելչություն ունին այն բաները, որ միշտ մեր աչքից ծածկված և հազվագյուտ են, և որ ձեռք են բերվում շատ չարչարանքների հնարներով: Բայց ամենօրյա կյանքի մեջ սովորաբար հանդիպած բաները, որ միշտ տեսնում, լսում և զգում ենք, ո՛րքան էլ ախորժելի և հաճոյական լինին նրանք՝ կորցնում են իրանց իսկական համը, հոտը և քաղցրագույն ճաշակը, որովհետև մեր զգայարանները կշտանում են նրանցից:

— Դո՛ւ, սիրելիս, այդ երկար խոսքերով՝ կամենում ես բացատրել հայերի այն առածի իմաստը, թե «երբ շատ շաքար ուտես՝ սոխի-սխտորի համ կտա», առարկեց օրիորդ Սալբին ժպտելով: — Բայց սխալվում ես, Ռուստամ, սերը յուր երկնային, ազնիվ, քնքուշ և լուսեղեն կերպարանքներով մարդկային հոգու սուրբ և մաքուր զգացումներից — ամենազեղեցիկը, ամենաքաղցրը և աստվածեղենն է: Մարդ նրանից երբեք չէ՛ կշտանում և չէ՛ տաղտկանում: Նա այն առասպելաբանական անթառամ ծաղիկն է, որ մնում է միշտ թարմ, դեռափթիթ և անուշահոտ, և որքան շոշափում ես նրան՝ այնքան արծարծվում, բորբոքվում և անշիջանելիորեն բոցավառվում է...:

— Ստո՛ւյգ է քո ասածը, — պատասխանեց Ռուստամը առժամանակյա մտածումից հետո. — բայց և ա՛յնպես, ես սիրում եմ արևելքի կանանց փակված դրությունը, հարեմխանաների մեջ նրանց արգիլված կեցությունը, որովհետև այսպիսով ավելի է պահպանվում նրանց սեռի պարկեշտությունը և նրանց անապականելի ողջախոհությունը:

Մի հեգնական ծիծաղ շարժեց օրիորդի վարդագույն շրթունքը, յուր սիրածի դեռևս տղայական հայացքի համար, և նա ասաց.

— Պահպանել մարդկությունը յուր օրինավոր դրության մեջ ինկվիզիտորի իշխանությամբ, պահպանել կանանց սեռի պարկեշտությունը և, որպես ասացիր — նրանց անապականելի ողջախոհությունը՝ ընդդիմադիր արգելքների պայմաններով՝ հարեմխանայի պատերի մեջ — չէ՞ որ ա՛յդ դարձյալ բռնություն է: Պետք է մարդկությանը տալ ա՛յն ինքնակամ հնարը, ա՛յն մաքուր համազգացումը, սրտի և հոգու ա՛յն սուրբ ձգտումները, որ նրանք ինքնաբերաբար, որպես մի ներքին, աստվածային ձայնի դրդմամբ, ինքնուրույն ճանաչեին իրանց արդար պարտքը, իրանց վայելուչ պատշաճը և անմեղադրելի բարին: Այդ կլինի ոչ այլ եղանակով՝ քան երբ մարդկությունը ստանա կանոնավոր ուսում, լուսավոր դարի խելացի գաղափարներով և աստվածեղեն վարդապետության պայմաններով Ավետարանի մի առաքինական կրթություն: Այն ժամանակ ամբողջ մարդկությունը այնչափ կատարելագործված կլինի,որ ո՛չ ոք չէր ասի յուր ընկերին, թե դու մեղք գործեցիր, այլ ամեն անհատ ճանաչելու էր յուր սրբազան պարտավորությունը:

Ռուստամը նկատեց, որ յուր նշանածի դատողությունները զուտ ճշմարտություն են:

— Դու այդպես խելացի ես մտածում, Սալբի, իսկ քո մոլեռանդ մա՞յրը, — հարցրուց նա:

— Մենք վաղուց արդեն կարդացել ենք խավար հնության «հրաժարիմքը». մենք պետք է համակերպինք նոր ժամանակի պահանջների հետ, որպես մեր կյանքի գոյության անհրաժեշտ կարիք: Հները մեզ պետք չեն. ամեն հնություն դիմում է դեպ ոչնչացումը. բնական օրենք է այդ:

Այդ րոպեին ներս մտավ աղախինը՝ օրիորդ Նազանին, և հայտնեց թե մոգպետը հեռացել էր, իսկ տիկին Թարլանը սպասում էր օրիորդ Սալբիին՝ հյուրերին սպասավորելու համար:

— Նազանի, դու հսկիր բակում, որ ինձ չտեսնեն, ես կամենում եմ գնալ, — ասաց Ռուստամը:

Նազանին դուրս գնաց և հայտնեց, թե երեք անգամ հազալը նշան էր բակում մարդ չլինելուն, և Ռուստամը թող անմիջապես դուրս գա, երբ լսե այդ նպաստավոր հազը:

— Ե՞րբ կարող ենք տեսնել հաջորդ անգամ, — հարցրեց Ռուստամը բռնելով օրիորդի ձեռքը:

— Մի օրից հետո սկսելու եմ իմ դասերը. դու կտեսնես ինձ քո մորաքրոջ՝ իմ վարժուհու — տիկին Սալլաթինի տանը:

— Շատ լավ, — կրկնեց ախտաբորբոք պատանին, և գրկելով օրիորդի բարակ մեջքը, պինդ սեղմեց յուր կրծքին, միաժամանակ նրանց բոցավառված շրթունքները սկսեցին շփվել՝ և անխոս ու անբարբառ՝ էլեկտրաբար հայտնել միմյանց նույն րոպեին՝ իրանց սրտի անբացատրելի համակրությունը...: Այդ կախարդական գրկախառնությունը մարդկային խոսքերով արտասանելու բազմիմաստ և խորհրդական բառերը՝ մինչև այսօր չեն գտել գրիչները:

Արդեն երեք անգամ դրսում հնչվել էր օրիորդ Նազանիի նշանավոր հազալու ձայնը. բայց մեր հերոսը և հերոսուհին, նույն րոպեին խորին հոգեզմայլությամբ հափշտակված՝ չէին լսել: Տիկին Թարլանը, երկար ժամանակ յուր դստերը սպասելով, համբերությունը կտրած՝ անձամբ է գալիս նրան կանչելու: Երբ մտավ օրիորդ Սալբիի սենյակը, ու նրանց այդ բանաստեղծական դրության մեջ գտավ՝ անտանելի տհաճությամբ աչքերը խփեց և հետ դարձավ, յուր մտքի մեջ անիծելով, ըստ նրա հասկացողության — ուր դստեր լրբությունն ու անամոթությունը: Դառնալով յուր խնամիների մոտ, նա ծածկեց յուր վրդովմունքը, մի հարմար միջոցի թողնելով յուր դստեր գործած անբարոյականությունը կշտամբելն ու հանդիմանելը:

ԺԳ

ՀԱԿԱՌԱԿ ԿԱՐԾԻՔՆԵՐ

Աստուծո լույսը բացվեց:

Տիկին Թարլանը յուր խնամի հյուրերի հետ զարթեցան քնից: Օրիորդ Նազանին ջուր ածեց, նրանք լվացվեցան: Տիկին Թարլանը և տիկին Սկուհին մի կողմից իրանց երեսները չորացնելով՝ մի կողմից իրանց գլխի շորերը ուղղելով, այդ անհանգիստ դրության մեջ, մյուս կողմից էլ կարդում էին իրանց առավոտյան աղոթքները «Հայր մեր» և «Տեր ողորմյա» ասելով, իսկ տիկին Սալլաթինը սենյակի մի անկյունը առանձնացած՝ չոքած՝ լուռ և անլսելի ձայնով էր աղոթում:

Գիշերվա հրացանների որոտմունքը, զուռնայի ճլվլոցը, գյուղացիների խառնաձայն աղաղակները դեռ անախորժ արձագանք էին տալիս նրանց լսելիքների մեջ:

Աղոթքից հետո բոլորը նստեցին գորգերի վրա փռված սփռոցի շուրջը: Օրիորդ Նազանին թեյ էր պատրաստում: Նախաճաշիկի համար դրված էր կաթ, սեր, կարագ, յուղով թխած հացեր և այլ ուտելիքներ: Տիկին Թարլանը թեյը մեղրով էր խմում, ո՛չ թե տնտեսական խնայողության համար, այլ մեղք էր համարում յուր հոգուն շաքար գործածելը՝ կարծելով, թե նրա մեջ պիղծ անասունների ոսկրանյութ էր գտնվում:

Տիկին Սալլաթինը զարմացավ, թե ինչու օրիորդ Սալբին չհայտնվեց թեյի. քնից զարթնելով այդ առավոտ չէր տեսել նրան:

— Խնամի, հրամայեցեք կանչեն օրիորդ Սալբիին, որ մեզ հետ միասին թեյ խմե, — ասաց նա տիկին Թարլանին:

— Դուք վաղուց իմ բնավորության հետ ծանոթ լինելով, գիտեք, որ ես ատելով ատում եմ ամեն տեսակի կանացի համարձակություն. մանուկ աղջիկների ամոթն և նրանց համեստ և հեզ բարք ու վարքը սուրբ են ինձ համար. ես չե՛մ կարող թույլ տալ, որ Սալբին անպատկառ կերպով նստե իրանից հասակավոր կանանց հետ և բաժակ բաժակի չրխկացնե:

Ամաչելու կամ պատշաճի համար չէր, որ օրիորդ Սալբին չերևեց յուր լինելի սկեսուրի և բարեկամ տիկին Սալլաթինի մոտ. այդ ի բնե հանդուգն, կամակոր և ազատամիտ աղջիկը երբեք չէր խոնարհվում յուր երկրի անպիտան և անխորհուրդ սովորություններին: Խելացի օրիորդի չերևալու պատճառը՝ յուր մորից ամենաաստիկ կերպով վշտացած լինելն էր, նրա համար, որ տիկին Թարլանը, հյուրերը քնելուց հետո, գիշերապահին ծածուկ մտնելով օրիորդ Սալբիի ննջարանը, անպատիվ կերպով կշտամբել էր նրա անպարկեշտությունը, նրան միայնակ

Ռուստամի հետ տեսնելու ժամանակ, և զարհուրեյի խոսքերով անիծել էր նրան:

— Բայց Եվրոպայի նման լուսավոր աշխարհի ույալ և կրրթված ժողովուրդը մի՛թե անխե՞լք է այդ սովորությունները չպաշտելու համար, — հարցրուց տիկին Սալլաթինը:

— Է՛հ, նրանց գլուխն ուտե իրանց կրթությունը...— երեսը թթվեցնելով պատասխանեց տիկին Թարլանը, — բաչց դուք գիտե՞ք այն աշխարհի կանանց բարոյականությունը:

— Այո... Եվրոպայի կանայք իրանց լուսավորությամբ և մաքուր բարոյականությամբ պակաս չեն մարդկանցից:

— Լա՛վ ևս ասել՝ իրանց լրբությամբ և իրանց փտած ու ապականված բարոյականությամբ, — նրա խոսքը կտրեց տիկին Թարլանը:

— Ողորմություն արեք, խնա՛մի, այդպիսի արատներով նրանց բամբասելը պատշաճ չէ, նրանք շա՛տ խելոք և ույալ են, — կրկնեց տիկին Սալլաթինը:

— Ի՞նչ օգուտ... սատանաներն ևս շատ խելոք են, բայց այրվում են դժոխքում:

Սատանայի անունը տալուն պես, տիկին Թարլանը երկյուղած սրտով խաչակնքեց յուր երեսը, և աղոթքի նման մի քանի խոսք շշնջացին նրա շրթունքները:

— Այդ համեմատությունը բոլորովին անտեղի և սխա՛լ է, — խոսեց տիկին Սալլաթինը:

— Երևի դուք շատ բան չեք լսել Եվրոպայի կանանց մասին, խնա՛մի Սկուհի, — դարձավ դեպ նա տիկին Թարլանը, իբր թե չլսելով տիկին Սալլաթինի խոսքերը: — Ա՛խ, որքան անամոթ և համարձակ են նրանք... և ի՛նչպես աչք, բերան, երես, գլուխ, բազուկներ, կուրծքն ու ուսերը բոլորովին մերկ ու բաց՝ ման են գալիս փողոցների մեջ: Շռայլաբար զուգված, զարդարված, հազար ու մի պչրանքով պճնած, զրեթե որսում են իրանց սիրելի եղած տղամարդիկը, նրանց հեշտախոսության և լկտի ցանկություններին՝ իրանց անձը վաճառելու...: Ա՛յդ է պատճառը, որ նրանք առանց զանազանության, կեղծավոր հաճոյամոլությամբ՝ խոսում, ծիծաղում են ամեն մի անծանոթ մարդու հետ, որ նրանց ո՛չ բարեկամն է և ո՛չ էլ ազգակիցը, որպեսզի թովեն, կախարդեն նրանց սերը, և ձգեն մեղքի ու դժոխքի անդունդի մեջ...:

— Ո՛ւֆ, հո՛ղը նրանց գլխին, — ասաց տիկին Սկուհին, — միթե ամուսին չունե՞ն այդտեղի կանայք:

— Ի՞նչ ամուսին, — առաջ տարավ տիկին Թարլանը: — Դուք կարծում եք ամուսին այրերը այնտեղ այնպե՞ս են, որպես մեզանո՞ւմ... բոլորովին ոչ...: Մի չար խոսք, որին նրանք ազատություն անունն են տվել, պատճառ է դարձել սանձարձակ, իրանց կամքին ձգելու կանայք, որ նրանց սիրելի եղածների հետ ավելի տռփվին և լրբանան: Մարդիկ եվրոպական կյանքի մեջ մի այլ նշանակություն չունին, քան թե իրանց կանանց կամքի գերիներ և ստրուկ ծառաներ լինելը: Դուք հաճախ կտեսնեք, նրանք փողոցներում և վաճառանոցներում ման են գալիս իրանց տղամարդկանց հետ, և որպես համալ (բեռնակիր), նրանց կրել են տալիս այն բոլոր բաները, որ գնել են իրանց մարմինը այլոց ավելի հաճելի դարձնելու համար...:

— Դե ասա՛, մի խոսքով, նրանց երեսի մեռոնը գնացե՛լ է, — պատասխանեց տիկին Սկուհին, չհավատալով յուր ականջներին: — Վա՛յ, սև՛ հագնեն նրանք, միթե նրանց սրտերում ամոթ չկա՞...: Մի՛թե նրանք աստված չունի՞ն. թող այսուհետև մեր տղամարդիկ լավ ճանաչեն մեր արժանավորությունները և մեր պատիվը. — մի ընդդիմություն, մի համարձակ կամ անպատշաճ խոսք բավական է, որ փայտն առնեն և մեր խղճալի գլուխը ծեծեն...: Բայց, ասացեք, խնամի Թարլան, ձեր խոսքերի զյորա (համեմատ), նրանք իրանց տնտեսական գործերը ևս չե՞ն կատարում:

— Ի՞նչ ես խոսում, տեր ողորմի քո հորը. — նրանք իրանց երեխայքն անգամ չեն սնուցանում. բավական է որ ծնեցին իսկույն պահ են տալիս դայակներին:

Իսկ թե մոր կաթով չմեծացած երեխան ի՞նչ կդառնա՝ այդ գիտե ամեն մի խելացի մարդ:

— Ապա ի՞նչ են գործում, — ավելի զարմացած հարցրուց տիկին Սկուհին:

— Ոչի՛նչ չեն գործում, բացի նրանից, որ միշտ զբաղված են իրանց զարդարանքով, պչրանքով, կեր ու խումով, իրանց անձերը մոլի ախտերի մի գործարան շինեն:

Տիկին Սալլաթինը, այդ առողջամիտ կինը, որ ուշադրությամբ լսում էր յուր պարզամիտ քրոջ և մոլեռանդ տիկին Թարլանի զրույցները թեպետ վաղուց արդեն, կորցրել էր յուր համբերությունը, բայց որովհետև կարևոր խոսելիք ուներ Ռուստամի հարսանիքի մասին՝ չուզեց կոտրել տիկին Թարլանի սիրտը և բարկացնել նրան, մանավանդ, որ կամենում էր մի հնարքով ձեռք բերել նրա համաձայնությունը. և որպեսզի յուր առաջարկությունը ընդունելություն գտնե նրա մոտ, ծանրությամբ և հանդարտ եղանակով խոսեց.

— Ավելի լավ չէ՞ր լինի, սրելիք, կարճել այդ զրույցների ընթացքը և հավատալ թե բամբասանքը մեղք է, և թե մենք, ասիացիկան այքս, քանի՛-քանի՛ հազարավոր մղոններ հետ ենք մնացել նրանցից: Նրանք միշտ առա՛ջ, դեպ առաջ են դիմում, բայց մենք մնում ենք դարավոր անշարժության մեջ, կապված, կաշկանդված տգիտության շղթաներով...:

Տիկին Թարլանը, այդ խոսքերի նշանակությունը համարյա չհասկանալով՝ գլուխը հեգնական կերպով շարժեց և հրամայեց հավաքել թեյի սփռոցը:

— Խնամի Թարլան, — խոսեց տիկին Սալլաթինը, — մինչև բարեկենդանը երկու շաբաթ է միայն մնում. ժամանակը նեղցել է. ի՞նչ եք հրամայում հարսանիքի մասին:

— Ի՞նչ պետք է ասեմ, — պատասխանեց առժամանակյա մտածումից հետո տիկին Թարլանը: — Ա՛յն, որ աստված է կամեցել, կկատարվի, և ես չեմ կարող իմ հանգուցյալ ամուսնի ուխտը գետնին զարկել:

— Աստված քեզ հանգիստ արքայություն տա, խնամի, — մյուս կողմից առարկեց տիկին Սկուհին. — ես իմ հո՛գիս, բերան չէ՛, տաճար է...: Ճշմարիտ, մեղք է, որ մենք դարձյալ թողնենք, որ ձեր աղջիկը ու մեր Ռուստամը այսուհետև ավելի մաշվեն միմյանց համար, դուք գիտե՛ք, թե նրանք ո՛րքան սիրում են միմյանց:

— Ես գիտե՛մ... — պատասխանեց տիկին Թարլանը խորհրդավոր եղանակով. — և նրանց անպարկեշտ սերը միանգամայն ատելի է ինձ:

— Չէ՛, այդպես մի խոսիք, — նրա խոսքը կտրեց տիկին Սալլաթինը, — աշխարհս լուսավորյալ է. և սիրո աստվածուհին դուրս գալով ամոթխածության վարագույրի ետևից՝ մերկացել է յուր նախկին քողածածկոցից. այժմ նա մերկ հանդես է մտել մարդկային կյանքի մեջ որպես ճշմարտության աստվածուհի...:

Տիկին Թարլանը չհասկանալով վերջին խոսքերը, ավելացրեց.

— Աշխարհս լուսավորվե՞լ է... լավ է ասեք՝ լրբացել է. և մեր ազգային սուրբ և ազնիվ բարոյականությունը, յուր արդար և անարատ սովորություններով՝ ապականվել է. Նեռի երևալու ժամանակը մոտեցել է, որովհետև մեր նորահարսերը այլևս ո՛չ ծերերի ալիքն են պատվում, ո՛չ նրանց խրատները լսում:

Այդ խոսքերով հնամոլ տիկինը կամենում էր յուր սրտի թույնը թափել, որ կուտակել էր երեկոյան Ռուստամին միայնակ օրիորդ Սալբիի մոտ գտնելը:

— Թող այդ ձեզ չվշտացնե, — ասաց տիկին Սալլաթինը, — նոր ժամանակը ընտրել է յուր համար մի նոր ընթացք, որ տանում է յուր հետ մարդկությունը... ո՛վ որ դուրս մնա այդ ճանապարհից՝ կմոլորվի և դեպ հավիտենական կորուստը կգնա... Վերանորոգությո՛ւն... ազգաշինությո՛ւն... այդ խոսքերն է հնչեցնում մեր ականջներին հայոց հրեշտակը...:

— Բա՛յց ամեն տեսակ վերանորոգության հետ անհրաժեշտ կապակից է մի ապականիչ կործանում:

— Գիտե՞ք, այդ կործանման փլատակների միջից են ծլում, ծաղկում մի նոր, թարմ և պնդակազմ կյանքի անուշահոտ վարդերը: Ամեն հին բաները հավիտենական մահվան կերակուր են դառնում, և մահը մարսելով յուր կերածը, մի նո՛ր կյանք, մի՛ նոր գոյություն է առաջացնում:

— Դրա՛նք մթին և խորին զրույցնե՛ր են. թո՛ղ տվեք թե աստված կսիրեք, նրանց խոսքը կտրեց տիկին Սկուհին.— ի՞նչ մեր գործն է վարդապետություն անել. լա՛վ կլինի, որ մենք մեր խելքից դուրս բաներ չմտածենք:

— Ես ի՛նչ մեղ ունիմ, — պատասխանեց տիկին Թարլանը, — ձեր քույրն է սկսել փիլիսոփայություններ կարդալ մեր ականջներին:

Տիկին Սալլաթինը լռեց և այլևս չխոսեց:

— Թող մնան այդ խոսքերը, — շարունակեց տիկին Սկուհին. — մե՛ղք է թերահավատ զրույցներ անել, այժմ դառնանք մեր առաջվա խորհրդին: Խնամի Թարլան, դուք իմացեք, մենք երկուշաբթի օրից հարսանիքը սկսելու ենք. դուք էլ պատրաստ եղեք, որ ավելի չուշանա, հինգ օր հարսանիք կլինի, և բարեկենդանի շաբաթ օր, աստուծո կամքով հարսը տուն կը տանենք:

— Շատ բարի, — պատասխանեց ցածր ձայնով տիկին Թարլանը, — ես ձեր կամքին հնազանդ եմ:

— Այժմ մնաք բարով, շատ խոսացինք, շատ գլխացավանք տվինք, ներեցե՛ք, — մնաք բարով ասացին երկու քույրերը և համբուրելով տիկին Թարլանի ձեռքը՝ հեռացան:

Բակը դուրս գալով, երկու քույրերը մտան օրիորդ Սալբիի սենյակը,: Նա այդ միջոցին խորին ուշադրությամբ մի գիրք էր կարդում: Տիկին Սկուհիին տեսնելով՝ նա քողը երեսի վրա քաշելով, գիրքը ձգեց և ոտքի ելավ:

Տիկին Սկուհին համբուրեց օրիորդի գլուխը, և ուրախ եղավ այնպես քաղաքավարությամբ իրան ընդունելու համար: Տիկին Թարլանի երեկոյան տհաճությունը — Սալբիի մասին — լսած լինելով՝ նա ուղղեց նրան այս առասպելաբան ական խրատները:

— Իմ սիրելի հարսնացու, սովորիր պարկեշտությունը սրբությամբ պահպանել՝ քեզ օրինակ առնելով այն երկնային հրաշագեղ հարսնացուն — Լուսնյակը: Դա մի լուսեղեն հավերժահարս օրիորդ է, որի հարսնությունը հավիտենից նշանագրված է արեգակի՝ այն լուսաղեմ պատանյակի հետ: նրա հարսանիքը մնացել է «վերջին օրին», երբ այս աշխարհը այլևս չէ լինելու: Լուսնյակի դեմքը ավելի փայլուն է քան արեգակինը, բայց տեսնո՛ւմ ես, ինչպի՛սի ամոթխածությամբ է վարագուրել յուր դեմքը. ա՛յդ է պատճառը, որ շատ թույլ լույս է արձակում: Նրա երեսքողի միջից մենք հազիվ ենք նշմարում նրա սևորակ աչքերը: Հավիտենից այդ երկու երկնային տարփածուները անձկալի կարոտով վազում են միմյանց ետևից, և կարծես, մի աներևույթ ձեռք վանում, հալածում է նրանց երկնքի ճախարակի չորս կողմով... Բայց, երբեք չէ պատահել, որ նրանք հանդիպեն միմյանց, առնեին իրանց կարոտը, լցնեին իրանց փափագը մինչև հավիտենականի ձեռքով նրանց պսակը չկատարվի...:

Այդ ավանդական խրատը տիկին Սկուհին նրա համար էր տալիս, որովհետև ինքն ևս, տիկին Թարլանի նման, չէր սիրում օրիորդ Սալբիի և յուր որդու շատ անգամ միմյանց համարձակ այցելությունները: Կամենալով օրիորդի կամակորությունն էլ խրատել, որ նա հնազանդեր յուր մորը՝ տիկին Սկուհին շարունակեց.

— Մա՛նավանդ աշխատիր խոնարհությամբ հնազանդել քո մորը, որ քեզ աստուծո շնորհիվ — կենսագործել է, սնուցել է յուր ծծերով: Նայիր պիպուին (հոպոպ), դու տեսե՞լ ես այն խայտաճամուկ փետուրներով սիրուն թռչնիկը. նա՛ ևս մի օր քո նման մանուկ աղջիկ էր: Մի օր նրա մայրը, մի փայտյա տաշտի մեջ լվանում էր նրա գլուխը և սանրում ծամերը, անհնազանդ աղջիկը հիմարությամբ չարախոսում է մոր դեմ, մայրը անիծում է նրան, և անեծքը տեղ հասնելով՝ աղջիկը տիրոջ հրամանով ձևափոխվում և դառնում է պիպու թռչունը: Մինչև այսօր, այն սանրը, որով մայրը սանրում է յուր աղջկա ծամերը՝ գտնվում է պիպուի գլխի վրա, որպես նշան և խրատ, անհնազանդ աղջիկներին: Պիպուն անիծված է. բոլոր թռչուններից միայն նրա բույնն է ժահահոտություն արտաշնչում: Մինչև այսօր նա յուր թլվատ լեզվով կոչում է փո՛ փո՛, որ նրա մոր անունն է, կամենալով թողություն խնդրել մորից. բայց աստված չէ լսում նրա ձայնը:

— Եթե դո՛ւ, քույրիկ, հոպոպի գլխի վրա եղած հովհարանման փետուրների պատճառով ապացուցանում ես, թե նա անիծված աղջիկն է, — նրա խոսքը ընդհատեց տիկին Սալլաթինը, — ուրեմն այս օրերին ռամիկների կարծիքը, թե կիվ՛կիվը (մի թռչուն) յուր գլխի պոպոզի պատճառով համարվում է անիծված վարդապետը՝ զուրկ չէ ճշմարտությունից:

— Հա՛, ա՛յդ էլ սուտ չէ, — պատասխանեց տիկին Սկուհին հաստատ հավատքով, — կիվ-կիվը առաջ մի վարդապետ է եղել, մինչև այսօր տեսնվում է նրա գլխի վրա վարդապետական սև վեղարը:

Օրիորդ Սալբին չկարողացավ յուր ծիծաղը զսպել:

Ժամացույցի զանգակը ընդհատեց նրանց խոսքերը: Տիկին Սալլաթինը բարեկամաբար սեղմելով օրիորդ Սալբիի ձեռքը, կամաց շշնջաց նրա ականջին.

— Չմոռանա՛ս սկեսուրիդ խոսքերը...:

Երկու քույրերը դուրս գնացին Հովասաբենց տնից:

Մոտենալով Աշխարունիի դռանը, տիկին Սալլաթինը բռնեց յուր քրոջ ձեռքը.

— Մտիր մեր տուն մի քանի րոպեով, — ասաց նա, — Արամին էլ կտեսնես:

— Չէ, ուշ է, մեր տանը ինձ սպասում են, — պատասխանեց տիկին Սկուհին հրաժարվելով:

— Ի՞նչ վնաս ունի, եթե մի քանի րոպե ուշանաս:

Մտնելով պարոն Արամ Աշխարունիի ՝(տիկին Սալլաթինի ամուսնու) դռնից, նրանք անցան մի ընդարձակ բակի միջով և քարե սանդուղքներով բարձրանալով, ներս մտան մի ոչ այնչափ մեծ սենյակ, որ ավելի նմանում էր մատենադարանի: Եվրոպական հագուստով մի վայելչակազմ երիտասարդ, նստած ընդարձակ գրասեղանի հանդեպ՝ գրում էր: Տեսնելով տիկինները, նա ոտքի ելավ և ուրախությամբ բարևելով ասաց կատակով.

— Բարով, տիկին մոզուհիներ, շնորհավոր լինի ձեր հրավառությունը:

Երկու քույրերի երեսները շառագունեցան, նրանք չպատասխանեցին այդ հեգնական խոսքին:

— Խոսեցի՞ք հարսանիքի մասին, — խոսքը փոխելով հարցրոյց պարոն Արամը:

— Խոսեցինք, — պատասխանեց տիկին Սալլաթինը. — խնամի Թարլանը համոզվեց, երկուշաբթի կլինի հարսանիքը:

— Ուրեմն պետք է աչքալուսանք տալ պարոն Ռուստամին. ա՛յսքան երկար սպասելուց՝ խեղճ տղան մաշվեցավ... Բայց, Սկուհի, հարսանիքը ի՞ն կարգով պիտի անեք:

— Իա՛րկե, ա՛յսքան տարի որդի եմ պահել, մեծացրել, որ նրա հարսանիքի ուրախությունը վայելեմ հետո մեռնեմ, — պատասխանեց տիկին Սկուհին:

— Իմ սիրելի քույրը ձեռք չի վեր առնի հին սովորություններից: Արամ, — առարկեց տիկին Սալլաթինը, — ասացեք, թե աստված կսիրեք, ի՞նչ մի հաճելի բա՛ն է այն զը՛ռ-հա-զը՛ռը, այն ատելի դհոլ-զուռնան, այն ղալմաղալը, այն բաբելոնյան խառնակությունը:

— Առավել լավ կլինի, առանց ավելորդ աղմուկի, մեկ օրվա մեջ վերջանա պսակը և հարսանիքը մի չափավոր և համեստ ճաշկերույթով վերջացվի, — հորդորեց պարոն Աշխարունին:

Տեսնենք... իհա՛րկե, առանց խորհրդի չի լինելու, ինչպես արժան կդատեք, այնպես էլ կանենք, — պատասխանեց տիկին Սկուհին և ողջունելով նրանց հեռացավ Չերքերն հինայով ներկել: Հայերը այդ սովորությունը անտարակույս պարսիկներից առած պիտի լինին: Այր մարդկանց բազմությունը ցրվում է հարսանիքի մասցուն մորթելուց հետո: Բայց մեկ ազապ աղջիկ, սկուտեղի մեջ մի քանի քսակ հինա գլխի վրա բռնած՝ շատ աղջիկների և հարսների հետ, դհոլ-զուռնա ածելով և պար գալով — գնում են հարսնացուի տունը: Նույն գիշեր այստեղ տեղի է ունենում հարսանիքի պարահանդեսը, որի ավարտին՝ նորընծա հարսնացուին առանձին պար են ածում՝ երկու լավաշ խաչաձև դնելով նրա գլխի վրա: Պարից հետո ազապ աղջիկները այդ լավաշները բաժանում են իրանց մեջ, որ աստված իրանց ևս ղսմեթ անե (բաշխե) այդ բախտը — հարսանիքի թագն ու պսակը:

Գիշերը, քնելու ժամանակ շաղախում են հինան. նրանով առաջ ներկում են հարսնացուի ձեռքերը, այնուհետև ազապ աղջիկների և տղամարդկանց ձեռքերը, շատերը միմիայն իրանց ճկույթն են թաթախում հինայի մեջ, որպեսզի իրանք ևս մասնակից լինին այդ ուրախությանը:

Երկրորդ օրվա առավոտյան կանուխ, փեսայի բարեկամներից մի հասակավոր կին, ձեռքում մի մեծ փունջ ծաղիկ բռնած, և մի տղամարդ մի լուլեհին զինի վերցրած՝ սազանդարի (երաժիշտների) հետ դհոլ-զուռնա ածելով, ման են գալիս տնից տուն: Փեսայի բարեկամ կինը մոտենում է ամեն մի տան ավնորին, մատուցանում է մի ծաղիկ, իսկ մյուսը՝ մի բաժակ զինի և խնդրում են, որ «Աստված նրանց որդուն ևս փոխ անե այդ ուրախությունը»: Տան ծերունին ընդունելով ծաղիկը և զինին, խմում է՝ մաղթելով հարս ու փեսայի համար բախտավորություն: Այնուետև հրավիրում են նրան ճաշելու հարսանիքի տունը: Այս կերպով ճաշին հրավիրվում են միայն մարդիկ. իսկ կեսօրից հետո — կանայք: Երեք օր շարունակ ցերեկը ճաշկերույթ է լինում: Պարահանդեսները կատարվում են գիշերները: Հարսանիքի տան կենտրոնում կանգնած՝ «սազանդարները» (երաժիշտներ) նվագում են. տունը լիքն է մինչև բերանը խառնիճաղանջ բազմությամբ: Նրանք բռնել են «գուանդը», որ մի տեսակ պար է — տղամարդիկ միմյանց ձեռքը բռնելով շարվում են և այդ շղթայակապի մեջ, այստեղ և այնտեղ, երևում են բաց երեսներով աղջիկներ և կանայք, բայց այդ բացառությունը թույլ է տրվում, երբ նրանք իրանց ազգակիցների ձեռքն են բռնում, ընդհակառակը՝ մի կնոջ օտար տղամարդ ի ձեռք բռնել շատ ամոթ բան է: Պարի ձևերը որոշվում են ոտքերի զանազան տեսակ շարժումներով — նրանք առաջ են գնում կողքե-կողք զանազան ոլոր՛մոլոր բոլորակներ և շարամանություններ կազմելով: Մի տղամարդ, աղլուխը ձախ ձեռքով երերելով տանում է պարագլուխը: Գուանդից հետո, առհասարակ ամեն գիշեր, հոգնած բազմությունը նստոտում է հարսանիքի տան մեջ, պատերի տակ: Տիրում է ընդ — հանուր լռություն: Տան միջավայրում մի ընդարձակ տեղ է բացվում այդտեղ, որպես թատրոնի բեմի վրա՝ հանկարծ հայտնվում են սազանդարները՝ հագնված անճոռնի, այլանդակ և ծիծաղաշարժ կերպա րանքներով: Սրանք սկսում են անամոթ խեղկատակությամբ զավեշտու — թյուններ ձևացնել: Այդ բոլորը, թեպետ անկատար և անկանոն, բայց ապացուցանում են, որ թատրոնական գործողությունները վաղուց արդեն ծանոթ էին եղել հայերին:

Չորրորդ օրը փեսայի տանից ուղարկում են հարսի տուն «նան-գուշտ», այսինքն հաց և միս, նրա հետ — գինի, յուղ, բրինձ և այն արծաթը, որ խոս տացել էր փեսայի հայրը: Այնուհետև բազմությունը հավաքվում է հարսանիքի տանը, և մի ձոխ հացկերույթից հետո քահանան օրհնում է փեսայի հագուստը, որը հագցնում են և ապա բոլորը դհոլ-զուռնայի ուղեկցությամբ գնում են հարսնացուի տունը: Այստեղ ևս հացկերույթ և ուրախություն է լինում: Հացի սեղանը հավաքելուց հետո, մեջ են բերում մի սկուտեղի մեջ մրգեղենների և քաղցրավենիքի վրա դրված հարսնացուի «հալավ»-ը (հագուստը): Քահանան մաշտոցով օրհնում է հարսնացուի զգեստներն ևս, և հետո, սկսում են մրգերը և քաղցրավենիքը բաժանել բազմությանը, որը ուտելով, բարեմաղթում են հարսն ու փեսային երկար օրեր, բախտ և քաղցրություն: Հարսանիքի զգեստները հարսին հագցնում է այն կինը, որ հարսնացուի վարժուհին է եղել, սա յուր այս գործի համար մի ակնածելի վարձատրություն է ստանում փեսայի հորից: Հետաքրքրության արժանի է այդ խորհրդական զգեստավորությունը, որ այլ խոսքով կարելի է անվանել «հարսի ձեռնադրություն կին լինելու», այդ բառի (կին) ընդարձակ նշանակությամբ — ասիական կյանքի նկատմամբ: Վարժուհին մի քանի խորիմաստ խրատներ տալուց հետո կապում է նրա ականջներին երկկողմանի խլության անկջուկով, ապա կապում նրա բերանը լռության օշմաղով, հագցնում է նրա գլխին ողջախոհության կալկուձը, դնում է նրա զազաթի վրա փառաց գոտին (մի արծաթյա բոլորակ պսակ, որ գուցե շատ հին ժամանակներից կրում են հայոց կանայք, որպես թագ իրանց գլխին). ապա զցում է նրա երեսի և աչքերի վրա ամոթխածության քողը և այնուհետև նրա երեսը ծածկվում է բոլոր տեսնողների աչքերից…: Բոլոր հագուստները հագցնելուց հետո, որոնցից ամեն մեկը մի խորհրդական զաղտնիք ուներ հարսի ապազայի համար, նրա մեջքը պնդում են փեսայի հոր — հարսի սկեսրարի — որպես նույն զերդաստանի նահապետի գոտիով:

Ներողություն խնդրելով բոլոր բարեկամներից, հարսը ընկնում է հոր և մոր ոտքերը, համբուրում է, աղաչելով՝ որ նրանք իրանց կաթը, աղն ու հացը հալալ անեին: Երեք անգամ պտույտ է զալիս թոնրի չորս կողմը, համբուրում է թոնրի շուրթը և արտասուք թափելով բաժանվում է հոր տնից: Նույն ժամանակ մի դառն եղանակ է նվազվում, որ ավելի թաղման եղանակներին է նմանվում: Փեսայի բարեկամները ուրախ են. նրանք բազմությամբ, հարս, աղջիկ, կանայք և մարդիկ — ձեռնախաղ են անում հարսի առջև և հանդարտ քայլերով առաջ ընթանում: Տանիքների վրայից հարսի գլխի վրա ածում են ծաղիկներ, մրգեղեններ, իսկ փեսայի մոտիկ բարեկամները՝ արծաթի մանր դահեկաններ: Կես ճանապարհին մի կին հարսի առաջ է բերում փեսայի տանից գլխի վրա դրած մի սկուտեղի մեջ կրակ, վրան խունկ ծխելով: (Այդ, իմ կարծիքով, փեսայի սիրո նշանն է — յուր անուշահոտությամբ:) Այնուհետև երևան է զալիս փեսան՝ շրջապատված ազապների բազմությամբ: Նա խաչաձև կապել է յուր վզով մի կանաչ կարմիր մետաքսյա կերպաս, ցցել է յուր գդակի վրա զեղեցիկ փետուրներ և մի խնձոր աղլուխի մեջ դրած՝ բռնել է յուր բերանի դեմ: Քավորը ձախ կողմից տանում է «ուոցը», — մի խաչաձև դրոշ, խնձորներով, չամիչներով և այլ մրգեղեններով — զարդարված: Ամեն քայլափոխին փեսային մատուցանում են մի բաժակ գինի, բարձր ձայնով զոռալով «անո՛ւշ, անո՛ւշ»:

Փեսան առաջ ընկած, նրա հետևից հարսը բերելով, զալիս հասնում են հարսանիքի տան դռանը: Այստեղ կանգնեցնում են հարսը. դհոլ-զուռնայի ձայնը լսվում է. մի մարդ առաջ է զալիս և սկսում է բարձր ձայնով կանչել, թե ո՞վ ինչ բան կամ ո՛րքան արծաթ է այդ միջոցին պարգևում հարսանիքի տիրոջ: Այդ մարդասիրական օգնությունը ոչ միայն ազատում է խեղճ զյուղացիները հարսանիքի ծանր ծախքերից, այլև, շատ անգամ, նրանք շահում են մեծաքանակ արծաթ:

Նույն գիշերը կատարվում է պսակը: Այդ կրոնական օրենքը, որ պիտի լինի հրապարակով՝ համարյա գաղտնի է կատարվում: Փեսայի բարեկամներից մի քանի հոգի, քավորը, հարսն ու փեսան՝ քահանայի հետ դնում են եկեղեցի կես գիշերին: Քահանան եկեղեցու կանոնների համաձայն՝ վերջացնում է պսակը: Կարժե հիշատակել, թե ի՞նչ նպատակով է թաքնված սուրբ խորհուրդը այդպես գաղտագողի կերպով կատարելու մեջ: Կախարդությունը, վհուկությունը, իրանց հիմարացնող հետքերը տակավին թողած լինելով հայերի մեջ հարս և փեսայի բարեկամները վախենում են, որ թշնամիները կապումներ և այլ կախարդական վնասներ չտան: Այդ պատճառով, թշնամիների կախարդությանց դեմ առնելու համար, առհասարակ պսակի միջոցին հարս և փեսայի կոճակները բաց են թողնում, մի-մի կողպած կողպեք են դնում նրանց յուրաքանչյուրի գրպանում, և զանազան կախարդական արարողություններ են կատարում, որպեսզի կապումները չներգործեն…:

ԺԴ

ԽՈՐՀՈՒՐԴ

— Ա՛յ տղա, Մխո՛, Խաչո՛, — ձայն տվեց մահտեսի Ավետիսը յուր ծառաներին — շունը հաչո՛ւմ է, դուռը զարկո՛ւմ են, գնացե՛ք բա՛ց արեք. երևի հյուրերը գալիս են:

Մահտեսի Ավետիսը ինքը ընդառաջ դուրս եկավ մինչև բակը և բարևեց եկող հյուրերը, որ փաթաթված իրանց թանձր ապաների մեջ, ծանրաքայլ և ուռած՝ առաջ էին գալիս: Նրանք ներս մտան իրանց համար պատրաստված սենյակը. ամենից առաջ երկու քահանա «բարի ողջույն» ասելով նստեցին սենյակի բարձր և պատվավոր տեղում. նրանց մոտ նստեց տանուտերը. այնուհետև մնացածները, իրանց փառքի ու աստիճանի համար բարձի տեղ գտնելով, «Բարի իրիկուն» ասելով, զուգահեռաբար շարվեցան սենյակի պատերի չորս կողմով:

Մահտեսի Ավետիսը, որ դեռ ոտքի վրա էր կանգնել — նրանց սպասին քահանաների թույլտվությամբ նստեց բոլորից ներքև, և յուր երկրի սովորության համեմատ՝ սկսեց կրկին ողջունել նրանց գալուստը.

— Բարով եք եկել, հազար բարով… իմ աչքի և իմ գլխի վրա… Տերն մեր Հիսուս Քրիստոս ձեզ մեր դրկիցությունից միշտ անպակաս անե, որ այսպես միմյանց հետ սեր վայելենք, բարիին ուրախանանք և չարին տրտմենք. միշտ միաբան և միահոգի լինինք՝ որ միմյանց թև ու թիկունք դառնանք:

Մահտեսի Ավետիսը դեռ շատ պիտի երկարեր յուր այդ սերտած խոսքերը, եթե մյուս կողմից նրան չընդհատեր տեր Մարկոսը, ասելով.

— Աստված բարին տա, Մահտեսի, թե աստվածդ կսիրես, ասա մի տեսնենք, թե դարձյալ ի՞նչ փորացավ ունիս. քո մեզ այստեղ հրավիրելը առանց պատճառ չէ… օրհնած, լա՛վ է, որ դու էլ մեզ մտաբերեցիր, «սատանայի աչքը քո՛ռ». գիտես ինչ. մեծ զատկին եմ ձեր շեմքը կոխել, գոնյա՛ ա՛յնպես տար, բե՛ր, որ քո տան ճամփան չմոռանանք: Օրհնած, ի՞նչ ես այդպես քսակիդ բերանը պինդ-պինդ հուփ տվել. դիցուք այնքան հավաքեցիր, որ Ղարուն դարձար. մի ասա՛, լսեմ, այս փուչ աշխարհից ի՞նչ պիտի տանեք. չէ՞ որ երկու կամ երեք կյազ (արշին) կտավ է ձեր բաժինը:

— Չէ՛, չէ՛, մեռնիմ սուրբ աջիդ, տերտեր ջան. դո՛ւք մեր գլուխն եք, իսկ մենք ձեր ոտքի հո՛ղը, — պատասխանեց մյուս կողմից Հուրի Խան-Դայան ջերմեռանդությամբ. — իմ տուն տեղս բոլորը ձե՛րն է, իմ ընտանիքս ձեր ծառաներն են. ձեզ ո՞վ է արգելում բարի ոտքերով մեր շեմքը կոխել, միթե այդ մի կտոր հացը, որ ուտում ենք, ձե՞րը չէ, միթե ձեր շնորհը չէ, որ մեզ պահպանում է...:

— Աստված հավատքդ օրհնե, մայրիկ, — ասաց տեր Մարկոսը: — Ե՛րանի բոլոր մարդիկ քո սիրտն ունենային, որովհետև դու գիտե՛ս աստուծո քահանաները պատվել, տերը փոխարենը կվարձատրե քեզ մյուս կյանքում:

— Իմ որդիս, մահտեսի Ավետիսը, — շարունակեց պառավը, — թեպետ տիրոջ սպասավորների վրա մի փոքր սառն աչքով է նայում՝ բայց դուք, տեր հայր, պետք է ներեք, նրա սիրտը շա՛տ բարի է:

— Ամեն ինչ կարելի է ներե՛լ, բայց միանգամայն անտանելի է այն՝ որ Մահտեսին չամչի արաղը մինակ-մինակ զաղտուկ խմում է, ամեննին չմտածելով մի սրվակ տերտերին բաժին հանել, բայց մի այսպիսի չար ժամանակ ո՞վ է քահանային պատիվ դնողը, երբ նա նրանց պետք չէ... այն ժամանակ են տերտերին միայն մտաբերում, երբ մինին պսակ, կնունք կամ թաղում է պատահում:

— Դրանում իրավունք ունիք, տեր հայր, — հաստատեցին մի քանի հոգի:

— Չէ՛, հանաք եմ անում, — խոսքը փոխեց տեր Մարկոսը, — ես իմ ժողովրդի լիությունն ու հանգստությունը կուզեմ:

— Հավատա՛, տեր հայր, — մի փոքր սիրտ առած խոսեց մահտեսի Ավետիսը. — եթե ամեն օր հազար անգամ փառք տամ աստծուն, դեռ բավական չէ: Ձեր սուրբ աղոթքով ի՞նչս է պակաս: Ծառաղ (Ռուստամը) հասել է, աստված մի կտոր հաց է բաշխել, կարոտություն չունիմ, այլևս ավելի ո՛չ մի բան չեմ խնդրում աստծուց, միայն թե դուք և մեր բարի դրացիքը կենդանի լինեք, որ միասին ուտենք, խմենք և փառք տանք տվողին, մինչև նա ևս յուր ավանդը հետ առնե այնուհետև, ի՛նչ ես տանելու այս փուչ աշխարհից, ողորմելի մարդ... երկու բանից մինը — բարի կամ չար գործ:

— Հա՛, բարի կամ չար գործ և մի քանի բուռն հող, — ձայն տվեցին մյուսները:

Մյուս քահանան, տեր Մարուքը, որ լուռ, ականջները կախած, չէր խոսում, մեջ մտավ այս խոսքերով.

— Իհա՛րկե, իհա՛րկե, դո՛ւք, որ կաք՝ մեր ավազանից ծնված եղբայրներն եք. ձեր մեջ իմու-քոյություն պիտի չլինի, ձեր դռները միմյանց առջև բաց պիտի լինի և ձեր սեղանը՝ միշտ սփռված: Գիտեք, որքան մեծ բարեգործություն է հաց տալն և քաղցած փորերն կշտացնելը...: Ա՛խ, հա՛ցը, հա՛ցը, մանավանդ գինին... դրանց սուրբ շնորհներին մասաղ — հատուկ արքայության բանալիներն են. ա՛յդ է պատճա՛ռը, որ տերն մեր Հիսուս Քրիստոս յուր մարմնի և արյան փոխարեն դրեց այդ երկու նյութերը, իսկ ահեղ դատաստանի օրը, մեղավորներին այս հանդիմանություններն է տալիս — «քաղցած էի— հաց չտվիք, ծարավ էի — ջուր չխմեցրիք», բայց այդ վեր ջին բառի փախարեն՝ լավ կլիներ եթե ասեր — «ծարավ էի — գինի չտվիք», գինի եղած տեղը մարդ ջուր չի խմի, այդպես չէ՞, — հարցրուց նա կատականոք տեր Մարկոսից:

— Հա՛, այդ զուտ ճշմարտություն է, — պատասխանեց տեր Մարկոսը հեղինակավոր ձայնով: — Մի՞թե չես կարդացել՝ «գինի ուրախ առնե, յուղ զվարթ, հաց հաստատե զսիրտ մարդո»:

— Բայց ձեզ մի բան ասեմ, տեր հայր, — շարունակեց տեր Մարուքը. — թեպետ մեր սուրբ հայրերը հաստատում են թե Ադամը թուզ ուտելու համար դրախտից արտաքսվեց՝ բայց իմ կարծիքը այդ մասին տարբեր է, ես հավատում եմ, որ Ադամը ցորյան կերավ, որպես և վկայում են պարսիկները իրանց հանդիսների մեջ:

— Ինչ խորհուրդ ունի այդ:

— Այն, որ ցորյանի պտուղով դրախտից դուրս ընկանք և ցորյանի պտուղով պիտի ներս մտնենք, քանի որ Քրիստոս դրավ յուր մարմնի փոխարեն:

— Տերտեր ջան, — նրանց խոսքը ընդհատեց եկեղեցու երեցփոխանը. — իրավ, դուք իմ սրտիցն եք խոսում. ճշմարիտ որ հաց բաշխելու նման մի այլ բարեգործություն չկա, դրա համա՛ր է, որ հայր Աբրահամի նման, ինչ օր հյուր չունենամ՝ ճտովս հաց ներս չի գնա: Ամեն կողմից պատահական վարդապետ, վանքական ժողովարար, օտարական քահանա, կամ ով որ մի փոքր սև սպիտակից որոշել գիտե՝ ճանաչելով երեցփոխի տունը, գալիս են, շաբաթներով, ամիսներով մնում են ինձ մոտ, ինձ գործից հանում, իրանց գործը վերջացնում և ապա մեկնում են՝ իրանց սուրբ օրհնությունը ինձ վարձք թողնելով:

— Բայց, պարոն երեցփոխ, — հեգնական ոճով խոսեց տեր Մարկոսը. — մինակ հացը բավական չէ՛, այդպիսի հանգամանքներում մի մոռացեք մի քանի դահեկան նրանց ափը կոխել:

— Ճշմարիտ է, եկեղեցականին տվածը չի կորչի, — ավելացրուց տեր Մարուքը:

— Իհա՛րկե, անողորմ Պիրոսի մի հատ հացի կուտը նրան արդարություն համարվեց, իսկ եկեղեցականին փող տալը, նրա սիրտը շահելը ունա՞յն բան է:

— Ո՞ր անողորմ Պիրոսը, — հարցրին հյուրերը, խնդրելով, որ տեր Մարկոսը այդ առակը պատմե նրանց:

— Ապա չե՞ք լսել, ամեն օր կարդում ենք Ավետարանի մեջ անողորմ Պիրոսը ա՛յն անգութ և անխիղճ ազահն էր, որ յուր կյանքում ո՛չ մի աղքատի մի պատառ հաց, և ո՛չ մի քահանայի մի փարա փող չէր տվել: Մի օր մուրացկանի մինը մտնում է նրա տունը, երբ նա թոնրում հաց էր թխում: Անողորմը բարկացած ձայն է տալիս մուրացկանին– — դո՛ւրս գնա, եթե չես ուզում ծեծվել: Մուրացկանը աղաչում և խնդրում է մի պատառ հաց. անողորմը վեր է ցատկում, որ թակելով նրան արտաքսե: Աղքատը փախչում է, անողորմը, յուր բարկությունը հանգստացնելու համար մի այլ բան չգտնելով՝ վեր է առնում այրված հացի կուտը և քարի տեղ — ձգում է աղքատի վրա, իսկ մուրացկանը, միջոց գտնելով, խլում է այրված հացի պատառը և շարունակում յուր փախուստը: Այժմ, ականջ դիր, Մահտեսի, գիրքը վկայում է, թե այդ ողորմությունը՝ թեև ակամա՝ բայց արդարություն համարվեց նրա համար... և անողորմ Պիրոսը դառնալով՝ գտավ յուր թոնրի շրթան մոտ կիսավառ անթրոցը (քոսավը) — կանաչացած և ծաղկած:

«Ո՞ր գիրքը... Ավետարա՞նը...», — կամենում էր հարցնել մահտեսի Ավետիսը. — «այդպիսի առասպել չկա Ավետարանի մեջ...»:

Մահտեսի Ավետիսի հյուրերը, բոլորը որպես «մի սանրի կտավ». մի միաբանության անդամ էին — առաքինություն քարոզելը, բարեգործություն ուսուցանելը — նրանց նպատակը չէր, այլ՝ ճանաչելով մահտեսի Ավետիսի սրտի պնդությունը, գիտենալով, որ նա յուր դեպ քահանաները տածած սառնասրտությամբ — անողորմ Պիրոսից պակաս չէր, նրանք ամենայն խորամանկությամբ խելք խելքի տված՝ աշխատում էին թովել Մահտեսու միտքը, որպեսզի նրանցից ամեն մինը կարողանա մե՛ծ չափով դուրս հանել մահտեսիից յուր ստանալի արծաթը՝ օգտվելով այդ գիշեր հարսանիքի խորհուրդ լինելու պատեհ առիթից:

— Դե՛, մահտեսի, — առաջ տարավ տեր Մարկոսը ծանրությամբ, — «փլա՛վ, փլա՛վ, կանչելով չե՛ս կշտանա, եղ ու բրինձ պիտի»: Քսակիդ բերանը բա՛ց արա, այս մարդիկը առատապես բավականացրու, որ կարողանաս կարմիր հարսը տուն բերել:

— Իհա՛րկե, — պատասխանեց մահտեսի Ավետիսը, — ինչ որ մեր երկրի սովորությունն է՝ ես պատրաստ եմ վճարել:

— Է՛հ, օրհնած, հիմա սովորությունից անց է կացել, — առաջ տարավ տեր Մարկոսը, — տեսնո՞ւմ ես, ամեն բան այժմ թանկ է, միթե մե՞նք միայն աժան պիտի ծախենք մերը: Այստեղ պնդություն պետք չէ՛, պետք է տաս, օ՛րհնած, որդի պսակելը դյո՞ւրին բան է:

— Լա՛վ. ասենք թե արտերը այս տարի մարախը կերավ, և այդ պատճառով ցորյանը թանկացավ. իսկ եկեղեցական խորհուրդներին ի՞նչ պատահեց, որ նրանց գները թանկացրիք: Մենք, մեր հանգուցյալ Գևորգ, Իսրայել և Նիկողայոս եպիսկոպոսների ժամանակներից գիտենք, թե ո՛րքան արծաթ պետք է վճարել մկրտության, պսակի, թաղման, հաղորդության, խոստովանության և այլ հոգևոր խորհուրդների համար: Բա՛յց այժմ — աստված ձեզ խղճմտանք տա, մեկի փոխարեն տասն եք առնում, և դեռ գոհ չեք:

— Է՛հ, որդի, — պատասխանեց տեր Մարկոսը խորհրդական ձայնով. — ամեն ժամ, ամեն ժամանակ յուր հատուկ պահանջներն ունի «այժմ աքլորը ամեն օր հազիվ թե մեկ շահիով կարողանում է ջուր խմել»: Չէ՞ որ մենք ևս աղամորդիք ենք. աստված մանանայով չէ կերակրում մեզ որ կարոտություն չունենանք, մեզ մնում են՝ մեր Ժողովուրդը և մեր եկեղեցին, դրա՛նք են մեր արտերը և մեր հունձը որ ապրուստ հայթայթեն մեզ:

— Բայց չէ՞ որ սրբազան առաջնորդը հարուստ է, հազարներով ոսկիներ ունի, — առարկեց մահտեսի Ավետիսը:

— Օրհնա՛ծ, ի՞նչ կդիմանա այն ծախսերին՝ երբ ժողովուրդը նրան չօգնե յուր զոհաբերությամբ:

—Ուրեմն առաջնորդը յուր շռայլության համար պիտի ուտե՞, մաշե՞ ժողովուրդը:

— Դու սխալվում ես, մահտեսի, ա՛յդ ամեննին շռայլություն չէ՛, ա՛յդ ազգի պարծանք է, որ մենք մի այդպիսի փառավոր առաջնորդ ունինք: Մեր առաջնորդը մի այնպիսի երևելի անձն է , որ տերության բոլոր մեծամեծ պաշտոնակալների հետ ծանոթություն ունի: Դո՛ւ, որդի, ոչ մի քաղաքականություն չգիտես. Պարսկաստանը արտաքին փառահեղություն է սիրում. դրա համար էլ՝ մեր մեծավորը պիտ ինքը իրան ա՛յնպես պահե, որ նրանցից պակաս չմնա: Քո հիշած առաջնորդները, որ մի սակավ բանով էլ էին բավականանում — աննշան մարդիկ էին, որ եկեղեցու գավթից չէին դուրս գալ, և ժամհարից ավելի մարդ չէին ճանաչում: Բայց այժմյան առաջնորդը, փառք աստուծո, սարդարի և շահզադաների մոտ բարձի տեղ ունի, ո՞վ ասես նրան չէ պատվում:

Հանկարծ ներս մտան եվրոպական ձևով հագնված երկու նորահաս տղամարդիկ և անփույթ, անհոգ կերպով «բարի իրիկուն» ասելով անցան, կոչնականներից վերև նստեցին:

Տեր Մարկոսի երեսը մռայլվեց. նա տհաճությունից կրծում էր յուր շրթունքը. նա ավելի կատաղեց այն բանի համար, որ եկվորները ուշադրություն չդարձրին այնտեղ հոգևոր անձինք լինելու վրա և չասացին «օրհնեցեք, տյարք»: Նա ավելի ուրախ կլիներ, եթե երկու սատանա մտնեին նրանց ժողովը, քան այդ երկու՝ նրա համար անտանելի անձերը: Բայց մյուս կողմից նա խիստ ուրախ էր, որ նրանք եկան խորհուրդը վերջացնելուց հետո, եթե ոչ, չարաչար կվնասեին նրանց օգտին: Տեր Մարկոսը յուր սև փիլոնի հետ ստացած լինելով և՛ մի սև ու կեղտոտ հոգի, մի կեղծավոր մարդահաճություն, ծածկեց յուր սրտի ոխը, ակամա մի փաղաքշական կերպարանք ընդունեց և սկսեց առանձին-առանձին բարևել եկվորներին և նրանց առողջությունը հարցնել:

— Պարոն Մելիքզադե, ո՞ւր էիք այդքան ժամանակ, պոչավոր աստղերի նման հազիվհազ եք երևում. այս քանի օր է, ձեզ չտեսնելով — կա՛րգս է վկա, իմ մեջ մեծ ցավ էի զգում:

— Գնացել էի Թավրիզ զանազան գործերի համար, — սառնությամբ պատասխանեց պարոն Մելիքզադեն:

— Է՛հ օրհնածներ, ի՞նչ եք այդչափ փողի ետևից վազ տալիս, և ամեննին չեք կշտանում. միթե մինչև հավիտյան ապրելու հո՞ւյս ունիք: Չէ, չէ՛, որդիք, այս աշխարհը մի փուչ և անցավոր բան է, իսկ մեր կյանքը՝ մի երազ: Տեր Մարկոսը այդ սերտած խոսքերը կրկնակի արտասանում էր անխտիր բոլոր դասակարգի մարդկանց մոտ, կարծելով, որ բոլորի նպատակը միայն փողն է, և նույնիսկ տիեզերքը փողի համար է շարժվում. ավելի վստահորեն նա շարունակեց. — Ավելի լավ չէ՞ր լինի, եթե անցավորի փոխարեն հոգս տանեիք հավիտենական երջանիկ կյանքի համար:

— Ի՞նչ բանով և ի՞նչպես, — հարցրուց պարոն Արամ Աշխարունին:

— Ի՞նչ բանով... — հեգնաբար կրկնեց քահանան. — դո՛ւք, պարոն, կարդացվոր մարդ եք, ամոթ չէ՞ ձեզ համար չգիտենալը:

— Բայց ամոթ չէ՛ և հարցնելը:

— Պարոն, վերջին ռամիկն էլ գիտե, որ մի մարդ հավիտենական կյանքը շահում է — եկեղեցիներին և եկեղեցականներին դրամական օգնություն անելով, նրանց պակասությունը հոգալով, վանքերին և վանքականներին հոգևոր ընծաներ ուղարկելով, գլխավոր ուխտատեղիները գնալով, պատարագ մատուցանել տալով, աղքատներին հաց բաշխել տալով, այլևս ո՞ր մինը ասեմ, եթե չգիտեք, գոնյա հայրերից տեսած կլինեք:

Մանուկ տղամարդիկը բացասական կերպով ժպտեցին:

— Կամ թե ի՞նչ է արգելում մի հայ-քրիստոնյա մարդու, — առաջ տարավ տեր Մարկոսը, — որի հասակը և կարողությունը ներում է, յուր կյանքում մի անգամ սուրբ քաղաքը (Երուսաղեմ) գնալ և «մահտեսի» դառնալ: Միթե մենք թուրքերի՞ց էլ պակաս ենք, որոնց կրոնը անհրաժեշտ պարտք է դրել ամեն մի մահմեդականի վրա՝ յուր կյանքում մի անգամ Մեքկա գնալու և «հաջի» դառնալու:

Տեր Մարուքը և մյուս կոչնականները լուռ զարմանում էին տեր Մարկոսի ճոխ ճարտարախոսության վրա, մտածելով, թե նա ոչ միայն հասարակ ժողովրդի առջև մեծ համարում է վայելում յուր գիտության համար, այլև իմաստուններին կարող է պապանձեցնել:

— Ինչո՞ւ չեք պատասխանում, պարոններ, — հարցրուց տեր Մարկոսը. — մի՛թե իմ խոսքերը ձեզ դուր չե՞ն գալիս:

— Այո՛, մենք համաձայն չենք, որ հայերը իրանց արծաթը փչացնեին այդպիսի անպիտան ծախսերի համար, — պատասխանեցին երիտասարդները:

— Անպիտան ծախսե՞ր... այդ ի՞նչ եք խոսում, — հարցրուց քահանան բարկանալով:

— Այո՛, դեռ անպիտանիցն էլ ավելի վատթար:

— Դո՛ւք մոլորվա՛ծ եք:

— Իսկ դուք խենթացած...:

Տեր Մարկոսը իսպառ կատաղեց:

Մահտեսի Ավետիսը նկատելով, որ նորահաս պարոնների «ջուրը տերտերի առվով չէ հոսում», յուր որդի Ռուստամին ականացի արեց, որը բռնեց պարոն Արամ Աշխարունու և պարոն Խոսրով Մելիքզադեի ձեռքը և յուր սենյակը տարավ:

Նրանց հեռանալուց հետո, սփռվեց հացի սեղանը, տեր Մարկոսը, յուր հակառակորդներից ազատվելով և արձակ միջոց գտնելով — դարձյալ հանդես մտավ, և յուր շաղակրատ լեզվի հաճոյամոլությամբ սկսեց թովել նրանց սրտերը:

Կեսգիշեր էր: Խնջույքը վերջացավ և կոչնականները ցրվեցան: Տեր-Առաքելենց տան դիմաց նրանցից բաժանվեց մինը, և որպես չարության դև, միայնակ, լուռ խլրտում էր ոլոր-մոլոր փողոցներով: Դիվային ոչ մի հատկանիշ չէր բացակայում նրանից — հասակը՝ երկայն, բարակ և ջլուտ, դեմքը՝ մթնած և նիհար, սև գանգրված մորուքով, նեղ և խոր զնացած աչքերը փայլում էին լի խորամանկությամբ. նրա ամբարիշտ բիբերը այնպիսի սաստկությամբ էին հարձակվում դեպ աչքի աղբյուրները, կարծես, քիթը, որպես միջնապատ եթե գոյություն չունենար՝ նրանք միտում էին միմյանց հասնիլ — մի մեծ կռվի համար: Առհասարակ այդ խրայելյան նենգավոր դեմքը մի դիվական բնավորություն և ամեն չարություններով լի մի սև հոգի էր արտահայտում:

Խավարի մեջ երկար շրջագայությունից հետո, նա մի հոյակապ ամրոցի դռան առաջ կանգ առավ, բախեց մի քանի անգամ, դռները ահավոր շառաչմամբ հետ գնացին, և նա, երկայն դալանների միջից անցնելով՝ բարձր սանդուղքներով սկսեց վեր բարձրանալ: Ամբողջ ամրոցի մեջ, մթին խավարի հետ տիրում էր խորին լռություն: Միայն մի պատուհանից էր լույս երևում: Նա մտավ այդ սենյակը: Պարսկական ճաշակով ճոխ զարդարված այդ սենյակը փայլում էր և զանազան նկարներով:

— Վերջապես, եկար, Ռես, — ասաց թանկագին և փափուկ մահճի վրա թեք ընկած նորահաս պատանին:

— Այո, ներողություն, հազար անգամ ներողություն, որ ես ձեզ սպասել տվի, — ասաց քաղաքավարությամբ եկվորը, որ կանգնել էր ոտքի վրա:

— Այդ ոչինչ... միայն ասա՛, ի՞նչպես վերջացավ գործը:

Եկվորը սկսեց պատմել տեր-Առաքելենց տան մեջ կատարված ամբողջ անցքը:

— Ուրեմն մեր հույսը կորա՞ծ է, — հարցրուց նորահաս պատանին անհուն տխրությամբ:

— Ի՞նչ ասեմ, աղա... — պատասխանեց եկվորը ուսերը շարժելով:

— Ռե՛ս, ես տհաճությունից կմեռնիմ. ինչ հնար ունիս՝ բանեցրո՛ւ:

— Ժամանակը նեղ է. էգուց երեկոյան պսակը կկատարվի. ի՛նչ կարելի է անել մի քանի ժամվա ընթացքում:

— Ես դրանք չեմ ընդունիլ... գործ դիր քո բոլոր խորամանկությունները:

— Բայց գիտե՞ք, խորամանկության շարժող մեքենան — արծաթն է:

— Ահա՛ քե՛զ. — և պատանին տվեց նրան ոսկիներով լի մի քսակ:

— Բարի գիշեր, էգուց ճաշին իմացում կտամ, — ասաց եղեռնագործը և հեռացավ:

ԺԵ

ՀՈԳԵՎՈՐ ԱՌԱՋՆՈՐԴԻ ՏԵՂԱԿԱԼԸ

Հ... գյուղի եկեղեցու բակում, ախոռատան վրա, շինված էր մի փոքրիկ սենյակ, յուր փոքրիկ նախասենյակով և նեղ լուսամուտներով: Վառելանյութի սակավության, պատճառով, ախոռի տաքությունը ներս բերելու համար բացած ծակերից փչում էին ժամահոտ շոգիներ, որ չափազանց ծանրացրել էին սենյակի օդը:

Այդ սենյակի բնակիչը Հ... վարդապետն է, Ատրպատականի վիճակային հոգևոր առաջնորդի այդ նահանգի տեղակալը: Դա մի ալեխառն մորուքով, գլխի երկայն ծամերով ծերունի էր:

Տեղակալ վարդապետը, այդ նահանգի գյուղերից մինի եկեղեցու երեցփոխանի հետ նստած՝ ծանր ու բարակ — հաշիվ էր տեսնում:

— Աչքներս լո՛ւյս... — ասաց վերջապես վարդապետը տհաճությամբ, —

հարյուր տուն ժողովրդով մի գյուղի մեջ, ամբողջ մեկ տարվա ընթացքում ընդամենը — ի՞նն մկրտություն, տասներե՞ք պսակ և վե՞ց թաղում...:

— Ի՞նչ արած, վարդապետ, — պատասխանեց ճարահատյալ երեցփոխանը. — դժբախտաբար մեր ձեռքում չէ ծնուցանելը և մեռուցանելը...:

—Իրա՛վ է, ձեր ձեռքերում չեն դրանք, — խոսքը փոխեց վարդապետը, — բայց այնպիսի հնարներ կան ձեր ձեռքերում, որ կարող են հոգևոր արդյունքները առատապես բխեցնել:

— Որպիսի՞ հնարներ, — հարցրուց երեցփոխանը, աչքերը լայն բացելով:

— Օրինակ, գերեզմանաքարերի վրա խաչ օծել տալ, պատարագ մատուցանել տալ, ահա այսպիսի բաներ կարո՛ղ եք ժողովրդին խրախուսել և հորդորել՝ կատարել տալու:

— Է՛հ, հայր սուրբ, — ասաց երեցփոխանը ափսոսելով. — այդ փրոտների ոտը կոտրվեր՝ մեր երկիրը չգային, դրանք խլեցին մեր ժողովրդից՝ հույս, հավատ և ամեն սուրբ բան. դուք կարծում եք այն առաջվա ջերմեռանդությունը մնացե՞լ է մեր ժողովրդի մեջ, ո՛չ... այժմ բոլորի սրտերը սառել են:

— Վնաս չունի՛... դժվար չէ կրկին վառել նրանց ջերմեռանդությունը և ջերմացնել նրանց սրտերը, — պատասխանեց ծանրությամբ վարդապետը: Լսի՛ր, երեցփոխ, — առաջ տարավ նա ավելի ազդու ոճով. — Դո՛ւ ևս, որպես հոգևոր գործերի մի աստուծո պաշտոնյա, պետք է միշտ ջանադիր լինիս եկեղեցու նյութական շահերի համար: Ես ցավակցաբար վաղուց եմ նկատել, ինչպես ժողովուրդը սկսել է սառն աչքով նայել հոգևոր պիտույքների վրա, այդ մոլորության առաջգնացության դեմ դնելու համար, ես սովորեցրել եմ հոգևոր գործերի իմ ստորադրյալ պաշտոնյաներին այնպիսի հնարքներ, որոնք նրանք հաջողեին հետ դարձնել ժողովրդի կորած հոգևոր ջերմեռանդությունը: Դու ևս այդ կարգի մարդկանցից մինը լինելով, ավելորդ չեմ համարում մի քանի խրատներ տալ, նախապես հավատացնելով, որ երբեք մեղք չէ, երբ մինը եկեղեցու օգտի համար խոսում է այն՝ որ կոչում են բարի սուտեր: Դու ասացիր, թե ժողովուրդը այլևս չէ կամենում մեռելների համար խաչ օրհնել տալ և պատարագ մատուցանել տալ: Ի՞նչ վնաս ունի, եթե ջերմեռանդություն շարժելու և խրախույս տալու համար գործադրվեր այսպիսի մի թեթև և պարզ հնարք: — Գտնել մի պառավ, որին կարելի լինի վստահիլ գաղտնապահության համար, և սովորեցնել նրան, որ ժողովրդի մեջ տարածե, իբր թե ինքը տեսել է մի այսպիսի երազ, «մի աներևույթ զորությամբ տարվելով այդ գյուղի գերեզմանատունը, նա տեսնում է գերեզմաններից շատերի բերանները բոլորովին բաց, առանց քարերի, նրանց մեջ թաղված մեռելները երևում են. շուն, գայլ, օձ, կարիճ և ամեն տեսակ գազաններ՝ արձակ համարձակ ման են գալիս նրանց մարմինների վրա և ապականում են նրանց ոսկորները: Նա տեսնում է և մի քանի այլ գերեզմաններ, ըստ կարգին, իրանց քարերով, գազանները ամենևին մոտ չեն գնում նրանց, որովհետև վախենում էին ա՛յն լույսերից, որ արևի նման ցոլում էին խաչերից: Նա հարցնում է մինին, որ կանգնած է լինում այնտեղ, թե ի՞նչն է պատճառը, որ գերեզմաններից մի քանիսը վառվում են արևի նման, իսկ մյուսները բաց են, և պատասխան է ստանում, թե այդ լույսերը ցոլում են ա՛յն գերեզմանների խաչերից, որ հոգս են տարել օծել տալ մեռոնով, իսկ մյուս բաց գերեզմանները օծված չեն»: Թող պառավը պատմե, թե ամեն գիշեր կրկնվում է այդ երազը, թող նա ժողովրդի աչքին խելքը տարվածի պես իրան ցույց տա, և իբր թե միշտ խոսում է և աներևույթ էակների հետ: Դու, պարոն երեցփոխան, իմ ասածները կատարիր և կտեսնես թե քանի՛, քանի՛ մարդիկ կցանկանան գերեզմանների քարերի վրայի խաչերը օծել տալ...:

Ամբողջ այդ խոսակցության միջոցին, մեզ նախածանոթ մարդը՝ սև գանգրված մորուքով, մռայլոտ և խորամանկ դեմքով, շիլ աչքերով, որպես մի դև, նախասենյակում կուչ եկած դրան ճեղքից ականջ էր դնում: Վարդապետի ճիզվիտական խրատները լսելով, նա իսկույն կշռեց յուր որսը, ուշիկ դուռը բաց անելով ներս մտավ և չափազանց քաղաքավարությամբ գլուխ վեր բերեց և մնաց ոտքի վրա կանգնած:

— Ա՜... հրամայեցե՜ք, հրամայեցե՜ք, Ռե՜ս, — ասաց առաջնորդի տեղակալը. — նստեցե՜ք խնդրեմ:

Նա նստեց վարդապետից մի փոքր հեռու — գորգի վրա:

— Բարի լինի... ավելացրուց վարդապետը. — ի՞նչպես եղավ, որ ճանապարհներդ ծռեցիք դեպ մեր կողմը:

— Մեր բոլորիս պարտքն է միշտ ուխտ գալ ձեր սուրբ տեսությանը, և վայելել ձեր օրհնության շնորհը, — պատասխանեց Ռեսը:

— Շատ ապրիք, որդի, — ասաց վարդապետը ուռելով: Միևնույն ժամանակ երեցփոխը, համբուրելով յուր հայր սուրբի աջը՝ հեռացավ: Ռեսը և առաջնորդի գործակալը մնացին միայնակ:

— Բարի լինի, — դարձյալ կրկնեց վարդապետը. — ի՞նչ բախտով:

— Փառք աստուծո, բարի է, — պատասխանեց Ռեսը. — ես շնորհ ունեցա ձեզ մոտ մի կարևոր գործի համար գալ:

Վարդապետը ուշադրությամբ ականջները սրեց:

— Այսօր, առավոտյան, դուք մի պսակի հրաման եք տվել. այնպես չէ՞, — հարցրուց Ռեսը:

— Հրամեր եք. տեր-Առաքելենց Ռուստամին՝ Հովասաբենց օրհորդ Սալբիի հետ, — պատասխանեց վարդապետը:

— Ե՞բ պիտի կատարվի պսակը, ո՞ւմ ձեռքով:

— Այս գիշեր տեր Մարուքի ձեռքով:

— Դուք կարո՞ղ էիք, հայր սուրբ, այդ պսակը մի քանի օրով հետաձգել:

— Ողորմություն արեք, Ռես, ի՞նչպես կարելի է, դուք չե՞ք իմանում ժամանակը նեղ է. այսօր ուրբաթ է, վաղը շաբաթ, մյուս օր կյուրակե, այս երեք օրը հետ ձգելով՝ պսակը կմնա «զկնի հինանց» — համարյա երեք և կես ամսից հետո:

— Ինչո՞ւ, — որպես թե չհասկանալով հարցրուց Ռեսը:

— Օրհնած, չե՞ք իմանում, երեք օրից հետո մեծ պասն է. իսկ մեծ պասին հարսանիք կամ պսակ չէ լինում, մինչև հոգեգալստից մի քանի օր անցած:

— Այդ, ճիշտ է, — պատասխանեց կեղծավորը մի քանի րոպե մտածությունից հետո. — բայց և ա՜յնպես հնարավոր չէ՞, երբ ձեզանից խնդրում էին, մանավանդ՝ երբ խնդրում էր մի երևելի իշխանազն:

Հայր սուրբի երևակայությունը իսկույն մակաբերեց Ավազակյանց Սողոմոն-բեկը:

— Չէ՞ կարելի արդյոք գիտնալ այդ երևելի իշխանազնի անունը, — հարցրուց նա:

— Ո՜չ զանազան հանգամանքներ ստիպում են նրան ծածուկ պահել յուր անունը:

— Ի՞նչ նպատակ ունի այդ գործի մեջ պատվելի իշխանազնը:

— Հավատացնում եմ ձեզ, որպես մի անկեղծ մարդ, որ նպատակը անվնաս է, և երաշխավորում եմ պատվովս, որ այդ նպատակը չէ վտանգելու ո՜չ ձեր պատիվը, և ո՜չ էլ նորընծա ամուսնացուների պսակակատարությանը, եթե նրանք երեք օր սպասեն:

Թեպետ խորամանկ Ռեսը ո՛րքան և կեղծավոր խոսքերով աշխատում էր հեռացնել վարդապետի սրտից նրան տիրող երկյուղը՝ բայց և այնպես, առաջնորդի գործակալը մի խորին և վտանգավոր գաղտնիք էր նկատում նրա խոսքերի մեջ:

«Արծաթը ավելի զորավոր է քան որևէ փաստ այդ հիմարը համոզելու» բնաբանը ձեռք առավ խաբեբան, ասելով.

— Կատարելով նկատի ունեցած խնդիրը և պատվելով իշխանազնի կամքը՝ դուք փոխարենը կստանաք որպես ընծա — ահա՛ այս ոսկիները: Եվ նա լեցրեց վարդապետի առջև մի բուռն աշրաֆիներ:

— Ներեցե՛ք, պարոն, — առարկեց վարդապետը, — հրաժարվելով, — ես առանց դրանց ևս պատրաստ եմ կատարել այդ իշխանազնի հրամանը, միայն թե խիստ անհնարին բան է առանց հիմնավոր պատճառների արգելել մի պսակ, որ պատրաստ է այս գիշեր կատարվելու և որի համար ես հրամանագիրը արդեն տվել եմ:

— Առանց հիմնավոր պատճառների՞... — նրա խոսքը հեգնաբար կտրեց խաբեբան, — հայր սուրբ, դուք կարծում եք թե ամեն բանի հիմքը պետք է անպատճառ քարի՞ վրա դրված լինի, ո՛չ, ամենևին ո՛չ. երեք օրվա համար՝ ավազի վրա դնելը վնաս չունի, որովհետև մեր նպատակը պսակի բոլորովին արգելումը չէ, այլ երեք օրով միայն հետ ձգելը:

— Ըստ այսմ ամենայնի, խիստ դժվար է, — պատասխանեց վարդապետը հուսահատությամբ:

Երբեք գործակալը այսպես չէր անճարացել որևէ գործի մեջ, որ այնքան առատ ոսկիներ էր բերում իրան, և ոչ մի օր նրա հնարագետ հանճարը այնքան չէր բթացել — որքան այս անգամ: Նրան տիրել էր մի դժնդակ կասկած, և նա շվարած չգիտեր ինչ պատասխան տար Ռեսի խնդրին:

Ռեսի թափանցող հայացքը նկատեց վարդապետի կասկածանքը և երկյուղը, և նրան վստահություն ներշնչելու համար ավելացրեց.

— Հավատացնում եմ ձեզ, դարձյալ հավատացնում եմ ձեզ աստծո ահավոր անունով, Հիսուս-Քրիստոսի խաչելությունով և մեր բոլոր սուրբերի շնորհով, որ իմ առաջարկության մեջ բնավին կասկածելի ոչինչ չկա, և եթե դուք լսեք իմ խորհրդին, խիստ դյուրին հնարներով մեր խնդիրը կատարված կլինի:

— Որպիսի՞ հնարներ, — հարցրուց շվարած վարդապետը:

— Դուք, այս րոպեիս ձեր ծառան ուղարկելով տեր-Առաքելենց մահտեսի Ավետիսի մոտ, հետ կպահանջեք պսակի հրամանագիրը, պատճառաբանելով՝ թե նրա մեջ մի բան պետք է ուղղել: Այնուհետև տեր Մարուքին կհրամայեք, որ պսակը չկատարե մինչև մի նոր հրաման ստանալը, հայտնելով՝ թե այդ գործը մի նոր քննության է կարոտ այն հիման վրա, որ իբր թե լսել եք հարսի և փեսայի մեջ մերձավոր արյունակցություն է եղել, որ քահանաները «խորհրդի» գիշերը հարբած լինելով՝ չեն կարողացել որոշել:

— Այնուհե՞տև:

— Այնուհետև, առավոտյան քննություն պիտի լինի, ասելով, ես այս առավոտ հիվանդ եմ... մնա էգուց, և մի երկու այդպիսի էգուցներ անցնելով՝ երեք խորհրդական օրերը կանցնին, իսկ այնուհետև — բարով եկիր մեծ պաս...: Այլևս պսակ չի լինելու մեր օրհնյալ նախապետների դրած կանոնների համաձայն...:

Վարդապետի խելքին, ասես թե, մի բան մտավ, և նա հայտնեց Ռեսին յուր հաճությունը այն պայմանով՝ եթե նա կրկներ ոսկիների թիվը: Ռեսը ճարահատյալ ավելացրեց մի քանի հատ ոսկի ևս:

— Մեզ մնում է, ձեզնից մի բան ևս խնդրել, հայր սուրբ, — առաջ տարավ Ռեսը գործագետ մարդու եղանակով, — այս գործը, իմ խնդիրքը՝ երեք օրով պսակ հետաձգելու նկատմամբ, և իշխանազնի դրա մեջ նպատակը, այդ բոլորը խնդրում եմ մնան ձեզ մոտ որպես խորին գաղտնիքներ:

— Անհո՛գ եղեք, անհո՛գ եղեք, պարոն, ես ձեզանից ավելի զգույշ եմ գործերի մեջ, — պատասխանեց վարդապետը:

Ռեսը գլուխ տալով հեռացավ վարդապետից, և դուրս գալով առաջնորդարանից, նա, լի հրճվանոք, դիմում էր դեպ հոյակապ ամրոցը, երբ հանկարծ նրան հանդիպեց մահտեսի Ավետիսը:

— Բարև, եղբայր, — ասաց Ռեսը:

— Աստծո բարին քեզ, — պատասխանեց մահտեսին:

— Ի՞նչ եղավ, օրհնած, աչքներս թռավ սպասելով, թե ե՞րբ պիտի լինի Ռուստամի հարսանիքը, որ քեֆ անենք և ուրախություն վայելենք:

— Այս գիշեր պսակ է՝ էգուց՝ հարսանիք:

— Աստուծով... աստված քեզ բարի աջողություն տա, միայն՝ առաջուց քեզ ասեմ, մահտեսի, եթե դիոլ-զուռնա բերել չտաս, եթե պար ու զվանդ չլինի, քա՛վ լիցի եթե քո շեմքը ոտք կոխեմ, եղբա՛յր, այս ի՞նչ նոր սովորություն է՝ մի զավաթ չայով որդի պսակել:

— Շատ բարի, Ռես, որպես դուք կհրամայեք, որպես մեր բարի դրացիքը կամենան այնպես կանենք:

— Ուրախությա՛մբ...— ասաց բանսարկուն, և մնաս բարյավ ասելով՝ հեռացավ, խորհելով. «ողորմելի մարդ, էգուց լա՛վ հարսանիք կգա քո գլխին»:

Մի քանի րոպեից հետո նա հասավ հոյակապ ամրոցին, որ պատկանում էր մելիք Պիղատոս Ավազակյանցին, այդ նահանգի չափազանց հարուստ իշխանին, որին հանձնված էր բոլոր հայերի կառավարությունը: Ռեսը մտնելով ամրոցը և մի քանի բակերի միջից անցնելով՝ ներս մտավ մի չափազանց տաքացրած սենյակ, որի լուսամուտների առաջ դրված էին մեծ և փոքր ամաններով ծաղիկներ և մշտականաչ կիտրոնի և նարնջի ծառեր: Այդ կախարդական սենյակի մեջ, որ ձմեռվա սաստիկ ցրտերին պահում էր ծաղկյալ գարունքը, Սոլոմոն-բեկը, յուր ամենօրյա սովորության համեմատ՝ միայնակ նստած աթոռի վրա, բարձր ալեանդրի ծառի տակ, որի ոստերից քարշ ընկած վանդակների մեջ երգում էին երկու դեղձանիկ՝ ծխում էր դեյլան և խմում դահվե: Նրա առջև դռան մոտ կանգնել էր սպասավորը թանկագին հագուստներով:

Սոլոմոն-բեկը արծաթի ժանգի մեջ մաշված մի տղամարդ էր, բարակ և երկայն երեսով, գունատ՝ առանց կարմրության նշույլի, սառն դեմքով՝ որպես մարմարիոն: — Նրա մի զույգ խաժ աչքերը՝ շիջած և որպես երկու սարդ՝ անխորհուրդ նայում էին իրանց խորքից: Նրա ա՛յնքան փափուկ և այնքան նվազած փոքրիկ գլխի վրայի շեկ մազերը ցույց էին տալիս մի հիվանդոտ կազմվածք: Եվ, արդարև, նրա ծուլորեն շարժվածքը, նրա հիմար և անոգի դեմքը արտահայտում էին մի թույլ և կիսամեռ բնավորություն, յուր թույլ խելքով ու մտքով:

Ռեսը գլուխ տալով կանգնեց ծառայի մոտ: Սոլոմոն-բեկը ծխում էր, երբեմնապես դահվեի սև հեղուկը կուլ տալով. խորին մտածության մեջ խորասուզված՝ նա Ռեսի վրա ամենևին ուշադրություն չէր դարձնում, կամ, որ ավելի հավանական է, յուր ծառայի առջև նրան չէր կամենում յուր ուշադրության արժանացնել: Իսկ երբ ծառան դեյլանը դուրս տարավ, նորահաս Ավազակյանցը բռնազբոսիկ ժպիտը երեսին դարձավ դեպի Ռեսը.

— Բարո՛վ: Ի՞նչ արեցիք, — հարցրուց նա:

Ռեսը խոնարհությամբ գլուխ տվեց:

— Մոտ եկեք: Նստե՛ցեք, — հրամայեց Ավազակյանցը:

Ռեսը կեղծավորաբար հրաժարվեց, թե չէր կարող ընդունել մի այդպիսի համարձակություն:

— Ո՛չ, կարող եք նստել. ես այսուհետև ձեզ համարելու եմ ո՛չ թե իմ ծառա, այլ հավատարիմ բարեկամ և հնարագետ խորհրդակից:

Ո՛չ մի անգամ Ռեսը նրա բերանից Դուք բառը չէր լսել և ոչ մի անգամ նա շնորհ չէր գտել բարձր տեղ ունենալու նորահաս և փառասեր իշխանազնի մոտ: Այդ մեծարանքները նրան խպառ խելքից հանեցին, ո՛չ սոսկ իշխանազնի մոտ գտած պատվախնդրության՝ այլ ավելի նրա համար, որ նրա բարեսրտությունը և գութը գրավելով, նա կարող էր այնուհետև համարձակ տիրել նրա սրտին, ազատաբար ներգործել նրա մտածության և ընտրողության վրա, և այսպիսով, դյուրությամբ դուրս կորզել նրանից որքան կարելի է շատ արծաթ, որ խաբեբայի միայն նպատակը, նրա հոգին և մարմինն էր:

Ռեսը նստեց աթոռի վրա, Ավազակյանցի աթոռից մի փոքր հեռու:

— Ի՞նչ արեցիք, — հարցրուց Սոլոմոն-բեկը կրկին անգամ:

Ռեսը պատմեց առաջնորդի գործակալի հետ ունեցած յուր ամբողջ խոսակցությունը, նրա խոստումը պսակը արգելելու, որը ո՛չ միայն երեք օր, այլ մինչև երեք ամիս կարող էր հեռու պահել Հռվասաբենց Սալբին Ռուստամի հետ պսակվելուց:

— Շատ բարի, գործի առաջին հաջողությունը օգտավետ վախճան է գուշակում, — ասաց Սոլոմոն-բեկը ուրախությամբ:

— Աղա, եթե դուք ամեն ինչ տրամադրեք իմ կամեցողության և հաստատամտորեն ապավինիք իմ աշխատության՝ դուք ձեր նպատակին շո՛ւտ կհասնեք, — ասաց հանդարտությամբ Ռեսը:

— Դուք գիտե՛ք, որ այդ գաղտնիքը ես, բացի ձեզանից, ոչ ոքի չեմ հավատացել և միանգամայն հանձնել եմ ձեր հմտության:

— Շատ լավ. ես բոլոր սրտով պատրաստ եմ ծառայել իմ տիրոջ կամքին, — պատասխանեց խոնարհությամբ Ռեսը.— միայն թե նախապես դուք շնորհեցեք ինձ ձեր ուշադրությունը՝ մի քանի ամենահարկավոր խրատներ լսելու:

— Ասացե՛ք, — համաձայնեց Սոլոմոն-բեկը:

— Մենք պիտի մեր ձեռքում եղած այդ երեք ամիսը աժան չծախենք. մեր ամենագլխավոր աշխատությունը պիտի լինի այդ երեք ամսվա ընթացքում ձեր մտադրյալ նպատակը ձեռք բերել. իսկ այդ նպատակը որսալու համար մի քանի անհրաժեշտ հնարներ պետք է գործածել: Նախքան հնարների հետ ձեզ ծանոթացնելը, ես, աղա, հարցնում եմ ձեզ, ի՞նչ է ձեր կարծիքը կեղծավորության մասին:

— Կեղծավորությունը մեղք է, — կարճ պատասխանեց Ավազակյանցը:

— Ընդհակառակն, մի բարի մտադրություն իրագործելու, մի անվնաս խորհուրդ առաջ տանելու և մի անմեղ նպատակ ձեռք բերելու համար, հարկ եղած միջոցին կեղծավորություն, խաբեբայություն և տեսակ-տեսակ ստություններ գործադրելը ո՛չ մեղք է, ո՛չ էլ մարդու պատիվն է ապականում: — Այժմ լսեցեք, սրանք են իմ խրատները, կամ առաջին դասը, որ տալիս եմ ձեզ, որպես իմ աշակերտիս: Հռվասաբենց Սալբին — որին դուք այնպես ախտաբորբոք սիրում եք՝ձեր կինը լինելու և նրան յուր հանդերձյալ ամուսնացվի ճանկերից հափշտակելու համար, ձեր ամենամեծ ջանքը պիտի լինի մոտենալ օրիորդ Սալբիին և նրա հետ սեր զգել (սիրաբանել): Այդ հնարավոր անելու համար, նախ պետք է բարեկամանալ այն անձերի հետ, որոնց հոգաբարձության ներքո է գտնվում օրիորդը, այսինքն՝ պարոն Արամ Աշխարունու և պարոն Խոսրով Մելիքզադեի հետ: Այդ պարոնների հետ բարեկամանալը ավելի հեշտությամբ կկատարվի, եթե դուք բարեհաճեք մտնել նրանց կաշվի մեջ կամ ընդունել նրանց կերպարանքը, այսինքն՝ հարկավոր կեղծավորությունը գործ դնելով՝ նմանեք նրանց ընդունելով այն վարդապետությունը, որ նրանք ուսուցանում են, և հավանություն ցույց տալով նրանց բոլոր գաղափարներին. ձեր անելիքը հետևյալը կլինի. դուք կսկսեք Աստվածաշունչ կարդալ, կյուրակե օրերը կերթաք նրանց աղոթքի ժողովարանը, երբեմնապես այցելություն կանեք նրանց աղջկանց և տղայոց վարժարաններին, մի քանի անգամ փող կբաշխեք այնտեղ սովորող որբերին, այդ վարժապետների հետ խոսակցության ժամանակ դուք նրանց գլուխները կուռցնեք ունայն հույսերի քամիներով, խոստումներ անելով ամեն կերպ օգնել դպրոցի և նրանց գործի օրըստօրե հառաջադիմության համար: Ձեր քույրը կուղարկեք տիկին Սալլաթինի մոտ ուսանելու, այդտեղ է և օրիորդ Սալբին. իհարկե ձեր քույր կբարեկամանա յուր ընկերուհու հետ, և նրա լեզվով դուք կսկսեք խոսել օրիորդ Սալբիի հետ: Այժմ, կարծեմ, բավական բացահայտ են ձեզ իմ ծրագրները: Դուք այդ բոլորը կատարելուց հետո, ես էլ իմ պառավ քույրը կուղեցնեմ աղջկանց վարժարանը, որպես կամավոր և անթոշակ աղախին: Իմ քույրը ավելի խորամանկ է, քան այն օձը, որ խաբեց առաջին կինը դրախտում, և դուրս բերեց այնտեղից: Եվ այդ կերպով, դուք՝ ձե՛ր քրոջ միջոցով, ես՝ իմ քրոջ, կսկսենք ներգործել օրիորդ Սալբիի մտքի վրա: Այս թող լինի մեր առաջին փորձը: Նրանց խոսակցությունը ընդհատեց ծառան, որ ներս մտավ դեյլանը ձեռին:

ԺԶ

ԲՈՒՆ ԲԱՐԵԿԵՆԴԱՆԸ

Ո՞վ չէ սիրում բուն բարեկենդանը: Ո՞վ չէ ուրախանում այդ օրը: Այդ օրը հետին անճար աղքատն անգամ, յուր ամբողջ չքավորությամբ՝ կարողանում է մի չնչին արծաթ գոյացնել, որով գնում է մի քանի բուռն բրինձ, մի փոքր եղ, եփում է փլավ, և արևելքի այդ ազնիվ կերակուրով, ուրախ անցնում է բարեկենդանը:

Քանի՛ զվարճալի խաղերով են անցնում բարեկենդանը մյուս պահեցող ազգերը. բայց հայը՝ յուր բարեկենդանի խաղերի մեջ անգամ ոչ մի ուրախալի իրողություն չէ հանդիսացնում, որովհետև աշխարհիս թատրոնի մեջ, նրա կյանքը անցել է ցավալի եղերերգությամբ, նրա օրը միշտ սև է եղել, նա չէ՛ ճաշակել ո՛չ մի ուրախություն...: Հայը, Ասիայում, բարբարոս ազգերի գերության տակ միշտ ճնշված լինելով, յուր բարեկենդանի խաղերի մեջ ևս ձևացնում է ա՛յն տխուր և տրտում դեպքերի դառն հիշատակները, որ նրա համար հազարավոր ախ ու վախի, բյուրավոր արտասուքների պատճառ են եղել:

Զուռնայի բարակ և սուր ձայնը, դհոլի, դափ ու դայիրայի տմբտմբոցը՝ Ծաղկավանի մեջ խաղեր սկսելու նախերգանքն են: Փողոցի մեջ ձիավոր և հետևակ մարդկանց խուռն բազմություն է արշավում: Քրդի էշիրաթի փառավոր հագուստով բոլորից առաջ ընթացող ձիավորը մի հզոր խան է ձևացնում: Նրա հալեպյան կերպասից զոլ-զոլ բինիշի խայտաճամուկ դրոշակները փողփողում են քամու հորձանքի դեմ, նրա փակեղի գույնզգույն փաթթը փայլում է հարյուրավոր գույներով: Հպարտ, փքվելով, նստել է նա մի պատվական երիվարի վրա, որի պարանոցը զարդարված է արծաթի ռաշմայով (պալարակապով). նա զինված է այդ բարբարոս ցեղի հզոր իշխանների պես. արաբական կեռ թուրը քարշ է ընկած նրա կողքին. ձեռքին ունի եղեգնափայտից թեքուն մզրախ (նիզակ). մի լայն հնդկական վահան՝ թափանցիկ ապակենման կաշուց՝ զգած է նրա մեջքի վրա, ղաջարի դաշույնը մի զույգ ատրճանակների հետ, թեք խրած են նրա քիրմանի շալե հաստ գոտու մեջ, փորի վրա: Եթե մենք վեր առնեինք այդ ծպտված իշխանի երեսից նրա սարսափելի դիմակը՝ կտեսնեինք մեզ ծանոթ նենգ պատկերը դրա տակ, յուր շիլ աչքերով, սև զանգրված մորուքով և ահավոր մռայլոտ դեմքով ոչ այլ ոք էր, քան Ռես

Վասակյանցը, այսպես էր Ռեսի տոհմանունը, որ յուր անհամեմատ ընդունակությունը կարող էր ցույց տալ ամեն տեսակ գործերի մեջ: Իշխանին հետևող մյուս ձիավորները նրա թիկնապահներն և ծառաներն են ներկայացնում. սրանք բոլորը պարսից հին ձևի զրահ են հագել. գլխներին թասանման սաղավարտներ՝ սրածայր վերջավորությամբ, երկաթի օղակներից ցանցատեսակ հյուսած հագուստով զրահավորված, ձեռքերին նիզակ և թուր:

Հետևակ բազմությունը բաղկանում է հետաքրքիր երեխաներից և դատարկապորտ մարդկանցից, որ միմյանց հրելով, աղաղակելով ման են գալիս փողոցից փողոց, և ամեն մի դռան առաջ կանգ առնելով կոչում են — «սուլսա՛թ, սուլսա՛թ» — այսինքն պաշա՛ր, պաշա՛ր:

Տանտերը դուրս է գալիս: Մի լեզվանի արտլի (շաթր) պատգամախոսում է. — «Ահմատ-խանը — որին աստված երկար կյանք, փառք և պատիվ տա, որի թուրը աստված միշտ կտրուկ անե, և յուր թշնամիների վրա հաղթություն տա — Ահմատ-խանը, մեր ամենակարող իշխանը, մեր գլխի տերը՝ յուր թշնամիների հետ նոր պատերազմ ունենալու համար, դուք, ամենախոնարհ հպատակներդ պետք է սուլսաթ տաք նրա քաջ, պատերազմող զորքերին, որ այժմ հացի կարոտ են: Եթե մի անբախտ մարդ համարձակվի այդ բարձրագույն հրամանին դեմ կենալ — նա յուր գլխի տերը չէ»:

Ամեն տանից դուրս են բերում գինի, արաղ, եղ, բրինձ, ձու, տալիս են այդ մարդկանց, որ դրանք հավաքում են իրանց պարկերի մեջ և հայցելով խանի հզոր ձեռքի հովանավորությունը՝ երկարակեցություն են մաղթում նրան: Բայց խանը չէ կամենում հեռանալ, շաթիրը նրա կողմից ձայն է տալիս, թե խանը պահանջում է դիշքիրասի, այսինքն՝ նրանց հացը ուտելու համար — ատամների վարձ. տալիս են մի քանի աբասի փող ևս:

Այսպես, գյուղի բոլոր տներից առատ պաշար հավաքելով, գնում են գյուղից դուրս, մի առանձնացած տեղ և բոլոր ընկերներով, մինչև կեսգիշեր սկսում են կերուխում անել և ուրախանալ:

Մենք ավելորդ ենք համարում նկարագրել բարեկենդանի այն բազմաթիվ խեղկատակները, որ անճոռնի հագնված և ծիծաղաշարժ ձևերով, ավանակների վրա նստած՝ այդ օր շուռ են գալիս փողոցե փողոց:

Արևը զնալով մոտենում էր յուր մուտքին: Ժամատան կոչնակները ժողովուրդը եկեղեցի էին հրավիրում: Բա՛յց, այդ օր ո՞վ է կոչնակի ձայն լսողը, կամ ժամ ու աղոթք միտ բերողը, բոլորը հարբած՝ քեֆի մեջ են: Ժամ էին եկել ժամհարը և տարիքներով բեռնավորված, ամեն բանից զրկված մի քանի ալևորներ — պառավների հետ: Ժամհարը երկար սպասելով, երբ տեսավ թե տերտերներն ևս չեկան, անճարացած ինքն է օրհնում ժամը. «Հայր մեր» ասաց, կանգնեց քահանայի տեղը, մի քանի ծունր դրեց, երեսն խաչակնքեց. պառավներն ու ծերունիները նրա օրինակին հետևեցին, և ժամը վերջացավ:

Ժրագլուխ Մխոն — որ նախածանոթ է մեր ընթերցողին— եկեղեցու դռները շառաչմամբ փակեց, և ահագին ծանր բանալին գրպանը դնելով, դուրս եկավ ժամատան բակից և քայլերը ուղղեց դեպ գյուղամեջը, այսպես խոսելով ինքն իրան— — «ո՛րքան կամենում եք՝ կերեք, ո՛րքան կամենում եք՝ խմեցե՛ք, ա՛յ հիմարներ, բայց առավոտյան դարձյալ պիտի քաղցենաք, այնուհետև, հիսուն օր շարունակ ձեզ հետ եղբայր են ոսպն ու լոբին: Հզիններդ կդուրս գա, այնքան կուտեք, որ փորներդ կուռչի, դհոլ կդառնա: Պասը եկել, գյուղի դռանն է հասել, շատը գնացել քիչն է մնացել. այժմ ինչ ուզում եք արեք...: Առավոտյան, երբ քահանան եկեղեցում կկարդա «Լվացարո՛ւք և սրբացարո՛ւք», դուք շտապում եք տուն գնալ և կարասիքն ու զատկի օրերը գործածած ամանները լվանում եք, որ պասվա համար եղոտ չլինի...: Արդյոք դուք մտածո՞ւմ եք լվանալ ձեր հոգու ամանը — ձեր սիրտը, որ ա՛յնքան ապականվել է կեղտերով...: Ո՛չ, ամենևին ո՛չ... որովհետև դուք չեք մտածում աղքատի և տնանկի մասին: Ահա ես, օրինակի համար — մի ամբողջ գյուղի ժամհարն եմ. մի այսպիսի ուրախալի օր իմ ընտանիքս դեռ սոված է, և իմ ձեռքը մի բաժակ գինի տվող չէ եղել, իմ աղիքները ներսից աղաղակում են — ա՛յ մարդ, սովից կմեռնիս, գլխիդ ճարը արա՛: Ա՛խ, տեր Մարկոս, ո՞ւր է քո տյառընդառաջի օրվա խոստումը, թե՛ բարեկենդանին մի լավ քեֆ կանենք», բայց այսօր քո Մխոյին չես ճանաչում...:

Այսպիսի տխուր մտածմունքներով լցված, ժամհարը, յուր բախտից և յուր վիճակից գանգատվելով, յուր կյանքը անիծելով, գլուխը քարշ գցած, գնում էր փողոցի միջով չհամարձակվելով բարի գյուղացու դուռը բացելու և յուր փորին մի փոքր կեր տալու:

Նույն միջոցին պարոն Արամ Աշխարունին և նրա ընկեր պարոն Խոսրով Մելիքզադեն, իրանց մելամաղձական բնակարաններից դուրս գալով գնում էին գյուղից դուրս — զբոսանքի և հասարակաց ուրախության մասնակից լինելու համար: Այստեղ — տափարակ դաշտի վրա խաղում էին ամբողջ գյուղի տոնասեր մարդիկ, բայց ափսո՛ս, որ մի անբախտ սովորությամբ՝ նրանց մեջ ոչ մի կին չէր երևում, միայն այստեղ ու այնտեղ հեռուն, պատերի ետևը կուչ եկած-գաղտուկ նայում էին մի քանի աղջիկներ, այն ևս, մի մարդ նրանց կողմը գնալիս — փախչում, աներևութանում էին:

Երկու բարեկամները երկար պտտելով, զարմացած, չգտնելով տեր-Առաքելենց Ռուստամը, նա, որ միշտ այդպիսի հանդեսների դյուցազն էր, նա՛, որ ա՛յնքան շատ էր սիրում ազգային խաղերը:

Նրանք շարունակեցին որոնել, բայց ո՛չ ձիարշավների, ո՛չ բռնցքամարտերի և ո՛չ էլ ըմբիշների մեջ չկարողանալով նրան գտնել, հուսահատված գյուղ դարձան: Նրանց հանդիպեց ժամհարը, որ թոնթորալով գնում էր.

— «Այս գիշեր միակ օգուտը, որ հասնելու էր ինձ, որպես ժամհար, մի պսակից, ա՛յն ևս անիրավները արգելեցին», — ասաց նա յուր վերջին գանգատը:

— Ի՞նչ պսակ, — հարցրուց նրան պարոն Մելիքզադեն:

— Հովասաբենց Սալբիին, տեր-Առաքելենց Ռուստամի հետ, — պատասխանեց ժամհարը:

— Ո՞վ արգելեց:

— Նա՛, որի ձեռքումն է կապելու և արձակելու օրենքը, — պատասխանեց ժամհարը խորհրդական եղանակով:

Նրանք թողին ժամհարի հետ ավելորդ հարցուփորձը, և շտապեցին տեր-Առաքելենց տունը:

Առանց երկար ծանոթ լինելու Ռուստամի հետ, մի հարցասեր մարդ մտնելով նրա անձնական սենյակը և նկատելով նրա միջի կահ-կարասիքը, որ լիովին հատկանիշ էր նրա բնավորության, կարող էր ստույգ գաղափար կազմել նրա անձնավորության մասին:

Ռուստամի առանձնարանը շինված է պարսկական ճաշակով և թույլ լուսավորված երեք պատուհաններով: Ներս մտածին պես, տեսողություն հրապուրող առաջին առարկան հանդիպակաց պատի երեսից հպարտ քարշ ընկած եվրոպական երկփողանի հրացանն է: Մի այլ հրացան, Ղրիմի գործ, և մի քանի զույգ ատրճանակներ — կարգով դրված են նրա մոտ: Սենյակի պատի մյուս ճակատից արծաթ գոտուց կախված է ահագին Խորասանի թուրը լեզգու երկսայրի խանչալի հետ, և զանազան ձևերով վառոդի և գնդակների ամաններ: Դրանցից ոչ այնքան հեռու, մի անկյունում հանդարտ թեք են ընկած երկայն եղեգնափայտյա նիզակը, նրա մոտ թափանցիկ կաշուց շինած լայնեզր վահանը, պատերազմական կացնի հետ: Մյուս անկյան մեջ, դրան մոտ տեղավորված են ձիու թամբը, սանձը և այլ պիտույքները իրանց պարագաներով: Սենյակի պատերի վրա — որ հատուկ է բոլոր ասիական տներին — կան զուգահեռաբար բաժանված դարաններ, որ լի են տիրոջ ճաշակը ցույց տվող այնպիսի առարկաներով, որոնց զարդն են կազմում Ռուստամի ընթերցման ամենասիրելի գրքերի հատորները — Հոմերոսի Եղիականը և Ոդիսականը, Մովսես Խորենացի, Եղիշե, հըռովմայեցվոց և Հունաց պատմագրեր, Ֆիրդուսու Շահ — Նամեն, Թարգ-Նաղրը, Հաֆեզի և Սաադիի երգերը:

Ասիական սենյակների ամենազարդարուն կողմը վառարանի կողմն է: Կրակի սրբազան պատիվը ո՛չ քրիստոնեական և ո՛չ էլ մահմեդական դարերին չէ կորցրել յուր նվիրական պաշտոնը: Ա՛յդ է պատճառը, որ վառարանը դրվում է սենյակի բարձրագույն ճակատում, որ համարվում է սենյակի պատվավոր նստատեղին և արժանավոր հյուրերը միշտ հրավիրվում են վառարանի աջ և ահյակ կողմերում նստելու: Ռուստամի վառարանի մի կողմում քարշ էր տված Հայկի հսկայաձև պատկերը, իսկ մյուս կողմում — Արամի: Նրանց մոտ կարգով շարված էին մնացյալ հայոց քաջերի՝ Պարույրի, Արշակի, Տիգրանի, Արտաշեսի, Վարդանի և այլոց պատկերները:

Ռուստամը բացի դրանից, այլ սենյակ չունի. նրա կյանքի բոլոր պիտույքները գտնվում են այդ սենյակի մեջ: — Այդտեղ է նա գիշերները քնում, կարդում, երգում և նվագում. այդտեղ է նա ընդունում յուր հյուրերը, այդտեղ է նա անցնում յուր կյանքի ուրախ և տրտում օրերը...:

Տխրության ոգին սև թևքերով գրկել էր տեր-Առաքելենց տունը: Նրանք ոչ միայն հարսանիքի պատրաստություն էին տեսել, այլև հրավիրել էին հեռու գյուղերից իրանց բոլոր մերձավոր ազգականները, հուսալով շաբաթ գիշեր պսակը կատարել տալ, իսկ կյուրակե, բարեկենդանի տոնախմբության հետ՝ վայելել հարսանիքի ուրախությունն ևս, երբ հանկարծ լսեցին այն բոթաբեր լուրը, թե առաջնորդի գործակալը հրամայել է պսակը չկատարել, «որովհետև կարոտ է խորին քննության»:

Ռուստամը միայնակ նստած յուր սենյակում, անձնատուր եղած մտավոր հափշտակության, յուր սիրածի կրակով վառված, այդ միջոցին տխուր և հուսահատ ձայնով երգում էր յուր տաղը.

Երբ մանկության անցան օրեր,
Եվ պատանու ստացա հասակ,
Անմեղ սրտումս դու առաջին
Վառեցիր ջերմ սիրո կրակ:

Դու առաջին միտքը մանկական,
Որ սիրում էր խաղեր անգետ,
Հափշտակած դեպ քեզ թռվեցիր,
Եղար մտածմանցս միջակետ:

Թվի թե երազ առ աչոք...
Ամեն վայրկյան, ամեն րոպե,
Սիրուն պատկերդ աչքիս դեմ՝
Միշտ հարաժամ կհանդիպե:

Կարծես կախարդիչ զորություն
Կամ թե մի թիլիսմ դյութական

Գրավել են խելք ու միտքըս,
Միշտ քեզ սիրել, իմ աննման:

Միշտ քեզ սիրել, միշտ քեզ պաշտել,
Դու իմ աստված, դու իմ հույս,
Միշտ քեզ գովել, միշտ քեզ երգել,
Քանի կա կյանք, քանի կա լույս:

Գնում եմ արտ, հասկեր ոսկի,
Որ ցանեցի իմ ձեռքով,
Խշխշում են հով զեփյուռից,
Կարդում անունդ մեղմ ձայնով:

Երբ արշալույսի պահուն՝
Մտնում եմ կանաչ այգին,
Ո՜հ, բնությունն էլ ինձ հետ
Ներդաշնակե՜ նազելին:

Առվակի կարկաչուն ձայն,
Կանաչ խոտեր, ծառ և ծաղկունք
Լսեցնում են ինձ քո անուն՝
Հեզիկ հողմեր, երգող թռչունք:

Այն ի՞նչ օր էր, ո՜ր երջանիկ…
Հազա՜ր անքամ տամ երանի.
Երբ ես տեսա արձակ դաշտում
Այն երկնային սիրուն հուրի:

Ո՜հ, այն օրը նվիրված էր
Ծաղիկների թագուհուն,
Որ նարկիզ, մեխակ, շուշան
Պեսպես վարդերով անհուն —

Հյուսել էր մի պսակ նախշուն,
Պճնել զարունը հրաշափառ,
Եվ զարդարել աստուծո տուն՝
Կամ բնության շքեղ տաճար:

Ժամտան այգիում աղջիկները՝
Զանգյուլումը երգում էին,
Եվ վիճակի սափորի մեջ՝
Յուրյանց բախտը կորոնեին:

Այո՜, դու էլ այդ դյութական
Ամանի մեջ արկիր վիճակ,
Ու իմ սերը այն սուրբ օրից
Սրտիդ հետը կապվեց անքակ:

Այն սուրբ օրից աստուծո առջև՝

Մենք դրեցինք այդպիսի ուխտ. —
«Մեռնիլ միասին, ապրիլ միասին
Որքան կա կյանք, որքան կա շունչ»:

Մի օր ևս Կաթնաձորում՝
Աղջիկները կխաղային ջուջնա.
Հարսանիք էր խրձիկների.
Այնտեղ նույնպես ես քեզ տեսա:

Ես քեղ տեսա, նազ նազելով՝
Ձեռքդ առիր դայիրան,
Եվ ածեցիր և պար եկար,
Քանի՛ սիրուն… աննման…:

Դու հեռվից ինձ նայեցար,
(Սիրտս ո՛րքան այրվում էր…)
Լեզուդ մունջ էր, բայց աչերդ՝
Հայտնաբարբառ խոսում էր.

Քանի՛ վարդեր դու թափեցիր՝
Քո լուսափայլ թշերեդ.
Քանի՛ նետեր ինձ զարկեցիր՝
Այն սևորակ աչերեդ:

Մի օր յուրյանց այգումը
(Չէ՞ր նա հավերժահարս դաշտային.)
Գլխին դրած ծաղկյա պսակ,
Միրգ կքաղեր զամբյուղ ձեռին:

Երջանիկ էր, այն օր՝ եղեմ
Գարնանամուտի նման,
Այն հիշատակ ես կտանեմ,
Ինձի հետ խոր գերեզման…:

Երրորդ անգամն էր, այո՛,
Ես քեզ տեսա, ո՛վ իմ հրեշտակ.
ԴՈՒ, մի խումբ աղջիկներով՝
Նստած էիր ա՛յն ծառի տակ:

Նորաբույս խոտերի վրա
Ուրախության կազմած խրախճան
Ձեր սրտերը զմայլանքով լի՝
Վայելում էր սեր անվախճան:

Ես էլ իմ ընկերաց հետ.
Խնջույքի մեջ հեռուն նստած՝
Հանկարծ ստացա գույնզգույն
Ծաղիկներով մի փունջ կապած:

Իսկույն հասկացա ես շուտով,
Այն քո ձեռքերով քաղած էր.
Այն նորաբույս ծաղիկները
Ինձ բուրեցին քո սուրբ սեր:

Չորրո՛րդ անգամն էր ես տեսա,
(Տիրոջ Համբարձման օրն էր)
Շատ նայեցա, գաղտնի, հեռվից,
Ո՛հ շատ տանջեց ինձ քո սեր:

Առավոտվան բերկրարար հովին,
Նա երգում էր որպես հրեշտակ,
Կամ թե վարդի կանաչ թփին՝
Ուրախաձայն սիրուն սոխակ:

Նա տեսավ ինձ, ճլվլալով
Թռչնիկի պես, ինձ մոտ վազեց,
Գրկեց քնքշիկ ձեռքերովը,
Իմ թուշը յուր թշին սեղմեց:

Հանկարծ որպես նոր Ֆլորա՝
Նա ինձ տվավ մի ծաղկեփունջ,
Կախարդված ծաղկանց անուշ հոտը՝
Հոգումս փչեց նոր կյանք, նոր շունչ:

Այն ի՛նչ խոսք էր, որ նա ասեց.
— «Այդ անուշահոտ վարդերը՝
Առ օրինակ քեզ սիրական,
Ծաղկի պես միշտ թող թարմ լինի քո սերը»:

«Բա՛յց անհոգ կաց, իմ նազելի».
Ասացի ես հիացած,
«ԴՈՒ, իմն ես հավիտենից.
Մեր ճակտին այսպես է գրված:

«Քանի արևն երկնքից՝
Ծագում է ինձ պայծառ լույս.
Քանի շունչս ունի ելումուտ,
Քո սուրբ սերը կից է հուզույս:

«Քանի հողանյութ մարմինս՝
Ծծում է պարզ օդ եթերին,
Այդ օրերի բոպեք ոսկի՝
Միշտ կհնչվին մեջ իմ սրտին:

«Չեմ թող տալ, սիրուն ձեռքդ
Բռնե մի այլ տղամարդ,
Չեմ թող տալ ժանտ փուշի հետ՝
Ծակծկվի մի քնքուշ վարդ:

«Բա՛յց երբ որ կգա մահը
(Ես հնազանդ եմ իմ օրհասին),
Քո ձեռքովդ այդ կաղնիի տակ՝
Կամփոփես իմ ցուրտ մարմին:

«Գլխիդ հյուսերն քամուն տված՝
Դու հերարձակ մի սգավոր,
Գերեզմանս կլվանաս՝
Քո արտասուքներով հորդոր:

«Դու կատարե, իմ բարեկամ,
Քո առ իս սիրո վերջին պարտքը,
Գերեզմանիս վերա ծխե՛
Քո ձեռքովդ անուշ խունկը:

«Այդ մեծ կաղնին մեր զրույցների
Նվիրական սրբարան,
Յուր Հովանվո տակ թող պահե
Իմ ոսկերաց գերեզման:

«Նորա ոստից դու իմ սազը
Կախե ինձ վերա ուղղակի.
Թող զեփյուռից ձայն տան լարերն
Եվ հնչեցնեն՝ «Մալբի» — «Մալբի»:

Քստմնեցավ իմ նազելին,
Որպես ահեղ հարվածքից,
Ձեռքս բռնեց կարեկցաբար
Ընձի խոսեց նա այդպես.

— «Այդ խոսքերը, իմ սիրելի,
Ինձ բերում են սարսափ, ահ,
Ջի մահվան խոսքը խիստ տխուր է,
Եվ խիստ տրտում, որպես մահ:

— «Մեր կյանքը, ինձ հավատա՛,
Որպես պճնած մի գարուն,
Օրըստօրե ծաղկեցնե
Յուր վարդերը թարմ, սիրուն»: —

Ա՛խ, դու այդպես գուշակեցիր,
Բա՛յց այժմ ինչո՞ւ ժանտ փուշեր
Վրդովում են մեր կյանքը,
Ծակոտում են օր ու գիշեր:

ԺԷ

ԱՐԳԵԼՔ

Պարոն Աշխարունին, այդ նորահաս աստվածաբանը, չոր ու ցամաք զգացողության տեր մարդ լինելով, նրա հոգին ընդունակ չէր բանաստեղծության վսեմափառ գեղեցկությունները վայելելու, բայց և այնպես, Ռուստամի երգը մի մոգական զորությամբ ազդեց նրա վրա, և նա, պարոն Մելիքզադեի հետ երկար կանգնելով Ռուստամի դռան առջև, ականջ դնելուց հետո, ներս մտան:

— Ի՛նչ ես թուլասիրտ Պարիսի նման ա՛յդպես մեղկությամբ գեղգեղում, — հեգնությամբ ասաց պարոն Մելիքզադեն:

— Ա՛յժմ ինձ վրա ծիծաղելը անտեղի է, Խոսրով, — ասաց Ռուստամը, վշտահար ձայնով, — եթե դուք գիտենայիք, ինչ դրության մեջ եմ ես, շուտով կհոժարվեիք մխիթարել ինձ:

— Փոքրիկ լճակները ալեկոծվում են նաև բարակ հողմերից, փոքրիկ սրտերը ևս չնչին ցավերից են վրդովում, — ասաց պարոն Մելիքզադեն: — Բայց դրանք ձեր մեծահոգությունից հեռու են. — դուք միշտ, որպես ամեն մի տղամարդ, պարծենում եք ամուր և հաստատուն բնավորությամբ:

Եթե պարոն Աշխարունին բացակա լիներ այնտեղից, Ռուստամը մի կողմ դնելով ամոթխածությունը, պատասխանելու էր, թե «սերը հաղթում է բոլոր կրքերին, բոլոր հոգեկան զորություններին»:

Պարոն Աշխարունին ընկղմված խորին մտածության մեջ չէր խոսում: Նա, փորձված մարդկանց հեռատեսությամբ, մի վտանգավոր զաղտնիք էր նկատում Ռուստամի պսակը արգելելու մեջ, և, քննության անունով, պսակը մի քանի օր հետ ձգելու պատճառը մի միջոց էր համարում, երբ, ո՞վ գիտե, ինչ սատանայական որոգայթներ պիտի լարվեին:

Մահտեսի Ավետիսը, լսելով պարոն Աշխարունու և պարոն Մելիքղադեի գալուստը, որդու սենյակը մտավ — յուր լցված սրտի դառնությունը նրանց առջև թափելու համար: Նա, սովորական ողջույնը տալուց հետո, երկար, տխուր դեմքով լուռ նստած ծխում էր յուր երկայն ծխափողը: Հյուրերը նույնպես լուռ էին, տեսնելով մահտեսի Ավետիսի տխրամած դեմքը, մինչև նա խոսեց.

— Ես ո՛րքան էլ սառնասիրտ էի դեպ հայոց եկեղեցականները, ես կարող եմ ասել՝ չարաչար ատում էի նրանց իրանց արտուղի ընթացքի համար, բայց տակավին մի հնամոլ ազգասիրական զգացմունքով նրանց չէի կամենում միանգամայն ոտքի տակ առնել, որովհետև դեռ կասկած ունեի նրանց մասին իմ կազմած կարծիքների վրա: Բայց այս պսակի գործը ինձ միանգամայն դուրս բերեց ամեն երկմտությունից, և հայտնի կացույց իմ առջև նրանց բոլոր խաբեբայությունները:

Պարոն Աշխարունին ոչինչ չխոսեց. նա խորհրդական կերպով շարժեց յուր գլուխը:

Նույն միջոցին, մի մարդ միայնակ շարժվում էր նախասենյակի մթության մեջ, նա ավելի մոտ գնաց դռանը և սկսեց ականջ դնել:

— Այդ պսակի համար այդքան հոգս քաշել բոլորովին ավելորդ էր, Մահտեսի, — ասաց պարոն Մելիքզադեն վճռական եղանակով, — ես վաղուց ասել եմ, և այժմ էլ կրկնում եմ, որ եկեղեցականները ազգի կռնակի վրա մի ավելորդ բեռն են, և մենք երբեք պարտավոր չենք սնուցանել և գիրացնել անպիտան տերտերներ, վարդապետներ և այլն, և այլն, որովհետև քրիստոնեությունը չունի մի որոշյալ դաս ժողովրդակարգի՝ ծնված հայր Բրահմայի գլխից:

— Ի՞նչ եք ուզում ասել, — հարցրուց պարոն Աշխարունին հանդարտությամբ:

Նախասենյակի մարդը ականջը ավելի մոտեցրեց դռան ճեղքին:

— Ես կամենում եմ ասել, մի հիմար տեր Մարկոս, մի անպիտան տեր Կիրակոս յուր նյութական օգտի համար, կամ որևիցե այլ չարամտությամբ — եթե չէ կամեցել կատարել մեր բարեկամ Ռուստամի պսակը, այդ մեզ փույթ չէ, և չարժի դրա համար անհանգիստ լինել, որովհետև ամուսնությունը, ըստ իմ կարծիքի, կրոնին ո՛չ մի վերաբերություն չունի, լինելով մի անկախ քաղաքական դաշնադրություն մի արուի և մի էգի մեջ, որով նրանք կապվում են, կամ լավ ևս է ասել — ընկերանում են՝ իրանց սեռական խորհուրդը կատարելու՝ և իրանց կյանքը համաշխարհային մարդկության պիտույքներին համակերպելու համար...:

— Հետո՞:

— Եթե ինձ կլսեք, — առաջ տարավ նա, — այստեղ կա երկու օտար մարդ — դուք և ես. մի երրորդն ևս կիրավիրենք, այնուհետև բերել կտանք օրիորդ Սալբիին. երեք մարդ բավական է վկայելու, որ օրիորդ Սալբին դարձավ պարոն Ռուստամի կինը, իսկ սա՝ նրա ամուսին այրը. և դա կդառնա մի արդարացի պսակ և ամուսնություն:

Նախասենյակի մարդը սկսեց ավելի անհանգստությամբ շարժվել. վերջին խոսքերը կարծես անտանելի էին նրան. նա կծկվեց դռան ետև, որ ավելի պարզ լսե, բայց հանկարծ երբ տեսավ, որ ծառան մի ճրագ ձեռքին իրան էր մոտենում՝ արագությամբ վեր ցատկեց և սենյակի դուռը բացելով՝ ներս մտավ:

— Ահա՛ ես, երրորդ մարդը, ասաց նա ծիծաղելով, բարի իրիկուն...աստված ձեր բարի խորհուրդը հաջողե... բայց ներողություն, պարոններ, բյուր անգամ ներողություն, պարոն Մելիքզադե, ես հանկարծակի ընդմիջեցի ձեր խոսքը, ես բոլորովին բաժանորդ եմ ձեր կարծիքին. եղբայրներ, այդ ի՞նչ աստծո պատիժ են եղել մեր գլխին եկեղեցականք սավածները... ինչ որ ուզում՝ անում են. և իրանց կամեցածի պես՝ մեզ կապկի նման պար են ածում... Եթե մենք, աշխարհականներս, մեր իրավունքը ցույց չտանք, թե կարող ենք ապրել և կառավարվել առանց տերտերների ևս — ճշմարիտ եմ ասում, այդ փչացածները երբեք չեն ճանաչի իրանց– պարտքն ու չափը:

Պարոն Աշխարունին իսկույն հասկացավ, որ եկողը առաջուց իրանց խոսակցության ականջ էր դրել: Եվ իրավ, եկողը այդպիսի ընդունակություններով օժտված՝ Ռես Վասակյանն էր, որ մի կերպ սողացել էր տեր-Առաքելենց տունը, պսակի արգելքից հետո նրանց վերջին դիտավորությունը լրտեսելու համար: Հանկարծ, լսելով պարոն Մելիքզադեի վճիռը, նա կապկորեն հետևեց նրա կարծիքին, տեսնելու՝ թե ո՞ւր կհասներ դրա վերջը: Նա մտադիր էր, այդ առաջարկությունը ընդունելություն գտածին պես, մի կերպով աշխատել հերքել նրան: Բայց պարոն Աշխարունին նրան դուրս բերեց այդ դժվարությունից — յուր սովորական հանդարտ ձայնով առարկելով. — Սկսյալ սաղիմ յան Մելիքսեդեկից և ղևտական կարգից, քահանայությունը Քրիստոսի միջոցով անցել է և մեզ — քրիստոնյաներիս: Մենք չենք կարող հերքել քահանայությունը, բայց կարող ենք մաքրել և սրբել նրան յուր այժմյան ավելորդ կեղտերից և համաձայն կացուցանել նրան Ավետարանի վարդապետությանը: Իսկ ամուսնությունը, որպես քաղաքական մի օրենք աշխարհական մարդկանց ձեռքը տալուն ես համամիտ չեմ ամուսնությունը, որպես մարդկային կյանքի մի ծանրակշիռ և խորախորհուրդ իրողություն, և որպես մի սուրբ բան՝ պիտի մնա աստուծո և նրա կրոնքի ներգործության տակ:

Վասակյանը իսկույն զգաց յուր սխալը, և տեսնելով, որ պարոն Աշխարունին յուր դատողության ծանրությամբ ծոեց կշեռքի մի թաթը, ինքը անհարմար էր դատում թեթև կողմը մնալ. նա մտածեց ցատկել այն կողմը, որ այդ ժողովի մեջ ավելի համարում ուներ: Այդ դժվարությունից նրան հանեց մահտեսի Ավետիսը յուր հարցումով.

— Ռե՛ս, դուք ի՞նչ եք կարծում:

Կեղծավորը օգտվեց հարմար պատեհությունից և իսկույն պատասխանեց.

— Ճիշտն ասած, ես իմ հոգու բնական տրամադրությամբ մի մազաչափ ևս չեմ կարող ծռվել ճշմարտությունից — պարոն Աշխարունու ասածը ուղիղ է:

— Ասենք թե ուղիղ է, — նրա խոսքը կտրեց պարոն Մելիքզադեն, — բայց ի՞նչ է մեր ճարը, հավիտյան մենք գերի՞ պիտի մնանք եկեղեցականների շահավաճառության:

— Ես ձեր ասածին համաձայն եմ. առաջնորդի գործակալի միտքը, պարոն Ռուստամի պսակը հետաձգելու մեջ՝ ուրիշ ոչինչ չէ՛ եղել՝ բայց սոսկ շահավաճառություն, — պատասխանեց Ռես Վասակյանը կամենալով վարագուրել այդ կործանման խորհրդի իր մասնակցությունը: — Բայց, լսեցե՛ք, պարոններ. ես, որպես մի մարդ, որ սրտով ավելի մոտ է ձեզ, ես, որպես մի Ռես, որ ավելի գործ ունիմ մեր հասարակության հետ, թերևս ավելի ստույգ քան թե դուք՝ ճանաչում եմ մերայինների հոգին և նրանց, այսպես ասած — հիմար նախանձախնդրությունը: Ձեր այժմյան դրության մեջ ձեզ անվայել է այնպես կտրուկ վարվել, որպես պարոն Մելիքզադեն էր խորհուրդ տալիս, որովհետև, մի այդպիսի տարապայման ձեռնարկություն այնքան խորթ է մեր ժողովրդի աչքին, որ նա իսկույն կկատաղեցնե մոլեռանդ և սնահավատ ամբոխը, ավելի ատելության տեղիք կտա: Ուր մնաց, առանց այդ ևս, ձեր տարածած անաղոտ լույսը, տեսնո՞ւմ եք, ո՛րպես շլացնում և ծակոտում է ռամիկ խավարասերների աչքերը:

— Այդպե՛ս է, Ռես, բոլորովին այդպես է, — կրկնեց մահտեսի Ավետիսը:

— Առաջնորդի գործակալը պատճառ է գտել պսակը արգելելու, — առաջ տարավ Ռեսը, — ասելով, թե քննող քահանաները սխալված են եղել, օրիորդ Սալբիի և պարոն Ռուստամի մեջ եղած խիստ մերձավոր արյունակցությունը չնկատելով, որը, ըստ Հայաստանյաց հայրապետաղիր կանոնադրության — արգելում է պսակը: Բայց այդ անտեղի գյուտը ուրիշ ոչինչ չէ, բայց լարված որոգայթ, նյութական օգուտ՝ կամ այլ խոսքով — շահավաճառություն որսալու.. .:

— Ավետարանի մեջ չկա մի այնպիսի կանոն, թե արյունակցությունը ամուսնության արգելք է, բացի մի քանի կանոններից, որ մեզ հայտնի են հին կտակարանից, — ասաց պարոն Աշխարունին հեղինակավոր ձայնով: — Եվ դուք, Ռես, ասացիք «մեր Հայաստանյաց հայրապետաղիր կանոնադրության» համեմատ. ուրեմն մենք պետք է ընդունե՞նք բացի Քրիստոսից, մեր կրոնքի երկրորդ, երրորդ և այլն, և այլն հեղինակներ, որպիսիք են հայրապետները:

— Օրհնած, այդ ո՞ւր եք խոսում, — նրանց խոսքը ընդհատեց մահտեսի Ավետիսը, — դիցուք թե «հայրապետաղիր կանոնները» ևս լինին սուրբ Ավետարանի մեջ. այդ «հայրապետաղիր կանոնները» պիտի արգիլեն մերձ և սրբապղծական ամուսնությունները. բա՛յց, ողորմություն արեք, իմ որդու արյունը Հովասաբենց արյունից բաժանված է՝ սկսյալ նոյի օրերից: Ամենևին ձեր բացատրության հետ համաձայն չեմ, պարոն Վասակյան, ես, այս անհիմն արարքի մեջ մի թաքնված գաղտնիք եմ նկատում...:

— Ես ոչ մի գաղտնիք չեմ տեսնում, — պատասխանեց Վասակյանը. — շատ է պատահում, որ վարդապետները, այդպիսի և դրա նման արգելքներ են հարուցանում՝ փեսայի հորից կաշառքներ ըստանալու համար: Այս էլ դրանցից մինն է: Բայց, ա՛սում եմ ձեզ, — խոսքը փոխեց նա. — քանի որ մենք մի հաստատուն հիմունք չունինք, քանի մեր գործի հառաջադիմությունը այս երկրում անկայուն դրություն ունի, մենք պարտավոր ենք ստրկաբար վարվել այդ տեր մարկոսների և տեր կիրակոսների հետ, մինչև որ մենք ունենանք մեր սեփական եկեղեցին և մեր առանձին քահանաները. ահա իմ վերջին խոսքերը, մնաք բարյավ, բարի գիշեր:

Ռեսը հեռացավ:

Յուր գնալուց հետո յուր մասին ոչ մի կասկած չթողնելու համար Ռես Վասակյանը, գործածելով մենք և մեր բառերը, կամենում էր ցույց տալ յուր միությունը, յուր գործակցությունը Աշխարունիի խորհրդի հետ: Բայց նրան չհաջողեց որևէ համակիր համարում վաստակել՝ յուր հավատարմության մասին:

Ռեսի գնալուց հետո մահտեսի Ավետիսն էլ, տրտում և տխուր առավ ծխափողը և դուրս գնաց:

Ռուստամը, որ հոր այնտեղ եղած միջոցին լուռ էր, նրա գնալուց հետո ասաց.

— Ի՞նչ եղավ՝ եղավ, անցածի վրա ափսոսալը՝ երկրորդ կորուստ է. եկեք բարեկենդանի ուրախությամբ հալածենք այդ սև երեսների պատճառած անախորժությունները:

Պարոն Աշխարունին, յուր բոլոր սառնասրտությամբ, դարձյալ չկամեցավ ընդդիմանալ յուր աշակերտի կամքին: Մինչ աշխուժավոր և զգայուն Մելիքզադեն՝ մյուս կողմից ասաց.

— Ուրախությունը գինու մեջն է, եկեք ուրախանանք. ճշմարիտ որ բարեկենդան է:

Չթե սփռոցի վրա, սենյակի կենտրոնում դրվեց ընթրիքի սեղանը. ասիական սովորության համաձայն — բոլոր կերակուրները մի անգամից սեղան մտան: Ապակե մեծ սրվակների մեջ զանազան գինիներ դրվեցան պարոն Մելիքզադեի մոտ:

Պարոն Աշխարունին, գլուխը քարշ զգած, աչքերը խուփ՝ մի սրտառուչ և ազդու աղոթքով օրհնեց սեղանը, յուր աշակերտի և աշակերտուհու պսակի խորհուրդը հոգևոյն սրբո ընտրողությանը թողնելով:

Հացկերույթը մի ամբողջ ժամ տևեց: Նրանք բավական գինու բաժակներ դատարկեցին. ավելի խմում էին պարոն Մելիքզադեն և Ռուստամը: Վերջինն յուր վշտացած սրտի տխրությունը գինու թմրության մեջ էր կամենում կորուսանել: Երբ նրանց գլուխը բավական տաքացել էր, պարոն Մելիքզադեն մի-մի բաժակ գինի նրանց տալով, ասաց.

— Խմենք մեր խեղճ ազգի կենացը:

— Խմենք, — կրկնեց պարոն Աշխարունին և ավելացրեց, — տեր աստված, պահպանիր հայոց ազգը քո ամենախնամ աջովդ. ուր ուրեք որ կան նրանք աշխարհի երեսին՝ ուղարկիր նրանց քո սուրբ հոգվույդ շնորհը, թող ծագե նրանց հոգու մեջ Ավետարանի լույսը: Տեր աստված, հալածիր տգիտության խավարը այդ թշվառ ազգից. փայլեցրու նրանց մեջ մտավոր և բարոյական լուսավորության արեգակը: Տեր, դու օրհնե մեր ազգը, մեր սուրբ հայրենիքը, և մեր ազգայնությունը անջնջելի պահպանիր՝ քանի արևը լույս է տալիս երկնակամարի վրա:

Պարոն Աշխարունու խմելուց հետո Ռուստամը բաժակը ձեռքն առավ և օրհնեց.

— «Տեր աստված, դու վե՛ր կանգնեցրու մեզանից մի ծիրանազգեստ հզոր իշխան. տո՛ւր նրան ուժ և հաղթող զավազան. Թող նա ազատե մեր ազգը գերության շղթաներից. թող նա վերականգնե Հայաստանը յուր ավերված փոշիներից և ժողովի մեզ, որպես թխսամայր, յուր հանգիստ և ապահով թևքերի տակ: Տե՛ր, դու ազատիր մեր հայ ազգը յուր պանդխտության գերությունից, տո՛ւր մեզ մովսեսներ և նավյան որդի հեսուներ, որ առաջնորդեն դեպ նոր Քանանը՝ դեպի Հայաստան»:

— Անուշ, անուշ — կոչեց պարոն Մելիքզադեն և յուր գավաթը վեր բարձրացնելով ասաց. — տեր աստված, պահպանիր հայը յուր ազգային հիման վրա. տո՛ւր նրան հանճար, լուսավորություն և կրթություն, որպեսզի հայը, առանց ուրիշի կարոտության, ինքնուրույն շինե՛ և նորոգե յուր դրությունը, յուր կյանքը, և հետեվելով լուսավոր ազգերի օրինակին՝ աշխարհի տան մեջ յուր համար ձեռք բերե մի անկյուն, մի կտոր հող՝ յուր որդոց արմատը նրա վրա ձգելու համար:

— Բռավո՛, բռավո՛, — կրկնեց Ռուստամը. — անո՛ւշ, անո՛ւշ, ա՛ռ քեզ մազա: Եվ տվեց նրան մի պատառ խորոված միս:

— Իսկ դու, Խաչո, մի գավաթ պիտի չխմե՞ս քո ազգի կենացը:

— Ինչո՞ւ չեմ խմի, աղա, — ասաց նա, որ կանգնել էր ոտքի վրա. — միթե ես հայկա արյունից չե՞մ: Խաչոն վերցրեց գավաթը և աչքերը վերև բարձրացնելով ասաց. — տեր աստված, մեր սուրբ հայերի բարեխոսությամբ պահպանիր հայոց ազգը, առաջնորդե նրան քո սուրբ հոգու շնորհիվ, որ անմոլոր ընթանան իրանց հարենական կրոնքի, Գրիգորյան սուրբ եկեղեցու ընթացքով: Տո՛ւր երկար կյանք և անփշրելի գավազան ազգի հովվապետին, վեհափառ կաթողիկոսին, նրա աթոռը միշտ հաստատ պահպանիր սուրբ Էջմիածնում, որով մեր սուրբ ազգը և մեր սուրբ լեզուն մնա անխափան...:

— Անո՛ւշ, անո՛ւշ, Խաչո, — կոչեց Ռուստամը նրա խմելուց հետո. — ա՛ռ քեզ մազա, քո խոսքերը լի հնամոլությամբ են շնչում... իրավ այդպես են ռամիկների աղոթքները իրանց ազգի համար...:

Ռուստամը խիստ անուշ ձայնով երգեց «Տե՛ր կեցո՛ դու զհայս» երգը, յուր կախարդիչ զորությամբ ճմլեց պատանի Մելիքզադեի սիրտը, և նրա աչքերից գլորվեցան արտասուքի մի քանի սրբազան կաթիլներ:

Այնուհետև պարոն Աշխարունին և պարոն Մելիքզադեն «բարի գիշեր» ասելով, ամեն մին գնաց յուր տունը:

Նրանց գնալուց հետո Ռուստամը երկար նստեց. քունը և հանգստությունը փախել էին նրանից: Նա սեղմեց յուր կրծքին սազը և սկսեց նվագել: Ասիական այդ նվագարանի ճրջնկոցը դարձյալ վառեց նրա երևակայությունը, — նա տեսնում էր յուր առջև նազելի սիրուհին յուր հրեշտակային գեղեցկությամբ, նա երգեց.

Արդյոք կլինի՞ մինչ գալոց տարի՝
Աստված տա շնչել՝ ինձ կյանք բարի.
Իմ ձեռքս էլ վառե այն սուրբ կրակը,
Իմ սիրտս կատարե յուր ջերմ փափագը:

Ինձանից հեռու կփախչիս, անգո՛ւթ բախտ,
Դու կսիրես զգվել հարուստների թախտ.
Մի օր էլ միտ բեր քո խեղճ Ռուստամ,
Որ քեզ պաշտող լինիմ , որ հոգիս քեզ տամ:

Ֆալաք, օրենքներդ մի փարա կարժե՛ն,
— Ոսկի օրերդ մեկին տվիր բաժին,
Մյուսին սև սուգ և դառն մրմունջ
Ախ ու վախ քաշել՝ մինչ յուր վերջին շունչ:

Թ՚ արդար դատաստան աստված կանե՝
Մեր սիրուց բաժնել խիստ շատ մեղք բան է.
Ինչո՞ւ տեսնում չէ հրամայողն ամպերին,
Որքան տանջվում են Ռուստամն ու Սալբին:

Աշխարհիս միջում, կապույտ երկնի տակ
Հատ-հատ տեսե՞լ եք սոնա կամ օրդակ.

Կամ թե անտառում տատրակը բաժան
Ման գալու լինի՝ առանց վարուժան:

Ո՜րքան առավել ունի սիրտ հոգի՝
Սալբիի սիրով՝ գերված պատանի.
Պիտ թո՞ղ տալ գերվույն մաշվիլ չարաչար,
Տե՜ր, չե՞ս խղճալու, չե՞ս անելու ճար:

Մի խանչալ տվեք, որ սիրտս բանամ,
Ինչ կա նրանում, բոլորն ձեզ ցույց տամ
Թունավոր նետեր, զնդակներ, կապար…
Դուք կասեք դրան՝ վշտերու ամբար:

Ես սիրում եմ քեզ, Սալբի, իմ ազիզ,
Որքան մի հայ մարդ կսիրե յուր Մասիս.
Ես գիտեմ քո գին, բարի հրեշտակ,
Դու աննման ես բոլոր երկնի տակ:

Սալբի, իմ Սալբի, հրաշալի՜ Սալբի,
Ե՞րբ աստված կհասցնե «Նասիբը Նասիբի».
Մինչ այդ չկատարվի, քա՜վ թե հրեշտակ
Կարի պահանջել ինձանից հոգի:

ԺԸ

ԵՐԱԶ

Ռուստամը ամբողջ գիշեր չկարողացավ հանգիստ քնել. նրա երևակայությանը սաստիկ ջերմախտական խառնակություն էր տիրել, որով նա տանջվում էր սարսափելի երազներով — երբեմն նրան երևում էր, թե անթիվ, անհամար շներ, գայլեր, կապիկներ, իրանց հետքի ոտերի վրա կանգնած, ականջները խլուզած, փիլոնի նման մի սև վերարկու իրանց ուսերի վրա ձգած, անճոռնի և ծիծաղելի կերպով — պա՜ր են գալիս և տեսակ-տեսակ ծամածռություններ ձևացնելով իրանց երեսի վրա՝ իրան ջիգրեցնում էին: Շատ անգամ նրան զարհուրեցնում էր մի այլ տեսիլք, — իբր թե քուրդերը թափված իրանց գյուղի տների վրա՝ թալան էին անում, տղաներ, փոքրիկ երեխաներ, կին և այր մարդիկ, յուր աչքի առջև մորթում էին և նրանց գլուխները ուղտի բեռներում լցրած — տանում էին: Ինքը կամենում էր գնալ, Սալբիին որոնել, բայց շղթաներով կապված լինելով՝ չէր կարողանում շարժվիլ:

Բայց մի երազ, որ ավելի տպավորվեցավ նրա երևակայության վրա, մի երազ, որ նա կարող էր հիշել, եթե հազար տարի ևս կյանք ունենար՝ այսպես էր. — երազում ձևանում էին նրան Աղվանս սարերը և ինքը ձիավորված՝ միայնակ ման էր գալիս այդ սարերի վրա: Նրանք այնպես տրտում և այրված չէին, որպես լինում են ամեն տարի աշնան որսորդության ժամանակ, այլ հիանալի, այո՜, շատ հիանալի էին: Այն ամուլ, չոր ու ցամաք ապառաժները և քարաժայռերը ծածկվել էին կանաչ խոտերի թավշյա օթոցներով, և նրանց միջից վառվում էին ծաղիկների բյուրավոր գույներ: Անտառը, որ ձգվում էր խիստ հեռու սարերի վրա, յուր լիմոնի, նարնջի, մագնոլիայի, դափնիի և այլ մշտականաչ ծառերով լցրել էր օդը անուշ և թարմ քաղցրահոտությամբ: Փոքրիկ առվակները, զաղտուկ սողալով թավախիտ թփերի միջից, իրանց կարկաչյուն ձայնը խառնում էին երգող թռչունների ճլվլոցի հետ:

Դեռ մութ էր, դեռ գիշերը բոլորովին չէր վեր քաշել յուր խորհրդական ծածկոցը երկրի վրայից. բայց արշալույսը արդեն սկսել էր շառագունել, և այդ սարերի հրաշալի պատկերները այնքան շռայլ և փառահեղ զարդարված բնության գրչով — սկսում էին հետզհետե տեսանելի լինել:

Հանկարծ ոսկի արևը դուրս բզբզաց թուխ ամպերի միջից: Նա հրդեհեց հանդիպակաց լճակի երեսը, և սարերի ձյունապատ գագաթները ներկվեցան ալվարդի գունով, և նրանց կանաչ կուրծքերը ոսկեզօծեց զառիկի փայլով: Աննկարագրելի է, թե քանի զմայլեցուցիչ նվագներով թռչունների անհամար տեսակները սկսեցին բարովել տվնջյան լուսատուի գալուստը:

Բայց արևը գնալով բարձրանում էր դեպ հորիզոնի ավելի բարձր կամարակապը: Ռուստամը թափառում էր սարերի մեջ, բայց տակավին չէր գտել և ոչ մի որս: Տոթը ավելի և ավելի բորբոքում էր, բոլոր առարկաները, որոնց բնությունը տվել էր տեղափոխվելու և շարժվելու կարողություն՝ սկսան փախչիլ կիզող արևի երեսից և թաքնվել անտառի հովասուն խորքում, ուր նրա լույսը չէր թափանցում:

Կեսօր էր: Կրակոտ երիտասարդը անդադար քշում էր յուր ձին, և չնայելով տոթի սաստկության՝ չէր կամենում դառնալ առանց որսի:

Հովիվները հավաքել էին իրանց հոտերը մի աղբյուրի մոտ, այն զովացուցիչ հովանիի տակ, որ լայն տարածել էր Ղարնիյարուղը: Այդ հովանին գնալով ընդարձակվում էր, քանի որ արևը դիմում էր դեպ յուր մուտքը: Նրանց ոչխարները թուլացած տոթից, գլուխները միմյանց կողքին խթած, ծուլորեն մակաղել էին: Բայց հովիվները մի կողքի վրա ընկողմանած, գլուխները ցուպի և մախաղի վրա դրած — անհոգ և հանգիստ քնել էին, նրանց հոտերի պահպանությունը թողնելով ահագին գամփռ շներին, որոնք լեզուները երկար դուրս պարզած, արագ-արագ շունչ էին քաշում, և թոքին տալիս:

Հեռուն, հեղեղատի ափերի վրա, կանաչ արոտամարգերի մեջ, երևում էին խաշնարած ցեղի վրաններ: Նրանց մատակ ձիերը արածում էին երկայն եղեգնաբույսերի մեջ, որ այնքան խիտ աճել էին հեղեղատի եզերքին: Թափառական ցեղի մանուկ օրիորդները նստած եղեգնաբույսերի հովանիների տակ՝ մի կրակոտ, ախտաբորբոք և բարբարոսական մեղեդի երգելով, արմավենու փափուկ ճյուղերից հյուսում էին զամբյուղներ: Ռուստամը արևի տաքությանը այլևս չդիմանալով, մտածեց գնալ հեղեղատի ափը, այն չքնաղագեղ ներեիդների (ջրային հավերժահարսեր) մոտ, մի քանի րոպե զով օդ վայելել և յուր արդեն հոգնած ձիուն հանգիստ տալ այն կանաչ խոտերի մեջ:

Նա անցավ այն վրանների մոտից, բայց դրսում ո՛չ մի մարդկային էակ չէր շարժվում: Վրանների մեջ, գրկախառնված, քնած էին նրանց տեր պարոնայքը և տիկնայքը: Գեղեցիկ մանուկ աղջիկներ սիրամարգի փետուրներով հովահարելով՝ հալածում էին չար ճանճերը և հովացնում քնողների տոթից շառագունած երեսները, որպեսզի նրանց քունը անդորր և դյուրին լիներ: Վրանների սյուներից քարշ էին ընկած քնող քաջերի զենքերը. վրանների մուտքի առջև գետնի մեջ ցցված տեսանելի էին նրանց երկայն նիզակները, որոնց գլխին փողփողում էին սև, փետրազարդ փնջեր: Վրանների դրան առաջ կանգնած էին նրանց թամբած ձիերը, ուտելով մետաքսանման փափուկ խոտը, որ դրված էր նրանց առաջ, և, ասես թե, անհամբերությամբ սպասում էին, թե երբ նրանց հզոր տերերը կնստեն և կերթան բերելու իրանց թշնամիների ավարը:

— Երջանիկ մարդիկ, — ասաց Ռուստամը ցավելով, — այո՛, քաջերի վրանները այդպես պիտի լինին... բայց մի թշվառ հայի վրանը այնչափ աղքատին և զծուծ է, որպես ինքը, հայը...:

Մի նեղ շավիղ, որ հազիվ նշմարելի էր, տեղ-տեղ կորուսանելով յուր հետքը թավ խոտաբույսերի մեջ, տանում էր դեպ հեղեղատի ափը: Ռուստամը խորասուզված ծանր մտածությունների մեջ, քշում էր յուր ձին: Հանկարծ ստվերախիտ եղեգնաբույսերի միջից երևան եկավ մի սիրուն եղջերու՝ նա, յուր գլուխը վեր թեքած քամակի վրա, սկսեց փախչել դեպ մոտավոր սարաձորը: Որսորդը յուր ձին սաստիկ վազեցնելով, սկսեց հալածել կենդանիին, բանիցս անգամ հասնելով նրան՝ ջանք արեց նիզակահար անել որսը, բայց ճարպիկ կենդանին միշտ էր գտնում այնպես սաստկությամբ սողել նիզակի տակից, որպես սև օձը թռչնի դյութական գավազանի տակից: Բայց դիպվածը ձեռնտու եղավ. եղջերուն մտնելով արդեն միմյանց հետ փակված թփերի մեջ, մի վայրենի տանձենի յուր ոստերով բռնեց նրա եղջյուրները: Ռուստամը չկամենալով սպանել որսը, ձգեց պարանը նրա վզից, բայց հանկարծ ի՜նչ սարսափելի հրեշ... — գեղեցիկ եղջերուն աներևութացավ, և թփերի միջից սողաց մի հսկայական վիշապ: Սարսափելի գազանը յուր թեքուն պոչը ամրացնելով գետնի վրա, օղակ-օղակ պտտելով վեր բարձրացրեց ահագին գլուխը, և յուր ամեհի բերանը լայն բաց արած, սուր և թունավոր ժանիքներով բռնեց Ռուստամի ծոծրակից և պոչը ձիու փորի տակով անցկացնելով, երկու փաթույթ արեց նրա վրա...: Մահը յուր սև դեմքով կանգնեց Ռուստամի առաջ: Տաք արյունը սկսեց ջերմացնել նրա քամակը, ձին՝ երկյուղից խրտնեց, և խռռալով, սաստիկ փնչալով գետին տապալվեց: Ձին, Ռուստամը և յուր հոգեառը — խառնվեցան միմյանց...:

Անգիտելի է, թե որպիսի հոգեբանական հարված ունեցավ այդ երազի սարսափելի ներգործությունը Ռուստամի վրա, որով նա առավոտյան ծանր հիվանդությամբ բռնված՝ յուր մահճի մեջ վառվում էր տիֆուսյան ջերմախտով:

Մեծ պասի առաջին օրը լինելով, գյուղացիները՝ տերտերների հետ տանից տուն էին ման գալիս, պաս շնորհավորում, և ուտելով, խմելով ուրախանում էին: Բայց տեր-Առաքելենց տան մեջ ամեն ինչ միանգամայն փոխվեց: Ռուստամի ծանր և վտանգավոր հիվանդությունը ձգեց բոլորին անասելի տխրության մեջ: Տիկին Սկուհին գաղտնի լաց էր լինում. մահտեսի Ավետիսը, ձեռքերը ծալած, լուռ ու մունջ նստել էր մի անկյունում: Հուրի Խան-Դայան, այդ եփուն և փորձառու պառավը, յուր երկաթի կարծրությամբ սրտով, դա էր միայն հոգս տանում յուր բժշկական հնարներով հիվանդի ցավին մի դարման անելու:

Մերձավոր բարեկամներից և դրացիներից մի քանի մարդ և կանայք եկել էին հիվանդի մոտ, և նստած՝ շրջապատել էին նրա մահճի չորս կողմը: Հիվանդը, ջերմի սաստկությունից, խորին անզգայության մեջ, կցկտուր բառերով խոսում էր.

«Դհոլ-զուռնան ածվում է... հարսն ու աղջիկ պար են բռնել... ա՜հ. ինչ ուրախություն է... հա, այդպես վայել է իմ հարսանիքին... տղերք, ձեր հոգուն մատաղ, ուրախություն արեք... հարսանիք է... իմ հարսանիքն է... ահա ես նստած եմ թախտի վրա...խաչեղբայրս կողքիս... պսակի նարոտը իմ ճտովս զցած...: Սկուհի, մայրիկ, սիրական, դու ասում էիր՝ ե՞րբ հարսանիք կլինի... ահա քեզ հարսանիք... դե՜, մայրի՜կ, հոգիս, դո՜ւ էլ պար բռնե... ինչո՞ւ ես շփոթված կանգնել...: Տո՜, մի թո՜ղ տվեք ես ինքս պարեմ իմ սիրելի Սալբիի հետ... բա իմ ուրախությունը ո՞ր օրվա համար է պահված»:

Վերջին խոսքերի հետ հիվանդը վեր է թռչում մահճից, բայց չորս կողմից բռնում և պառկեցնում են. առժամանակ լուռ է մնում նա, թույլ և անլսելի կերպով շունչ քաշելով: Նրա երևակայական ցնորքները կերպարանափոխվում են և նա մյուս անգամ սկսում է.

«Վա՛յ, վա՛յ... տարան, տարան... վա՛յ իմ գլխին… տարան, տանում են Սալբիին...: Անդունդը պատռվեցավ, դժոխքի ոգիքն դուրս թափվեցան. խլեցին. տանում են իմ Սալբին... իմ հարսնացուն... իմ նազելին... քոռացեք աչքեր, թող ես չտեսնեմ…Թուրերը պսպղում են. խանչալները կայծակ են տալիս... արյուն է թափվում, մահ և կոտորած է...: Տո, բերեք իմ զենքերը, ես դրանց հետ կկռվեմ… ես դրանց կկոտորեմ և իմ Սալբին հետ կառնեմ...»:

Նա սկսում է արհամարհական եղանակով ծիծաղել և թույլ, նվաղած ձայնով երգել. —

«Կռվի օրում քաջ տղամարդը ուրախ է.
Փառք կորոնե պատերազմի դաշտումը.
Թուլասիրտը յուր արյունից կվախե,
Ես հիվանդ եմ ասելով, կթաքչի յուր տան քնջումը»:

Հիվանդը դարձյալ լռում է: Հուրի Խան-Դայան և շրջապատող պառավները ունայն սնոտիապաշտությամբ երեսները խաչակնքում, աղոթքներ են կարդում, կարծելով, թե նա բռնվել էր դևերից:

Այնտեղ են գալիս տիկին Թարլանը, տիկին Սալլաթինը և մի քանի այլ բարեկամուհիներ և շրջապատում են հիվանդի անկողինը:

— Տիրուհի, այսպես են կոչվում քահանաների կանայք, — ասաց տիկին Թարլանը Հուրի-Խան-Դայային, որ երեսը թթվեցրած, ձեռքերը ծալած, նստել էր յուր թոռան բարձի մոտ. — քույրիկ, չէ՞ որ դու աշխարհ ես տեսել, ծամ ես սպիտակացրել, հոգիս, հիվանդը, այդպես անհոգ թողնելու չէ, դրան մի ճար անելու խնամք տարեք:

— Ինչ ճար, — ասաց Հուրի Խան-Դայան հոգվոց հանելով. — ճարս հատել է, խնամի, ես ինձ կորցրել եմ, ինձանում խելք չէ մնացել. մնաց, աստված ինքը մի ճար անե:

— Ճշմարիտ, — նրա խոսքը կտրեց դարձյալ տիկին Թարլանը, — առանց աստուծո կամքին տերևը ծառից վայր չի ընկնի. բայց և ա՛յնպես մարդիկ պիտի իրանց խելքը գործ դնեն:

— Աստծո կամքը թող օրհնված լինի, — պատասխանեց Հուրի Խան-Դայան լի հավատքով:

Տիկին Թարլանը ոչինչ չխոսեց:

— Շատ անգամ տեր ամենակալը մեզ փորձելու համար է ցավ տալիս, — խոսեց պառավ Մարթան, — որպես Հոբ երանելին: Բայց մենք փոխարենը պետք է փառք տանք նրա ամենաողորմությանը:

— Դրանք բոլորը ավելորդ խոսքեր են, — նրանց խոսքը կտրեց տիկին Սալլաթինը, հիվանդի մորաքույրը. — իրավ աստված ցավ է տվել, բայց ցավին էլ դարման է տվել: Դուք փոխանակ այդպիսի ունայն խոսքերով ժամանակ անցնելու, ավելի լավ է շուտով կանչել տաք մի բժիշկ:

Հուրի Խան-Դայան չէր կարող համբերել տիկին Սալլաթինի խոսքերին, յուր հնամոլ հայացքով նրա խոսքերի մեջ խիստ անհավատություն նկատելով, այդ պատճառով ամեննին ուշադրության չառնելով նրա ասածը, — խոսեց.

— Տերը և նրա սուրբերը թող ազատեն իմ թոռը այս հիվանդությունից և ջերմեռանդությամբ խաչակնքեց յուր երեսը:

— Դարձյա՛լ սնոտի հավատ... — ասաց տիկին Սալլաթինը:

— Ի՞նչ պետք է արած, իմ քույրեր, ա՛յն բոլորը, որ հայ-քրիստոնյայի օրենքը հրամայում է՝ անթերի կատարել եմ: Տերտերին Նարեկ և Սաղմոս կարդալ տվել եմ, սուրբ պատկերների առաջ մոմեր վառե՛լ եմ... այլևս ի՛նչ է մնացել, որ չեմ արել:

— Հիվանդությունը կրոնին ո՛չ մի վերաբերություն չունի, — դարձյալ կրկնեց տիկին Սալլաթինը տհաճությամբ. — հիվանդությանը հմուտ և փորձառու բժիշկնե՛ր են պետք:

— Վերին բժշկապետը գիտե ամենայն ցավի դարման տանել. նա ավելի հմուտ և փորձառու է, քան բոլոր ստեղծվածները:

— Այդ մի անօգուտ հույս է, որ առժամանակ կիրապուրե ձեր սնահավատությունը, իսկ դուք հետո կստանաք ձեր կամակորության վարձը՝ մի անմխիթար փոշիմանություն...: Մնաք բարյավ, ասաց նա, և գնաց հայտնելու յուր ամուսնուն, պարոն Արամ Աշխարունուն, — յուր քեռորդու, վտանգավոր հիվանդության մասին:

Տիկին Սալլաթինի մեկնելուց հետո մի նոր սնապաշտական զրույցների ասպարեզ բացվեց: Հուրի Խան-Դայան պատմեց, թե ինչեր էր արել հիվանդի առողջությունը հետ դարձնելու համար:

— Զարմանալի է. ապա այդ բոլոր զորավոր արարողությունները ոչ մի օգուտ չարեցի՞ն, — հարցրուց տիկին Թարլանը:

— Ո՛չ... — գլուխը շարժելով պատասխանեց Հուրի Խան-Դայան: — Խնամի, «խաչը տերը զորավոր կանե», և «հուսով սև քարին ապավինիս, քո մուրազը կտա»: Բայց իմ թոռը մի կասկածոտ և անհավատ տղամարդ էր. նա հերքում էր սուրբ արարողությունները: Չէ՞ որ առածը ասում է. «երբ որ չունիս հույս, բարին քեզնից կտա խույս»: Բայց դուք, իմ աչքիս լույս բարեկամներ, առաջ տարավ նա, — դուք չգիտեք իմ ընտանեկան գաղտնիքը, թե ի՞նչ էր պատճառը, որ աստված այդպես խեթ աչքով է նայում մեզ վրա. ես կպատմեմ, դուք կիասկանաք, թե ո՛րքան դժվար է կրոնքի և օրենքի հակառակ կենալը:

— Պատմիր, պատմիր, — ձայն տվին ամեն կողմից մոլեռանդ պառավները:

— Դուք, իմ քույրեր, — առաջ տարավ նա, — ձեզնից շատերը տեսել են իմ ամուսինը, այն բարի քահանան, յուր ժողովրդի այն բարեգութ նախապետը:

— Աստված յուր հոգին լուսավորեսցե, — կոչեցին ամենքը:

— Դուք գիտեք, — շարունակեց Հուրի Խան-Դայան, — որ այդ տիրոջ իմաստուն պաշտոնյան, միանգամայն յուր ժողովրդի հոգևոր և մարմնավոր մխիթարությունը, նրա բանգետ խորհրդատուն, նրա տրտմությունների և ուրախությունների կարեկիցն էր: Այս գալիք մեծ պահոց միջինքին կլրանա քսան և հինգ տարին նրա վախճանից հետո: Բայց այս քսան և հինգ տարիների ընթացքում, թեպետ նա գնացել, հեռացել է մեզանից, բնակելով երկնքում, հրեշտակների մեջ, բա՛յց հավատացնում եմ ձեզ, նրա արթուն հոգին էր իմ գերդաստանի պահապան հրեշտակը, որ խափանում էր մեզնից բոլոր չար պատահարները: Ի՞նչ էր դրա պատճառը — այն լուսահոգին երբ տեսավ թե մոտ է մահը, մտածեց պատսպարել յուր ընտանիքի ապագան զորավոր գրվածքներով: Նա դրավ յուր տունը և յուր ընտանիքը մի թիլիսմի ներգործության տակ, որը յուր զորությամբ խափան էր ամենայն չարիքի: Այդ թիլիսմանական թղթերը ապակյա սրվակների մեջ դնելով՝ թաղեց տան դռների շեմքում, թոնրի շրթան մոտ և ջրհորի ափում: Բայց իմ թերահավատ թոռը անարգեց յուր պապի խորհրդավոր թղթերը, և ամեննին չնայելով իմ աղաչանքին և արտասուքին, կախարդական գրվածքներ համարելով, դուրս բերեց թիլիսմը և անխնա այրեց կրակում...: Ահա այդ դժբախտությունը հանդիպելուց հետո, ասես թե, մեր աստղը խավարեց. չարը համարձակ մուտք գործեց մեր օրհնյալ բնակարանը, վիշտ, նեղություն և հազարավոր թշվառություններ անպակաս եղան մեզնից...: Մեր վարուցանքը անպտուղ եղավ, մեր տավարներն և ոչխարները արդյունք չտվին... և բախտը յուր աչքերը խփեց մեզանից: Բայց այդ վերջինը... այդ վերջինը... անիրավ կրոնափոխությունը... ահա՜, ճաշակել է տալիս յուր թունավոր պտուղները, և այդ հիվանդությունը ևս նրա հետևանքն է...:

Հուրի Խան-Դայան, բոլորովին լցված արտասուքով, նրա ձայնը խեղդվում էր սրտի զեղմունքից. երկար նա սկսեց հեկեկալ և դառնապես լալ. մյուսները նույնպես սկսեցին սուգ անել:

Ներս մտան մի քանի տղամարդիկ, որոնց թվում էին պարոն Արամ Աշխարունին, պարոն Մելիքզադեն և անգլիացի բժիշկ մըստր Մեյսոնը: Բոլոր կանայք աներևութացան: Բժիշկը մոտեցավ, բռնեց հիվանդի շնչերակը և սկսեց հարցուփորձել մահտեսի Ավետիսին:

Բայց հիվանդի զգայարանները անհանգիստ խառնակության մեջ էին, և նրա լեզուն չէր դադարում երևակայական խառնափնթոր պատկերներ արտահայտելուց:

«Ա՛հ... վիշապը... դարձյա՛լ այն սարսափելի վիշապը...: Աստվա՛ծ իմ. դա չէ հեռանում ինձանից...: Ահա Սալբին, ո՛րքան զվարթ է նա... նա աներկյուղ, մի քաջ աստվածուհու նման, եկել է օգնելու ինձ... եկ, Սալբի, ե՜կ օգնիր ինձ...»:

Մի քանի րոպե լռությունից հետո զառանցանքը դարձյալ շարունակվում է.

— «Դե՛հ, իմ նազելի, դե՛հ, մի հարված ևս... ահա սատակեց նա... սատակեց վիշապը... բեր համբուրեմ քո նուրբ ձեռքերը, իմ նազելի Պալլաս. դու քաջությամբ կռվեցար...»:

Եվ նա սկսեց ավելի որոշակի ձայնով երգել. —

«Քնքուշ ձեռքերը հարեմին սիրուն՝
Հինան ներկում է վարդագույն-կարմիր.
Նա այդ ձեռքերով հրապուրել գիտե՝
Ամուսին խանը, ջերմ, հեշտախնդիր» :

«Բայց ես սիրում եմ արյունով ներկված՝
Նուրբ մատիկները իմ սիրուհիիս,
Երբ որ նա ինձ հետ պատերազմում է
Ռոխների դեմ իմ անբախտ ազգիս»:

Նա դարձյալ լռեց:

Բժիշկը, հեռուն, խորհրդակցում էր պարոն Աշխարունու հետ հիվանդի մասին. նա դուրս բերեց յուր փոքրիկ կաշյա պարկից մի քանի տեսակ դարմաններ, պատվիրեց խմեցնելու կերպը, և ինքը դուրս գնաց, խոստանալով գալ կեսօրվա պահուն:

Միևնույն ժամանակ ներս մտավ Ռես Վասակյան. նա թույլ ձայնով սովորական ողջույնը տալուց հետո, մոտեցավ, ապշած կանգնեց հիվանդի գլխի վերը. նրա կեղծավոր կերպարանքի վրա ձևացված էր ցավակցության պես մի բան. նրա շիլ աչքերից գլորվեցան մի քանի հատ արտասուքի կաթիլներ, և նա յուր տզրուկի նման սև շրթունքը շարժում էր, իբր թե աղոթք էր կարդում:

— Այդ ի՛նչ անբախտություն է, Մահտեսի, — ասաց նա, դառնալով դեպի հիվանդի հայրը: — Հատկապես ինձ խիստ ցավալի է տեսնել ձեր որդին, իմ սիրելի բարեկամը, այդ դրության մեջ:

— Աստծո կամքն է, — պատասխանեց ջերմեռանդությամբ մահտեսի Ավետիսը:

— Հա՜, աստծո կամքն է, իմ բարեկամ... բայց ի՞նչ հույս տվեց բժիշկը, — կամաց շշնջաց Ռեսը նրա ականջին:

— Բժիշկը մի ուրախալի հույս չտվեց... — պատասխանեց տխրությամբ մահտեսի Ավետիսը:

— Մնաք բարյավ. ես իմ հետ անչափ տրտմություն եմ տանում. երեկոյան դարձյալ կմտնեմ ձեզ մոտ, — ասաց չարագործը և հեռացավ: «Հա՛, բժիշկը մի ուրախալի հույս չտվեց…», կրկնում էր նա յուր մտքի մեջ, զոհունակ սրտով:

— Պետք է հեռու պահել հիվանդը տանեցի և դրացի այցելուներից, — ասաց պարոն Աշխարունին. — դրանք կձանձրացնեն նրան իրանց շատախոսությամբ և ավելորդ սնապաշտական արարողություններով: Թող պարոն Խոսրովը մնա այստեղ, թող նա հանձն առնե ծառայել հիվանդին, որպես յուր մտերիմ բարեկամին: Առավելապես ջանացեք հեռու պահել հիվանդից ձեր մայրը, Հուրի Խան-Դայան, որովհետև պարոն Ռուստամը յուր առողջ օրերում անգամ չէր կարողանում համբուրել նրան: Պարոն Մելիքզադեն գիտե, թե ինչպես պետք է գործադրել դեղերը: Մնաք բարյավ, առողջություն եմ մաղթում, մահտեսի:

Ռես Վասակյանը, տեր-Առաքելենց տանից դուրս գալով, իսկույն հայտնվեց մեծ ամրոցում և մտնելով պատանի Ավազակյանցի սենյակը, դիվական հրճվանքով ասաց.

— Նո՜ր ավետիս:

— Ի՞նչպես, — հարցրուց Սոլոմոն-բեկը յուր խաժ աչքերը լայն բացելով:

— Ռուստամը ամենաասատիկ կերպով հիվանդ է. այս ժամիս ես նրա մոտ էի:

— Արդարև՜, ավետիս, — կրկնեց պատանի Ավազակյանցը նույնպես ուրախանալով:

— Բայց գիտե՞ք, որքա՜ն ձեռնտու է մեզ այդ բախտավոր հիվանդությունը. մի կողմից հեռացնում է մեզնից, Մելիքզադեի խորհրդով, առանց քահանայի պսակ կատարելու խորհուրդի երկյուղը. մյուս կողմից, օրիորդ Սալբին հեռու գտնվելով նոր ազդեցությունից, հիվանդությունը հնար է տալիս մեզ ազատաբար գործադրել մեր ծրագրները: Եվ եթե այդ հիվանդության վերջը աստուծո հաջողությամբ մի բարի մահով պսակվի՝ այն ժամանակ դուք ամեննին առիթ չէիք ունենա գանգատվելու ձեր բախտից:

— Հա՜, մահը կազատեր մեզ երկար հոգածություններից, — պատասխանեց Սոլոմոն-բեկը բոլորովին սառնասրտությամբ:

«Արդյոք չփորձե՞լ.այդ կարելի կլինի՞ բժշկի միջոցավ. թեթևամիտ անգլիացի, փողի համար հոգի կտա… »,մտածում էր յուր մեջ եղեռնագործը:

— Լսիր, աղա, — խոսեց նա լսելի ձայնով. — ժամանակը թանկ է մեզ համար. պետք է գործ սկսել. դարձյալ կրկնում եմ իմ դասը. — դուք կաշխատեք ձեզ ցույց տալ պարոն Աշխարունուն, որպես նրա համախոհ և սրտակից բարյացակամը. և սկսեցեք բարեկամական հարաբերություն ունենալ, և նրանց բոլորովին կասկածներից դուրս բերելու համար, ձեր քույրը կհանձնեք ուսանելու տիկին Սալլաթինի մոտ. ես էլ իմ քույրը կուղացնեմ այնտեղ, որպես ձրի ծառայող աղախին: Նրանք երկու կողմից կսկսեն համոզել օրիորդ Սալբիին: Եվ դուք ձեր քրոջ պատճառով միշտ գնալ գալ կունենաք աղջիկների մոտ, և կարող կլինեք տեսնել օրիորդ Սալբիին, և երբեմն գաղտուկ խոսել նրա հետ: Չմոռանաք, առաջ բարեկամանալ, հետո քույրդ հանձնել, այնուհետև սկսել երթևեկություն կատարելը: Այդ կլինի մեր առաջին փորձը: Այնուհետև՝ գործերի բերմունքի համաձայն կլարենք մեր որոգայթները: Այժմ մնաք բարյավ:

ԺԹ

ԿԵՂԾԱՎՈՐԸ

Առավոտյան ութ ժամին, պարոն Աշխարունին միայնակ նստած յուր առանձնասենյակում, սպասում էր ընդունել մի հյուր, որ հատկապես խնդրել էր նրանից մի գաղտնի տեսակցություն:

«Այդ զարմանալի է, մտածում էր նա. պատանի Ավազակյանցը տեսակցություն է խնդրում ինձ մոտ գալու...: Նա՛, որ յուր հոր հետ մեր վտանգավոր թշնամիներն են, որ միշտ հալածել են մեզ և ա՛յնքան ցավալի նեղություններ պատճառել, գրել է մեզ մի ա՛յնպիսի նամակ, որ արտահայտում է նրա անչափ ցանկությունը մեր գործի առաջադիմության համար»:

Նա կրկին վերցրեց նամակը, և յուր ուշադրությունը դարձրեց հետևյալ տողերի վրա.

«Մի գաղտնի զորություն իմ սիրտը քաշում է դեպ ձեր կողմը, երանի թե այդ լիներ սուրբ հոգու ազդեցությունը»: Մի քանի տողից հետո՝ «Սողոսին Դամասկոսի ճանապարհում կոչող ձայնը՝ իմ հոգու ներսից սպառնում է խղճմտանքիս, թե «Սա՛վուղ, Սա՛վուղ, ինչու կհալածես զիս»: Եվ նամակը վերջանում էր այս խոսքերով. «պատիվ եմ համարում Քրիստոսով մնալ ձեզ միշտ անձնվեր բարեկամ — Սոլոմոն-բեկ Ավազակյանց»:

Մինչ պարոն Աշխարունին տարուբերվում էր խառն մտածությունների մեջ, ծառան հայտնեց հյուրի գալուստը:

— Թող հրամայե, — ասաց նա:

Ներս մտավ մելիքի որդին, փառավոր հագնված, յուր երկու ծառաներով. նա քաղաքավարությամբ սեղմելով պարոն Աշխարունու ձեռքը, անցավ և նստեց սոֆայի վրա, յուր ծառաներին ականացի անելով, որ դուրս գնան և սպասեն դռան մոտ:

— Բարի է ձեր գալուստը, — գլուխ տալով ասաց պարոն Աշխարունին, ասիական քաղաքավարությամբ. — ձեր այցելությունն ուրախացնում է մեզ:

Սոլոմոն-բեկը, ի նշան շնորհակալության, նույնպես շարժեց գլխով:

— Ի՞նչ լուր ունիք Թեհրանից, ձեր հորից, — հարցրուց պարոն Աշխարունին սովորական ընդունելությունից հետո:

— Վերջին սուրհանդակով նամակը ցույց է տալիս, որ հայրս շնորհ է ունեցել տեսություն ստանալ շահից. թագավորը խիստ շատ բարեսրտություն է ցույց տվել և խոստացել է կատարել նրա բոլոր խնդիրները:

— Ուրախալի է... բայց ի՞նչ նպատակ ունին խնդիրները:

— Տեղույս հայերի նեղությունների մասին. մի փոքր թեթևացնել հարկերը և խաների անտանելի բռնակալությանց դեմը առնել:

Ծառան մատույց ղահվե շաքարով. և վերջացնելուց հետո տվին նրան ղեյլան. Ավազակյանցը մատուցեց ղեյլանը պարոն Աշխարունուն, բայց նա հրաժարվեց, ասելով թե ծխելու սովորություն չուներ: Ավազակյանցը միայնակ սկսեց ծխել: Բայց իմ հոր գլխավոր խնդիրը ձեր մասին է, որ ես հայտնում եմ ձեզ որպես գաղտնիք, — խոսեց Սոլոմոն-բեկը: — Ատրպատականի գլխավոր հոգևոր առաջնորդի խորհրդով, հայրս պիտի բողոքեր շահին, որ ձեր տունը արտաքսվի այս երկրից:

— Օհո՛... — բացականչեց պարոն Աշխարունին ժպտելով. — հետո :

— Հորս մի այդպիսի ձեռնարկությունը չափազանց ընդդեմ լինելով իմ կամքին, ես միշտ գրել եմ նրան, չիցե՛ թե ձեր մասին բողոքավոր լինի Թեհրանում.

երկար թախանձելուց հետո, ահա այդ վերջին նամակը մի փոքր մխիթարեց ինձ:

Նա դուրս բերեց յուր թղթերի կաշյա պահարանից մի նամակ, որի վերջում գրված էին այս խոսքերը. —

«Այն մոլորեցուցիչների մասին դու այնքան երկար գրելով, իրավ, ձանձրացրիր ինձ, վերջապես, պատիվ դնելով քո որդիական սիրուն, խոստանում եմ քեզ այլևս չբողոքել նրանց մասին վսեմափառ շահին, ամենևին չհասկանալով, թե դու ի՞նչ նպատակ ունեիր նրանց այդչափ պաշտպանելու»:

— Այդ կնիքը ձեր հո՞րն է, — հարցրուց պարոն Աշխարունին, նայելով մեծ կնիքին, որ դրոշմված էր նամակի վերջում թղթի վրա:

— Հրամեր եք. որովհետև հայրս գրել չգիտե, նա սովորաբար դրոշմում է յուր կնիքը յուր ստորագրության փոխարեն:

Բայց սուտ էր խոսում կեղծավորը. նամակը բոլորովին հնարված էր Ռես Վասակյանի ձեռքով. իսկ մելիք Պիլատոս Ավազակյանցը վաղուց էր խնդրամատույց եղել Աշխարունու մասին Թեհրանում: Բայց բարեսիրտ քարոզիչը յուր բոլոր պարզամտությամբ միանգամայն հավատաց, թե իրավ Սոլոմոն-բեկը իրանց մի այդպիսի բարերարություն է արել:

— Շնորհակալություն, — ասաց նա. — ձեր բարերարությունը, աստուծո գործի համար անվարձ չի մնալ տիրոջ առաջ:

— Ճշմարիտ, ես չեմ կարողանում գտնել բառեր բացատրելու, թե ի՞նչ զաղտնի զորություն է, որ միշտ գրգռում է իմ նախանձը, ո՛րքան կարելի է ուժ տալ աստուծո խոսքի քարոզությանը այս խավար երկրի մեջ. և միշտ աշխատել մեր ազգայինների լուսավորության և կրթության համար:

— Իհարկե, այդ ձեր պարտքն է. մարդասիրության և ազգասիրության պտուղները ավելի ձեզնից է պահանջելի, քան թե մի աղքատից, որ յուր գլուխը չէ կարողանում պահպանել:

Սոլոմոն-բեկը սկսեց ավելի ուժով ծխել. ծխախոտի արբեցուցիչ ազդեցությունը սկսեց բորբոքել նրա ուղեղը, և նա ավելի ոգևորված խոսեց.

— Ես վաղուց արդեն, ողորմած տեր, սրբազան նախանձ ունեի լինելու մի զորավոր շարժառիթ աստուծո գործի հառաջադիմության — այս երկրի մեջ, և դրանով կատարել իմ պարտքը դեպ աստված և դեպ մարդկությունը: Բայց դժբախտաբար իմ հոր սնոտի մոլեռանդությունը թույլ չէր տալիս երևան հանել այդ խորհուրդը, որ ա՛յնքան ծանր դրված էր իմ սրտի վրա: Բայց այժմ, իմ հոր բացակայությունը հնար է տալիս ինձ իրագործել այն՝ որի համար վաղուց մտադրված եմ — խոստովանելով ձեր առջև իմ անկեղծ համակրությունը, և խնդրելով, պարոն, ընդունել իմ ի սրտե բարեկամական ջերմեռանդությունը դեպ ձեզ...:

Պատանի Ավազակյանցը մոլորվեց յուր սերտած խոսքերի լաբիրինթոսի մեջ, որ արտասանում էր նա, որպես աշակերտը յուր դասը:

Իսկ պարոն Աշխարունին հասկանալով նրա միտքը, ասաց յուր սովորական սառնասրտությամբ.

— Ես ուրախ եմ... և մեծ ուրախություն է եթե, կներեք ինձ՝ այսպես արտասանել — աստուծո հրեշտակների առաջ, երբ մի մեղավոր դիմում էր դեպ ապաշխարություն:

Վարժատան զանգակը ընդհատեց նրանց խոսակցությունը. վարժապետը ժամացույցին նայեց — իննի կեսն էր.

— Իրա՛վ, ժամանակը թանկ է ձեզ համար. ես արգելք եղա... — խոսեց կեղծավորը. — միայն խնդրում եմ շնորհել ինձ մի քանի րոպե ևս, մի այլ խնդիր ունիմ — ես մի քույր ունիմ տասննինն տարեկան, որին շատ եմ սիրում, յուր խելացի և սուր ընդունակության համար: Ես ափսոսում եմ, որ այդպիսի քանքարավոր բնավորության տերը մնա առանց ուսման և առանց կրթության: Երկար ստիպմունքներից հետո, վերջապես, կարողացա համոզել մորս. նա հաճեցավ Ալմաստը — այսպես է քրոջս անունը — հանձնել ձեր առաքինուհի տիկնոջ հոգաբարձության, որպես ասացի, ուսում և կրթություն սովորելու: Այժմ ա՛յդ է իմ խնդիրը, եթե դուք ևս կշնորհեք ինձ ձեր բարի հաճությունը, ընդունելով իմ սիրելի քույրս, դրանով չափազանց կպարտավորեք ինձ:

— Դուք կարծում եք մեր վարժարանները այնքան բարեկարգ դրության մեջն են, որ նրանց մեջ կարելի լիներ ընդունել փափկասուն տան որդի, — պատասխանեց պարոն Աշխարունին ցավելով. — մեր վարժատների աղքատությունը հազիվ է ներում ուսանելու նրանց մեջ մի քանի անտերունչ որբերի միայն:

— Արդարև, ձեր վարժարանի վիճակը այժմ ցավալի դրության մեջն է. և դրա պատճառը, որքան հայտնի է ինձ, չարանախանձ խավարամիտների հալածասիրությունն է: Բայց ես, պարոն, հաստատ հույս եմ տալիս ձեզ, ո՛չ միայն այդ հալածանքները հեռացնել, այլ ձեր վարժարանի կատարյալ ազատությունը ապահովել, որ սկսի օրեցօր ծաղկել և կատարելագործվել:

Պարոն Աշխարունին խորին մտածությանց մեջ ընկղմվեց:

— Ես իմ քրոջ վարձը, — շարունակեց Ավազակյանցը, — կվճարեմ որքան կարելի է առատ քանակությամբ, որ ո՛չ միայն նրա ուսման և օրինական պահպանության համար բավականանա, այլև հնար կտա նրանով մի քանի խեղճ աղջիկներ կառավարել, որ դուք, չնայելով ձեր այժմյան նյութական անկարողությանը — պահպանում եք ձեզ մոտ ձրիաբար:

— Ուրեմն դուք կամենում եք ձեր քույրը գիշեր ցերեկո՞վ հանձնել մեր հոգաբարձությանը:

— Հրամե՛ր եք. ըստ իմ կարծիքի, միայն չոր և ցամաք ուսումը բավական չէ մի օրիորդի կատարելության համար. գլխավորը մի բարեկարգ կրթությունն է՝ Ավետարանի անաղոտ լուսով, և այդ, այլ եղանակով չի լինի, բայց միայն՝ երբ աշակերտը ամբողջովին է գտնվում յուր դաստիարակների աչալուրջ հսկողության ներքո:

— Ներեցեք, խնդրեմ, որ անմիջապես չե՛մ կարող պատասխանել ձեզ, ձեր քրոջ մասին, — ասաց պարոն Աշխարունին, — ես կհայտնեմ ձեզ վաղը առավոտ:

Վարժատան զանգակները հայտնեցին դասերը սկսվելը:

— Իրավ, ես արգելք եղա ձեզ, — ոտքի վրա կանգնելով խոսեց Ավազակյանցը. — բայց մոռացա հարցնել. ես լսեցի, տեր-Առաքելենց պարոն Ռուստամը հիվանդ է, ի՞նչպես է այժմ նրա առողջությունը:

— Խիստ վա՛տ, — պատասխանեց յուր հյուրը ճանապարհ դնելով պարոն Աշխարունին: — Եթե շուտով մի փոփոխություն դեպի լավը չէ լինի, նրա կյանքին հույս չկա:

— Ա՛հ, ցավալի է, ցավալի... բայց ես կուզեի տեսնել ձեր գրատունը, — ասաց նա կանգ առնելով նախասենյակում, — ինձ պետք է ձեզանից գնել մի հատ Աստվածաշունչ. խիստ շատ եմ սիրում այդ գիրքը: Թեպետ ես մի հատ ունիմ, բայց այն հիմար վենետիկցոց տպածն է, հին և մեռած լեզվով. բայց ինձ խիստ սիրելի է սուրբ գիրքը աշխարհաբար լեզվով:

Պարոն Աշխարունին բացեց սենյակին կից դուռը և առաջնորդեց հյուրը դեպի գրատուն: Սոլոմոն-բեկը անխորհուրդ կերպով, մեքենաբար նայում էր պատուհաններում դրած մեծ և փոքր գրքերի վրա: Նա վերցրեց մի հասարակ կազմով Աստվածաշունչ և տվեց ծառային, դնելով սեղանի վրա հինգ հատ ոսկի:

— Դուք, պարոն, զնից ավել հատուցիք, — ասաց պարոն Աշխարունին, — դրա գինը հինգ կոան է:

— Դուք առհասարակ ձեր գրքերը էժան գնով եք վաճառում, և շատ անգամ, ինչպես հայտնի է ինձ, ձրի եք բաշխում աղքատներին:

Այնուհետև նա խնդրեց, որ նրան ցույց տային վարժարանը:

— Մեր վարժարանները այնպիսի բան չեն, որ արժանի լինեին ձեր հարցասիրությանը, — առարկեց պարոն Աշխարունին:

— Ո՛չ, ո՛չ, ես կսիրեմ նրանց արդի չքավորության մեջ ևս, — պատասխանեց նա մեծահոգության հովեր առնելով — աղքատությունը պարսավելի չէ՛ :

Պարոն Աշխարունին ներս տարավ նրան մի մերկ և սառն սենյակ, որ դասատունն էր կազմում: Այնտեղ տասը նստարան կար աշակերտների համար, բայց նրանցից միայն մինի վրա նստել էին յոթն աշակերտ: Այդ փոքրիկ սենյակը միանզամայն և՛ դասատուն էր, և՛ աղոթարան, որովհետև կյուրակե օրերը այնտեղ ժողովում էին մարդիկ և կանայք աղոթքի և քարոզ լսելու համար: Այնտեղ կար մի սև գրատախտակ և մի ամբիոն, սև փայտից, որի վրա քարոզի և դասախոսության ժամանակ կանգնում էր պարոն Արամը:

Աշակերտները ոտքի կանգնելով, ցույց տվին արժանավոր հարգանք: Սոլոմոն-բեկը մոտենալով, նայում էր նրանց դասագրքերին: Նա գնալով կանգնեց պատից կախ ընկած դասացուցակի առաջ և սկսեց կարդալ ամեն մի ժամի համար որոշված դասերը.

— «Աստվածաբանություն... մեկնություն սուրբ գրոց... եկեղեցական պատմություն... բնական պատմություն... մաթեմատիկա...», էլ ի՞նչ եք ուսուցանում. շատ զարմանալի է մի այդպիսի կարճ ժամանակում այդքան հառաջադիմությո՛ւն, — ասաց նա, դառնալով դեպի վարժապետը:

Այստեղից դուրս գնալով, վարժապետը նրան ներս տարավ աղջիկների դասատունը: Սոլոմոն-բեկը հազիվ էր կարողանում բռնել իրան, այնտեղ մտած ժամանակ: Այդ սենյակը յուր աղքատիկ կերպարանքով շատ նման էր տղայոց դասատանը: Այստեղ տիկին Աշխարունին միայնակ, ոտքի վրա, կանգնած սև գրատախտակի առաջ թվաբանության դասն էր բացատրում: Աշակերտուհիները թվով երեք հոգի էին: Հեռուն, լուռ և մունջ, նստել էր արդեն յուր ուսումը ավարտած չորրորդ աշակերտուհի՛ն — օրիորդ Սալբին: Պատանի Ավազակյանցը շփոթվեցավ, տեսնելով չքնազագեղ օրիորդին, որ յուր տխրամած դեմքով՝ ավելի ևս հիացուցիչ էր: Ավազակյանցը մտածեց հնար գտնել մի քանի րոպե այնտեղ ավել մնալու. նա քաղաքավարությամբ մոտեցավ տիկին Սալլաթինին, և նրա ձեռքը քնքշաբար սեղմելով, հարցրուց.

— Ձեր սիրելի աշակերտուհիները միմիայն ուսմա՞մբ են պարապում:

— Ո՛չ կեսօրից հետո ասղնագործությամբ, — պատասխանեց տիկին Աշխարունին:

— Դուք կհավանեք, պարոն, երբ որ տեսնեք, թե որպես գեղեցիկ նկարներով ասղնագործում են աշակերտուհիները թղթի և կտավի վրա, — ավելացրեց պարոն Աշխարունին:

— Ցույց տվեք, աղաչում եմ, նրանց գործերից,— ես շատ ուրախ կլինեմ տեսնելու, — ասաց Սոլոմոն-բեկը:

Տիկին Աշխարունին դուրս բերեց ահագին փայտյա պահարանից գույնզգույն թելերով նկարված թղթերի և կտավների մի ծալք, դրեց գրասեղանի վրա և սկսավ մեկ-մեկ ցույց տալ:

Պատանի Ավազակյանցը, գեղեցիկ ճարտարությանց մեջ առանց որևէ ճաշակ կամ համազգացություն ունենալու՝ ամեն մինը նայելու ժամանակ, թե լավ և թե վատ, առհասարակ բոլորի համար ասում էր.

— Ա՛խ հրաշալի՛ է, հրաշալի... իմ քրոջ խելքը կգնա, երբ իմանա թե այստեղ ուսուցանում են այսպիսի գեղեցիկ ասղնագործական նկարներ:

Վերջը նրա ձեռքը հասավ մի հատկապես պատրաստված թուղթ, որ կարված էր ծիածանի գույներով մետաքսյա երիզի վրա. թղթի վրա գույնզգույն թելերով նկարված էր մի բոցավառված սիրտ, որ կրակի ճաճանչներ էր արձակում. նրա ամեն մի կողմը կարմիր սիրուն վարդ, և վերևը՝ գեղեցիկ ասղնագործ տառերով գրված էր. «աստված սեր է». իսկ ներքևը՝ զարմանալի ճարտարությամբ՝ մանր, գույնզգույն տառերով «Հովասաբենց Սալբի»:

Ավազակյանցը չկամեցավ ձեռքից թողուլ այդ հրաշալի նկարը, որ օրիորդ Սալբին էր ասղնագործել, յուր սիրականին ընծայելու, գրքի մեջ դնելու համար, նա վերցրեց նշանիկը ասելով.

— Պատվելի տիկին, ես շատ հույս ունիմ, դուք ինձ առավել ուրախացնելով... հիշատակի համար կընծայեք ձեր աշակերտուհիների ձեռագործներից մինը, այն թանկագին ընծան թող լինի այս գեղեցիկ նշանիկը...:

Տիկին Աշխարունին յուր հաճությունը ցույց տվեց, և Սոլոմոն-բեկը թաքցրեց խորհրդավոր նշանիկը յուր թղթերի պահարանի մեջ:

Օրիորդ Սալբին, հեռվից նշմարելով, որ յուր նշանածի համար նկարած նշանիկը ուրիշի ձեռքը անցավ, տհաճությամբ եռում էր:

Հազարավոր կեղծավորության ցույցերով, պատանի Ավազակյանցը յուր ուրախությունն և բարեկամությունը կրկին և կրկին շեշտելուց հետո, հեռացավ վարժատնից:

Ճանապարհին, մինչև իրանց տուն հասնելը՝ նա մի քանի անգամ դուրս բերեց «սիրո հիշատակարանը», նայեց նրա վրա, և կրկին տեղավորեց պահարանի մեջ: Իսկ յուր սենյակը մտածին պես՝ նա սկսեց խելագարի նման համբուրել և սեղմել յուր սրտին, ասելով, «այդ քնքուշ սիրտը, որ այդպես բոցավառված՝ ցույց է տալիս սիրո վարդերը՝ նկարել են նրա սիրուն մատները»:

Նա մոտեցավ ահագին երկաթյա արկղին, բաց արավ, դուրս բերավ այնտեղից հարյուր հատ ոսկի աշրաֆի, և ամեն մի հիսունը առանձին թղթի մեջ փաթաթելով, կնքեց. մինի վրա գրելով «աղջիկներին», իսկ մյուսի՝ «տղաներին»: Եվ հետո մի նամակ ևս գրեց հետևյալ բովանդակությամբ.

«Պարոն,

Ձեր սիրելի աշակերտների և աշակերտուհիների գեղեցիկ աշխատությունները իմ մեջ մի անմոռաց սեր ազդելով, ես, ի նշան իմ շնորհակալության, իբրև ընծա, ուղարկում եմ նրանց այդ չնչին արծաթը, խնդրում եմ հրնդունեք ներողամտությամբ:

Սոլոմոն-բեկ Ավազակյանց»:

Նա հանձնեց նամակը ընծաների հետ — ծառային, ծառան հեռացավ, և ինքը, հափշտակված խորին հոգեզմայլությամբ, ընկողմանեցավ սոֆայի վրա և սկսեց հրճվանքով նայել հրաշալի նշանիկին:

Հանկարծ ներս մտավ Ռեսը:

— Ի՞նչպես անցավ, — հարցրուց նա:

— Շատ լավ. արդարև՛, շատ լավ, Ռես, — պատասխանեց Սոլոմոն-բեկը: — Բախտը ձեռնտու եղավ ինձ, այնտեղից այս գեղեցիկ հիշատակարանը ևս բերելու:

Նա տվեց Ռեսին նշանիկը:

Ռեսը ուշադրությամբ զննելով՝ ասաց.

— Նկարիչը չէ սխալվել. Այո՛, «աստված սեր է... »: Երևում է, օրիորդի թարմ ուղեղի մեջ երևակայություն է խաղում... սերը, յուր կախարդական սլաքը դիպցրել է նրա սրտին: Եթե ես էլ աստղագործել գիտենայի, այդ նշանիկի վրա կավելացնեի մի նազելի բանաստեղծի երգը.

— Ո՞ր բանաստեղծի, ի՞նչ երգ, — հարցրուց Սոլոմոնբեկը.

— Մելիքզադեի, ահա այս երգը.

Եվ նա սկսեց յուր խռպոտ ձայնով երգել:

«Չի սեր է աստված,
Սիրով ստեղծեց՝
Աշխարհը հրաշակերտ»:
Այսպես մեզ խոսեց
Սեր քարոզողի
Իմաստուն աշակերտ:

Քո հոգվո՛ միջում,
Ո՞վ իմ հրեշտակ
Գտա այդ սուրբ սեր.
Ուրեմն ես քեզ
Կոչեմ համարձակ՝
«Իմ աստված, իմ տեր»:

Եթե չէ՛ս աստված,
Ինչո՞ւ ես կրում
Քո հոգվո միջում
Այդ աստվածություն:

Եթե չէ՞ս աստված՝
Ուրեմն չկա
Երկինք և երկրում —
Բնա՛վ աստվածություն:

— Ճշմարիտ է ասել բանաստեղծը, — առարկեց Սոլոմոն-բեկը: — Երբ աստված սեր է, և սերը աստված է, ուրեմն, ուր կա սեր, այնտեղ կա և աստվածություն: Կարծեմ, Ռես, ես չսխալվեցա իմ տրամաբանության մեջ:

***

Նույն օրվա իրիկնապահին, օրիորդ Սալբին, տխուր և սրտաբեկ մտավ տիկին Սալլաթինի սենյակը և գտավ նրան նույնպես տխրամած դեմքով, նստած յուր գրասեղանի առաջ: Խղճալի օրիորդը դեռ նոր էր լսել Ռուստամի հիվանդությունը: Նա երկար, լուռ նստած նայում էր հատակին, ամաչելով խոսել և հարցնել յուր սիրականի հիվանդության մասին: Տիկին Աշխարունին նկատեց այդ:

— Լսե՞լ ես, Սալբի, Ռուստամը հիվանդ է,— ասաց նա: Օրիորդը պատասխան չտվեց. նրա սիրտը լցված էր:

— Դու գնա նրա մոտ, Սալբի, դո՛ւ կթեթևացնես նրա հիվանդությունը, — ավելացրեց տիկին Աշխարունին:

— Ես շատ եմ ցանկանում, — պատասխանեց օրիորդը, — բայց կարելի՞ է այդ, մի այնպիսի երկրում, ուր այնքան չարաչար դատապարտված է կանանց սեռի ազատությունը:

— Ուրիշ մարդկանց հիվանդի մոտ գնալը — արգելված է, պարոն Մելիքզադեն է մենակ նրա մոտ. ես նրան իմաց կտամ քո մասին, և նա կգտնե մի արձակ միջոց, քեզ հիվանդի մոտ զաղտնի ներս թողնելու:

— Ես շնորհակալ կլինեմ, — պատասխանեց օրիորդը, — միայն որքան կարելի է զգուշությամբ, խայտառակ չլինեմ, եթե տեսնեն մեզ:

— Այդ մասին ինքը, պարոն Մելիքզադեն կհոգա: Դու սպասիր քո սենյակում, մինչև քեզ իմաց տամ:

Գիշերվա տասն և մեկ ժամից անց էր: Օրիորդ Սալբին, տեր-Առաքելենց տանը, միայնակ նստած էր մի մերկ և ցուրտ սենյակում, մթին խավարի մեջ: Չնայելով, որ դուրսը կատաղի մրրիկն էր մռնչում, չնայելով, որ ցուրտը անվառ սենյակում սառեցնում էր, բայց և այնպես օրիորդը այնքան բորբոքված և լցված սրտով՝ չէր զգում ոչ մի սարսուռ:

Հանկարծ լսելի եղավ բանալիի շարժվելու ձայնը, դռները հետ գնացին, ներս մտավ պարոն Մելիքզադեն, միայնակ և ճրագը ձեռքին:

— Ներողություն, — ասաց նա, — ես ձեզ երկար սպասել տվի. այս գիշեր պարոն դոկտորը չկամեցավ շուտ գնալ:

Մերձակա սենյակում ժամացույցը զարկեց տասներկու:

Նրանք դուրս եկան սառցատնից: Պարոն Մելիքզադեն կրկին հանգցրեց ճրագը: Ներեցեք, — ասաց նա, — մութի մեջ ևս կարելի է գնալ. բայց ես չեմ ուզում, որ տեսնեն ձեզ:

Օրիորդ Սալբին, որպես ուշակորույս, ոչ մի պատասխան չէր տալիս, միմիայն մեքենաբար հետևում էր յուր առաջնորդին, և նրանք, մթին, ոլոր-մոլոր սանդուղքներով բարձրանում էին դեպ հիվանդի քնարանը: Պարոն Մելիքզադեն բաց արեց մի սենյակի դուռ, ուր աղոտ լուսով վառվում էր ճրագը, և ներս թողեց օրիորդ Սալբիին ասելով.

— Դուք, պատվելի օրիորդ, այստեղ կգտնեք հիվանդը: Բայց ինքը դուռը կողպելով հեռացավ:

Դեղերի դարմանների սուր հոտավետությունը, որով լցված էր հեղձուցիչ սենյակը, բավական էր զարկելու օրիորդի սրտին այն սաստիկ հարվածը, որ զգաց նա...: Նա, հազիվհազ զսպելով յուր սպառված զորությունը, մոտեցավ մահճակալին, ուր դրված էր հիվանդը՝ բոցավառված կրակի մեջ: Նրա դեմքը գունատ և նվաղած չէր՝ մաշված հիվանդների նման, այլ սաստիկ շառագունած, վառվում էր, որպես լրացած լուսինը: Նրա մեծ սևորակ աչքերը բարակացավ ունեցողների պես մեռած և խոր գնացած չէին, այլ կարմրած՝ փայլում էին լի կրակով: Իսկ նրա արագ-արագ շնչառությունը էր — լիքը, զորավոր և սարսափելի:

Խղճալի օրիորդը, Եղիսեի նման, յուր մարմինը տարածեց հիվանդի վրա, բերանը՝ բերանին դրեց, երեսը՝ երեսին քսեց, սիրտը՝ սրտին շոշափեց, և այսպիսով, ասես թե յուր բոցավառված սիրո էլեկտրականությամբ, կամենում էր նրան նոր շունչ տալ և կենդանություն ներշնչել: Բայց հիվանդը չզգաց այդ մարգարեական հոգու ներշնչությունը, որպես սունամացի կնոջ զավակը... նա չարթնացավ յուր անզգայությունից:

Ռուստամը վառվում էր սաստիկ տաքության մեջ: Նրա խոսքերի մեջ, որ անդադար զառանցում էր յուր երևակայական ցնորքներում, միայն բացորոշակի, հասկանալի էին — «Սալբի» — «Իմ սիրական» — բառերը:

Օրիորդը ծունկ չոքեց հատակի վրա, և յուր քնքուշ ձեռքերը փակելով կրծքի վրա, յուր ոգևորված հայացքը բարձրացրեց դեպի վեր և սկսեց խորին ջերմեռանդությամբ աղոթել... և աղոթել ա՛յնքան երկար, մինչև լուսաբացին պարոն Մելիքզադեն ներս մտավ, բռնեց նրա ձեռքից և վեր կանգնեցրեց ասելով.

— Այժմ, իմ բարեկամ, հեռացե՛ք, բժշկի գալու ժամանակն է:

Ի

ԴԵՐՎԻՇԸ

Կես օր էր:

Պարոն Աշխարունիի տանը, տղաների դասատնում, տասը նստարաններից հինգը ամբիոնի աջ, իսկ հինգը՝ ձախ կողմում էին տեղավորված — կարգով: Ձախ կողմի նստարանները, բոլորը բռնված էին կանանցով և վարժատան աղջիկներով, որոնց թվում, զուգված-զարդարված, նստել էր առաջին նստարանի վրա Ավազակյանց Ալմաստը՝ Սոլոմոն-բեկի քույրը, որ քանի օր առաջ ընդունվել էր իբր աշակերտուհի տիկին Աշխարունու մոտ: Նրա կողքին նստել էր միականի պառավ Գոզեն, քառասուն և հինգամյա աղջիկը՝ Ռես Վասակյանի քույրը, որի ծաղկահար եղած և թոթշնած մռայլոտ դեմքը ավելի նման էր աբեթի կամ սարաղի (խարբալի): Օրիորդ Գոզեն յուր անհամեմատ տգեղության պատճառով, — ուր մնաց, որ անգութ ծաղիկը տարել էր նրա աչքերից մեկը, — մնաց միշտ աղջիկ: Ոչ ոք չկամեցավ խնդրել նրա ձեռքը, թեպետ նրա եղբայրը շատ աշխատեց մոլորեցնել մինը յուր քրոջ որոգայթի մեջ: Նա, մտադրված լինելով՝ որպես հավատացնում էր նրա եղբայրը — առանձնանալ մի վանքում, և յուր անձը նվիրել ճգնության և ապրել աստուծո համար, նախամեծար համարեց որպես կամավոր աղախին, ձրիաբար, յուր հոգու համար, ծառայել Ավետարանի դուստրներին՝ Աշխարունու տան մեջ:

Ամբիոնի աջ կողմի նստարանները բոլորը բռնված էին մարդկանցով, որոնց թվում, առաջին նստարանի վրա, փաթաթված յուր թանկագին մուշտակի մեջ, նստած է Սոլոմոն-բեկ Ավազակյանցը, թիկն տված հետակա նստարանին, ձեռքը ծնոտին դրած, միակողմանի թեք նստած, յուր աչքերը ջրած՝ անդադար նայում է յուր սրտի ամենասիրելի առարկային — օրիորդ Սալբիին, որը բոլորի հետևը նստած լուռ և տխրամած դեմքով, ասես թե նրա ուշքը ու միտքը բարձրացած, խելքը հափշտակված՝ տարվել էր մի այլ աշխարհ, և այնտեղ ողբում էր մի բոլորովին այլ առարկայի համար...:

Տիրում էր խորին լռություն: Քարոզիչը ամբիոնի վրա կանգնած թերթում էր Աստվածաշունչը, նշանակելով յուր քարոզության հարկավոր վկայությունները սուրբ գրքից:

Երբ այդ փոքրիկ եկեղեցու բոլոր անդամները հավաքված էին, քարոզիչը ժամացույցին նայելով հայտնեց երգվելիք երգերի գլուխը: Ժողովրդի ամեն մինը յուր ձեռքի երգարանի մեջ բաց արին ցույց տված երգը և բոլորը, այր և կին, տղա և աղջիկ սկսեցին միաձայն, ջերմեռանդ և քաղցր եղանակով ներդաշնակել հոգևոր տաղերգը:

Երգից հետո կրկին տիրեց լռություն:

Քարոզիչը ոտքի ելավ, յուր ջերմեռանդ հայացքը դեպ վեր բարձրացնելով, աչքերը խփած, մտքով երկինքը վերացած, սրտառուչ և ազդու եղանակով — կարդաց մի հրաշալի աղոթք:

Աղոթքից հետո քարոզիչը բացեց նոր կտակարանում երկրորդ Կորնթացոց Ժա գլուխ համարը, և սկսեց կարդալ. «Ով կտկարանա, ու ես չեմ տկարանար, ո՛վ կգայթակղի, ու իմ սիրտը չայրիր»: Եվ Պողոս առաքյալի այդ խոսքը իբրև բնաբան ընտրելով, պարոն Արամը ատենախոսեց: Նրա շրթունքներից մեղր ու կաթ էին ծորում, և քաղցրալուր ու գրավիչ խոսքերով հեղհեղում էր նա աստծո բանի քարոզությունը: Նրա արտասանությունը, ճարտասանական ձևերը, նրա բոլոր խորհրդական շարժմունքների հետ զուգավորված՝ հալում, թափում էին Ավետարանի խրատները ունկնդիրների գլխի մեջ:

Բայց այդ հռետորի ատենախոսությունը ոչ մի ազդեցություն չարեց Սոլոմոն-բեկի բթացած և սառած ուղեղի վրա, որ նույն րոպեում, ո՞վ գիտե որպիսի երևակայական ցնորքներով էր հրապուրված: Նա, յուր ապառնի հույսերով ոգևորված, աչքերը անթարթ լարած՝ նայում էր օրիորդ Սալբիի վրա:

Քարոզից և կրկին տաղերգությունից հետո, պարոն Արամի նշանի վրա, եղբայրները ոտքի ելան, և պարոն Մելիքզադեն սկսեց աղոթել, միևնույն ժամանակ խնդրելով աստծուց առողջություն իրանց եղբայր Ռուստամի համար:

Այդ աղոթքը դառնացրեց Սոլոն-բեկի սիրտը, նա չէր ուզում աղոթեին այն մարդու համար, որի կյանքը այնքան անտանելի էր իրան, ա՛յնքան վայրենի և անգութ սրտով նրա մահն էր ցանկանում:

***

Միևնույն ժամուն, երբ Քրիստոսի այդ փոքրիկ հոտը հավաքված անցնում էին տիրոջ շաբաթը աղոթքով և սուրբ գրքի ընթերցանությամբ, տիկին Թարլանը, յուր փեսայի տեսության գնալով, նստած Հուրի Խան-Դայայի մոտ՝ ծանր ու բարակ խոսում էին:

— Այդ հիմարների բոլոր գործերը այնքան անխելքությամբ են, որպես իրանց բռնած ճանապարհը (կրոնքը), — ասաց վերջապես Հուրի Խան-Դայան: — Էլ ի՞նչ ասեմ, խնամի, սիրտս այրվում կրակվում է, չեմ կարում խոսել... մաշեցին, սպանեցին իմ խեղճ թոռնիկը, տալով մի ցնդած ինկլիզ բժշկի ձեռքը, որ ոչ լեզու է իմանում և ոչ էլ խոսք հասկանում:

— Հա՛, այդպես է, խնամի, — պատասխանեց տիկին Թարլանը: — Բայց նրանց ականջ դնելու չէ. դու քո գիտցածը ձեռքից մի թողուր, թոռիդ ճարն արա՛:

— Է՛հ, եթե ինձ իմ կամքին թողնեին, հիմա Ռուստամը տասն անգամ առողջացած կլիներ: Բայց այժմ, ո՞վ է ծերին պատիվ դնողը, ո՞վ է նրա խրատը լսողը. ամեն մարդ ինքնագլուխ է դարձել. — ինչ որ խելքին փչում է՝ անում է. աշխարհս փոխվել է. — հույս, հավատ չէ՛ մնացե. Ո՛չ աստված են ճանաչում և ո՛չ սուրբը. Ո՛չ խունկ են իմանում և ո՛չ մոմը, ո՛չ խաչը, և ո՛չ պատկերը, ո՛չ մասը և ո՛չ էլ մասունքը... ամենքը դարձել են անաստված:

Ներս է մտնում Նազլու աղախինը:

— Աղջի, ի՞նչ եղավ, չեկա՞վ Դերվիշը, — հարցրուց Հուրի Խան-Դայան:

— Դերվիշը դռանը սպասում է, — պատասխանեց աղախինը:

— Ասա՛ թող գա, — հրամայեց տանտիկինը:

Մի քանի րոպեից հետո ներս մտավ դերվիշը, — մի բարձրահասակ և նիհար մարդ. նրա դեմքը սոսկալի էր և արևից այրված. աչքերը վառվում էին կատաղի կերպով: Նա հագած ուներ մի սպիտակ շապիկ, որ իջնում էր մինչև նրա մերկ ծնկները: Կուրծքը բաց, նույնպես այրված արևից. գլուխը առանց գդակի, երկայն ծամերը կապած էր մազե թելերից հյուսած վարսակալով: Նրա հոլանի, բոլորովին մերկ թևերի բազուկների վրա փաթաթված էին նրա սև թասբահները: Ուսին գցած ուներ յուր փոսա փալանքին (ընձու կաշին): Աջ բազուկից քարշ էր գցել փաշկուլը.

կշտից կախել էր յուր նաֆիրը (եղջերափողը) և ջուլբանը (մախաղը), որի մեջ դրած էին մի քանի գրքեր: Նա, ձեռքին բռնած յուր հաստ գավազանը, առաջ եկավ, և յուր սովորական եղանակով ողջունեց, ասելով.

— Յա՛ - հու-հակ:

Հուրի Խան-Դայան և տիկին Թարլանը տարան նրան հիվանդի մոտ: Դերվիշը նստեց հիվանդի մոտ և աչքերը պշուցած՝ սկսեց նայել նրա երեսին. հետո ականջը դնելով նրա սրտին, խորին ուշադրությամբ սկսեց լսել:

— Դա խոսո՞ւմ է ինքը իրան, — հարցրուց նա:

— Հա՛, Բաբա՛-Դերվիշ, — պատասխանեցին պառավները, — հիվանդը ամեննին դադար չունի խոսելուց:

Դերվիշը դուրս բերավ մախաղից ռամը և սկսեց զցել նրան պղնձի սկուտեղի վրա:

— Հիվանդը բռնված է դևերից. չար ոգիները չարչարում են դրան, — ասաց իսլամի ճգնավորը ռամը զցելուց հետո:

— Մենք էլ գիտենք, այդպես է, — պատասխանեցին պառավները. — միայն դրա ճարը քեզնով է, աղա Դերվիշ:

— Տվեք ինձ տասը կրան, այնպես անեմ, որ առավոտյան ձեր հիվանդը վեր կենա մահճից:

— Մենք չենք խնայի քսան կրան էլ, միայն թե մեր որդին առողջանար:

— Ուրեմն բերեք ինձ ալյուր, մի թասի մեջ պաղ ջուր, մի լայն բերանով սրվակ և մի սև գույնով չարշապ:

Երբ տվին նրան խնդրած բաները, Դերվիշը վրանաձև ծածկվեց չարշապում և չոքեց, կզվեց բերանքսիվայր, տանելով յուր ծածկոցի տակ ալյուրը, ջուրը և սրվակը: Կես ժամի չափ զարհուրելի արտասանությամբ նա կարդում էր մի արաբերեն գիրք. այնուհետև լսելի եղան խառն ձայներ, որ նման էին բոլոր կենդանիների ձայների, և ահ ու սարսափ էին ազդում:

— Լո՛ւռ, անիծված, լո՛ւռ, ով լիրբ, — ասում էր Դերվիշը կոչելով ոգիների անծանոթ անունները:

Մի քառորդ ժամ է տևում Դերվիշի կռիվը ոգիների հետ, մինչև նա, ձգելով ծածկոցը, վեր է բարձրանում, ձեռքին բռնած սրվակը, որի բերանը պինդ կալա ծ էր մատով:

— Ահա՛ այդպես, զարշելիներ, խոսեց Դերվիշը, դուք կմնաք բանտարկված այս սրվակի մեջ մինչ խելոքանաք:

Հուրի Խան-Դայան և տիկին Թարլանը հետաքրքրությամբ նայեցին սրվակին: Բայց ինչե՛ր չկային նրանում: Թափանցիկ ապակիից երևում էին — փոքրիկ դեղին և կանաչ զորտեր, փոքրիկ մկներ, մի քանի հատ մանրիկ օձեր, կարիճներ, խեցգետին, մարախ — ինչ որ ուզես: Դերվիշը սկսեց սրվակը դրսից մատով ցույց տալ, թե այդ կենդանիներից որը՝ ո՛ր դևն էր:

— Ահա այդ կանաչ զորտը՝ Իբլիսի որդին է. այդ կարմիր օձը՝ Բելիարն է, այդ դեղին կարիճը՝ Լեգեոնն է. և այլն, և այլն:

Բայց երբ նա մոմով կալում էր սրվակի բերանը՝ հանկարծ մարախը թռավ:

— Դու փախա՞ր, ամբարիշտ, — ասաց նա, — վնաս չունի, քո ընկերները այստեղ են. դե՛ գնա, դու մենա՛կ ոչինչ չես կարող անել:

Պառավները շատ տրտմեցան, երբ փախավ դևերից մեկը: Դերվիշը նկատելով նրանց վրդովմունքը, մխիթարեց նրանց, տալով մի թիլիսմանական թուղթ, որ դնեն հիվանդի բարձի տակ, և կապեց նրա բազուկին բամբակե մի թել, որը մի քանի րոպե բերանի դեմ բռնած՝ աղոթք էր կարդում նրա վրա: Այնուհետև առնելով տասը կրանը, Դերվիշը հեռացավ միամտացնելով պառավներին, թե այդ թուղթը և թելը հեռու կպահեն հիվանդը այն մի հատ դնից, որ փախավ, և կնքելով սրվակի բերանը մոմով, դրեց յուր մախաղի մեջ:

Երեկոյան պահուն, բժիշկը գալով հիվանդի մոտ, երբ շոշափեց նրա զարկերակը, զարմացավ, տեսնելով նրա բազուկի վրա փաթաթված թիլիսմանական թելը: Նա ժպտաց, ասելով.

— Կախարդությունը դեռ չի կորցրել յուր հիմարական հետքերը խավար ազգերի միջից...:

Բայց և այնպես, Ռուստամի հիվանդությունը նույն երեկո բավական փոփոխություն էր արել — դեպ լավը: Նա կամաց-կամաց խոսում էր և հասկանում էր, ինչ որ ասում էին նրան: Եվ Հուրի Խան-Դայան առանց տարակուսանքի հավատում էր, թե Դերվիշի ջանքերը իզուր չանցան:

Դեռ մըստր Սեյսունը նստած էր հիվանդի մոտ, երբ ներս մտան տեր Մարկոսը և Սոլոմոն-բեկը՝ Ռես Վասակյանի հետ: Հետո եկան պարոն Արամ Աշխարունին և պարոն Խոսրով Մելիքզադեն:

Տեր Մարկոսը առանց լռելու խոսում էր: Ռես Վասակյանը հանդես էր մտել յուր կեղծավոր զվարճախոսությամբ: Հիվանդը գտնվում էր յուր հոգու բարվոք տրամադրության մեջ: Ինքնաեռը եփ էր գալիս սեղանի վրա: Պարոն Մելիքզադեն ընտանեբար թեյ էր պատրաստում:

— Դե՜, բավական է, օրհնած, որքան քնեք, — ասաց քահանան հիվանդին. — հիմա, փա՜ռք աստուծո, ձեր առողջությունը լավ է:

— Եթե կարողանայի, իհարկե, ինձ ախորժելի չէ մաշվել այս տխուր ու տրտում մահճի մեջ, — պատասխանեց հիվանդը թույլ ձայնով:

— Շնորհակալություն մըստր Սեյսունին, — մյուս կողմից ասաց Սոլոմոն-բեկը ստորաքարշ մարդահաճությամբ: — Իրավ, այդ մարդը հրաշք գործեց. պարոն Ռուստամի համար ես շատ հուսահատ էի:

Բժիշկը համարյա չլսեց այդ գովասանքը. նա խոսում էր պարոն Մելիքզադեի հետ:

— Գիտե՞ք, պարոններ, ո՜րքան թշվառ էր մեր հիվանդների դրությունը, քանի որ մըստր Սեյսունը չէր եկել մեր երկիրը, — նրանց խոսքը կտրեց Ռեսը.— ա՜խ, քանի՜ հազարավորներ մեռնում էին անօգնական:

Տեր Մարկոսը նկատելով, որ անգլիացու գովասանքը չափից պատշաճից անցավ, ասաց.

— Ինչո՞ւ, մենք ևս ունեինք հմուտ բժիշկներ, որոնք իրանց իմաստությամբ հետ չէին մնում Լոկմանից:

— Արդարև, — պատասխանեց Ռեսը կատակով, — նրանց էլ շնորհակալություն, որովհետև նրանց շնորհիվ ամեն տարի, թվով շատ մարդիկ էին գնում դեպ Պլուտոնի թագավորությունը:

— Ամենայն ճշմարիտ հայ-քրիստոնյա, — ասաց քահանան, — չպիտի հավատա, թե բժիշկները կարող են փոխել օրհասը, որովհետև, ինչ որ գրված է մարդու ճակատին, այն կկատարվի: Բայց ներողություն, մըստր Սեյսուն, իմ կարծիքը թող չվշտացնե ձեզ:

Բժիշկը արհամարհական կերպով ժպտաց:

— Ըստ ձեր կարծիքի, — ասաց նա, — ճակատագիրը, որպես նախասահմանյալ դատավճիռ, առանց փոփոխության, առանց մի կետ զանց առնելու իրականությունից — եթե կատարվում է, ուրեմն այլևս ի՞նչ հարկավոր է հոգալ մեր կյանքի համար:

— Իհարկե, ի՞նչ հարկավոր է հոգալ, — պատասխանեց քահանան: — Մի՞թե չես կարդացել, ինչ է ասում Քրիստոս Մատթեոսի Ավետարանի վեցերորդ գլխում. «Մի հոգայք վասն կենաց ձերոց...: Իսկ արդ, ո՞ր ձէնջ առ հոգալ իւրում յաւելուլ կարիցէ ի հասակ իւր զկանգուն մի: » Եվ այդպես, մեր կյանքը աստուծո ձեռքումն է, առանց նրա կամքի մենք չենք կարող մեր գլխից մեկ մազ սպիտակացնել կամ սևացնել, որովհետև, առանց աստծո ոչ մի տերև չի ընկնում ծառից:

Բժիշկը դարձյալ ծիծաղեց:

— Հայր, — ասաց նա յուր սովորական հանդարտությամբ, — երեխայությանս օրերին կարդացել եմ, և տակավին իմ մտքումս են այդ խոսքերը. կարծեմ, Մատթեոսի միևնույն վեցերորդ գլխում գրված է, որ մենք մեր ապրուստի, մեր ուտելու և հագնելու մասին ևս հոգս չունենանք:

— Ճշմարիտ, այդպես է, — պատասխանեց քահանան. — «Մի այսուհետև հոգայցեք. և ասիցէք, զի՞նչ կերիցուք, կամ զի՞նչ արբցուք, կամ զի՞նչ զգեցցուք...: Հայեցարուք ի թռչունսն երկնից, զի ո՛չ վարեն, ո՛չ հնձեն, և ո՛չ ժողովենի շտեմարանս և հայրն ձեր երկնատր կերակրէ զնոսա...: Եւ վասն հանդերձի մի հոգայք, հայեցարուք ի շուշանս վայրենի, ո՞րպես աճէ, ո՛չ ջանայ և ո՛չ նիւթէ»:

Բժիշկը իսկույն չափեց հայ քահանայի հասկացողության ամբողջ սահմանը:

— Արդարև, — ասաց նա — եթե աստված ստեղծած լիներ մեզ երկնքի թռչունների նման, և եթե մեր արմատը դներ գետնի մեջ վայրենի շուշանների նման, մենք խիստ սակավ հոգս կունենայինք մեր կյանքի և մեր ապրուստի համար:

— Ի՞նչպես, — աչքերը լայն բացելով հարցրուց քահանան:

— Այնպես, որ բնությունը ինքը բուսցնում է վայրի շուշանները գետնից — իրանց ամբողջ զգեստավորությամբ: Նրանց հանդերձները աճում, կատարելագործվում են նրանց կյանքի հետ, այդ պատճառով նրանք կարոտություն չունին ո՛չ գործվածքի — հագուստի համար, և ո՛չ դերձակի — կտրելու համար: Բայց մարդը, բոլոր կենդանիներից ամենատկարը աստծու ձեռքով ստեղծված լինելով, կարոտ է յուր կյանքի և յուր ապրուստի հոգածությանը: Ինչո՞ւ, որովհետև նրա լերկ և մերկ մարմինը զգում է եղանակների բոլոր փոփոխությունները — արևի տոթը այրում է նրան, ցրտի սաստկությանը չէ դիմանում, որովհետև մարդուս մարմնի մերկությունը՝ կաթնակեր անասունների նման՝ բրդով կամ մազով չէ պատած, և ո՛չ երկնքի թռչունների նման՝ փետրով, որ առանց հոգածության, ինքնուրույն փոխվեր և նորոգվեր որոշյալ ժամանակներին: Ուրեմն մենք չենք կարող չհոգալ, թե «ինչ պիտի հագնենք»: Իրավ, երկնքի թռչունները չեն վարում, չեն հնձում, ոչ էլ ժողովում են իրանց ամբարներում, որովհետև բնությունը — աստծո այդ համատարած ամբարը — ձրիաբար և անաշխատ՝ բաշխում է նրանց կյանքի բոլոր պիտույքները: Բայց մարդը սովոր չէ ուտել խոտ, բանջար և կերակրվել հունդերով, որ ամենուրեք պատրաստի դրած են բնության սեղանի վրա. նա պիտի ճակատի քրտինքով վաստակե յուր հացը: Եվ մարդը մեքենաբար այնպես չէ կազմված, որ յուր մարմնի զենքերով կարողանա պաշտպանել յուր անձը — նա յուր եղունգներով և ատամներով — առ յուծի և արծվի նման — չէ՛ կարող պատերազմել յուր թշնամիների հետ: Եվ նրա ոտքերը այնչափ ամուր չեն, որպես ձիու և իշի սմբակները, որ կոշիկի կարոտություն չունենային և աքացիով պաշտպանեին նրան: Բայց այդ ֆիզիկական տկարությունների փոխարեն ստեղծողը իմացական կարողությամբ կատարելագործեց մարդը, ներշնչելով նրանում բանական հոգի և խելք կամ հանճար: Եվ կարիքը՝ եղավ մարդկության առաջին վարժապետը, որ ուսույց բանեցնել խելքը— այդ աստվածային ծանրակշիռ պարգևը, և նրանով գտնել մեր կյանքի բոլոր պիտույքները:

Բայց տեր Մարկոսը չհասկանալով մըստր Սեյսոնի ասածները՝ հարցրուց.

— Ուրեմն Քրիստոս խաբել է մեզ:

— Քրիստոս չէ խաբել մեզ, — մյուս կողմից պատասխանեց պարոն Աշխարունին. — եթե մենք ճշմարիտ քրիստոնյաներ լինեինք, իրավ, մենք սակավ հոգս կունենայինք մեր կյանքի և մեր ապրուստի համար, ինչպես էին առաջին դարու քրիստոնյաները Քրիստոսից հետո:

— Հրաշքների ժամանակները անցել են, — ասաց մըստր Սեյունը– այժմ ո՜վ չգործե՛, չէ կարող ուտել, և ո՜վ չուտե– կմեռնի:

Քահանան յուր կամավոր հակաճառությամբ կամենում էր առաջ տանել վիճաբանությունը, բայց տեսնելով, որ Սոլոմոն-բեկը վեր կացավ, նա ևս, հիվանդին առողջություն մաղթելով, միասին հեռացավ:

— Ռես, — ասաց Սոլոմոն-բեկը, երբ տեր Մարկոսը բաժանվեց նրանցից — հիվանդը ոչ մի վտանգ յուր կյանքի դեմ՝ չէ ցույց տալիս, մեր հույսը դարձյալ կորած է...:

— Մեր հույսը կորած չէ, — պատասխանեց Ռեսը յուր անդրդվելի հաստատամտությամբ.— բայց առժամանակ կորած է մեր հանգստությունը — նրա մահը կդյուրացներ գործը, բայց նրա կյանքը մի փոքր երկար աշխատել կտա մեզ:

— Բայց չէ՞ կարելի դյուրացնել գործը նրա մահվամբ:

— Ինչո՞ւ չէ կարելի. ամենայն անկարելին՝ արծաթը կարելի է դարձնում... ես այդ մասին մի բան մտածել եմ... միայն դուք շնորհեցեք փող, որքան հարկավոր լինի:

— Ես չեմ խնայում իմ արծաթը. միայն, Ռես, զգուշացնում եմ քեզ, այդպիսի հանգամանքներում ամենևին և երբեք չիշել իմ անունը. չասել՝ թե ես նույնպես խորհրդակից էի քեզ, որովհետև երբ գործը ընդուներ հակառակ ընթացք՝ մեր օգտին ընդդեմ-այն ժամանակ ես չեմ կարող անպատվություն տանել, իսկ դու՝ անարգանքներ կրել սովորել ես...:

Ռեսը մի քսակ ոսկի ստանալով, դիմեց դեպ մըստր Սեյունի տունը: Առաջին խաբողը, յուր խորամանկությամբ ոգևորված՝ այնպիսի ուրախությամբ չսողաց նախաստեղծների անմեղ բնակարանը — դրախտը, որպես Ռես Վասակյանը, չարության մտքերով լի՝ մտավ բժշկի տունը: Այդ եղեռնագործը կարծում էր, թե արծաթի մեջ կա այն ուժը և կարողությունը՝ ինչ որ չկա աստծո մեջ: «Թեթևամիտ անգլիացի է. մտածում էր նա հաստատ հույսով — ես նրա համոզումը կորսամ ա՛յս քսակով...»:

Նա գտավ բժշկին յուր դեղարանում միայնակ նստած:

— Դոկտոր, դուք կարո՞ղ եք լինել այնքան ողորմած, որ շնորհեք ինձ մի քանի րոպե ձեզ հետ գաղտնի խոսելու, — հարցրուց նա փաղաքշաբար բռնելով բժշկի ձեռքը:

— Խոսեցեք, — պատասխանեց նա սառնությամբ, — ոչ ոք ձեզ չի արգելի:

— Բայց նախապես, ինձ պետք է ստանալ ձեր խոստմունքը, որ իմ ասելիքս կմնա ձեզ մոտ իբրև գաղտնիք, եթե ես չկարողանամ օգտվել ձեր հաճությունից:

— Դժվար է խոստանալ մի բանի մասին, որ մեզ հայտնի չէ՛:

Ռեսը մտածության գնաց: Բժշկի սառնասրտությունը փակել էր նրա բերանը: Նա չէր համարձակվում վստահանալ և իսկույն հայտնել յուր նպատակը, բայց նրա անամոթությունը խրախույս տվեց նրա սրտին.«ինչ վնաս ունի, եթե գործը անհաջող ելք ստանա», մտածեց նա, ասելով.

— Բարեհաճեցեք, դոկտոր, լսել այդ՝ թեև անստանելի — հարցումը, կարո՞ղ էիք դուք ձեր դեղերը որևիցե հիվանդի համար գործադրել դեպ վատը, այսինքն՝ դեպ նրա մահը:

Մըստր Սեյունի սիրտը դղրդեց այդ օտարոտի հարցումը:

— Ես բժիշկ եմ, և ո՛չ դահիճ, — պատասխանեց նա շփոթվելով:

— Բայց երբ հարկադրում էր ձեզ դեպ այդպիսի մի ձեռնարկություն մեծակշիռ նյութական օգուտը, օրինակ, ահա, այս ոսկիներով լի քսակը: — Եվ Ռեսը դրեց բժշկի առաջ հուդայան արծաթները:

Մըստր Սեյունի աչքերը վառվեցան անսովոր բարկությամբ.

— Հեռացեք, դավաճան, — կոչեց անգլիացին, ոտքով դեն զցելով քսակը, — դուք կամենում եք կաշառել ինձ և մա՞հ գործել տալ: Կորեք այստեղից, ես չեմ կամենում տեսնել ձեզպիսի նենգավոր:

— Փա՛հ, փա՛հ, կատակը դիպավ յուր նպատակին…— ասաց Ռեսը ծիծաղելով և միաժամանակ ծածկելով յուր խորին վրդովմունքը: — Պարոն դոկտոր, դուք խիստ շուտ բարկացաք, բայց վնաս չունի, ազգային բնավորություն է այդ — անգլիական արյունը դյուրագրգիռ է…: Բայց բարեհաճեցեք հավատալ, որպես անկեղծ խոսքի, որ իմ առաջարկությունը ոչինչ չէր, բայց միայն փորձ:

— Որպիսի՞ փորձ, — հարցրուց բժիշկը, դեռ չհանգստացած յուր բարկությունից:

— Մի քանի օր առաջ ես գտնվեցա մի տան մեջ, որտեղ կային մի քանի անձինք. այնտեղ խոսք բացվեց ձեր մասին. մինը սկսեց չարաչար բամբասել ձեզ, ա՛յլև ամբաստանել կեղտոտ արատներով, թե դուք Պոլսում, քանի-քանի անգամ կաշառված լինելով, շատ հիվանդներ եք սպանել, և թե մեծ անխելքություն էր վստահանալ ձեր բժշկական օգնությանը: Բայց իմ խղճմտանքս չէ ներում ստախոսություններ լսելու, իսկույն այն ստախոսին հակառակ դուրս եկա, և երկար հակաճառություններից հետո պայմանադրվեցա փորձել ձեր հավատարմությունը. այժմ, պարոն, ես շատ ուրախ եմ, որ տարա մրցանակը, որովհետև սխալված չեմ եղել իմ կարծիքի մեջ:

Այդ ճարտար զյուտը, որ վայրկենապես ստեղծեց Վասակյանի հնարագետ խելքը, բոլորովին հանգստացրեց բժշկին, և նա, զղջալով յուր շուտափույթ բարկության համար, բռնեց Ռեսի ձեռքը, ասելով.

— Նե բողություն, Ռես, հազար անգամ ներողություն:

— Վնաս չունի, որպես ասացի՝ ազգային բնավորություն է, բայց ես գիտեմ ձեր բարեսրտությունը:

— Բայց ես խնդրում եմ, եթե կարելի է, հայտնեցեք այն մարդու անունը, — ասաց մըստր Սեյսունը:

— Այդ չեմ կարող անել. բայց դուք, երկմտությունից բոլորովին դուրս գալու համար՝ կստուգեք այդ խոսքերի ճշմարտությունը Սոլոմոն-բեկից, որովհետև այդ խոսակցությունը տեղի է ունեցել նրա տան մեջ: Այժմ մնաք բարյավ:

Ռեսը հեռացավ, վշտացած յուր ձեռնարկի անհաջողության վրա: Նա շատ ուրախ էր, որ չհիշեց Ռուստամի անունը: Խորին մտահուզության մեջ, նա դիմեց դեպի Ավազակյանց տունը, որպեսզի Սոլոմոն-բեկին հայտնե այն օրվա անցքը, և պատվիրե նրան, որ նա ևս, պատահած ժամանակ, եթե բժիշկը հարցնելու լիներ, յուր խոսածին վկայություն տար:

Բայց նույն րոպեին նրա գլխում լույս ընկավ մի նոր միտք, և նրա սև տրեխի գույնով կնճռոված երեսը պարզվեց: «Ա՛յն, որ չընդունեց կատարել մարմնավոր բժիշկը, անշո՛ւշտ կկատարե — հոգևոր բժիշկը...», ասաց նա յուր մտքի մեջ — դիվական հրճվանքով:

ԻԱ

ԵՐԿՐՈՐԴ ՀԱՐՎԱԾ

Այն նահանգը, որտեղ կատարվում է մեր վիպագրության նյութ ծառայող անցքը, տեղավորված էր Ատրպատականի այն մասի մեջ, որի արևմտյան սահմանակից սարերի մեջ բնակում էին քրդերի թափառական ցեղեր, որոնք, որպես պատերազմասեր բարբարոսներ, շատ անգամ ավազակաբար հարձակվում էին նրա բնակիչների վրա, կողոպտում, ավար տանում նրանց ոչխարները, տավարների նախիրները և շատ անգամ չարաչար սպանելով բնակիչները: Այս պատճառով, այն սարերը, որտեղից նրանք դուրս էին գալիս, կոչվում էին դուշմանա սարեր, այսինքն թշնամյաց սարեր:

Օսմա-աղա քուրդը անխնա ասպատակում էր երկիրը: Բոլոր Զարեհավանը լցվել էր շիկակների, ռավանդների, հարքիների և քրդերի այլ բարբարոս ցեղերի ավազակներով: Բնակիչներից ոմանք Հովատար և Ճարա բերդերը փախչելով հազիվ ազատվեցան: Իսկ մնացյալները՝ իրանց կյանքով զոհ գնացին թշնամու անգութ սրին...:

Տեր-Առաքելենց տանը, Ռուստամի սենյակում, արեգակը ճառագայթում էր թույլ և աղոտ լույսով: Հիվանդի մոտ նստած էին տեր Մարկոսը և Հուրի Խան-Դայան: Քահանան պատմում էր, թե ո՛րքան վնասներ են գործել քուրդերը, և թե շատ երկյուղ կար, որ նրանք հարձակվեին Ծաղկավանի վրա ևս: Այդ դիպվածին տեր Մարկոսը խորհուրդ էր տալիս, որ ժողովուրդը հավաքվեր եկեղեցում, և նրա տանիքից, հարկավորած ժամանակ, կովեին թշնամիների հետ:

— Գերիների վիճակը միշտ այդպես է... — կրկնեց հիվանդը դառն եղանակով:

— Մի թույլ, փոքրոգի և երկչոտ ազգ միշտ ապրում է հալածանքի մեջ:

Քահանան կրկնում էր, թե այդ հալածանքները ուրիշ ոչինչ չեն, բայց միայն աստուծո բարկություն, որով կամենում է պատժել հայերը, իրանց մոլորությունների համար:

— Ո՛չ, տե՛ր հայր, — մեջ մտավ Հուրի Խան-Դայան, — դրանք բոլորը ուղիղ նշաններ են, որ ցույց են տալիս, թե աշխարհիս վերջը հասել է: Դեռ ո՛ւր է... շա՛տ չարիք տեսնեն մեր մեղավոր աչքերը — սով, սրածություն, մահտարաժամ, սուտ մարգարեներ, սուտ քրիստոսներ, — իսկ բոլորից հետո կհայտնվի Նեռը, նստած յուր ահագին խայտաճամուկ իշու վրա, որի ականջների միջի տարածությունը երեք մղոն է: Նրա քամակը կնմանի մի ընդարձակ դաշտի, որի վրա հոսում էին ջրի առվակներ, ա՛յլև այդ զարհուրելի անասունի մեջքի վրա կազմված են հաց թխելու թոնիրներ և ցորենի ամբարներ: Բոլոր ազգերը, նեղված սովից, կդիմեն դեպի Նեռը. «ինձ հավատացեք, ինձ երկրպագություն տվեք», կա՛սե նա. «ես ձեզ կկերակրեմ հացով, և սառն ջուր կխմեցնեմ ձեզ»: Եվ երկրպագողները կտանե յուր մոտ, ավանակի վրա: Նույն օրերին կհայտնվին աջուջ-բաջուջները. նրանք ունեին մեկ թզաչափ հասակ, բայց այնպիսի երկար և լայն ականջներ, որ գործ են ածում որպես սփռոց գետնի վրա նստելու ժամանակ, իսկ քնելու միջոցին՝ փաթաթվում են նրանցով, որպես վերմակներ...:

Մնահավատ Հուրի Խան-Դայայի այդ առասպելական զրույցները զարթեցրին քահանային մտքի մեջ ավետարանական բանի հիշողությունը, և նա ջերմեռանդությամբ սկսեց կարդալ այս խոսքերը:

— Յարիցէ ազգ յազգի վերայ, եւ թագաւորութիւն ի թագաւորութեան և եղիցին սովք և սրածութիւնք, եւ սասանմունք ի տեղիս տեղիս...: Եւ բազում սուտ մարգարէք յարիցեն և զբաղումս մոլորեցուցեն...: Եւ վաղվաղակի յետ նեղութեան աւուրցն այնոցիկ արեգակն խաւարեսցի եւ լուսինն ոչ տայցէ զլոյս իւր...:

Հուրի Խան-Դայան երկյուղածությամբ խաչակնքեց յուր երեսը և ջերմեռանդությամբ աղոթում էր աստծուն, որ ազատե իրան այդ օրերի նեղություններից, որովհետև նա ստուգիվ հավատում էր թե աշխարհի վերջը հասել է:

— Էլ ի՞նչ մնաց պակաս, — խոսեց նա. — արդեն մարախից հետո սովը մեր աշխարհից չէ վերանում. սրածությունն էլ վրա հասավ... իսկ սուտ մարգարեքը... ա՛խ, այդ անիրավ մոլորեցուցիչները... մեր միջո՛ւմն են... մեր տներումն են բույն դրել, բա՛յց մենք չենք հասկանում:

Հուրի Խան-Դայայի վերջին խոսքերը պարոն Աշխարունու և նրա կողմնակիցների համար էին:

Ռուստամին խիստ վատ ներգործեց մի այդպիսի զրպարտություն:

— Հայոց ազգի անբախտ պատմությունը, — ասաց նա, — մեզ պատկերացնում է այդ ազգի կրոնամոլական թուլությունները... մի այդպիսի հանգամանքներին, երբ կոտորում՝ գերի էին վարում նրանց, միշտ կարծել են տալիս, թե ահա հասել էր աշխարհիս վերջը... Բա՛յց, երբեք չեն մտածել իրանց սրով, իրանց քաջությամբ — պահպանել իրանց գլուխները...:

— Քաջությունը և սուրը ի՞նչ կարող են անել աստծո պատժին, — ասաց տեր Մարկոսը:

Ռուստամը ո՛չինչ չպատասխանեց, երեսը թեքեց դեպի պատը, և միևնույն ժամանակ արտասուքը հեղեղի նման սկսեց թափվել նրա լցված աչերից:

Հուրի Խան-Դայան և տեր Մարկոսը, զգալով հիվանդի խռովությունը, և թե իրանց ներկայությունը ծանր և անտանելի էր նրան, վեր կացան և դուրս գնացին:

Երեկո էր, հիվանդի սենյակի մեջ տիրում էր խորին խավար, բայց շուտով հսկայամարմին Խաչոն ներս բերավ ճրագը:

— Ի՞նչ լուր կա, Խաչո, հարցրուց հիվանդը:

— Շատ ցավալի լուրեր, — պատասխանեց քաջասիրտ ծառան. — Ավղանա և Արավուլ սարերի մոտ եղած բոլոր հայերի գյուղորայքը ավերել են... և քառասուն ուղտի բեռ, հայի գլուխներով լիքը, սպանվածների գույքի և ոչխարների հետ՝ թշնամին տարավ դեպ Հախպակ...:

— Այդ մի նոր բան չէ հայերի կյանքում... — պատասխանեց հիվանդը դառն եղանակով: — Խա՛չո, հայերը սովորած են սև օրերի...: Այլևս ի՞նչ լուր ունիք:

— Նայիբ Ուլ-Սալթանան գնաց քրդերի վրա, Հախպակա և Հայոց Ձորի գերիները վերադարձրել է. բոլորը հայ նորահաս պատանիք և մանկահասակ աղջիկներ են...: Մեր գյուղացիներից շատերը արծաթով գնեցին այդ գերիներից, մեկից մինչև տասն թումանով...:

— Այդ ևս նոր լուր չէ, Խաչո, — պատասխանեց հիվանդը ցավակցաբար. — գերությունը մեր պապերի միակ ավանդն է, որ թողել են մեզ...: Բայց դու չմոռանաս գնել մի քանի հատ այդ գերիներից, ահա քեզ արծաթ:

Ռուստամը դուրս բերեց յուր բարձի տակից արծաթով լի մի քսակ, տվավ ծառային՝ և նրա աչքերը դարձյալ լցվեցան արտասուքով: Նա դառն եղանակով երգեց.

«Մի՛ թե արյունո՞վ գրվեցավ՝
Ճակատագիրդ — անբախտ հա՛յ.
Հայրենիքդ՝ քեզ բանտ դարձավ.
Օտար աշխարհին էլ բերեց վայ...»:

— Այլևս ի՞նչ կա, Խաչո, — հարցրուց հիվանդը:

— Ասում են Հախպակը թալանեցին և սուրբ Բարթուղիմեոսը քարուքանդ արին:

— Թող մնան դրանք, թե աստված կսիրես. դու վշտացնո՛ւմ ես ինձ, Խաչո, — նրա խոսքը կտրեց Ռուստամը — ա՛սա խնդրեմ, դու տեսա՞ր նրան:

— Հրամեր ե՛ք, աղա, — պատասխանեց ծառան, — նա ասաց. «ես կգամ կես գիշերվա պահուն»:

— Ուրեմն արթուն եղիր, բակի դռները բաց թող. և երբ գա՛ , առաջնորդիր դեպ իմ սենյակը:

Ծառան հեռացավ:

Դրսում մրրիկը կատաղաբար մռնչում էր. լուսամուտի ապակիները զարհուրելի ձայներ էին հանում. վառարանում կրակը սկսել էր հանգչիլ. մի քանի ածուխներ հազիվ պլպլում էին իրանց թույլ կանաչագույն բոցերով: Ահա աքաղաղները խոսեցան: Կես գիշեր է: Հասավ ուխտյալ ժամը, բայց նա տակավին երևան չեղավ: Հիվանդը, յուր քնաշորերում անհանգիստ, անքուն, սպասում է՝ մի կողմից դեպ մյուսը շրջվելով: Ճրագը ծխրտում էր յուր աղոտ լուսով:

Քնարանի դուռը հեզիկ զարկեցին. բոպեական լռությունից հետո մինը ներս մտավ, փաթաթված մի լայն մեշեդյան շալով. նրա փափուկ թշերը լրջացել էին ցրտից.— այդ օրիորդ Սալբին էր:

— Դու երկար սպասել տվիր ինձ, իմ հրեշտակ, — նրա ձեռքը բռնելով, ասաց Ռուստամը:

— Ի՞նչ պիտի արած... դևերը քնեցին, սատանայք ննջեցին, բայց իմ մոլակրոն մայրը դեռ անքուն նստած՝ տակավին խաղում էր յուր պատկերների և յուր խաղերի հետ... — պատասխանեց ծիծաղելով օրիորդ Սալբին:

— Ա՛խ, այդ մոլեռանդ ծնողները... — կրկնեց հիվանդը խորհրդական ձայնով:

— Ի՞նչպես ես զգում այժմ քեզ, — հարցրուց օրիորդը:

— Ոչ բոլորովին լավ... միայն այժմ մեռնելուս երկյուղը անցել է:

— Ասա, Ռուստամ, ի՞նչ է քո հիվանդության պատճառը:

— Ճշմարիտն ասած՝ ստույգ չգիտեմ... միայն, գլխավոր պատճառն համարում եմ այն զարհուրելի երազը, որ տեսա ես բարեկենդանի գիշերը:

Օրիորդը արհամարհաբար ծիծաղեց:

— Դու մի երազ տեսար, և մի երազ է պատճառ եղել քո հիվանդության, — ասաց նա արագությամբ. — ֆո՛ւ այդ ներելի չէ քեզնից լսել:

— Հա՛, երա՛զ, ա՛յն սարսափե՛լի երազը, — կրկնեց հիվանդը առաջին եղանակով:

Օրիորդը չկարողացավ զսպել յուր զարմացքը:

— Պատմիր, Ռուստամ, պատմիր խնդրեմ, որպիսի՞ երազ, — հարցրուց նա հետաքրքրությամբ:

Ռուստամը սկսեց մանրամասնաբար պատմել երազը, որ այնքան ուժգին պաշարել էր նրա միտքը: Միևնույն ժամանակ օրիորդը չէր դադարում հոգվոց հանելուց. նա, ականջները լարած, խորին ուշադրությամբ լսում էր:

— Թեպետ ես մի հմուտ հոգեբան չեմ, — ասաց օրիորդ Սալբին, — բայց այսքանը գիտեմ, շատ անգամ, երևակայական խառն պատկերները, ուղեղի ուժգին գրգռումները՝ ծնեցնում են զարհուրելի երազներ, որոնք սաստիկ ներգործելով մեր հոգու վրա, պատճառում են հոգեկան հարվածներ, որոնք չարաչար հիվանդություններ են բերում:

— Հա՛, Սալբի, մեր պսակի հետ ընկնելը խիստ սաստիկ կերպով պաշարեց իմ միտքը, որով երևակայությունս վառված էր տխուր և տրտում մտածություններով, և մի անտանելի կասկածանք, մի տարապայման երկյուղ՝ ինձ անգամ անհասկանալի — մաշում էին իմ անձը. և այժմ իսկ, այդ դժնդակ երկյուղը և կասկածանքը ինձնից չեն հեռանում:

— Ինչո՞ւ, այդ թուլասրտություն է:

— Ա՛խ, վիշապը... այն կատաղի վիշապը... միթե չէ՞ ցույց տալիս, որ մի թշնամի ձեռք հսկում է մեր վրա:

Օրիորդը համակրաբար նայում էր յուր սիրողի երեսին, ասես թե, միևնույն կասկածանքը նկարված էր նրա աչքերի մեջ ևս: Այո՛, և մի այդպիսի երկյուղ թաքնված էր խեղճ օրիորդի սրտում...:

— Պետք է հեռու դնել այդ ունայն և սրտամաշ տրտմությունները, իմ սիրելի, — մխիթարական կերպով խոսեց օրիորդ Սալբին, — առանց դրանց, դարձյալ մեր կյանքը լի է տառապանքներով:

Ռուստամը մտածության գնաց, ոչինչ չպատասխանեց:

— Արդարև. ո՛րքան քաղցր է մահը, երբ այս կյանքը լի է ցավերով, — ասաց օրիորդը:

— Մահը հանգստացնում է մարդու դժբախտությունները, — պատասխանեց Ռուստամը:

— Ա՛խ, ո՛րքան կփափագեի ես շուտ մեռնել, եթե քեզ, Ռուստամ, չթողնեի այս աշխարհում միայնակ:

— Ինչո՞ւ, քո անձը դեռ լի է դալար և թարմ կյանքով:

— Չէ՛, իմ սիրելի, որպես ասացիր — մահը հանգստացնում է մարդկանց դժբախտությունները, — ասաց օրիորդը:

— Ուրեմն ես կհետևեմ քեզ դեպի հավիտենական կյանքը, — պատասխանեց Ռուստամը:

Օրիորդ Սալբին, երեսը մի կողմ շրջեց և սրբեց աչքերի արտասուքը, խղճալու սիրտը նույն րոպեին դարձրել էր տրտմության մի ծով...: Մի ցավալի իրողություն, որ այնքան ծանր դրված էր նրա սրտի վրա, կամենում էր հայտնել, բայց չէր համարձակվում: Նա մտածեց հայտնել այդ — հարևանցի կերպով:

— Այսպիսի անմխիթար խոսակցությունները, — ասաց օրիորդը, — դարձյալ կավերեն քո առողջությունը. լավ է խոսենք մի փոքր ուրախալի բաներ:

— Լեզուն արտասանում է այն՝ ինչ բանով որ լցված է սիրտը, — պատասխանեց Ռուստամը:

— Բայց և այնպես, ես կերգեմ քեզ մի ուրախալի տաղ:

— Երգիր, խնդրեմ, ես շնորհակալ կլինեմ քեզանից: Օրիորդը սկսեց ազդու և գրավիչ ձայնով երգել այն սարսափելի երազը, որ ինքն էր տեսել մի քանի գիշեր առաջ:

Կարծես եղեմի ճեմելիքներով
Մնջիկ, միայնակ զբոսնում էի,
Բյուր ծաղիկների վառ-վառ գույներով
Իսպառ հիացած՝ զմայլում էի:

Անթիվ թռչուններ, մին մնից սիրուն,
Լսեցնում էին ինձ՝ յուրյանց երգեր.
Եվ քերոբեներ, անհամար, անհուն,
Գեղգեղում էին սրբազան երգեր:

Այդ մի երազ էր... Բայց կախարդական...
Թողեց իմ սրտում վշտեր անհամար...
Կամ թե առ աչոք թիլիամ դյութական,
Որ կրակ վառեց հոգվույս մեջ անմար:

Ինձ այն ժամանակ՝ քանի՛ գեղեցիկ
Երևեցավ նա այն ծառերի տակ.
Չէր նա հողեղեն — մարմնազգեցիկ,
Որպես հրեղեն՝ էր սիրուն հրեշտակ:

Նրա կիսամերկ մարմին ծածկում էր
Շղարշի թեթև սփածանելիք.
… Պայծառ երեսի վերա խաղում էր
Մի սիրտ գրավող և ուրախ ժպիտ:

Նրա այն մեծ-մեծ սև աչիկները
Փայլեին որպես մի վառած ղամբար,
Եվ փղոսկրյա պարանոցի վրա
Թուխ զանգուրները՝ բռնել էին պար:

Նա թեթև, որպես մի բարակ զեփյուռ,
Վազեց, կանգնեցավ ինձ խիստ մերձակա:
Հազար պչրանքով՝ հազար հրապույր
Արտափայլում էր երեսի վրա:

«Ուսկի՞ց հայտնվեցար դու այզ երկնաճեմ
Զբոսարանում միշտ — անմահների,
Ո՞ր ձեռքը բերավ քեզ աստ ի հԵղեմ.
Պատմիր, խնդրեմ, ով իմ նազելի»:

Նա այդպես խոսեք, բայց մեղր կաթեց
Նուրբ շրթունքն երեն վարդագույն կարմիր,
Այլ ծանոթ ձայնը ինձ քաջալերեց,
Ես հառաջ տարա այդպես իմ խնդիր:

— «Ուժգին հողմերի թևերի վերա՝
Չափեցի անհուն այդ տարածություն.
Ես քո տեսության այս տեղում եկա.
Ինձի պաշտպանեց զաղտնի Զորություն»:

— «Այստեղ ես եկա, ով իմ հրեշտակ,
Տեսնել, արդյո՞ք, թե հավիտենից
Մեր ճակատագիր, մեր բախտ և վիճակ
Ո՞րպես են վճռված Նախախնամողից»: —

«Ե՛կ ինձ հետ, ցույց տամ այն տխուր հանդես
Մեր ճակատագրի, սիրելիդ անգին.
Եթե սիրտ ունիս, դու նայի՛ր և տե՛ս
Ցավալի պատկեր մեր դառն վիճակին»:

Այդպես նա խոսեց, բայց իսկույն փոխվեց
Սիրուն երեսի այն կարմիր գույնը.

Փայլուն աչքերեն արտասուք թափվեց
Բռնեց իմ ձեռքեն, տարավ մյուս կողմը:

Այն մի պարտեզ էր, ուր նա ինձ տարավ,
Թարմ ծաղիկներով զարդարած համակ.
... «Ահա՜ այդ վարդը», նա ինձ ցույց տվավ,
«Է մեր վիճակի ստույգ օրինակ»:

Աչքերուս առջև մթնեց, սևացավ.
Տրտում տեսարան խռովեց իմ հոգին.
Սիրտս պաշարեց հազար ու մեկ ցավ,
Գլուխս բորբոքեց մի կրակ ուժգին:

Ես տեսա մի վարդ, ի՜նչ քնքշիկ վարդ…
Դեռ նոր էր փթթել ծաղիկ ու սաղարթ,
Դեռ նոր էր օդը նրանից ծծում
Յուր եթերական անուշհոտություն:

Տեսա ես վարդը… օ՜հ, զզվելի բու
Դեղին թաթերով էր նրան գրկել.
Գրկել էր վարդը... օ՜հ դեպք ահարկու,
Եվ յուր ժանտ կուրծքին նրան պինդ ճնշել:

Քրքրում էր թերթերը… բերում էր սարսափ,
Ստվերախիտ թուփը կաներ տերևաթափ,
Քրքրում էր թերթեր, թափում էր գետին,
Խառնում էր նրանց հետ սյավ հողին:

Աչքերս խփեցի, շուտով անց կացա,
Այլևս չտեսնեմ այդպիսի նղեռ.
Նորան չէր հեռու, այլ խիստ մերձակա՝
Տեսա ես մի այլ սզավոր պատկեր:

— Տխո՜ւր անապատ… տատասկի մացա՜ռ,
Ուր բուսել էին փուչեր հոգեառ.
Փուշե՜ր թունավոր, փուշե՜ր ծակոտող...
Ո՜հ, ես զգացի սարսուռ, ահ ու դող:

Մի սիրուն սոխակ, վարդի ջերմ երգակ,
Փուշերու վերա, թռչոտում էր միակ.
Թռչոտում էր նա, լալով, ճչալով,
Հոգնած թևիկներ հեզիկ շարժելով:

Դեպ վարդ գնալու կ'ուներ նա միշտ փույթ,
Գոզցես արգելեր ձեռք աներևույթ.
Գուցե թե նորան ավերակաց ժառանգ՝
Սպառնում էր շատ սարսափ ու զարզանդ:

Ծակում էր փուշը խղճի նուրբ դոշը,

Չէ՛ր կարում թառիլ ձայնով անուշը.
Այնպես թռվռաց, երկար ճլվլաց,
Աչերեն թափեց շատ արտասուք, լաց:

Նվազած թևիկներ՝ կախեց, վայր ընկավ,
Յուր փափուկ կուրծքը փուշերուն զարկավ,
Նետեր ցցվեցան սրտում սոխակին,
Վա՛րդ, վա՛րդ, կոչելով փչեց սուրբ հոգին…

Երկինքը գոռաց, մրրիկը սուլեց,
Կայծակ և կրակ միմյանց հետ խառնեց.
Մտավ արեգը՝ ամպերու տակը՝
Անիրավ գործի չդառնալ վկա:

Ճղացի որպես կատղած խելագար,
Հարձակեցա շուտ՝ գե՛թ հասցնել մի ճար.
Արդեն մեռա՛ծ էր… տաք արյան բոսոր
Ներկել էր կարմիր՝ կուրծքը փառավոր:

— «Այս ի՞նչ օրենք է, այս ի՞նչ դատաստան, —
Գոռացի հայնժամ — «Այս ո՞ր անպիտան՝
Բարի գործի մեջ՝ անարդար վճիռ
Խառնեց, կատարել այդպիսի ոճիր»:

«Տե՛ս, այնտեղ նստած միակ ծեր մարդը».
Մեկնեց նազելին նուրբ ցուցամատը.
«Նա յուր վիճակված հոտերու անթիվ
Է կեղեքիչ գայլ, անիրավ հովիվ»:

«Այսպես վճռեց, որ լինին բաժան
Երկու սիրահարք՝ միմյանց սիրարժան.
Այսպես վճռեց. Ռուստամ և Սալբին՝
Չիասցնեն նասիբ միմյանց նասիբին...»:

Աչքերս վառվեց, եայծակ փայլակեց,
Ահ ու դող, զարզանդ՝ ինձի պաշարեց.
Ամպի գոռոցը, մրրիկն ահաբեկ
Միախառնվեցան վերջին ձայնի հետ...:

Երգեց սիրուհին, սիրողի վզին փաթաթեց դալար թևերը կրկին: Նվաղեց խեղճի փայլուն աչքերը. թուլացավ, մնաց՝ լանջացը վրա: Ռուստամն էլ նույնպե՛ս իբր անկենդան լեշ, շնչասպառ ընկել — գետնին էր կպել: Որպես զույգ շուշան, սիրո սերտ նշան, որպես մանիշակ՝ զարնան հեզ գուշակ. անգութ զերանդին՝ տապալե գետին: Որպես զույգ զառնուկ, դեռածին մանուկ, ամպի ոլորտը, կայծակի թունդը՝ գոռա, դղրդե, լեռներ սասանն, զույգն էլ ապիկար, սրտով թույլ-տկար, ահով սարսափած, դողով սասանված՝ անշունչ, անհոգի՝ թավալվում են մեջ — կանաչ արոտի: Այսպես երկնքին սիրողք կաթոգին՝ թուշ թշի դրած՝ միմյանց ճտով, ընկած անզգա, խորին ուշազնացությամբ ընկել էին սառն հատակի վրա: Երգը ամենաասատիկ հարված ունեցավ երկուսի վրա ևս :

Իրապես, առավոտյան Ռուստամի հիվանդությունը կրկին վատթարացավ: Մըստր Սեյսունը վերսկսեց յուր բժշկական հոգածությունը, և պարոն Խոսրով Մելիքզադեն չէր դադարում յուր բարեկամական խնամատարությունը մատուցանել յուր ընկերին:

Տեր-Առաքելենց տունը ընդունեց յուր նախկին տրտում և տխուր կերպարանքը:

Բայց չարության դևը թուխս էր նստել Վասակյանի սրտի մեջ. նա՝ յուր անաջող ձեռնարկությունից հետո մըստր Սեյսունի տանում, օր ու գիշեր անհանգիստ մտածում էր նյութել մի նոր հնար, կատարելագործելու յուր եղեռնական խորհուրդը: «Այն որ չուզեց կատարել մարմնավոր բժիշկը, անշուշտ պիտի կատարե հոգևոր բժիշկը...», դարձյալ կրկնեց յուր մտքի մեջ կատաղի ուրախությամբ և սկսեց դիմել դեպ տեր Մարկոսի տունը:

ԻԲ

ՀՈԳԵՎՈՐ ԲԺԻՇԿԸ

Տեր Մարկոսը կանուխ զրկվեցավ յուր կնոջից, որ չթողեց նրա համար ոչ մի զավակ և հայ քահանաների դատապարտված իրավունքի համաձայն, նա չկարողացավ ունենալ երկրորդ կին. թեպետ, այդ մասին նա օր հանապազ չարաչար այրվում էր, անիծելով յուր կոչումը, թե ինչո՞ւ քահանա եղավ: Նրա ամբողջ ընտանիքը բաղկանում էր երկու հոգուց: — Ինքը տեր Մարկոսը և նրա խեղանդամ ծառան, որ երկու ոտից կաղլիկ մի տղա էր, որը, եթե մի այլ տեղ կուշտ փորով ապրել կարողանար՝ երբեք հանձն չէր առնի ծառայել խստասիրտ տեր Մարկոսի մոտ առանց վարձի, տհաճությամբ տանելով այն բոլոր նախատինքները, հիշոցները և հայհոյանքը, որ քահանան տեղում էր նրա գլխին, ամենափոքր սխալմունքների համար:

Նրա տանը չկային ո՛չ շուն և ո՛չ կատու. քահանայի կարծիքով, սրանք կերածի չափ չէի՛ն ծառայում: Այդ պատճառով, չարագործ մկները, ազատ գտնվելով իրանց սատակչի ազդեցությունից, ամեն գիշեր կատարում էին իրանց ուրախալի հարսանիքը, արձակ և համարձակ, — քահանայի մահճի չորս կողմը, և շատ անգամ՝ խաղ էին բռնում նրա փառավոր մորուքի և գլխի երկայն ծամերի հետ:

Նրա մաշված, հնացած տունը բաղկանում էր երկու փոքրիկ մրոտ սենյակներից, որ դրած էին ցածրիկ շրջապարսպի մեջ: Ոչ մի խելացի մարդ երբեք չէր համարձակվելու բնակվել մի այնպիսի խարխուլ և փլփլած շենքի մեջ, որը, ո՛ւր էլ որ մարդ նայելու լիներ՝ նրա աչքին կերևային ծակոտիք, սարդի հնադարյան ոստայն, հող և փոշի: Երբ հարցնում էին տեր Մարկոսին, թե ինչո՞ւ նա յուր տունը չէ նորոգում, սովորաբար պատասխանում էր. — «Օ՛րհնած, մեր փրկիչը չուներ յուր գլուխը դնելու մի տեղ անգամ. ես նրանից ավելի չեմ. ա՛յս դեռ շատ է ինձ համար»: Անտարակույս, այդ համեստաբանությունը չէր բխում քահանայի ուղիղ և ներքին համոզմունքից. և եթե մի մարդ նրան ձրի բաշխելու լիներ մի փառավոր ապարանք՝ տեր Մարկոսը երբեք չէր համաձայնի բնակվիլ աղքատին խրճիթի մեջ:

Գյուղական տնտեսության պայմանների նկատմամբ շատերը մտածում էին, թե տեր Մարկոսի համար խիստ դժվարին էր միայնակ, յուր կուզ և խեղանդամ ծառայի հետ կառավարել յուր ապրուստը: Որովհետև գյուղերը քաղաք չեն, որ ամեն ինչ կարելի լիներ պատրաստի գնել շուկայից: Այստեղ ամեն մարդ յուր տան մեջ պիտի հաց թխե, կերակուր եփե, գինի շինե և պատրաստե ամեն բան, որ մեր կենսական պիտույքն է կազմում: Տեր Մարկոսի համար՝ ո՞վ էր պատրաստում դրանք — ո՛չ ոք: Նրա թոնիրը սառն էր՝ որպես անապատի մեջ մի գերեզման: Նրա տան գիշերները երբեք չեն լուսավորված յուղային ճրագով, — և պետք է՛լ չկար, որովհետև, սկսած այն երջանիկ օրից, երբ նրա ուսերի վրա ձգեցին քահանայական փիլոնը, հացի և կերակրի խնդիրը վերացավ, մանավանդ, հյուր ընդունելու և աղքատ պատսպարելու հարկադրիչ պարագաների չգոյության շնորհիվ, ուր որ կար հարսանիք, կնունքաճաշ, մեռելի հոգեհաց կամ որևէ այլ կոչունք՝ սեղանների առաջին տեղը բռնում էր տեր Մարկոսը, յուղալի բաժինները նրա առջև էին դրվում, և նրան էին մատուցանում լի-լի բաժակները: Յոթն հարյուր տուն ժողովուրդ ունեցող մի գյուղի մեջ՝ որպիսին էր Ծաղկավանը — համարյա՛ ամեն օր պատահում են այդպիսի բախտավոր դեպքեր: Տեր Մարկոսի ծառան, որ «եւ եւս խաղաղութիվնից» ավել բան չգիտեր, սովորաբար, բուրվառը ձեռքից քարշ գցած, կաղկղալով՝ հետևում էր քահանային, ուր և գնալու լիներ նա:

Փա՛ռք մատուցանելով այն երանելի հանգամանքներին, թե «Մաշտոցի և Տոնացույցի» շնորհիվ ո՛րքան օգտաշատ արտոնություններ էին վայելում հայ քահանաները — տեր Մարկոսը, ո՛չ թե մինչև տարեգլուխ մի փարա ծախս չուներ, այլ, ընդհակառակն, կարողանում էր բավականաչափ արծաթ որսալ: Մենք ավելորդ ենք համարում մի ըստ միոջե թվել, թե ո՛րքան արծաթ էր նա ստանում պսակի, մկրտության, թաղման և այլ եկեղեցական խորհուրդների համար, բայց չէ կարելի չասել նրա շահախնդրությունը — խիստ մասնավոր իրողությանց մեջ: Օրինակ, Ծաղկավանում ամեն մի շաբաթվա ընթացքում, քանիցս անգամ պատարագ էր մատուցվում: Գյուղերի սովորության համաձայն, ժամհարը և տեր Մարկոսի ծառան, ամեն մինը մի-մի ջվալ (պարկ) և տիկ գցած ուսերնին՝ դռնից դուռ ման են գալիս, այյուր հավաքում նշխարքի համար և գինի՝ բաժակի համար: Դժվար չէ երևակայել, թե յոթն հարյուր տուն ժողովրդից՝ ամեն մի անգամ որքան կհավաքվի՝ երբ ամեն մի տան պառավ տիկինը, ջերմեռանդ սնահավատությամբ լեցնում է ժամհարի պարկը ալյուրով, և մեծ տիկը — գինիով՝ աղաչելով, որ յուր տան ալյուրից և գինուց միայն մատուցանեին սուրբ ընթրիքին հարկավոր նյութերը. այդ անում էր նա՝ լի հավատով, թե դրանով յուր տան ալյուրով լի փեթակները և գինու թակույկները շնորհ և բարաքյաթ կգտնեին: Կեղծավոր ժամհարը, լավ ճանաչելով պառավների թուլությունները, բոլորին միաժամանակ հուսադրում էր, թե նրանց կամքը անպայման կկատարե...: Բայց իզուր. բոլոր մթերքը խառնվում է միմյանց... և այդ բոլորի մեկ հազարերորդ մասը բավականանում է սուրբ խորհրդի պիտույքի համար, իսկ մնացածը լեցնվում է տեր Մարկոսի ամբարի մեջ, մի փոքր մասը միայն բաժին հանելով աշխատասեր ժամհարին: Եվ այսպիսով, տեր Մարկոսը, թեպետ չուներ ոչ հունձքի արտեր, և ոչ խաղողաբեր այգիներ, բայց ժողովրդից հնձում էր ավելի ալյուր և ցորյան՝ քան թե վաստակավոր երկրագործը և նրա գինու թակույկները ավելի լիքն էին՝ քան թե մի այգեգործին:

Մեծ պասի ավագ չորեքշաբթի երեկոյան, եկեղեցու մեջ, տեր Մարկոսը «ծանուցում» է անում — «ժողովուրդ, գիտե՞ք, առավոտյան ոտնալվա պիտի լինի, և որպես հրամայում է մեր սուրբ կրոնքը— պիտ ի յուղ օրհնվի: Կանայք, ձեզ եմ ասում, ականջներդ բաց արե՛ք, լավ լսեցե՛ք. բուռներդ շատ հուփ մի տվեք — ամեն տարվա պես. այլ այս տարի յուղն առատապես սեղան հանեք, որ մասնակից լինեք ա՛յն երանությանը, որ Քրիստոս տվեց բեթանիացի կնոջ, որը օծեց տերը թանկագին նարդոսի յուղով: Իսկ եթե խնայողություն գործ դնեք, ես անպարտ՝ դուք պարտավոր, գիտցած լինիք, որ ձեր կովերը կցամաքեն կաթ տալուց, և ձեր հավաքած յուղը և կարագը առատություն չի ունենա»: Բայց սնահավատությունը, առավել քան տեր

Մարկոսի փաստերը — զորավոր էր՝ ժլատ պառավների առատաձեռնությունը շարժելու. Այդ պատճառով, տոնասեր ժամհարը այսօր քարշ չէ գալիս դռնից դուռ: Ամեն մի բարի գյուղացի այսօր գիտե յուր սրբազան պարտքը — ավագ հինգշաբթի օրերին, երեկոյան ժամերգության միջոցին, եկեղեցում, տիրոջ սեղանի վրա ասեղ ձգելու տեղ չկա: Ամբողջովին ծածկված է լինում զանազան մեծ և փոքր ամաններով՝ լիքը կովի, գոմեշի և ոչխարի յուղով: Այդ ամաններից մի քանիսի յուղը բավական էր բաժանելու ժողովրդին, որ իրանց գլուխը օծեին, և կանայք, իրանց տունը տանելով խառնեին իրանց յուղ հարելու ծծումի մեջ — մնացորդը տեր Մարկոսի բաժինն էր:

Տեր Մարկոսը չէ մոռանում ամենայն տարի ի հիշատակ քառասուն մանկանց ձեթ հավաքել: Եվ նա, յուր ճարտարությամբ, շատ անգամ զարմացնում է ժողովուրդը — մի սեհինի մեջ ջուր լցնելով և նրա երեսին ածելով մի փոքր ձեթ, մի հնարքով վառում է սեհինի մեջ քառասուն ճրագ, որոնց ամեն մինը հանգչելու ժամանակ նշանակում էր, թե մեռնում էր մանուկներից մեկը:

Այն բիբլիական օրենքը, որով ամեն մի իսրայելացի պարտավոր էր յուր պտուղների երախայրիքը տիրոջ նվիրել, մի սնապաշտական հավատքով անցնելով և մեր մեջ, սուրբ աստվածածնի վերափոխման տոնախմբության օրում, ամեն մի բարի գյուղացի յուր խաղողի պտուղներից դնում է տաճարի սեղանի վրա, քահանան օրհնում է խաղողը, այնուհետև ժողովուրդը կարող էր ուտել նրան, որ պաս էր մինչև այն օր: Տեր Մարկոսը շատ անգամ անիծում էր այս ինչ այգեգործը, թե՛ նրա նվերը Կայենի պատարագ էր համարվելու՝ խաղողի սակավության կամ տեսակի վատության համար: Խաղող-օրհնենքից ավելացուցած խաղողից տեր Մարկոսը ամեն տարի ունենում է մի փոքրիկ թակույկի մեջ՝ դեռահաս միլանի (մաճառ):

Այդպիսի արդյունավոր աղբյուրներից էին բխում տեր Մարկոսի ապրուստի չորս գլխավոր պիտույքները — հաց, գինի, յուղ և ձեթ վառելու՝ համար, որոնք ուրիշների տնտեսության համար այնքան անհրաժեշտ էին, բայց տեր Մարկոսի համար բոլորովին ավելորդ լինելով դառնում էին վաճառքի նյութ: Տեր Մարկոսը զուրկ չէր մնում նաև առատ մսից, որ ամեն տարի, որոշյալ օրերին հասնում էր նրան միանգամայն ձրի:

Ծաղկավան գյուղի մեջ, բացի սուրբ Գեորգ եկեղեցուց, կար մի այլ հին եկեղեցի — սուրբ Սարգիս անունով: Այդ բոլորովին փլատակված եկեղեցին ձնացնում էր ավերակների մի բլուր, որի միջի կիսաթաղ սրբատաշ քարերը — խաչանիշ դրոշներով, և կիսակործան կամարները՝ մի հոյակապ շինվածքի մնացորդներն էին: Սնահավատ մարդկանց ավանդությունը պատմում է, թե հարուստ իշխաններից շատերը, իրանց հոգվո համար, կամեցել են նորոգել այդ եկեղեցին, բայց սուրբ Սարգիսը նրանց երազում երևալով հայտնել է, թե ինքը ուրախ է բնակվելու մի այդպիսի աղքատ ավերակների մեջ, այդ պատճառով նրան անվանում են անփառասեր, աղքատ սուրբ Սարգիս: Ռամիկների մեջ այդ սրբազան ավերակները մեծակշիռ համարում ունին: Կիրակեմուտ երեկոներին գյուղացի մոլեռանդ պառավները նրա փլատակած քարերի վրա վառում են իրանց յուղային ճրագները, աթարի կրակի վրա ծխում են լի բուռով անուշահոտ խունկեր, և իրանց երեկոյան աղոթքը ջերմեռանդությամբ կատարելուց հետո, թավալվում են նրա սուրբ հողերի և փոշիների մեջ, և իրանց երեսները այն նվիրական քարերին քսելով, սրբազան զգացմունքներով լի՝ դառնում են տուն: Ջերմախտով և այլ ցավերով տկարացած բազմաթիվ հիվանդներ ամեն օր քնած են լինում այդ կիսակործան կամարների տակ, ջերմ հույսով, թե զորավոր սուրբ Սարգիսը իրանց ապաքինություն կպարգևե:

Սուրբ Սարգսի տոնախմբության օրերին, ամեն տարի, Զարեհավանի բոլոր գյուղերից այդտեղ հավաքվում են երկու սեռի անթիվ և անհամար ուխտավորներ: Ծաղկավանում հանդիսանում է մի մեծ բանայիր, ուր տեր Մարկոսը յուր բոլոր եկեղեցական խաբեությամբ մի մեծ և առատ վաստակ է ժողովում ռամիկ խառնիճաղանջի սնապաշտությունից:

Այդ սպանդարամետական հանդեսի մեջ հայ մարդը ձևանում է յուր հոգևոր և մարմնավոր բոլոր խնդություններով: Բազմաթիվ նորահարսեր, աղջիկներ, սիրուն կանայք, տղամարդիկ, պառավ տանտիկիններ, ալևոր ծերունիներ, բոլորը զուգված-զարդարված իրանց հարսանիքի հագուստներով, մի կողմից կատարում են սրբազան պաշտամունքներ, մյուս կողմից՝ ամբողջ յոթն օր և յոթն գիշեր, տեսակ-տեսակ նվագարանների, սազի, չոնգուրի, դհոլի, զուռնայի ձայներով, խառնված միմյանց, պար բռնելով, երգ երգելով, ուտում, խմում, ուրախանում են...: Շատ անգամ մի ախտալից, սիրաբորբոք պատանի, ոգևորված այն ռոմանական զգացմունքներով, թե ինչպես էր սուրբ Սարգիսը փախցրել հույնի աղջիկը, երբ տեսնում է մի գյուղացի սիրուն աղջիկ, որ յուր մոր հետ եկել էր ուխտ, իսկույն նրա մեջ վառվում է սերը... նա պարի մեջ մոտենում է աղջկան... շշնջում է նրա ականջին մի քանի սիրո խոսքեր... այդ կախարդական խոսքերը հրապուրում են աղջկա սիրտը... և կեսգիշերային լռին և խաղաղ պահուն, երբ ուխտավորներից շատերը հարբած, հոգնած, քնած էին իրանց վրանների մեջ, տեր Մարկոսը միայնակ, լուսնի արծաթափայլ լուսով, մի քարի տակ, կատարում է երկու սիրահարների պսակը... Մայրը երկար որոնում է կորած աղջկան, բայց առավոտյան տեր Մարկոսը, նորահարսի և նորափեսայի ձեռքից բռնած տանում է նրանց նորահարսի մոր վրանը: Նորահարսը ամոթխածությամբ կարմրած, երեսը ծածկելով՝ ընկնում է մոր ոտքերը...: Մայրը մի փոքր տհաճություն ցույց տված դեպքում «դե՛ , օրհնած, — ասում է քահանան. — այսօր սուրբ Սարգիս է, «աբեղաթող» է, սիրածը՝ սիրողինն է, փախցրածը՝ փախցնողինը... այսօր այդպիսի բաների համար չկա ոչ մի արգելք, այսօր ազատություն է...: Մի քանի կաթիլ արտասուք գլորվում են մոր աչքերից և նա ակամա օրհնում է նորապսակները:

Մի այդպիսի անհամար բազմության մեջ, յուրաքանչյուր ուխտավորի մորթած մեկ, երկու կամ ավելի մատաղների բուդերը (զիստը), դնտական իրավունքով — հասնում էր տեր Մարկոսին, իսկ հայոց քահանան այդ իրավունքի վրա ավելացրել է մի երկրորդ բան — մատաղացուների կաշիները ևս...: Տեր Մարկոսի խեղանդամ ծառան, ժամհարի հետ, կաղկղալով քարշ է գալիս ուխտավորների մեջ մատաղների բուդերը և կաշիները հավաքում:

Տեր Մարկոսը, շատ անգամ, կռիվ է անում այսինչ ուխտավորի հետ, թե ինչո՞ւ էր նա երկու կաշի տվել, երբ մորթել էր երեք մատաղ: Ուխտավորը չէ ուրանում, չէ ասում, թե երեք մատաղ չէր, բացատրում է, թե կաշիներից մինը շունն էր գողացել, քահանան պահանջում է կորած կաշվի արժեքը: Այսպիսի վեճեր, հաճախ, հասնում են տարաձայնության մինչ այն աստիճանը, որ պատճառ են տալիս քահանային և ուխտավորին — միմյանց գլուխ կոտրելու և մորուք փետելու: Տեր Մարկոսը չէ նահանջում, հազարումեկ անեծք թափելով խեղճ ուխտավորի գլխին, թող չէ տալիս նրան, մինչև կաշու գինը ստանում է:

Ստացած ոչխարների բուդերից տեր Մարկոսը պատրաստում է օրինավոր ղավուրմա, իսկ նրա ծառան, ձմեռային օրերում, երբ միսը թանկանում է, վաճառում է այդ ղավուրման բազարում շահավոր գնով:

Տեր Մարկոսի խորամանկությամբ և հնարագիտությամբ ավելի հորդացած այդպիսի և դրա նման առատաբուխ աղբյուրները, բաշխում էին նրան ամեն տարի մեծակշիռ արդյունքներ: Դրա վրա ավելացնելով տեր Մարկոսի ժլատությամբ և չափազանց կծծությամբ ապրուստը, հասկանալի է, որ նա կարողացել էր ժողովել բավականաչափ արծաթ: Նա յուր արծաթը փոխառության կամ շրջաբերության չէր դնում, ո՛չ՝ այդ արարքի աստվածային օրենքով արգելված լինելու պատճառով, այլ՝

յուր գանձը թաղում էր հողի մեջ, կամենալով ժողովրդի աչքին ձևանալ աղքատ, ողորմելի և խեղճ քահանա-ավելի աջահամբույր ստանալու համար: Այդ նկատառումով նա միշտ ման էր գալիս պատառոտված հագուստներով և բոբիկ ոտներով: Նրա մահուդի վերարկուն, քրքրված և եղոտված, կրում էր յուր վրա նրա նորընծայության օրերի թվականը: Նրա մորթի գդակը, կորցնելով յուր բուրդը, նմանում էր գլխի վրա դրած մի պարկի...:

Տեր Մարկոսը (քանի՜ հազար այդպիսի տեր Մարկոսներ ունինք մենք...), Մաշտոցին և Տոնացուցին ծառայելը յուր քահանայության միակ նպատակը դարձնելով և քրիստոնեության բուն խորհրդին մի տարապայման և խոտորնակի կերպարանք տալով՝ փրկչի սուրբ Ավետարանը արել է մի ուռկան — յուր նյութական օգուտը որսալու:

— Հը՛մ... դո՞ւ էլ սկսեցիր մեր հոգևորականների ջիղը ծամել և նրանց ոտից քարշ տալ, — իմ խոսքը կտրում է նեղսիրտ հնամոլը, երեսը խոժոռելով և աչքերից կայծակ թափելով:

— Ո՛չ, պարոն, — պատասխանում եմ ես. — իմ ասածը տեր Մարկոսի համար էր... դուք կճանաչեք, թե ինչ պտուղ է տեր Մարկոսը... հրամայեցե՛ք Ռեսի հետ, ձեզ ներս կտանեմ նրա տունը, և ավելի լավ կծանոթացնեմ նրա հետ:

***

Չարության դևը մտած Ռես Վասակյանի սրտի մեջ, չարաչար խռովում և ամբոխում էր նրա հոգին: Նա, միայնակ, վաղ առավոտյան, զնում էր Ծաղկավանի մի նեղ և ցեխոտ փողոցով, և նրա գլուխը նույն րոպեին ծանրացած էր ամենազարհուրելի մտածություններով... «Այն՝ որ հանձնառու չեղավ կատարել մարմնավոր բժիշկը... անպատճառ կկատարեմ հոգևոր բժշկի ձեռքով...», ստեպ–ստեպ կրկնում էր նա յուր մտքի մեջ:

Վերջապես նա կանգ է առնում մի դռան առաջ, որ ճիանի վրա բաց էր, և առանց մուրճը զարկելու, կամ իմացում տալու, ներս է մտնում նախագավիթը, և յուր հետևից փակում է դուռը: Նա, ոտքի մատերի վրա, ուշիկ-ուշիկ, առանց մի ձայն հանելու, մոտենում, կանգնում է սենյակի փակ դռան առաջ, որտեղից լսելի էր լինում հետևյալ խոսակցությունը.

— Ա՛յ տղա, Կարո՛:

— Հրամմե՛, տեր հա՛յր:

— Մոմերը հալեցի՞ր, քանի՞ գլուխ եղավ:

— Հրամերեք, հալեցի, տասն և չորս գլուխ եղավ:

— Ինչո՞ւ այդպես քիչ... բե՛ր մինը տեսնեմ:

Մի քանի րոպեից հետո.

— Հէ՛յ դու զարշելի, — գոռաց առաջին ձայնը, — քանիցս անգամ պատվիրած եմ, որ մոմերի այրվածքը կտրես, որպեսզի այդ սևությունները չերևեին, բայց դու անմիտ ես, առավել քան մեր դրացու ավանակը:

Մի քանի րոպե լռություն. առաջին ձայնը դարձյալ կոչեց.

— Ահա քեզ եկեղեցու բանալին, կմտնես այն խորանը, որ գիտես, նույն արկղի մեջ դարձյալ կգտնես կիսավառ մոմի պատրույգներ. Կբերե՛ս, կհալե՛ս...:

Ռեսը իսկույն հասկացավ, թե տեր Մարկոսը սովորություն է ունեցել եկեղեցուց գողանալ կիսավառ մոմերը, և հալել տալով, մեծ-մեծ մոմի գլուխներ շինել՝ վաճառքի համար: Բայց քանի որ նա մի այլ նպատակով էր եկել, քան թե լրտեսության համար, չսպասեց նրանց խոսակցության վերջը լսելու, երեք անգամ հազաց, իմացնելու յուր մոտենալը. դուռը հեզիկ բաց արեց և ներս մտավ:

Ռես Վասակյանը քաղաքավարությամբ սովորական ողջույնը տալով, նստեց քահանայի մոտ:

— Բարի լինի, Ռես, — խոսեց տեր Մարկոսը, — ի՞նչ բախտով, ճանապարհներդ ծռե՞լ եք, հա՛... փառք քեզ տեր, երկու հակառակ ծայրերը միանում են...:

— Ինչո՞ւ հակառակ, տեր հայր, — պատասխանեց Վասակյանցը, — ձեզ հայտնի է իմ դեպի ձեզ միշտ ի սրտե բարյացակամությունը:

— Թող այդպես լինի... բայց և այնպես՝ տերտերի ու Ռեսի ջուրը մի առվակով չի գնալ, մինը՝ դեպի մի կողմն է քաշում, մյուսը՝ դեպի այլ կողմ:

— Ես գիտեմ, այդ բոլոր խոսքերը կատակ են, — խոսեց Ռեսը գործատեր մարդու ոճով: — Բայց թող առժամանակ հանաքը մնա: Տեր հայր, ես պիտի խոսեմ ձեզ հետ մի ամենակարևոր գործի մասին. հրամայեցեք, որ ծառան հեռանա:

Տեր Մարկոսը աչքով արեց. ծառան դուրս գնաց: Ռեսը ավելի մոտեցավ քահանային և խոսեց:

— Հայր, ի՞նչ է ձեր կարծիքը սպանության մասին:

— Քրիստոնեությունը թույլ չէ տալիս սպանություն գործել, — կտրուկ պատասխանեց տեր Մարկոսը:

— Բայց եթե այդ գործը դնեինք մեր թշնամիների դեմ, մի այնպիսի թշնամու, որի մահը հազարավոր ազգայինների կյանք կորստից ազատելու պատճառ էր դառնում:

— Ով էլ որ լինի, թշնամի թե բարեկամ՝ արգելված է:

— Ճիշտ է, որ մեր կրոնքի հեղինակը հրաման չէ տալիս սուր բարձրացնել մեր թշնամիների և մեր նեղիչների դեմ: Բա՜յց ազգասիրության և նախանձախնդրության սուրբ ձգտումը, որով գրգռվում է մեր արյունը, գործադրելու մեր սուրբ՝ մեր իրավունքը, մեր ազգայնությունը և մեր կրոնը պահպանելու համար, — այդ բնական զգացումը, որով ամեն մի անհատ պարտավորվում է պահպանել յուր անձնական և յուր ազգակցի պատիվը — այդ բնական սուրբ զգացումը, կրկնում եմ, — համարելու է զուտ ճշմարտություն և աստվածային օրենք:

Տեր Մարկոսը ժպտաց: Նա Ռեսի բերնից լսում էր նոր խոսքեր, որոնք ամենևին չէին համապատասխանում նրա մինչև այն ժամանակ ճանաչված բնավորության:

— Ռե՛ս, որի՞ դեմ եք կամենում բարձրացնել ձեր վրեժխնդրության սուրը, — հարցրուց տեր Մարկոսը ծիծաղելով:

Այս սուր և կծու կատակը բնավ չկարողացավ խախտել Վասակյանի երկաթի հաստատությամբ մտադրությունը: Նա առանց շփոթվելու, սառնասրտությամբ առաջ տարավ յուր խոսքը, ասելով.

— Պատվելի հայր, իմ վրեժխնդրության սուրը ես չեմ բարձրացնում մի այլ ազգի կամ մի մեծ բազմության դեմ, այլ, որպես քահանա, խոստովանաբա՛ր եմ հայտնում ձեզ, որ ես չափազանց ոխ ունիմ դեպ մի մարդ, և կամենում եմ վրեժխնդիր լինեք նրան մահվամբ. ո՛չ թե նրա համար, որ այդ մարդը ինձ որևէ անձնական վնաս է հասցրել, այլ, առավելապես, այն պատճառով, որ իմ խղճմտանքս ինձ տանջում է, տեսնելով այդ մարդը ազգային մարմնի մեջ, որպես ապականիչ և փտեցուցիչ կերցավ, օրեցօր ավերում է ազգային մարմնի շինվածքը, և անտարակույս, մի օր պատճառելու է նրա ցավալի կործանումը...: Մովսեսի օրինակը բավական է ինձ՝ ազգասիրաբար վերջ տալու մի այդպիսի մարդու կյանքին:

Բայց տեր Մարկոսը դյուրավ խաբվելու մարդ չէր. նա ավելի խորամանկ էր՝ քան հարյուր սատանա: Նա ակներև տեսնում էր Ռեսի խոսքերի մեջ մի թաքնված գաղտնիք, որ Ռեսը կամենում էր վարագուրել կեղծավոր խոսքերով: Այլապես, նա քաջ ճանաչում էր Ռեսի հոգին, որը ոչ միայն հայոց ազգը, այլ բոլոր մարդկությունը պատրաստ էր վաճառել մի քանի փարայի, եթե նրան արծաթ տային:

Տեր Մարկոսը բռնեց Ռեսի ձեռքը, համակրաբար նայեց նրա երեսին և ասաց.

— Պարոն Վասակյան, ավելի լավ կլիներ, եթե դուք բոլորովին բացեիք իմ առաջ ձեր սիրտը, միանգամայն հուսալով, որ կգտնեիք իմ կարեկցությունը և իմ հաճությունը:

Ռես Վասակյանը մտածության գնաց և ոչինչ չպատասխանեց:

— Ո՞վ է ձեր ասած մարդը, — հարցրուց տեր Մարկոսը:

— Մի՞թե դուք չգիտեք, թե ո՞վ է մեր ազգի և կրոնքի թշնամին:

— Այդպիսի մարդիկ շատ ունինք, դուք ասացե՛ք, թե որի մասին եք խոսում:

— Պարոն Ռուստամը, տեր-Առաքելենց մահտեսի Ավետիսի որդին:

— Նա արդեն հիվանդ է, դուք թողեք աստուծո կամքին, գուցե աստված ինքը վերջ տա նրա կյանքին:

Բայց Ռես Վասակյանը վստահ լինելով, որ արծաթը ավելի զործակատար է քան աստված՝ դրեց տեր Մարկոսի առաջ մի քսակ լի ոսկով, միևնույն քսակը, որ նա առաջարկել էր մըստր Սեյսունին, անգլիացի բժշկին, որ նա յուր դարմաններով թունավորեր պարոն Ռուստամին:

— Ահա, այդ ոսկիները ձեզ պարգև. դուք կատարեցեք իմ խնդիրը. — ասաց Ռես Վասակյանը:

— Ինչ է ձեր միտքը, — հարցրուց քահանան շփոթվելով:

— Ձեր ձեռքով առավել դյուրին է սպանել նրան. դուք կարող եք անել այդ սուրբ հաղորդության միջոցով:

— Սուրբ հաղորդությա՞ն միջոցով... ո՞րպես:

— Դրա օրինակները քիչ չեն մեր ազգային պատմության մեջ... օրինակ՝ թույն խառնելով սուրբ հաղորդության մեջ, և այնպես մատուցանելով հիվանդին:

— Այդ դարձյալ սպանություն է... մեղք է...:

— Ես քանի՛-քանի՛ փաստերով ապացուցեցի, թե մեղք չէ՝ դուք ընդունեցեք այդ ոսկիները:

Տեր Մարկոսը վերցրեց Հուդայի արծաթը, համբուրեց, այնուհետև ասաց.

— Բայց պետք է այդ գործը մնա գաղտնի մեր երկուսի մեջ:

— Բերեք Ավետարանը, ես կերդվեմ, եթե չեք հավատում: Տեր Մարկոսը դրեց գետնին Ավետարանը: Ռես Վասակյանը սկսեց զարհուրելի երդումներով երդվել:

— Ես կպատրաստեմ թունավոր հաղորդությունը, միայն պետք է մի հնար գտնել, որ նրանք, այսինքն տեր-Առաքելենք ցանկանային հաղորդել իրանց հիվանդը, — ասաց տեր Մարկոսը:

— Այդ հոգսը թողեք ինձ, — պատասխանեց Ռեսը ուրախությամբ. — միայն դուք պատրաստ եղեք, երբ կանչեն ձեզ:

— Շատ բարի:

— Մնաք բարյավ:

— Գնացեք խաղաղությամբ:

Ռես Վասակյանը հեռացավ:

ԻԳ

ՏԻՐՈՋ ՄԱՐՄԻՆԸ

Պարոն Ռուստամի հիվանդությունը օրըստօրե ծանրանում էր: Մըստր Սեյսունը բանացրել էր յուր բժշկական բոլոր հնարները — մնացել էր անճար: Նկատելով յուր հիվանդի մեջ ավելի բարոյական ցավեր, քան թե ֆիզիկական, նա պատվիրում էր հեռու պահել հիվանդից այն բոլորը, որ կարող էր նրան հոգեկան խռովություն պատճառել: Մանավանդ նա արգելում էր տեր-Առաքելենց բարեկամների անտանելի այցելությունները, որոնցից խորշում էր հիվանդը յուր առողջության ժամանակ իսկ:

Պարոն Մելիքզադեն, միայնակ հիվանդի մոտ, կատարում էր նրա բոլոր ծառայությունները: Աշխարունիները գալիս էին երբեմն: Մահտեսի Ավետիսը և տիկին Սկուհին չէին կարողանում ցամաք աչքով նայել իրանց որդու վրա, այդ պատճառով գալիս էին նրա մոտ խիստ սակավ: Բայց Հուրի Խան-Դայան յուր մի քանի պառավ ընկերուհիների հետ չէին թողնում հիվանդին հանգիստ մնա: Նրանք շատ անգամ, մըստր Սեյսունից գաղտնի, միջոց գտնելով, մտնում էին պարոն Ռուստամի մոտ և նյութում նրա համար զանազան բժշկական հնարներ, գործ դնելով ոչ այնքան դարմաններ, որքան կախարդական գործողություններ:

Մի օր, արևածագից առաջ, Հուրի Խան-Դայան, նստած թոնրի մոտ, խորին մտածողության մեջ տաքանում էր: Հանկարծ ներս մտավ նրա մոտ միականի Գոզեն, Ռես Վասակյանի քառասունամյա քույրը, որի սպնգանման երեսը, ցրտից լրջացած՝ միևնույն ժամանակ խիստ անտանելի էր:

— Բարի լինի… ի՞նչ կա, աղջի, այսպես վաղ առավոտյան, — հարցրուց Հուրի Խան-Դայան, նրա երեսին նայելով:

— Փա՛ռք աստուծո, բարի է, — պատասխանեց օրիորդ Վասակյանը ծամծմելով: — Եկա ձեզ մի նեղություն տամ, հույս ունիմ ընդունեք ձեր բարեսրտությամբ, առաքինի մայրիկ. «պորտըս ընկել է» քանի օր է, որ բոլորովին քուն չունիմ ցավից, օրըստօրե տկարանում եմ, ցերեկով ամաչեցի ձեզ մոտ գալ, առավոտյան կանուխ եկա, որ «աղոթել տամ»:

Օրիորդը պես-պես տարապայման շարժմունքներով կամենում էր ցույց տալ, թե իրոք փորի մեջ մեծ ցավեր էր զգում:

— Ե՛կ, նստի՛ր, խղճալի աղջիկ, — ասաց պառավը ցավակցաբար, — երևի կարողությունիցդ դուրս ծանր բան ես վեր առել և պորտդ վեր ես զցել, ե՛կ, նստի՛ր, մի կանգնի՛ր, — կրկնեց նա:

Գոզեն մոտեցավ, նստեց թոնրի ափին, Հուրի Խան-Դայայի մոտ: Նրա փորը տաքանալուց հետո պառավը ձեռքը տարավ դեպ նրա փորը և մի քանի րոպե շոշափելուց հետո ասաց.

— Վա՛յ խղճալի, մեկ թիզից ավել է իջել դեպի ցած. Հո՛ղը քո գլխին. ինչո՞ւ շուտով խաբար չտվեցիր, որ մի ճար անեինք:

— Ա՛խ, ի՞նչ անեմ, մայրիկ, քանի որ մտել եմ այդ անիծված վարժարանը, գլուխս քորելու ժամանակ չունիմ, այնքան աշխատեցնում են…:

— Այդպե՞ս է… հենց այն սատանայի բունի մեջ պիտի՞ մի կտոր հաց ճարեիր, — ասաց տհաճությամբ պառավը և հրամայեց Գոզեին պառկել քամակի վրա: Բոլորովին բաց անելով նրա փորը, նա սկսեց ձեռքերով ու մատներով զանազան շարժումներ անել և մածմածել, միևնույն ժամանակ չդադարելով կարդալ այնպիսի աղոթքներ, որոնք ոչ մի գրքում գրված չեն:

Պառավ օրիորդը շուտով բարձրացավ, մի քանի անգամ հազաց և Հուրի Խան-Դայայի ձեռքը պաչեց, ասելով.

— Մայրիկ, քո հոգին լույսի մեջ լինի. այժմ բոլորովին հանգստացա:

Բայց Գոզեի ո՛չ պորտն էր ընկել, ո՛չ մորտը: Նա մի ուրիշ փորձացավ ուներ...:

— Ի՞նչպես է այժմ Ռուստամի հիվանդությունը, — հարցրուց նա ցավակցաբար:

— Ա՛խ, Ռուստամից ամենևին մի հարցրու, քույրիկ, — հառաչանոք պատասխանեց պառավը: — Ռուստամը դժվա՛ր մեկ էլ աշխարհ տեսնե...:

— Վա՛յ, իմ աչիկս քոռանար, այդ ի՞նչ եմ լսում, — ձայն տվեց միականի օրիորդը և սկսեց լալ:

Պառավի ցամաքած աչքերը նույնպես լցվեցան:

— Աստված մեզանից առել է... — ասաց նա գլուխը շարժելով:

— Բայց դուք, մայրիկ, դուք այդպես չէիք, դուք մեռելներ էիք ողջացնում, այժմ ի՞նչպես է, որ ձեր թոռան համար մնացել եք անճար:

— Ժամանակը փոխվել է. այժմ ո՞վ է լսում ծերի խրատը...: Մի՞թե ինձ իմ կամքին են թողնում. մի քանի անաստվածներ հավաքված, չեն իմանում ի՞նչ են անում...մաշեցի՛ն, մեռցրի՛ն խեղճ երեխաս:

— Աստված փչացնե նրանց, — ասաց պառավ աղջիկը ավելի ևս կեղծավորվելով: — Բայց, մայրիկ, — խոսքը փոխեց նա, — երբ այդքան երկյուղ կա Ռուստամի կյանքի համար, զոնյա դո՛ւք մտածեցեք սուրբ հաղորդության մասին:

— Բա՛, սուրբ հաղորդությո՞ւն ... — կրկնեց խորհրդական ձայնով պառավը: — Ախ, վաղուց արդեն սուրբը և սրբությունը վերացել են տանից...:

— Բայց ի՞նչ վնաս ունի, հիվանդի համար հոգևոր կերակուր է. մարմնին առողջություն և ցավերին փարատություն կտա:

— Դժբախտաբար իմ տան մեջ սնուցանվում է մի այնպիսի կրոնք, որի համար ո՛չ մի հայ քահանա հանձնառու չէ լինելու իմ տան մեջ կատարել յուր այդ սուրբ քրիստոնեական պարտքը:

— Բայց եթե դուք կամք կտաք, ես կհայտնեմ իմ եղբորը, նա կխնդրե տեր Մարկոսից, որ բարեհաճե հաղորդել ձեր հիվանդը:

— Դուք չափազանց կպարտավորեք մեզ:

— Այժմ մնաք բարյավ:

— Տեր ընդ ձեզ:

Բանսարկուի քույրը, ոգևորված ուրախությամբ, դուրս գնաց տեր-Առաքելենց տնից: Նա գտավ եղբոր սենյակում՝ Ռեսը տեր Մարկոսի հետ միասին:

— Ի՞նչ եղավ, — հարցրուց նրա եղբայրը:

— Հուրի Խան-Դայան սիրով ընդունեց իմ խորհուրդը, և նա շնորհակալությամբ կընդունե քահանան, եթե կամենար հաղորդել նրանց հիվանդը, — պատասխանեց նրա քույրը:

— Շա՛տ բարի, — ասաց Ռեսը սառնությամբ, կամենալով ծածկել յուր ներքին ուրախությունը: — Շատ ուրախ եմ, որ այդպիսով մեր քրիստոնյա եղբայրներից մինը չէ կորչելու... միայն թե, Գոզալ, ասացեք խնդրեմ, Հուրի Խան-Դայան ե՞րբ ժամադիր եղավ քահանան ընդունելու:

— Արևմուտքից երեք ժամ անցած, որովհետև այդ միջոցին հիվանդի մոտ չեն լինելու յուր բարեկամները, որոնք կարող էին արգելք լինել:

— Շա՛տ լավ. դուք, քույր իմ, այժմ կարող եք հեռանալ, ամենևին ոչ ոքի չհայտնելով, թե դուք այսօր եղել եք տեր-Առաքելենց տանը և կամ խոսացել եք մի այդպիսի առարկայի մասին:

Գոզեն դուրս գնաց:

— Գիտե՞ք ինչ կա, տեր հայր, — խոսեց Վասակյանը, երբ նրանք մնացել էին միայնակ — լա՛վ է մտածել Հուրի Խան-Դայան, այո, պետք է մտնել հիվանդի մոտ մի այնպիսի ժամանակ, երբ բժիշկը, Աշխարունիները, Մելիքզադեն այնտեղ չլինեին, եթե ոչ մեր բոլոր հույսերը կորած են:

— Այդ առավել լավ է, — պատասխանեց քահանան բանիմաց մարդու եղանակով, — բայց վնաս ևս չունի, եթե նրանք այնտեղ գտնվին, որովհետև թույնը ա՛յնպես է պատրաստված, որ եթե աստուծո հաջողությամբ հիվանդը շնորհ տաներ դեպի ստորին աշխարհը, դարձյալ կասկածել չէր տա մեր մասին:

Շուտով հասավ անբախտ երեկոն և արևմուտից անց երեք ժամը...: Թանձր մութի մեջ երկու կետեր շարժվում էին դեպ տեր-Առաքելենց տունը:

— Դուք ներս գնացեք, տեր հայր, — ասաց մի ձայն, — ես մի փոքր կսպասեմ. թող չիմանան, մենք երկուսս եկել ենք միասին:

— Լա՛վ, դուք մնացեք այստեղ, — պատասխանեց երկրորդ ձայնը:

Բժիշկը կատարելով յուր երեկոյան այցելությունը, հեռացել էր: Հիվանդի մոտ մնացել էր միայն պարոն Խոսրով Մելիքզադեն, երբ տեր Մարկոսը ներս մտավ: Իսկ տանեցիք լսելով քահանայի գալուստը, շուտով բոլորը հավաքվեցան հիվանդի սենյակը:

Կես ժամից հետո հայտնվեց Ռեսը: Նա, մոտենալով հիվանդի մահճակալին, սկսեց նայել նրա նիհար երեսին:

— Մինչև ե՞րբ, աստված, պիտի թողնես դրան այդ տրտում մահճի մեջ, — կոչեց նա հառաչանքով և սկսեց լալ:

— Ռեսի երկայրի խոսքը նրա համար չէր, որ աստված հիվանդը վեր կանգներ յուր հիվանդության մահճից դեպ լույս աշխարհ, այլ տաներ դեպ մահվան գերեզմանը:

— Դուք խիստ շուտ փղձկեցաք, օրհնած, — ասաց Ռեսին տեր Մարկոսը, մխիթարելով, — ի՞նչ կա եղել, աստուծո շնորհիվ շուտով չենք տեսնելու մեր բարեկամը այդպես պառկած հիվանդության մահճի մեջ: Տերը կհատուցանե նրան...:

— Ո՛չ, տեր հայր, Ռուստամը... ա՛խ, Ռուստամը... մեր սիրելի բարեկամը... դա չպետք է այդքան մաշվեր… — կրկնեց նա հեկեկալով:

Վասակյանի արտասուքը շարժեց բոլորի լացը, և տեր Մարկոսը նույնպես երեսը դեպ մյուս կողմը թեքեց, թաշկինակ քսեց երեսին, որպես թե չորացնում էր յուր աչքերի արտասուքը:

Պարոն Մելիքզադեն, հեռվից արհամարհանոք նայում էր դրանց վրա, ոչինչ գին չդնելով նրանց սրտերի անտեղի զեղմունքին:

Միևնույն միջոցին, Հուրի Խան-Դայան, մոտենալով քահանյին, սկսեց համբուրել նրա ձեռքերը, ասելով.

— Տեր հայր, ծառա եմ սուրբ աջիդ, մատաղ լինեմ ոտքիդ հողին, աստծո սիրույն, ողորմություն արեք և մի թողեք, որ իմ թոռս մեռնի որպես մի թուրք, առանց սուրբ հաղորդության, առանց քահանայի:

— Դուք, մայրիկ, պիտի մտածեք, որ ձեր թոռը հրաժարված է հայոց սուրբ եկեղեցու հաղորդակցությունից, — պատասխանեց քահանան սառնությամբ:

— Ես աղաչում եմ, ես խնդրում եմ, եթե հնար էր…

Եվ սկսեց պառավը թախանձել, նրա ոտքերը համբուրելով:

— Բայց գիտե՞ք, ինձ արգելված է իմ մեծավորի կողմից, և գուցե պատժի տակ կգցեի իմ անձս, գործելով սրբազան առաջնորդի հրամանի դեմ:

Իսկապես, Ատրպատականի սրբազան առաջնորդը, նզովելով պարոն Ռուստամին յուր ընկերների հետ, հրաժարեցրել էր հայոց եկեղեցու հետ հաղորդակցությունից: Եվ տեր Մարկոսը, այդ իրողությունը պատճառ բերելով, աշխատում էր ավելի թանկ գնով վաճառել յուր թույնը:

— Ի՞նչ պետք է հիվանդին հաղորդել տիրոջ մարմնով, — մյուս կողմից, նրանց խոսքը կտրելով, մեջ մտավ պարոն Մելիքզադեն:

— Ի՞նչպես պետք չէ, — պատասխանեց քահանան մի փոքր բարկացած. — տիրոջ մարմինը մեզ համար և՛ հոգևոր, և՛ մարմնավոր կերակուր է. նա զորություն է տալիս տկարացած մարմնին:

— Այդ հիմարություն է, — կրկնեց մանուկ տղամարդը:

— Ի՞նչպես հիմարություն, մի՞թե սուրբ Ավետարանը ամեն օր այդպես չէ՞ քարոզում մեզ:

Պարոն Մելիքզադեն կամենալով ճանաչել հայ քահանայի հայացքը սուրբ գրվածքի գիտության վրա, ավելորդ չհամարեց մի փոքր ավել խոսացնել նրան. այդ պատճառով հարցրեց.

— Դուք կարդացե՞լ եք, դուք գիտե՞ք ինչ է գրված սուրբ Ավետարանի մեջ:

— Հա՛... հա՛... հա՛... հա՛... — սկսեց ծիծաղել տեր Մարկոսը: — Դուք, պարոն, հարցնում եք ինձ, որպես մի վարժատան աշակերտի:

— Այո՛, հարցնում եմ, ի՞նչ է գրված սուրբ Ավետարանի մեջ: — Սուրբ Ավետարանի մեջ — անթիվ և անհամար բաներ:

Զոր օրինակ. Քրիստոսի կյանքի բոլոր պատմությունը, թե ո՛րպես նրան յուր երեխայության ժամանակ հանձնեցին հրեա Ռաբբիի մոտ — գիր և գիտություն սովորելու, և նա, առանց այբ և բենը դաս առնելու սկսեց կարդալ Թովրաթը: Այնուհետև, ո՛րպես նա աշակերտ եղավ մի հյուսան մոտ, և յուր վարպետի պատվերին հակառակ՝ երեք կտոր կտրեց գերանը, որ պիտի երկու կտոր կտրեր, և թե՝ ո՛րպես զարմացավ վարպետը, տեսնելով, որ գերանի երեք մասի ամեն մեկ կտորը նույն չափը ուներ, որքան պետք է ունենար գերանի կեսը: Եվ այնուհետև, ո՛րպես նա աշակերտ եղավ մի ներկարարի մոտ և այնտեղ նույնպես ցույց տվեց յուր հրաշքը — մի կարասի միջից, որ կապույտ էր ներկում՝ դուրս բերելով անթիվ և անհամար գույներով կտավներ...: Եվ թե, ո՛րպես նա ազատեց լճակում խեղդվող հեթանոս երեխայքը...:

Պարոն Մելիքզադեն նկատելով, որ տեր Մարկոսը յուր պատմությանը վերջ չէ տալու, կտրեց նրա խոսքը, ասելով.

— Երևի դուք չեք հասկանում սուրբ Ավետարանը, որովհետև այդպիսի առասպելներ նրա մեջ գրված չեն:

— Ապա «Մանուկ Ավետարա՞նը», հարցրուց քահանան:

— «Մանուկ Ավետարանը» ավանդությունների լոկ ժողովածու է:

Տեր Մարկոսը, լսելով նրա կոշտ պատասխանները, չափազանց վշտացավ և կամենալով պապանձեցնել նրան, մտածեց առաջարկել մի այնպիսի հարց, որին չկարողանար պատասխանել նա:

— Դո՛ւք, որ այդպես մեծ-մեծ խոսում եք, պատասխանեցեք, եթե գիտեք — ինչո՞ւ համար Քրիստոս աշխարհ եկավ:

Պարոն Մելիքզադեն ակամա ժպտեց:

— Քրիստոս յուր կամքով աշխարհ չեկավ, որ հարկ լիներ քննել նրա նպատակը: Նույնպես, եթե նա յուր կյանքի ասպարեզում ընտրել էր առավել ուղիղ և ազնիվ պարտք — բարեկարգել և վերանորոգել ավերված մարդկությունը — նրա հոգու մի այդպիսի ձգտումը, չենք կարող համարել մի գերբնական և նախասահմանյալ բան — այլ բարի և խելացի մարդու գործ:

Տեր Մարկոսը, համարյա չհասկանալով յուր խոսակցի ասածը, առաջ տարավ.

— Ձեր խոսքերը այնպես մութն են, որպես դրսում խավար գիշերը: Բայց եթե դուք կխոստովանեք ձեր տգիտությունը սուրբ գրոց մեջ, ես կպատմեմ, թե ի՞նչ պատճառով Քրիստոս աշխարհ եկավ:

— Իհա՛րկե, ո՛րպես կարող է մի աշխարհական մարդ ձեր չափ տգիտություն ունենալ... — կատակով ասաց պարոն Մելիքզադեն:

Տեր Մարկոսը, յուր լսածը ուղիղ համարելով, ասաց.

— Քրիստոս աշխարհ եկավ Ադամի սատանային տված «ձեռագիրն» ջնջելու համար:

— Ի՞նչ ձեռագիր էր այդ, — հարցրուց նա ծիծաղելով:

— Սատանան, օձի կերպարանքով դրախտն մտնելով, խաբեց նախաստեղծ մարդիկը, նրանց ուտեցնելով թզենու արգելված ծառի պտղից: Աստված անիծեց Ադամին և Եվային և արտաքսեց դրախտից ա՛յն ժամուն, երբ դրսում մութ էր: Նրանք, դրախտի մեջ միշտ լուսո մեջ բնակված լինելով՝ շատ տխրեցան խավարի համար: Սատանան գիտենալով, որ լուսաբացին հազիվ մեկ ժամ էր մնում՝ մոտեցավ նրանց, ասաց, թե ինքը կարող էր նրանց համար լույս բերել: Նախածնողքը ուրախացան, աղաչեցին չար ոգուն: — «Ինձ ի՞նչ վարձ կտաք դրա համար», ասաց սատանան: — «Մենք մերկ ենք, մենք ո՛չինչ չունինք», պատասխանեցին նրանք: — «Ո՛չ, դուք ունիք մի բան, որ կարող եք տալ ինձ», խոսեց սատանան. «խոստացեք ինձ տալ ձեր ու ձեզանից ծնված սերունդի հոգիները»:

Ադամն ու Եվան, չհասկանալով, թե ինչ բան է հոգին՝ խոստացան նրան տալ: Նրանց խոստումը, վկայության համար, գրվեցավ մի քարյա տախտակի վրա, և այդ քարյա տախտակը ձգվեցավ Հորդանան գետի մեջ: Շատ չանցավ, բնականաբար արևը ծագեց, որովհետև մոտ էր լուսաբացին: Ահա այդ պատճառով մենք ևս մինչև այսօր արևածագից մի ժամ առաջ եղած խավարին՝ «Ադամամութն» անունն ենք տալիս: Այդ անիծյալ ձեռագիրն մնաց Հորդանան գետի մեջ, մինչև Քրիստոս աշխարհ եկավ: Մինչև այդ օրը սատանան տիրում էր մարդկանց հոգիներին, բայց երբ Քրիստոս Հորդանան մտավ, և սուրբ Հովհաննես քավոր դառնալով մկրտեց նրան, այն ժամանակ նա՝ ոտքը կոխելով այն քարետախտակի վրա՝ ջնջեց Ադամի տված ձեռագիրը. իսկ յուր Հարությունից հետո, դժոխքն մտնելով՝ ազատեց արդար հոգիները, որոնք նույն ձեռագրի զորությամբ սատանան գերի էր տարել:

— Այդ ձեր պատմածը նույնպես Ավետարանում գրվա՞ծ է, — նրա խոսքը կտրեց պարոն Մելիքզադեն:

— Իհա՛րկե, օրհնած, արդյոք կա՞ մի բան, որ սուրբ Ավետարանում գրված չլինի:

— Վա՛յ այն ազգին, վա՛յ այն ժողովրդին՝ որ ունի ձեզ նման քահանաներ... — ասաց պարոն Մելիքզադեն վշտանալով:

— Այո՛, այդպես է... որովհետև գրված է «մի արկանեք զմարգարիտս ձեր առաջի... »: Տեր Մարկոսը ոչ թե քաղաքավարության համար չկամեցավ արտասանել վերջին բառը, այլ մոռացավ Ավետարանի խոսքը:

— Ասացեք «առաջի սոխոց», — կատակաբանեց պարոն Մելիքզադեն:

— Դուք արդեն իմանում եք, էլ ես ինչ ասեմ:

Պարոն Մելիքզազեն նայեց ժամացույցին, տեսավ գիշերից բավական ժամանակ անցել էր:

Որպես ես նկատում եմ, — ասաց նա, — ձեր խոսակցությունը կերկարի, լավ է, որ հանգիստ թողնեք հիվանդը, ես գնում եմ քնելու, դուք, տեր հայր, գնացեք մյուս սենյակը, այնտեղ ձեզ ունկնդիրներ կգտնեք:

Ռես Վասակյանը իսկույն որսաց հաջող միջոցն, մտածելով, թե ավելի ձեռնտու էր իրանց խորհուրդին, երբ պարոն Մելիքզազեն գնար քնելու: Իրանք մյուս սենյակում ժամանակ անցնելով Հուրի Խան-Դայայի հետ, այնուհետև կարող էին գտնել հիվանդը միայնակ և անպաշտպան:

Երբ նրանք տեղափոխվեցան մյուս սենյակը, տեր Մարկոսը, ազատվելով յուր հակառակորդի ձեռքից և կամենալով ավելի ոգևորել Հուրի Խան-Դայայի ջերմեռանդությունը սուրբ հաղորդության համար, ասաց.

— Դուք այժմ բավական հասկացաք, թե ինչ էր Քրիստոսի աշխարհ գալու խորհուրդը: Բայց մնաց մի բան էլ ձեզ հասկացնելու, որ տերն մեր Հիսուս Քրիստոս, յուր աշխարհ գալով և մարդու կերպարանք ընդունելով, ո՛չ միայն ջնջեց Ադամա ձեռագիրը և ազատեց մեր հոգիները սատանայի իշխանությունից, ա՛յլև կենդանացրեց հոգիները, յուր սուրբ մարմինը և սուրբ արյունը կերակուր և ըմպելի տալով նրանց, որ և մենք՝ քահանայքս, կատարում ենք սուրբ պատարագի խորհրդով, հացի և գինու օրինակներով, որոնք, թեպետ ձեր — աշխարհականներիդ աչքին անտեսանելի են՝ բայց մենք՝ քահանայքս — տեսնում ենք՝ որ սկիհի մեջ ճշմարտությամբ փոխվում են միս և արյունի...:

Այդ միջոցին Ռես Վասակյանը անդադար խաչակնքում էր յուր երեսը, աղոթք կարդում, «փառք քեզ Քրիստոս, աստված մեր, փառք քո սքանչելիքներին», ասում էր նա կեղծավորաբար:

Հուրի Խան-Դայան խնդրեց, որ ավելի պարզ կերպով մեկնաբանե նրան սուրբ հաղորդության խորհուրդը:

— Օրհնած, ի՞նչ անհասկանալի բան կա իմ ասածներիս մեջ: Մարդ ասածդ բաղկանում է երկու բանից — մարմնից և հոգուց: Մարմինը ա՛յն է, որ մենք տեսնում ենք. ունի ձեռք, ոտք, գլուխ, և այլն, խոսում է, շարժվում է, գործում է, ապրում է, և յուր կենդանությունը պահպանելու համար, կարոտ է կերակուրների — հացի և ջրի: Բայց հոգին՝ մի լուսեղեն էակ է, որ ավելի նմանություն ունի աղավնիի, և դրած է մարդու սրտի մեջ՝ որպես մեկ թռչուն վանդակի մեջ: Ձեռքդ դիր սրտիդ վրա, շոշափիր կուրծքդ, իսկույն զգալու ես, թե որպես անդադար թրթռում է նա. այդ նրա հանապազօրյա սաղմոսերգությունն է, փառաբանությունն է աստծուն, որ կատարում է ծնրադրությամբ և երկրպագությամբ: Որպես ասացի, մեր մարմինը կարոտ է կերակուրի. հոգին նույնպես այդ կարիքն ունի: Դրա համար տերն մեր Հիսուս Քրիստոս սահմանեց սուրբ հաղորդության խորհուրդը, յուր մարմինը կերակուր՝ և յուր արյունը՝ ըմպելի բաշխելով մեր հոգիներին: Յուրաքանչյուր տարի մի քանի անգամ սուրբ հաղորդություն ընդունելը՝ բավական է հոգին միշտ կուշտ պահելու համար:

— Ուրեմն, ով որ չընդունի սուրբ հաղորդությունը՝ նրա հոգին կմեռնի՞, — հարցրուց Հուրի Խան-Դայան:

— Ոչ միայն հոգին կմեռնի, այլև տկարանալով՝ կմեռնի նրա մարմինը, որպես օրինակը տեսնում եք ձեր թոռան մեջ, — պատասխանեց տեր Մարկոսը:

Երկրորդ անգամն էր, որ Ռես Վասակյանը մտնելով հիվանդի մոտ, գտավ նրան միայնակ քնած: Իսկ պարոն Մելիքզադեն հեռու մի այլ սենյակում՝ խռխռում էր խորին քնի մեջ:

***

Վաղուց արդեն աքաղաղները սկսել էին խոսել:

Գիշերային լռության այդ պահուն, երբ բոլոր խրճիթների գերդաստանները գիշերվա հանգիստն էին վայելում՝ Հովասաբենց տան մեջ վառվում էր մի ճրագ: Օրիորդ Սալբին, տխուր և հուսահատ, միայնակ նստած էր յուր քնարանում: Նա անխորհուրդ կերպով ականջ էր դնում ժամացույցի չկչկոցին, որ ահա զարկեց տասներկուսը:

Նրա ննջարանի դուռը ներսից կողպած էր: Բայց ո՛րքան մեծ եղավ նրա զարմացքը, երբ երեսը թեքեց, տեսավ դրան մոտ կանգնած մի բարձրահասակ, թխազգետ կին: Սարսափը և զարհուրանքի սարսուռը ցնցեց խղճալի օրիորդի բոլոր անդամները. և նա զգաց մի անսովոր երկյուղ, կարծելով՝ թե դա դույլաքանին էր:

Մի քանի աղոթքներ կարդալով, օրիորդը զորություն առավ և ժողովելով յուր ուժը, հարցրուց. — Ո՞վ եք դուք:

Հսկայամարմին ոգին շարժվեց դեպ առաջ, և միևնույն ժամանակ նրա երեսից վեր առած դիմակի տակից երևան եղավ նրա թուխ, որպես թե արևից այրված — զարհուրելի կերպարանքը, որ լուսափայլում էր նրա ճրագի նման վառվող աչքերից:

Օրիորդ Սալբին յուր բոլոր հոգեկան կարողությամբ դարձյալ դողդողում էր երկյուղից, կարծելով, թե արդեն մահը, յուր սև կերպարանքով եկել է առնելու նրա հոգին:

— Չքնաղազեղ օրիորդ, մի երկնչիր, — խոսեց ոգին մեղմ և գրավիչ ձայնով — արդարև, իմ արտաքին կերպարանքը զարհուրելի է, բայց, հավատացնում եմ, որ այդ սարսափելի կերպարանքի մեջ, ամենաքնքուշ սիրտ՝ ջերմ զարկում է ձեզ համար:

Օրիորդը, չհավատալով չուր ականջներին, պնդեց յուր սիրտը և մյուս անգամ հարցրուց.

— Ո՞վ եք դուք:

— Ձեր ընտանեկան պատմությունը, ձեր Հովասար նախապապի օրերից, ո՛չ բոլորովին ծածուկ է թողնում մի ժամանակ ձեր տան մեջ ծառայող Խլվլիկ անուն դևիկի ցավալի ավանդությունը: Ահա կանգնած է նա ձեր առաջ, որպես ձեզ շնորհապարտ աղախին:

— Ի՞նչ շնորհ եմ ցույց ավել ես քեզ, երբ քո սարսափելի երեսը առաջին անգամն եմ տեսնում:

— Դուք այրեցիք իմ մոր ձեռքով ձեր տան մեջ թողած իմ գլխի մազերից մի հյուս, որի չարաչար գործադրությամբ Հովասարենք միշտ չարչարել են ինձ, բայց դուք ազատեցիք Խլվլիկին յուր ծառայությունից, և այրելով այն խորհրդական մազերը՝ ջնջեցիք նրանց թիլիսմը:

Օրիորդը իսկույն մտաբերեց Խլվլիկի մասին առասպելական պատմությունը, և թե ո՛րպես ինքը այրել էր նրա մազերը, որ յուր մայրը գործ էր ածում զանազան կախարդությանց մեջ:

— Այժմ ի՞նչ ես դու կամենում, — հարցրուց նա:

— Ես հայտնվեցա հայտնելու, թե դևերը նույնպես ունին բարի սիրտ, և թե նրանք կարող են վարձատրել իրանց բարերարներին բարի գործով: Բայց, լսիր, չքնաղազեղ օրիորդ. քո թշնամիները անթիվ են. նրանք ամեն ժամ և ամեն րոպե զանազան որոգայթներ են լարում քեզ որսալու համար: Նրանք հսկում են քո սիրած նշանածի կյանքի վրա. այս րոպեիս մի անսիրտ քահանա, թույն պատրաստած հաղորդության սկիհի մեջ՝ պիտի մատուցե քո Ռուստամին: Դուք իմացում տվեք պարոն Մելիքզադեին՝ որ արգիլե սպանության գործողությունը: Այդ լուրը ձեզ տալուց հետո, հայտնում եմ, որ, որպես մինչև այսօր, այսուհետև նու՛յնպես՝ Խլվլիկը միշտ պատրաստ է օգնել ձեզ փորձանքի ժամերին: Նա թողնում է ձեզ յուր մազերից մի պուրակ, որը երբ երեք անգամ շարժեք դեպ արևմուտք, իսկույն Խլվլիկը երևան կգա:

Այդ խոսքերի հետ նա վերցրեց օրիորդ Սալբիի պչրանքի սեղանի վրայից մկրատը, կտրեց յուր գլխի սև հյուսերից մինը և դրավ սեղանի վրա:

Խլվլիկը աներևութացավ:

— Օրիորդ Սալբին, յուր տեսիլքը համարելով երևակայական ցնորք, և ամենևին չհավատալով յուր լսածներին, ծունկ իջավ հատակի վրա և սկսեց ջերմեռանդությամբ աղոթել:

Միննույն րոպեին մի ձեռք խթեց պարոն Մելիքզադեի կողքը: Նա աչքերը բաց արեց, յուր մահճի մոտ տեսավ օրիորդ Նազանին, օրիորդ Սալբիի աղախինը:

— Վեր կաց, — ասաց նա, — հալածիր այդ չարագործները, որ հաղորդության մեջ թույն են կամենում մատուցանել Ռուստամին:

— Դա Խլվլիկն էր՝ օրիորդ Նազանու կերպարանքը առած...:

ԻԴ

ԽԱՉԱԳՈՂԸ

Ռես Վասակյանի մինչ այժմ կատարած չարագործություններն անգամ բավական կարող էին լինել բնորոշելու նրա նկարագիրը: Մեզ ներելի կլինի մի լրացուցիչ տեղեկություն ևս տալ նրա պատանեկան և երիտասարդական հասակում վարած կյանքի և արարքների մասին:

Ռեսը, յուր տասննութ տարեկան հասակում, մի չնչին պատճառով՝ Ծաղկավանում, մի մարդ սպանած լինելու համար՝ այլևս չկարողացավ գլուխ պահել այնտեղ, փախստական եղած, հեռացավ դեպ օտար աշխարհներ: Թափառելով Եվրոպայի քրիստոնյա տերությունների մեջ, նա երկար ժամանակ ապրում էր մուրացկանությամբ: Բայց երբ մի փոքր ծանոթացել էր այդ ազգերի բնավորությունների հետ՝ մի այլ դժնդակ միտք հղացավ նրա մեջ: Եղեռնական գաղափարը շուտով կերպարանագործվեցավ նրա մտքի մեջ, և դրա իրագործման համար նա անցավ դեպ Ռուսաստան: Այնտեղ նա գտավ յուր երկրացի մի քանի շրջմոլիկ ծանոթներ, որոնք նույնպես ապրում էին մուրացկանությամբ, և գրավելով նրանց կամքը՝ իսկույն որսաց դեպ յուր կողմը:

— Հունձքի ժամանակ է, եղբայրնե՛ր, — ասում է նա յուր ընկերներին. — նայելով այս ազգի հիմարության, մեր գործը լավ առաջ կգնա այս երկրում:

Ի՞նչ գործ էր այդ:

Ռեսը յուր ընկերների հետ իսկույն կազմեց ավազակների մի զարհուրելի խումբ, զինվորված խաբեբայության բոլոր հնարքներով, որոնց նպատակն էր կողոպտել, հափշտակել, սպանել:

Նրանք հեռացան Ռուսաստանի այն գավառները, որոնք ավելի հեռու էին մայրաքաղաքներից, բայց այնտեղ ճանաչելով մուժիկների (ռամիկ) մոլեռանդությունը և նանրահավատությունը՝ նրանք իրանց գործին մի այլ կերպարանք տվեցին: — Երուսաղեմից եկած հույն աբեղաների անունով, սև մազից կոշտ հագուստներ հագած նրանք սկսեցին ման գալ ռուսների տները, և պատմելով Երոռսաղեմի աղքատությունը և նրա թշվառությունը թուրքերի ձեռքում, շարժում էին ֆանատիկոսների կարեկցությունը դեպի սուրբ վանքը՝ և աննկարագրելի խաբեբայություններով — փող որսում: Նրանք իրանց հետ շրջեցնում էին խաչեր, սրբոց մասունքներ և փոքրիկ պատկերներ...: Կարդում էին Ավետարան և այլ հոգևոր երգեր — իրանց հնարած լեզվով և ծանր զներով վաճառում էին՝ իբրև սուրբ Վանքի հիշատակներ, ձիթապտղի կորիզներից հորինված տերողորմյաներ, սադափյա փոքրիկ խաչեր, որ իրանք էին շինում գիշերներով:

Եվ այդպես, շուտով կազմվեցավ աբեղայական մի կարգ՝ կեպարանագործված զարհուրելի խաբեբայությամբ:

Եթե աշխարհիս մեջ անիրավությունները և չարագործությունները արժան են որևէ գովասանության՝ Ռես Վասակյանը միայն իրավունք ունի վայելելու այն սև փառքը, պարծենալով այդ կարգի հիմնադրի անունով: Պարծանք և հայերին. չէ՞ որ մենք էլ ենք ունեցել մեր...:

Խաբեբաների կարգը գնալով ընդարձակվում էր, և նրանք օրըստօրե նոր անդամներ էին գտնում: Նրանք տարածվեցան երկրագնդիա՛յն անկյունները, ուր ավելի տիրում էր մտավոր խավարը, ո՛ւր քրիստոնեությունը գտնվում էր մռայլոտ հեթանոսության մեջ:

Հնարել էին նշանախոսություններ զանազան տեսակի: «Գեղի խոտ» նրանց բառարանում նշանակում էր միս: Երբ կամենային հասկացնել, թե տանուտերը հիմար մարդ է, կարելի է կողոպտել: Նրանք, իրենց սուտ ավետարանը կարդալուց հետո, շատ անգամ երգում էին այսպիսի և սրա նման շարականներ.

«Ալելույա, ալելույա,
Վերնատունը դատարկ է,
Էշը մեզ հպատակ է,
Բարձի՛ր, քանի ատակ է,
Երուսաղեմա հիշատակ է»:

Իսկ երբ կամին հայտնել, թե բանը անհաջող դրության մեջ է, կամ իրանցից հեռու չէ վտանգը, պետք է փախչել՝ երգում էին.

«Ալելույա, ալելույա,
Մեր տղա, շունը հաչում է,
Կծոտը մեզ ճանաչում է,
Աչքերդ շուտ թաց արա,
Գնա դուռը բաց արա»:

Շատ անգամ երգում էին այնպիսի ջանգյուլումներ, որ որևէ իմաստ էին հայտնում: Բայց նրանք ավելի հաճախ իրենց միտքը հայտնում էին նշանախոսությամբ, առանց որևէ բարբառի — ձեռքով, աչքով, ոտքով, հունքով և այլն: Նրանք հնարեցին առանձին գիր, կարդալ և լեզու:

Ռուսաստանի անկարգ ոստիկանությունը, յուր թույլ հետազոտություններով՝ երբեք չկարողացավ այդ չարագործներից մինն անգամ բռնել: Երբ մի տեղ նրանց խաբեբայությունը հայտնվում էր, և բռնվելու կասկած կար՝ նրանք շուտով փոխում էին իրանց եկեղեցական սև հագուստը. Ավետարան, խաչ, պատկեր և մասունքները պարկ էին դրվում, և այնուհետև, մի փոքրիկ արկղ շալակած՝ նրանք դռնից դուռ մանէին գալիս, և թափառաշրջիկ ջհուդների անուններով, վաճառում էին երեխաների խաղալիքներ և զանազան մանրուք, որ միշտ իրանց մոտ պատրաստ ունեին: Շատ անգամ ևս ձևանում էին իբր օտարերկրյա բժիշկներ, և վաճառում էին անօգուտ փոշիներ: Իսկ եթե այդ ևս չէր հաջողվում, նրանք ընդունում էին թափառական բոշաների կերպարանք. գուշակություններ էին կատարում, հմայում էին, և զանազան նվագարաններ ածելով՝ պար էին գալիս և դրամ ժողովում:

Դրանց չբռնվելու զաղտնիքներից մինը ևս արծաթի շնորհիվ ռուսաց ոստիկաններից ազատվելու դրությունն էր: Հակառակ դեպքում կարգի անդամները պատրաստ ունեին տարբեր տերությունների, զանազան գործերով և անուններով անցագրեր, ուր և որը հարկավոր էր լինում, այն էին ցույց տալիս:

Եվ այդպիսով դրանք շահեցին մի քանի կեղտոտ անուններ. որպես — «պառավ խեղդողներ» — «խաչագողներ» — «էշ ներկողներ» և այլն:

Այդ անունները առանց պատճառի չէին ընդունել նրանք:

«Պառավ խեղդող» կոչվում էին նրա համար, որ շատ անգամ մի ջերմեռանդ և երկյուղած պառավ կին, կամ ալևոր մարդ, հրավիրում է «Երուսաղեմի աբեղաներին» յուր տունը — պատվասիրելու համար: Իսկ գիշերը, երախտագետ «աբեղաները» խեղդում են հյուրընկալը և կողոպտում նրա տունը:

«Խաչագող» կոչվում էին նրա համար, որ շատ անգամ նրանք իրանց ընկերներից մինը մեռած ձևացնելով՝ դագաղի մեջ դնում են եկեղեցում: Մեռելը, գիշերվա ընթացքում հարություն առնելով՝ գողանում է եկեղեցու թանկագին անոթները, արծաթի խաչերը և այլն: Պատահել են այնպիսի դեպքեր, որ եկեղեցու խաչերը իրանց դագաղի մեջ առած միասին մտնում են գերեզման, այնուհետև գերեզմանից հարություն է առնում ավազակը յուր կողոպուտներով: Հրաշալի՜ գողություն...:

«Էշ ներկող» կոչվում էին նրա համար, որ շատ անգամ կարգի անդամները, գողանալով սպիտակ գույնով ավանակներ և ձիեր, ու մի այլ գույնի ներկելով՝ վաճառատեղի էին դուրս բերում և ծախում, այնպես, որ եթե տերերն անգամ իրանք ևս գնելու լինեին՝ դժվարությամբ կարող էին ճանաչել իրանց գրաստները:

Վասակյանը Ռուսաստանում գտավ առևտրի մի նոր եղանակ, այսինքն, վաճառել յուր կրոնը և ընդունել հունա-սլավոնական դավանություն: Երբեմն՝ հա՛յ եմ, ասելով, երբեմն՝ հրեա, և երբեմն՝ թուրք եմ ասելով, խաբում էր նա ռուսաց մանախներին (կուսակրոն) և մեծ արծաթ ստանալով՝ պարբերաբար ընդունում էր նրանց կրոնը: Այդ տեսակ կրոնավաճառությունը շարունակել է նա ամեն տեղ, ուր չէին ճանաչում նրան: Բայց այն միակ կարոտը մնաց Վասակյանի սրտում, և կմնա մինչև նրա մահը, որ, չնայելով նա Ռուսաստանում քանի անգամ ռուս էր դարձել, քանի՛ անգամ կաթոլիկ, քանի՛ անգամ պրոտեստանտ, բայց Թուրքիայում չհաջողեց երկու անգամ փող ստանալ և ընդունել իսլամը, որովհետև, երկրորդ անգամ, երբ կամեցան թլփատել նրան՝ տեսան, արդեն կտրած էր...: Վասակյանը երկար հավատացնել էր ջանում, թե ինքը հրեա է և երեխայությունից ունի թլփատություն, բայց քանի որ նա առաջուց սխալվել էր, ասելով, թե հայ է — նրան չհավատացին:

Չնայելով Վասակյանի սատանայական խորամանկությանը, նրա անսահմ հանդգնությանը և ճարտարամիտ հնարագիտություններին, նա մի անգամ բռնվեց, երբ յուր ընկերների հետ նստած կեղծ թղթադրամներ էին շինում: Դրանով նա ո՛չ միայն կորցրեց յուր ունեցած բոլոր հարստությունը, այլև աքսորվեցավ դեպի Սիբիրիայի հեռավոր գավառները:

Աքսորանքի մեջ նա երկար չմնաց. շուտով փախչելու հնար գտավ: Մտնելով Չինաստանի փակյալ կայսրության երկիրը՝ մի քանի տարի այնտեղ թափառելուց հետո նա անցավ Հնդկաստան: Այստեղ նրա ժիր և գործունյա հանճարը դարձյալ դատարկ չմնաց: Գիտնալով մի քանի լեզու, նա շուտով պաշտոն ստացավ հնդկաց կռապաշտ թագավորի մոտ: Հայտնի չէ, ընդունե՞ց արդյոք նա բրահմինների կրոնը, թե ոչ, բայց տարակույս չունինք, որ նա յուր նյութական օգտի համար պատրաստ էր ընդունել բոլոր կրոնները: Հայտնի է միայն, որ կարճ ժամանակում նա ժողովեց բավական արծաթ: Այնուհետև, ասես թե հոգնած յուր գործունեությունից, նա մտածեց դառնալ յուր հայրենիքը և հանգիստ առնել:

Հնդկաստանից անցավ Բաղդադ, այնտեղից՝ Երուսաղեմ: Կամենալով մոռացության տալ յուր գլխից անցածը և ընդունել մի ոչխարի զգեստ՝ Երուսաղեմում, յուր ձեռքը և բազուկները դրոշմեց մահտեսության կնիքով, և, մի նոր մարդ դարձած, իբրև կատարյալ հայ-քրիստոնյա, մի օր հայտնվեց Ծաղկավանում, յուր հետ բերելով յուր մահվան պատանը: Երկար տարիներ պանդխտության մեջ թափառելով՝ նա վերադարձավ յուր հայրենիքը՝ արդեն հասակն առած: Յուր ազգակիցներից նա կենդանի գտավ միայն յուր քույրը — միականի պառավ

Գոզեն, որը, յուր ամենազզվելի տգեղության համար, չկարողացավ ոչ մինի կին դառնալ:

Վասակյանը արդեն մտածում էր «տնավորվել» և հայերի ասության ոճով աշխարհ մտնել: Շուտով, յուր արծաթի շնորհիվ, նա հաջողեց իրան կին բերել մի պարկեշտ և առաքինի մանկահասակ այրի, գեղեցիկ կերպարանքով: Բայց ափսո՜ս, որ «Մեղրը շան տիկի մեջ» էր: Անբախտ կինը ոչ մի մխիթարություն չգտնելով յուր մոլի և չարաբարո ամուսնուց, օրեցօր մաշվելով նրա անտանելի կենակցությունից, բարակացավ ստացավ, և ապա անգութ մահը հանգիստ տվեց խղճալուն սառը հողի տակ:

«Քամու բերածը՝ քամին կտանե», ասում է հայկական առածը: Երկար չդիմացան Վասակյանի փայլուն ոսկիները և պսպղուն գոհարները, որ նա բերել էր Հնդկաստանից. բոլորը ճարակ դարձան նրա շռայլությանը, և մի քանի տարուց հետո նա նո՜ւյնպես աղքատ էր, որպես առաջ: Նա մտաբերեց Եվրոպան... կարգը... աբեղայությունը... ավազակությունը... և կրկին կամեցավ հագնել պանդխտության տրեխները՝ բայց արդեն ուշ էր, նրա հասակը չէր ներում այդ, նա արդեն անցել էր հիսունից:

Վերջապես նա տաղտկանում է անգործությունից և աղքատության կարիքը ստիպում է նրան գտնել մի պարապմունք: Նա, յուր ոսկիների մնացորդը գործ դնելով, կարողացավ կաշառել Զարեհավանի տիրող խանը և Ծաղկավանի մելիքը, որով ստացավ յուր հայրենի գյուղի մեջ ռեսի կամ ռայիսի (այսինքն տանուտերի) պաշտոն:

Ռեսը դարձյալ համարում էր իրան հասած ծայրացյալ երջանկության: Արդարև, ո՜րքան բախտավորություն է չարագործ և կաշառասեր մարդկանց համար տանուտեր լինելը: Ամեն մարդ նրան խոնարհվում է, ամեն մարդ նրան հարգում է, բոլորը նրանից վախենում են, դողում են...: Ո՞ր տան մեջ խաշ կամ հարիսա են եփել՝ ո՞վ կարող է առանց տանուտերի մի պատառ բերանը տանել. Ո՞րտեղ կնունքաճաշ են տալիս կամ ժամուհաց, և կամ — հարսանիք է՝ տանուտե՛րն է նստում սեղանների պատվավոր գլխում, լիքը բաժակները ստանում է տանուտերը, գեր ու պարարտ բաժինները ուտում է — տանուտերը: Ամեն հանդիսի, ամեն մեջլիսի, ամեն ժողովքի մեջ նա պատվավոր բարձի տեղ ունի, և Ծաղկավանում ամենածանրակշռից մինչև ամենաչնչին գործերը կատարվում են տանուտերի խորհրդով:

Ռեսը յուր պաշտոնով լինելով մելիքի որպես թե օգնականը և նրա ստորադրյալը, նպատակ ուներ միշտ ծառայել յուր և նրա օգուտի համար: Սրանք, երկուսը միասին, պետք էր իրանց որսացած կաշառքներից մի մասը հանեին Զարեհավանի տեր խանին, որ կարողանային իրանց ավազակությունները առանց կասկածի և աներկյուղ առաջ տանել: Դրա համար խղճալի գյուղացիք միշտ ստիպված են հաշտվել և բարեկամանալ Ռեսի հետ, որովհետև վայ այն մարդու սև օրին, որին մի փոքր թեք աչքով էր նայում Ռեսը:

Տանուտերին հարգում են ավելի անտերունչ և այրի կանայք, և կամ այնպիսիները, որոնց ամուսինները գնացել էին օտար աշխարհի պանդխտության: Այսպիսի կանայք ավելի են կարոտ նրա կարեկցության, և առավելապես են ենթարկված նրա կամքին... ո՛չ միայն նրա համար, որ տանուտերը պաշտպան էր նրանց խանի հարկերի ծանրությունից, այլ՝ որպեսզի պատկանածից ավել հարկ չդներ նրանց վրա:

Ահա՜ այդ հին գայլը, այդ զարհուրելի ավազակը, որ յուր սատանայական խորամանկությամբ ամբողջ մարդկությունը համարում էր մի գործիք յուր օգտին ծառայեցնելու համար, այժմ, հուսահատված, անճարացած, տխուր ու տրտում սրտով, միայնակ, նստած յուր տան մեջ, հեղեղում էր յուր սրտի մեջ այսպիսի մտածումներ:

«Այդ փորձը նույնպես անհաջող անցավ... — ասում էր նա դիվական ափսոսանքով: — Հզվոր բժիշկն ևս ոչինչ չկարողացավ անել... գուժաբեր ժամանակը հասնում է...: Այո՛, անցավ մեծ պասը, և այսօր Զատիկ է: Ես նախանձով տեսնում եմ մարդկանց երթևեկությունը միմյանց տները, և նրանց՝ ուրախ սրտով միմյանց շնորհավորելը տիրոջ հարությունը: Բայց իմ դռները այսօր փակ են իմ բարեկամների առաջ, որովհետև իմ մեջ սիրտ չէ՛ մնացել ուրախանալու...:

«Ես խիստ թանկ գնով գնեցի բարեկենդանից մինչև Զատիկ յոթն շաբաթը՝ այն հիմար վարդապետից... բայց ի՞նչ արինք մենք, ինչ գործ կատարեցինք — իսկապես — ոչինչ...: Մեզ մնում է քառասուն օր ևս, երբ «զկնի հինանց», մեր հիմար պապերի ավանդության համաձայն — հարսանիք անելը թույլատրվում է: Ա՜խ, եթե այս քառասուն օրերը ևս անցնենք առանց որևիցե գործ կատարած լինելու, առանց պսակելու մեր նպատակը, ո՛ւֆ, այդ մա՛հ է, մա՛հ...: Ո՛հ, հեռացե՛ք, գիշերադեմ մտքեր...: Ես մաղեցի բոլոր աշխարհը իմ օգուտը գտնելու համար, բևեռից բևեռ էի ես լարում իմ որսողության ուռկանները, բայց երբեք և ո՛չ մի ժամանակ ես չմնացի անճար, ամեն ինչ հնարավոր էր դառնում ինձ համար, ո՛հ, ասես թե մի գերբնական զորությամբ՝ բոլոր բնությունը հնազանդում էր ինձ...: Բայց այժմ մնացել եմ անճար մի հպարտ և հաստատամիտ օրիորդի և մի հանդուգն, անազորույն տղամարդի ձեռքում:

«Սողոմոն-բեկը հիմար է, որպես գառնուկ, նրանից կարելի է շորթել, ո՛րքան կամենաս...: Բայց վա՛յ թե ես չկարողանամ որսալ նրա սրտի սիրուհին. այն ժամանակ, ո՛հ, կորա՛ծ են իմ բոլոր հույսերը...»:

Ռես Վասակյանը երկար մտածելուց հետո կանչեց յուր մոտ յուր քույրը:

— Քույրիկ, — — ասաց նա կոտրած սրտով. — քեզ հայտնի է այն նպատակը, որի համար քեզ հանձնարարեցի ծառայել պարոն Աշխարունու աղջկանց վարժարանում. բայց դու մինչև այսօր չբերիր մեզ մի հուսալի լուր օրիորդ Սալբիի մասին:

— Ա՛խ, եղբա՛յր, — պատասխանեց հառաչանոք նրա քույրը. — օրիորդ Սալբին ասես թե դևերից յոթն օր առաջ ծնված լինի և սատանաների ծիծ է ծծել... Դու կարծում ես, թե նրա հետ համարձակ կարելի՞ է խոսել, ոչ... արծվի նման ծվատում է և օձի նման թույն է թափում...:

— Ուրեմն, ի՞նչ ես կարծում դու, չէ՞ կարելի...

Ռեսի ձայնը խեղդվեցավ սրտի վրդովմունքից: Նրա քույրը հասկանալով, թե յուր եղբայրը ի՞նչ էր կամենում ասել՝ պատասխանեց.

— Ես ամենևին հույս չունիմ, որ այդ սատանայի պտուղը համոզվի սիրել Սոլոմոն-բեկին, քանի կենդանի է նրա նշանածը — պարոն Ռուստամը:

«Արդարև՛, նրա մա՛հը, մա՛հը կպսակե մեր նպատակը... ա՛խ, իսկ այդ ցանկալի մահը չէ՛ հաջողվում մեզ…», մտածեց նա դիվական ախորժանքով:

Քրոջ խոսքերից ավելի հուսահատված, Ռես Վասակյանը վեր կացավ, հագուստը փոխեց և գնաց Ավազակենց տունը Զատիկ շնորհավորելու համար:

Սոլոմոն-բեկը, այն օր հիվանդ ձևանալով, չէր ընդունում ավելորդ այցելուներ, բայց լսելով Ռեսի գալուստը, հրամայեց, որ յուր մոտ կանչեն:

— «Շնորհավոր Զատիկ, Քրիստոս հարյա՛վ ի մեռելոց», — ասաց Վասակյանը, բռնելով նրա ձեռքը:

— Սև՛ և դժբա՛խտ Զատիկ, «զի Ռուստամ հարյավ ի մեռելոց...», պատասխանեց տրտմությամբ մելիքի որդին:

Եվ իսկապես, պարոն Ռուստամը միջինքից հետո, բոլորովին առողջանալով, վեր էր կացել յուր մահճից, և օրեցօր կազդուրվելով նրա կազմվածքը՝ խափանում էր նրանց հույսը յուր մահվան վերաբերյալ:

Ծառաները իմացում տվին, թե պարոն Արամ և տիկին Սալլաթին Աշխարունիները կամենում էին ներկայանալ: Նրանք իրանց խոսքը կիսատ թողին, և ընդունելով մի փոքր ուրախ և զվարթ կերպարանք, պատրաստվեցան ընդունել պատվելի այցելուները:

Սովորական շնորհավորությունից հետո, պարոն Արամը և նրա կինը, քնքշությամբ համբուրելով Սոլոմոն-բեկի և Ռեսի շրթունքը, քաղաքավարի կերպով նստեցին նրանց մոտ:

Ծաղկավանում, մի ասիական կեղտոտ սովորության համաձայն, օրենք չէր կանանց՝ մարդկանց այցելության զնալ, և նրանց հիտ շրթունք շրթունքի հպեցնել: Այդ պատճառով, տիկին Սալլաթինի այսօրինակ համարձակությունը և նրա տարապայման ընթացքը խիստ խոտելի էր թվում ռամիկ ծաղկավանցոց աչքին, ո՛ւր մնաց, որ ա՛յդ նրանք համարում էին մի արտաքո կարգի լրբություն:

Ռես Վասակյանը նկատեց, որ Սոլոմոն-բեկը չէր մտածում զբաղեցնել հյուրերին խոսակցությամբ, ուր մնաց, որ նա խոսել անգամ չգիտեր: Բայց քանի որ ինքը ձիրք ուներ կոտրատել ամեն տեսակ նյութերի մասին, քաշկռտվիլ ուսումնական խնդիրների մեջ, և երբեմն, որպես հմուտ աստվածաբան՝ վերասլանալ մտքով դեպ վերացական գաղափարները — Ռես Վասակյանը, պարոն Աշխարունուն հաճոյանալու համար, ասաց.

— Թեպետ Ավետարանի ճշմարիտ վարդապետության համա — ձայն, մեզ, քրիստոնյաներիս համար չկա որոշված տոներ, կյուրակիներ, ամսամուտներ և այլ հանդիսավոր օրեր, թեպետ մեզ, քրիստոնյաներիս չէ թույլատրվա՛ծ ավետարանական կրոնի մեջ պաշտել հեթանոսական սովորություններ, բա՛յց տոներին հարգ տալու սովորությունը ժամանակի խորին հնությունից, ավանդորեն գալով՝ հասել է մինչև մեր օրերը, և մեր կյանքում, սնվելով մեր շունչի, մեր արյունի հետ, և միանալով մեր հանճարի, մեր մտքի ու ամբողջ մեր իմացականության հետ — դարձել են, համարյա՛, մեր հոգու մի մասը և չեն բաժանվում մեզանից: Մտածեցե՛ք, արժանապատիվ պարոններ, թե որքան անհեռադրելի է նախապաշար — մունքը և կույր հնամոլությունը...: Այսօր իմաստությունը և հիմարը, լուսավորյալը և խավարամիտը, աղքատ թե հարուստ՝ բոլորը ուրախանում են Զատկի տոնախմբությամբ...:

Ռեսի խոսքերի հեղեղը մինչ ա՛յն աստիճան պաշարեց պարոն Աշխարունուն, որ նա չկարողացավ ոչինչ պատասխանել: Եվ Ռեսը, առանց պատասխանի սպասելու — առաջ տարավ.

— Քանի Ավետարանի ճշմարիտ լույսը չէ ծագում մեր ազգի վրա, քանի նա հայերի համար դրված է գրվանի տակ, քանի ճշգրիտ ուսում և գիտությունը անմերձենալի են հասարակ ժողովրդին, և քանի նրանք՝ թողնելով սուրբ գրքերի ճշմարտաքարոզ վարդապետությունը, կհետևեն հայրապետական մոլորություններին — ճշմարիտ եմ ասում, ա՛յնքան ժամանակ կապրեն նրանք իբրև լոկ նյութական մարմիններ, զուրկ մարդկության հոգևոր մասնից:

Նա կտրեց յուր ուսած և սերտած ֆրազները, որոնցով միևնույն բանը արտաբերում էր այլևայլ դարձվածքներով, և աչքով արեց Սոլոմոն-բեկին, որ մի բան ևս նա խոսե:

Պատանի Ավազակյանցը, ուշիմ աշակերտի նման, իսկույն հասկացավ յուր վարժապետի միտքը և կարդաց յուր սերտած դասերից մինը.

— Ես շատ հույս ունիմ, որ մեր սիրելի հայրենակիցները, պատվելի Աշխարունիների շնորհիվ, միշտ զուրկ չեն մնալու Ավետարանի լույսից, և առավելապես հուսով եմ, որ ո՛չ միայն Ծաղկավանը կփառավորվի նոր կրոնի լուսով, այլ բոլոր Պարսկաստանիմեջ պայծառապես կշողշողա քրիստոնեական հավատքի դրոշակը:

Թեպետ պարոն Աշխարունին յուր մտքի մեջ ուրախանում էր կեղծավորների մի փոքր առողջ դատողության վրա, բայց նրան դուր չգալով Սոլոմոն-բեկի առերես գովասանությունը՝ կտրեց նրա խոսքը, ասելով.

— Մենք ո՛չինչ ենք, մենք ևս Քրիստոսի մեղավոր պաշտոնյաներ ենք, տերը ինքը կօգնե մեզ՝ ձեզանով, մյուսներին հոգ տանել նրա եկեղեցու հաստատության համար:

Լսելով նրա ցամաք պատասխանը, Ռես Վասակյանը խոսքը փոխեց.

— Բայց, ներողություն, պարոն, բյուր անգամ ներողություն. մենք զբաղվելով այդ խոսակցություններով, որ այնքան մոտ են մեր սրտին, արդեն մոռացանք՝ մի բանով պատվասիրել ձեզ, և ձեզ, պատվելի տիկին, դարձավ նա դեպ տիկին Սալլաթինը: — Հրամայեցե՛ք խնդրեմ ճաշակել մի փոքր այդ բիբլիական խորոված զառնից, կամ մի պատառ այդ իսրայելյան պասքայից, չէ՞ որ Քրիստոս ինքը, իբրև մարդ, ենթարկվեցավ հնամոլության ազդեցությանը... բայց խնդրեմ ներել իմ այդ կատակը: Կամեի՞ք մի բաժակ օղի կամ մի փոքր գինի:

Պարոն Աշխարունին հայտնեց, թե ինքը սովորություն չուներ ոգելից ըմպելիք գործածելու: Նույն ժամանակ հրամայեցին, որ շուտով թեյ մատուցանեն: Թեյից հետո Աշխարոլնիները հեռացան ավազակյանների տանից, լի ուրախ մտքերով, որ այդ երկու անձինք, որ այդ երկրի մեջ մեծ համարում ունեին, մինը՝ յուր իշխանությամբ և արծաթով, մյուսը՝ յուր հնարագիտությամբ և խոլքով — արդեն իրանց կամակից և սրտակից էին: Բայց իզուր, պարոն Աշխարունին խաբված էր — «արջերը ման էին գալիս փեթակի բոլորտիքը՝ այդ մեղրի սերիցն էր»:

Ռես Վասակյանը մի քանի ժամ ևս մնալով Սոլոմոն-բեկի մոտ, մի փոքր հույս տալով նրան, մի փոքր մխիթարելով, դուրս գնաց, ճանապարհին անիծելով յուր փոխադարձ բախտը, որով ոչինչ նրան չէր հաջողվում, և ընդհանրապես, հանդիպում էին նորանոր արգելքների:

ԻԵ

ԳԱՐՈՒՆ

Զարեհավանի գարունը լինում է շատ գեղեցիկ:

Հին և պատմական անուն կրող Զարեհավանը հանդիսանում է գարնան մի շքեղազարդ պատկեր՝ նկարած տխուր և տրտում հիշողություններով: Այստեղ արևը, ամեն առավոտ, վսեմ փառահեղությամբ երևան է գալիս Ուրմիո լճակի միջից, և նրա կարմրագույն երեկոյան վերջալույսի մեջ հիանալի նկարվում են մեծ Արավուլը և Դուշմանա սարերը՝ իրանց բարձր, ձյունապատ գագաթներով: Եվ Սոլայի հեղեղատը, ընդունելով բյուրավոր առվակներ նոր հալված ձյունի վտակներից, հորդանում է, բարձրանում է, և հազարավոր ճյուղերի բաժանված՝ գոռալով, ֆշֆշալով, վազում է, ոռոգելով ամբողջ հովտի երեսը: Նույն ժամանակ, կարծես մի կախարդական զորությամբ, մեռած գետինը կենդանանում է, և շուտով կանաչեղեն սփռոցը, անթիվ գույներով զարդարված, ծածկում է հարթ և հավասար դաշտը:

Մշակը, լի ուրախությամբ, դուրս է գալիս դաշտը. լսելի է լինում գութանի ճոնչալը խոր ակոսների մեջ. խոփի արծաթափայլ շողշողալը աչք է ծակում, և մաճկալի կրակոտ երգերը– հիանալի են:

Բայց այստեղ երկրագործի երգերը չունին այն ուրախալի և կենդանի զվարթությունը. նրանք երգվում են, ասես թե ակամայից: Նրանք ավելի նման են թաղման տաղասացություններին...: Այստեղ անբախտ երկրագործը հերկում է երկիրը տխուր և հուսահատ սրտով: — Նա երբեք հույս չունի հավաքել մի հասուն հունձք... որովհետև, շատ անգամ, նրա կանաչ և դեռահաս հասկերը կերակուր են դառնում բարբարոս ասպատակների ձիաներին. և շատ անգամ ևս հնձած ցորենի դեզերը կրակի ճարակ են դառնում անգութ թշնամու ձեռքով, որ սովորաբար միշտ հարձակվում է այդ երկրի անբախտ բնակիչների վրա և կողոպտում է նրանց բոլոր ստացվածքը:

Այդպիսի անհանգիստ և անբախտ դրության մեջ գտնվելով, Զարեհավանի բնակիչ հայերը, թողնելով օրինյալ երկրագործությունը և ընդունելով մի փոքր բարբարոսական բնավորություն, իրանց կյանքը ընծայեցին խաշնարածության: Դատարկաշրջիկ խաշնարածը, որևիցե հաստատ կացություն չունենալով, ավելի նվազ է ենթարկվում հալածանքի նեղիչ ազդեցություններին, և ավազակների ասպատակություններից շատ անգամ ազատվում է նա: Երբ չէր կարողանում դեմ դնել յուր թշնամուն, նա յուր հոտերով, յուր վրաններով տեղափոխվում է դեպ սարերի ավելի խորին հեռավորությունները: Այդ պատճառով, Զարեհավանում, հայերը երբեք չեն աշխատել հաստատ տուն ու տեղ ունենալ: Իսկ վաճառականությունը մի երկրորդական բան է. Ո՛չ ոք ավազակների երկյուղից չէ կարող ցույց տալ, թե ինքը ունի արծաթ:

***

Կանաչ կյուրակեի երկուշաբթի օրն էր, երբ վաղ առավոտյան Ծաղկավանի մեջ լսելի եղավ զուռնայի սուր և ձգական ծվլլոցը, և դհոլի դաշնակավոր դմբդմբոցը:

Գյուղի ծերունիները անդադար ելումուտ էին անում տեր-Առաքելենց տունը. երևում էր, որ մի գործի համար խնդրում և հորդորում էին պարոն Ռուստամին, որ չէր կամենում հանձն առնել: Վերջապես ներս է մտնում մրստր Սեյսունը:

— Դուք ընդունեցեք գյուղացիների հրավերը, — ասաց նա:

— Մի՞թե իմ դեռևս տկար կազմվածքին հարմա՞ր է հանձն առնել մի այդպիսի դժվարին պաշտոն, — պատասխանեց պարոն Ռուստամը:

— Բայց, ընդհակառակն, ասում եմ ձեզ, այդ անհրաժեշտ և կարևոր է ձեր առողջությունը կազդուրելու համար:

— Այնուամենայնիվ դժվար է:

— Ո՛չ, դուք առանց դրա ևս այս տարի պարտավոր եք յայլաղ գնալ՝ սարի մաքուր օդ շնչելու, — կրկնեց բժիշկը:

Կամա-ակամա պարոն Ռուստամը ընդունեց բժշկի խորհուրդը, և հանձնառու եղավ կատարել գյուղացիների խնդիրը, որոնք կամենում էին կարգել նրան իրանց գյուղի և Զարեհավանի մյուս գյուղերի իլիաթի վրա Էլբակի, այսինքն՝ մի գլխավոր, որ պիտի կառավարեր սարերում բոլոր խաշնարած և վրանաբնակ հայ ժողովուրդները:

Զուռնայի և դհոլի ձայները գնալով սաստկանում էին, և հովիվները ուրախ-ուրախ դուրս էին բերում ոչխարների հոտերը, ձիաների և ավանակների ջոկերը, կովերի և եզների նախիրները՝ իրանց ձմեռանոցներից: Այդ չորքոտանիներից, որոնք ունեին սպակավոր և խայտաբղետ մարմիններ, նրանց մորթերը ներկված էին զանազան կարմիր, կապույտ և դեղին գույներով և նրանց եղջյուրներից ու պարանոցներից կախված էին փոքրիկ բոժոժներ և զանգակներ, որոնց արվեստական զնգզնգոցը, խառնվելով գառների բառանչին, այծերի բըկըկալուն, կովերի բառալուն, մատակների և նրանց նորածին քուռակների խրխնջալուն, էշերի զռոցին, շների ուրախաձայն հաչոցներուն, — այդ բոլորը կազմելով մի ներդաշնակություն, բնականաբար և բարձրաձայն հնչեցնում էին հովվական կյանքի անմեղ և պարզ պոեզիան:

Երբ անասունները դուրս էին եկած գյուղից, նրանցից հետո քշեցին գրաստները, որոնք տանում էին վրաններ, պղնձեղեն կաթսաներ և ուտելու պաշարներ, որոնք սարում հարկավոր էին:

Այնուհետև ճանապարհ ընկան նորահարսները՝ հարսանիքի հագուստներով, մանուկ աղջիկները, մանուկ կանայք նույնպես գեղեցիկ զուգված զարդարված, և ամեն մինը նստած մի սիրուն ձիու վրա, նրանց ետնից հասակավոր և պառավ կանայքը՝ նստած ավանակների, եզների վրա իրանց մեծ-մեծ փաթաթած գլուխներով:

Բայց մանուկ տղամարդիկը և նորահաս պատանիք բոլորը վայելուչ կերպով ձիավորված, բոլորը միասին սպասում էին գյուղի մեջ մի լայն հրապարակի վրա: Հանկարծ երևացավ Էլբակին, այնպես սիգապանծ և փառավոր, որպես մի շահ ղաջարյան ցեղից: Նրա արաբացի քահլան նժույգը, ամբողջ ձմեռը վայելած տաք փարախի հանգստությունը, գիրացած և լցված, որպես մի ահարկու աժդահա, խաղում էր, տոտիկ տալիս և ծլունկ լինում: Նրա փայլուն զենքերը վառվում էին և բըբռում նոր ծագած արևի լույսով և նրա երկայն մզրախի գլխում փողփողում էին սև փետրազարդ փնջեր:

Երբ նա հասել էր մեյդանում, ուր սպասում էին նրան սպառազինված բազմությունը, հանկարծ արձակվեցան հազարավոր թվանգների բոմբյունք... հնչեցին նվագածություններ, և այդ խառն որոտմունքի միջից գոռացին հարյուրավոր ձայներ. — «թող կենդանի լինի մեր էլբակին...»: Երբ Պարոն Ռուստամը ձեռքը շարժեց, կրկին տիրեց լռությունը:

Դատարկվեցան գինվո և օղիի գավաթներ, աստուծուց բարի երթ և բարի հաջողություն մաղթելով, քահանայք կարդացին «Տե՛ր, ուղղյա՛ զճանապարհս դոցա»: Էլբակին առաջ քաշեց յուր ձին, և բոլոր ձիավոր բազմությունը հետևեցին նրան:

Այդ միջոցում երբ ամեն աղջիկ յուր սրտում ցանկանում էր այդ քաջարի երիտասարդի հարսն լինել, երբ ամեն մայրերը անձկանոք ուզում էին նրան իրանց փեսա լինել, օրիորդ Սալբին միայնակ իրանց դրացու կտուրին վրա թաքնված վերնապարսպի հետքում, վառվռուն աչքերով հետևում էր յուր հերոսի շարժումներին. «Գնա, ով քաջ, տերը քեզ հետ», ասաց նա խորին ոգևորությամբ, «քո ճակատին գրված է ոսկի տառերով՝ միշտ զենք կրել և առաջնորդել մի մեծ բազմության...»:

Ծաղկավանը համարյա դատարկված էր բնակիչներից. տներում մնացել էին միմիայն ալևորներ և պառավ կանայքը, մի քանի վարձկան գործավորների հետ, որոնք մնացել էին հողերը մշակելու համար:

Ավազակյանց տանից այս տարի ոչ ոք սար չգնաց, նրանք չէին կարող տանել իրանց ատելի տղամարդի գլխավորությունը: Բայց ոչխարները հովիվներին հանձնելով, իրանք մնացին գյուղում:

Մահու չափ հարվածք ունեցավ այդ անցքը Սոլոմոն-բեկի վրա. նա չէր կարողանում տանել յուր սրտի կսկծին. սև նախանձը ուտում մաշում էր նրա լերդը: Նա կատաղի հուսահատությամբ խելագարի նման մտավ յուր առանձնասենյակը, և ամբոխված, վրդովված, տարուբերվում էր զարհուրելի մտածությունների մեջ: Երկար այդ տենդանման բորբոքման մեջ չարչարվում էր նա, մինչ վճռեց յուր մտքի մեջ սարսափելի խորհուրդ, մի խորհուրդ, որով մտածեց վերջ տալ յուր կյանքին...:

Նա առեց պատուհանից ատրճանակը և բերանը դրեց յուր սրտին և քիչ էր մնում որ քաշեր բացեր նրա չախմախը. այդ միջոցին նրա հետևից մի մարդ բռնեց նրա ձեռքից, ասելով — է՜յ, վա՜յ, ի՞նչ եք գործում:

Դա Ռես Վասակյանն էր: Այդ դնը, էլիաթը ճանապարհ դնելուց հետո, գուշակելով յուր տիրոջ ցավալի դրությունը, քանի րոպե առաջ, աննկատելի կերպով, սողացել էր Սոլոմոն-բեկի սենյակը, և մունջ թաքնված էր մի անկյունում, հետզհետե հետազոտում էր նրա բոլոր կատաղի շարժումները, նրա երեսի վայրենի գծագրությունները:

— Այդ ի՞նչ փոքրոգություն է, — կրկնեց նա:

— Տուր ինձ ատրճանակը, — ասաց պատանի Ավազակյանցը:

— Զգաստացեք, ուշքի եկեք, Սոլոմոն:

Ա՛հ, մահը, սիրելի մա՜հը միայն ցանկալի է ինձ: Պարոն Վասակյանը, մահու գործիքը պատուհանից դուրս նետելով, բռնեց նրա ձեռքից, նստացրեց աթոռի վրա, հետո հրամայեց ծառային, որ ղեյլան բերեր նրան:

Նա չկարողացավ ծխել թամբաքուն, նրա բոլոր մարմինը դողդողում էր տենդամման ջերմախտի մեջ, նրա ձայնը խեղդվում էր, նրա շնչառությունը այնքան զորեղ էր և արագ, մինչև հավաքվել էր նրա բերանում բավականաչափ փրփուր: Նրա վառված աչքերը, երեսի կատաղի գծագրությունները կասկած հարուցին պարոն Վասակյանին, թե իրավ ցնորվե՜լ էր նա, բայց շուտով պառկեց սոֆայի վրա, թմրությունը շուտով տիրեց նրան և սկսեց արտախոսել խառնիխուռն զրույցներ, որոնց միջից շատ անգամ պարզ որոշվում էին — «Եվ թող կենդանի լինի մեր էլբակին...»:

Պարոն Վասակյանը չհեռացավ նրա մոտից մինչև երեկո: Արևը մտնելեն հետո նա զարթեցավ մի փոքր զգաստացած:

— Ինչպե՞ս եք զգում ձեզ այժմ, — հարցրուց Ռեսը:

— Ոչ շատ լավ, — պատասխանեց նա՝ թույլ ձայնով, միայն հրամայեցեք, որ շուտ տան թեյ և մի փոքր արաղ (օղի):

Բանսարկուն մտածեց, թե առավել օգտակար է նրան նույն ժամուն խառնված դրությանը, մի քանի ստերով, մի քանի դատարկ հույսերով առժամանակ խաբելով, հրապուրել նրա միտքը, մինչև կհայտնվեր գործի վերջը:

— Այսուհետև ավելորդ են ձեր տխրությունները, — ասաց նա, — որովհետև թեև մեր առաջին ձեռնարկությունները բոլորովին իզուր անցան, բայց այսօր իմ քրոջմեն ստացա խիստ ուրախալի լուրեր օրիորդի մասին:

— Ի՞նչ լուրեր, — հարցրուց անհամբերությամբ Սոլոմոն-բեկը:

— Օրիորդը այժմ համարյա թե համոզված է ձեզ իրան համար փեսա ընտրելու, միայն մի քանի պատճառներով այժմ չէր կարող վճռականապես խոստանալ և հայտնել յուր հաճությունը:

— Ինչ պատճառներ են դրանք:

— Հանգամանքները չեն ներում այժմ հայտնել այդ պատճառները, միայն դուք միամիտ եղեք, որ մի. ամսից հետո օրիորդ Սալբին տիկին կունենաք այդ փառավոր ամրոցում:

— Դուք միշտ հուսադրում եք, Ռես:

— Ես հաստատ գիտեմ, և իմ հուսադրությունները անտեղի չեն:

Սոլոմոն-բեկը մի քանի ումպ թեյ ընդունելեն հետո սկսավ անհագ կերպով ծխել ղեյլան, որ նույն ժամանակ կարծես թե նրան դուր եկավ:

— Միայն դուք, աղա, — առաջ տարավ խաբեբան, — մի՛ վշտանաք դրա համար, որ գյուղացիք հիմարությամբ ընդդեմ ձեր հոժարության ընտրեցին

Ռուստամին էլբակի, բայց ի նկատի ունեցեք, որ այդ նրանց ընտրությունը ավելի ձեռնտու է մեր նպատակի առաջադիմության, և մեզ համար շատ հարկավոր է նրա բացակայությունը Ծաղկավանից, այդ դեպքում նա քանի ամիսներով հեռու կմնա մեզանից, մինչև որ մենք աստուծո ողորմությամբ կկատարենք խորհուրդը:

Պարոն Վաաակյանը ուռեցնելով Սոլոմոն-բեկի գլուխը ունայն հույսերով, հեռացավ:

Բայց պատանի Ավազակյանցը բոլորովին ճշմարտություն համարելով Ռեսից լսածները, մյուս օրվա առավոտյան պահուն՝ կանչեց յուր քույրը Ալմաստին (որ գնում էր վարժարանը ուսանելու) և տվավ նրան մի թանկագին մատանի, պատվիրելով, որ տա օրիորդ Սալբիին: Նրա քույրը դժվարանում էր հանձն առնել այդ ծառայությունը, որովհետև նա վարժարանում եղած ժամանակները քանի-քանի անգամ խոսք էր բացել յուր եղբոր մասին, միշտ ստացել էր կոշտ պատասխաններ, բայց այս անգամ նա ստիպված հնազանդվելով իր եղբոր հրամանին, մտածեց հանձն առնել և փորձել վերջին փորձը:

Գարունքը օրեցօր երևան էր գալիս յուր շքեղ կերպարանքով, եղանակը գնալով տաքանում էր: Պարոն Աշխարունիի տան բակի պարտեզը ստացել էր հիանալի գեղեցկություն: Ամսական վարդը, սոխատեսակ ծաղիկները, զամբաղը և հասմիկը, բուրում էին անուշ հոտով: Նշենին, ծիրանին զարդարված էին իրանց սիրուն ծաղիկներով: Տիկին Սալլաթինի աշակերտուհիները, այդպիսի եղանակներում, ըստ մեծի մասին պարտիզում էին սովորում արձակ օդի մեջ, նստարանների վրա, որոնք դրված էին սաղարթախիտ և անթափանցիկ նարվանդի տակ:

Աշակերտուհիներից երկուսը՝ հեռացած պարտեզի մի անկյունը, թաքուն խոսում էին.

— Աղջի Սալբի, — ասաց նրան բարեկամաբար Ալմաստը, — որքան անգութ ես դու, և գուցե շատ հպարտ, որ չես կամենում ընդունել իմ սերը և իմ բարեկամությունը:

— Չէ, Ալմաստ, երբեք հուսալու չէ իմ և քո մեջ մի ճշմարիտ սեր, երբ դու հարուստ ես, իսկ ես աղքատ, երբ դու կհայիս խիստ բարձրից և ամենայն ինչ քո աչքին փոշիի նման կերևի, — ասաց երգիծաբանությամբ օրիորդ Սալբին:

— Ա՛խ, որքան ցավեցնում է իմ սիրտը այդ պատասխանը, — կրկնեց կեղծավորաբար Ալմաստը, — հավատա, սուրբ տիրամայրը վկա է, որ ես ամեննին խտրություն չեմ դնում անձիս և թե իմ ընկերներիս մեջ, մտածելով, թե նրանք ամեն բանով ստոր էին ինձանից:

— Թեպետ դուք խտրություն չդնեք, բայց ստորներին իրանց չափը ճանաչել արժանի է, հարգել մեծությունը՝ սուրբ բան է, — ասաց դարձյալ կատակով օրիորդ Սալբին:

Ալմաստը ավելի մոտեցավ նրան և փաղաքշանոք բռնելով նրա ձեռքից, ասաց.
— Սալբի, աստված գիտե, որ շատ եմ սիրում քեզ և միշտ ցանկանում եմ ունենալ քեզ հետ թարմ սիրո հարակցություն:

— Ի՞նչ հարակցություն, — հարցրուց սառնությամբ օրիորդ Սալբին:

— Ես կամենում եմ խնամանալ ձեզ հետ խրձիկների (տիկնիկների) միջնորդությամբ:

Մի քնքուշ ժպիտ շարժեց օրիորդ Սալբիի վարդագույն շրթունքները:

— Ձեզանից, որպես մի չափահաս օրիորդից, ներելի չէ լսել այդպիսի տղայական առաջարկություն, — ասաց խստությամբ օրիորդ Սալբին, — որովհետև խրծիկները, որպես երեխաների խաղալիքներ, չեն ծնուցանում ճշմարիտ սեր. իսկ սերը բխում է բարի և առաքինի սրտերից:

— Ես հանաք (կատակ) արեցի, Սալբի, իրավ խրծիկները երեխաների

խաղալիքներ են, բայց ես ունիմ մի առանձին պատճառ քեզ սիրելու, պատվելու և պաշտելու:

— Ի՞նչ պատճառ էր այդ, — հարցրուց սառնությամբ օրիորդ Սալբին — բայց դուք հասկացեք, որ ես չեմ սիրում կեղծավորություն:

Օրիորդ Ավազակյանցը շառագունեցավ ամոթուց, իրավ խոսակցի սառնասրտությունը կապում էր նրա լեզուն, նա չգիտեր, թե ո՛րպես առաջարկեր նրան իր եղբոր հանձնած մատանին:

— Սալբի, ես ուզում եմ մի առաջարկություն անել քեզ, միայն խնդրեմ երդվիր, որ ընդունելու ես իմ խնդիրը:

— Բոլորովին անկարելի է, որ ես խոստանամ ընդունել մի առաջարկություն, մի խնդիր, որ ինձ առաջուց հայտնի չէր, ուր մնաց, որ երդումով հաստատեի նրան:

— Ուրեմն ընդունիր այդ մատանին և ամենայն ինչ հայտնի կինի քեզ:

— Ի՞նչ մատանի է այդ:

— Առեք ձեր ձեռքը, նայեցեք, հետո կասեմ ձեզ:

Օրիորդ Սալբին մատանին առեց և հետաքրքրությամբ սկսեց նայել նրա քարին (ակին), որի վրա ճարտարությամբ քանդակագործված էր մի սիրտ, բոցավառված կրակով, և նրա բոլորտիքը գեղեցիկ տառերով գրված էր «աստված սեր է»:

— Այժմ ասացեք, ի՞նչ մատանի է այդ, — հարցրուց օրիորդ Սալբին:

— Այդ մատանին իմ եղբայրը, Սոլոմոն բեկը, ուղարկել է քեզ, — կարմրելով պատասխանեց Ալմաստը:

— Երևի սիրում է ինձ, հա՞:

— Հրամեր եք, սիրում է և սիրում է առավել քան յուր հոգին:

— Բայց դժբախտաբար ես չեմ կարող սիրել նրան:

— Ինչո՞ւ:

— Նրա համար, որ որպես մի տերության մեջ չեն կառավարում երկու թագավորներ, նույնպես և մի սրտում չեն կարող լինել երկու սեր: Ալմաստը շփոթվեցավ: — Այդ ճշմարիտ է, — ասաց նա, — բայց պետք է հմուտ ճաշակ ունենալ ընտրության մեջ, և վատը չգերադասել լավեն. իմ եղբայրս փառավորված է աստուծո բոլոր պարգևներով — իշխանություն, հարստություն, ճոխություն, բոլորը ունի նա:

— Ես չեմ կամենում իմ անձս վաճառել, թեև գնողներն կամեին գնել նրան այն բաներով, որոնք ավելի փառավոր և վառվռուն էին հիմար աշխարհի աչքերում, — պատասխանեց օրիորդ Սալբին:

— Դուք սխալվում եք, քույրիկ, — ասաց նրան օրիորդ Ավազակյանցը խրատողի ոճով: — Մի մարդ, որ հնար ունի բախտավոր և երջանիկ լինելու, բայց երբ նա իր կամքով ընդունում է աղքատությունը, նշանակում է, որ նա ինքն իրան դատապարտում է:

— Սերը չէ որոշում այդ իրողությունները, նրա համար միևնույն է աղքատի խրճիթում բնակվել կամ վրանի տակը և թե փառավոր ապարանքում:

— Սերը կույր է, — նրա խոսքը կտրեց Ալմաստը:

— Եվ բախտը կույր է, — պատասխանեց օրիորդ Սալբին:

— Բայց բախտի մեջ կա վայելչություն, փառավոր կյանք, երջանկություն և այն բաները, որոնց համար որ աշխատում է ամբողջ մարդկությունը. — հավատացնում եմ ձեզ, որ դուք մի օր չարաչար կապաշխարեք ձեր այդ սխալի համար, հավատացնում եմ ձեզ, որ աղքատության մեջ, բացի տրտում և տխուր վշտերի, ոչինչ ավելի գտնելու չեք. — հավատացնում եմ ձեզ, որ իմ եղբայրս կարող է սիրել ձեզ միշտ և բախտավորեցնել ձեզ:

— Բայց ես հավատացնում եմ ձեզ, Ալմաստ, որ ձեր եղբայրը մի դատարկ մարդ է, դարձյալ հավատացնում եմ, որ արծաթի ժանգը նստելով նրա սրտի վրա, մաշել է նրանում ամենայն գեղեցիկ բան:

Օրիորդ Ավազակյանցը խիստ վշտացավ այդ կծու խոսքերից. տոհմական սնափառությունը շարժեց նրա բարկությունը և նա փոխելով յուր փաղաքշական ոճը, ասաց խստությամբ. ձեր չար լեզուն, ձեր համարձակ և անպարկեշտ սովորությունները, ձեր տարապայման բնավորությունը, իզուր չէ, որ ձեր անձնավորությունը ատելի է արել հասարակության աչքում, և ամեն մարդ պատճառ ունի համարել ձեզ լիրբ և անամոթ:

— Ինձ ցավ չէ ընդունել բամբասանք մի անկիրթ ամբոխից, բայց դուք չափ դրեք ձեր լեզվին, եթե կկամենայիք պահպանեք ձեր պատիվը:

Այդ խոսակցության ժամանակ վրա հասավ տիկին Սալլաթինը, — Սալբի, Ալմաստ, — կոչեց նա, — դասի ժամանակ է, ի՞նչ եք խոսում այնտեղ:

Ալմաստը հեռացավ, գնաց յուր վարժուհու մոտ, բայց օրիորդ Սալբին մնաց յուր տեղում անշարժ: Նույն միջոցին մոտեցավ նրան պարոն Գոզեն:

— Արժանապատիվ աղջիկ պարոն, պետք չէր, որ այնպես անքաղաքավարի կերպով վարվելով վշտացնեիք մելիքի դուստրը: Բայց օրիորդ Սալբին մինչ այն աստիճան բորբոքված էր բարկությամբ, որ առանց պատիվ դնելու պարոն աղջկա ծերության, իսկույն յուր սրտի թույնը թափեց նրա վրա՝ ասելով.— հեռու կորիր դու, սատանա, եթե չես ուզում, որ ես այդ միակ աչքդ հավասարեցնեմ մյուսին:

Գոզեն առանց մի բան խոսելու հեռացավ նրա մոտից:

«Այժմ հասկանում եմ այն խոսքերի բոլոր խորամանկ խորհուրդը, որ այդ երկու սատանայի ծնունդները մինչև այսօր ասել և կրկնել են ինձ, — հիշեց յուր մտքում օրիորդ Սալբին, — հողը ձեր գլխին, հիմարներ... դրանք ուզում են խլել ինձնից իմ Ռուստամը, որի հոգին կապված է իմ հոգու հետ, որի աստղը, ճակատագրական նախասահմանությամբ, միավորված է իմի հետ...»:

Եվ արդարև, Ալմաստի սրտի մեջ նույնպես թաքնված էր մի գաղտնիք. նրա աշխատությունը ոչ այնքան նրա համար էր, որ յուր եղբոր սիրած աղջիկը միավորեր նրա հետ, ոչ, այլ նա աշխատում էր ձեռք բերել յուր թաքուն նպատակը, այսինքն օրիորդ Սալբիին սիրել տալով յուր եղբայրը, ինքը հնար կունենար խլել նրա ձեռքից այն վայելչագեղ տղամարդը, որ մի օր առաջ այնքան՝ փառավորությամբ դուրս եկավ Ծաղկավանից:

Ալմաստի ծածուկ սերը պարոն Ռուստամի հետ ունի յուր ռոմանական հրապուրիչ կերպարանքները...:

ԻԶ

ՌՈՒՍՏԱՄԻ ՕՐԱԳՐՈՒԹՅՈՒՆԵՐԻՑ

«Գիտեմ, դու կսիրես կարդալ, իմ նազելի Սալբի, թե որպես անցուցանում եմ ես սարում իմ օրերը առանց քեզ, մեր պարզամիտ հովիվների հետ, արածացնելով մեր անասունները:

«Այսուհետև ամեն գիշեր իմ վրանի մեջ նստած, փոքրիկ լապտերիկի լույսով, գրելու եմ քեզ իմ օրագիրը. Ա՜խ, ո՜րքան ուրախություն է զգում սիրտս, երբ մտածում եմ, թե դու սիրով կարդալու ես այդ բոլորը:

«Գիշերը ծանր է և մթին. ահա՝ վառվում են բոլոր չադրների՝ առջև օջախները, և պղնձների մեջ եփ եկող կաթնի շոգիները լցրել են օդը ախորժելի հոտով: Հեռավոր սարերի լանջերում տեսանելի են հրավառ կետեր, սնահավատ ճամփորդը սարսափելով անցնում է դրանց մոտից: Դրանք մենավոր հովիվների խարույկներն են, որ նրանք վառել էին սարում մի փոքր կաթ տաքացնելու և իրանց քաղցը հագեցնելու համար: Բայց դու լսում ես, թե ինչպես սնոտիապաշտ պառավները պատմում են զանազան առասպելներ այդ հեռավոր խարույկների մասին՝ իրանց թոռնիկներին ասելով. կամ նրանք թագուցած գանձեր են, կամ այնտեղ մի սուրբի մարմնի մասը թաղված է, և կամ պատառող գայլերը, քավթառները գալիս են գողանալու ոչխարներ, և նրանց աչքերն այդպես լույս են տալիս:

«Բայց ես չեմ ախորժում լսել առասպելներ, ես և դու սիրում ենք հրաշալի բնությունը... Բայց ո՛րքան գեղեցիկ է երևացնում նա իրան այստեղ, այս սարերի մեջ...: Այն իրողությունները, որ մինչև այսօր ես երևակայությամբ մտաբերում էի հովվական կյանքի մասին, այն երգերը, որ ա՛յնքան ոգևորությամբ փառաբանում են հովվի անմեղությունը, երբեք չէին կարողացել տալ ինձ մի ստույգ գաղափար այդ օրհնյալ կյանքի մասին, որով ապրել են Աբրահամը, Իսահակը և Հակոբը: Բայց այժմ, սիրելի Սալբի, ափսո՛ս, առանց քեզ ես վայելում եմ այդ բանաստեղծական կյանքի պարզ ու անմեղ պոեզիան: — Հովասուն և աստղազարդ գիշերներ, վարդագեղ արշալույսներ, զեփյուռաբեր և ոսկի առավոտներ, թարմ և կենսատու օդ, հոտավետ ծաղիկներ, կանաչ մարգեր, երգող թռչուններ, — ամեն օր, ամեն ժամ զգվում են, փայփայում են, սնուցանում են մեզ:

«Բայց ցավալի սրտով ես նկատում եմ, որ մեր հայերը չունին գեղեցկասեր ճաշակ. նրանք դեռ չեն սովորած զգալ և պաշտել վսեմը և վայելուչը: Հրաշալի բնությունը յուր շքեղությամբ չէ հիացնում նրանց և ոչ յուր կատաղի կերպարանքներով բերում է նրանց սարսափ: Ես զարմանում եմ, թե ինչու դրանց սրտերը, դրանց հոգիները այդքան կոշտ են և անզգա, և իրանց մտքերն այդքան մեռած են...: «Ես ամենևին չեմ տեսնում մի հասուն օրիորդ կամ մի մանուկ տղամարդ, որ իրանց երգերով փառաբանեին արևի առավոտյան հրաշալի ծագումը, կամ թե նստած լուռ և մունջ խորին ոգևորությամբ հիանային վսեմ հափշտակության մեջ, արշալույսի փառահեղ պատկերովը:

«Արևմտյան պահուն, արևի վերջալույսը կարմիր, հրագույն ներկերով նկարում է երկնքի վրա հազարավոր կախարդական պատկերներ, տարուբերական ամպերը մի րոպեում տալիս են այդ պատկերներին հազարավոր հսկայաձև կերպարանքներ. նրանք փոփոխվում են... փոփոխվում են... երբեմն զարհուրանք, դժոխք և վիշապներ ձևացնում մեր աչքի առջև... իսկ երբեմն՝ դրախտ, անտառախիտ ծառեր և ծիծաղող հուրիներ...: Բայց հայ մարդը չէ նկատում բնության այդ հրաշարվեստ ճարտարությունները, նա միայն զգում է, որ արևը մտնում է... արևը գնում է հանգստանալու յուր գիշերային կայարանում, որ առավոտյան կրկին լուսավորե իրանց հովիտը: Եվ հայ մարդը, յուր հորիզոնից դեպի միուս կողմը, յուր ծանոթ սարերի ետևումը, չգիտե թե ինչ կա: Նա չգիտե, թե այն տեղերում նույնպես կան երկրներ և այն երկրների վրա բնակված են յուր նման հայեր, նույնպես ծառայության լծի տակ նույնպես գերության մեջ...:

«Բայց հայ մարդը բոլոր աշխարհը կենտրոնացնում է յուր հովտի մեջ... և բոլոր մարդկությունը համարում է թե ծնված է միմիայն ծառայության և ստրկության համար…:

«Ես տեսնում եմ ամեն առավոտ նորահաս օրիորդներ, մանկահասակ նորահարսներ, որ գնում են զբոսնելու կանաչ արոտամարգերի մեջ: Առավոտյան ցողը յուր մարգարիտներով թրջում է նրանց ոտքերը, երգող թռչունները բարևում են նույն առավոտը, անուշահոտ ծաղիկները բյուր հրավերք են կարդում նրանց... բայց հայ օրիորդների ականջները խուլ են լսելու այդ ձայներից մինը, նրանց աչքերը կուրացած են նկատելու բնության հրապուրիչ քնքշությունները, նրա գրավիչ ծիծաղը, նրա շռայլ և հրաշափառ պչրանքը...: Ես չեմ տեսնում այդ աղջիկներից ոչ մինը, որ յուր գլուխը, յուր կուրծքը զարդարած վարդերով՝ հետ դառնար զբոսանքից, և թաքուն յուր չաղրի ետևից սողցներ յուր սիրողի ձեռքում մի փունջ ծաղիկ...:

«Թեպետ վայրենի կյանքի բնական ազդեցությունն այստեղ տվել է այդ մանուկ աղջիկների, այդ նորահաս կնիկների վարքին մի փոքր ազատություն, մի փոքր արձակ համարձակ ընթացք, և մարդ շատ անգամ տեսնում է հետ քաշված քողի տակից նրանց վարդ երեսները, նրանց անխորհուրդ ծիծաղը և լսում է մի քանի հատ ու կտոր բառեր նրանց խոսակցությունից, բայց այդ բոլորը առանց համակրության, առանց զգացողության, մեքենաբար, սառն և ցամաք...:

«Թեպետ մեր վրաններն այստեղ շատ մոտ են կազմված միմյանց և բոլոր խաշնարածների ընտանիքը, համարյա՛, կազմում են մի գերդաստան, բայց միևնույն այդ ամփոփված և խառն կացության մեջ, ամեն մի հանգամանքներում տեսանելի են՝ անմեղությունը, սրբությունը և հիմարությունը...:

«Այժմ հասկանում եմ ես, սիրելի Սալբի, այն խնդրի խորհուրդը, որ շատ անգամ քեզ հետ չենք կարողացել լուծել, թե ինչո՞ւ հայերը չեն ունեցել ազգային բանաստեղծություն:

— Ինչո՞ւ, կհարցնես դու ինձանից:

«Երբ մենք մեր մտքին, մեր սրտին, մեր կրքերին, մեր զգացմունքներին, մեր բոլոր հոգեկան զորություններին տալիս ենք սանձարձակ ձգտողություն, համարձակ թռիչք և ազատ ներգործություն, նրանք գնալով աճում են, ընդարձակվում են և կատարելագործվում են: Նույն ժամանակ ֆանտազիան, որ բնական է մարդուն, ներշնչում է մեր հոգու մեջ մի մոգական զորություն, և մարդկային միտքը, վառված, բորբոքված այդ աներևույթ կարողությունից, վերասլանում է բնական աշխարհից դեպի գերբնականը, վերափոխվում է մարմնավոր դրությունից դեպի հոգևորը, և այնտեղ, վերին, կախարդական երկնակամարում, հրճվում է, սքանչանում է, զմայլում է վսեմ զգացմունքներով:

«Բայց ավա՛ղ, հայ մարդու միտքը, սիրտը, կրքերը և բոլոր հոգեկան զորությունները — հավիտենից միշտ ճնշված լինելով մշտնջենավոր ստրկության լծի տակ, կաշկանդված լինելով առօրյա հոգսերից, վարակված լինելով դարավոր խավարի մեջ, մեռած և սասանված լինելով բռնավորի ահից և նրա սրից — երբեք և մի րոպե չեն ունեցել ազատ շունչ, և որպես ասացինք, ազատ թռիչք և ձգտողություններ...: Եվ բնականաբար մի բան, որ միշտ կենում է անշարժ դրության մեջ, նա ապականվում է և փտում է. մի բան, որ օրըստօրե դիմում է դեպի նվազումն և դեպի տկարություն, նա վերջապես սպառվում, ոչնչանում, և որպես հասարակաբար ասում ենք՝ մեռնում է…:

«Բայց հոգին չէ մեռնում, կասես դու, իմ Սալբի. մի կրոնական մտքով՝ նա ընդունակ է, որպէս նեռբողելու յուր ուրախությունները, նույնպես և ողբալու յուր ցավերը:

«Բայց թող մնա ավելի խոր գնալը հոգեբանության մեջ, որ վեր է մեր կարողությունից, մենք դառնանք դեպի մեր խոսքը:

«Ես փորձ փորձեցի, թե արդյոք կարո՞ղ էի զարթեցնել իմ այժմյան ընկերների հոգու մեջ հայկական նախկին քաջարտություն և տալ նրանց մի ստույգ գաղափար իրանց ազգի և իրանց հայրենիքի մասին: Այդ պատճառով իր վրանում՝ որոշյալ ժամերում հավաքում եմ մի քանի նորահաս տղամարդիկ. ես կարդում եմ նրանց Խորենացին, Եղիշեն և հայոց ազգի այլ պատմական գրքերը: Ես պատմում եմ նրանց, թե հայերը նույնպես ունեցել են մի ժամանակ՝ տերություն, թագավորություն և զորություն աշխարհի մեջ: Ես ցույց եմ տալիս նրանց այն երկրները, որ առաջ պատկանում էին հայերին և որ այժմ այլք տիրացել են: Ես հասկացնում եմ նրանց, թե մի ազգ, որ չունի երկրի վրա մի կտոր հող և ապրում է օտարի հողի վրա, այդ ազգը կլինի այն հողատիրոջ ծառան, նրա ստրուկը, և այդ ազգի աչքերից երբեք չեն պակասելու արտասուք և լաց:

«Քանի օր է, որ շարունակում եմ իմ դասերը, և իմ սիրելի ունկնդիրները խորին ուշադրությամբ լսում են: Ես նկատում եմ մի բան, որ զաղտնի կերպով եփ է գալի նրանց սրտի մեջ. նրանց արյունը բորբոքվում է, նրանց կրծքերը բարձրանում են, և ես տեսնում եմ հայասիրության սուրբ արտասուքն անձրևում է նրանց աչքերից...:

«Ի՞նչ անեն հայերը, ի՞նչ հող ածեն իրանց գլուխներին, մի՞թե առանց ուսումի, առանց գիտության և առանց լուսավորության մարդ կարո՞ղ է կատարյալ մարդ լինել, յուր օգուտը ճանաչել, յուր վնասը հեռացնել, յուր ազգը սիրել և յուր հայրենիքը պաշտել:

«Հայը յուր աչքերը բացում է՝ իրան ծառայության և գերության մեջ է տեսնում: Նա չէ հասկանում, թե ինքը նույնպես մի մարդ է աշխարհի մեջ և ունի մարդկային իրավունք, հավասարաբար վայելելու այն բոլոր շնորհքները, որ աստված պարգևել է մարդուն: Նա չէ հասկանում, թե աստված այդ երկիրը յուր բոլոր բարիքներով մարդու համար ստեղծեց, և ինքն իբրև մարդ բաժին ունի դրանից: Նա չէ հասկանում, որ բոլոր մարդիկ մի տեսակ են ստեղծված, մի կերպարանք ունին, բոլորն էլ ազատ են և ամենևին մեկն իրավունք չունի իշխելու մյուսի վրա:

«Բայց երբ ճշմարտությունը վարագուրվում է խաբեությամբ և արդար իրավունքը փշրվում է հաղթահարության ու բռնության ոտքի տակ, այն ժամանակ մարդը յուր իրավունքը առաջ տանելու համար պարտավորվում է գործ դնել յուր ֆիզիկական զորությունը — յուր թուրը:

«Ես աշխատում եմ տալ իմ ընկերներիս տեղեկության այդ բոլոր իրողությանց վրա: Ես աշխատում եմ բաց անել նրանց միտքը, նրանց աչքը և նրանց ձեռքը: Իմ դասերը լինում են գիշերներով, լուսնյակի կաթնագույն լուսով, երբ բոլոր չադրների մեջ քնած են լինում հովիվները: Բայց առավոտյան և երեկոյան պահուն իմ նորահաս աշակերտներիս պարապեցնում եմ զինվորական կրթություններով: Նրանք այժմ խիստ վարժ են կառավարելու իրանց ձիաները և շարժելու զենքերը:

«Եվ ես ուրախությամբ նկատում եմ, որ քաջազնական արյունը դեռ բոլորովին չէ սառած Հայկա որդիների երակների մեջ: Եվ այս օրերում մի անցք փորձով ցույց տվեց և նրանց արիությունը կռվի մեջ: Մեզանից մի քանի մղոն հեռու Ճարայան սարերի մեջ իջևանել էին մի քանի չադրներ՝ քրդստանցի հայ խաշնարածներից: Հանկարծ մեզ լուր հասցրին, թե Ռավանդները կողոպտեցին նրանց չադրները և տարան նրանց անասունները: Մի ակնթարթում ավելի քան հիսուն սպառազինված տղամարդիկ գտնվեցան ձիաների վրա. նրանք կայծակի արագությամբ հասան ավազակներին Ծաղկաձորում. կռիվն սկսվեցավ մի նեղ փապարում: Քրդերն ավելի քան երկու հարյուր ձիավոր էին, նրանք կռվում էին զարհուրելի կատաղությամբ: Բայց մեր քաջերից ամեն մինը մի ասլան էր դարձած. ես զմայլած էի ուրախությունից, չէ՞ որ, Սալբի, երկար ժամանակ է, որ կռվում չէի եղած: Ամբողջ մի քանի ժամ տևեց կռիվը, որ և վերջացավ մեր հաղթությամբ: Մենք թափեցինք ավարը, խլեցինք ավազակներից ձիաներ և զենքեր, սպանելով նրանցից տասներեք հոգի, մյուսները վիրավորված՝ բոլորը փախան: Բայց մեր ընկերներից սպանվեցավ միայն Մուրադի որդի Քյալաշը և հինգ հոգի էլ ստացան անվնաս վերքեր:

«Դու չես տխրելու, Սալբի, լսելով, որ ես մի թեթև վերք եմ ստացել աջ թևիս, դու կմտածես, որ անվնաս է դա, որովհետև այժմ համարձակ գրում եմ քեզ: Բայց հայտնիր, խնդրեմ, մըստր Սեյմունին, թող ուղարկե իմ և ընկերներիս համար մի փոքր սպեղանիք:

«Բայց, իմ սիրելի, մի զարմանալի անցք, որ պատահեցավ կռվի սեջ, մինչև այժմ ո՜րքան մտածում եմ, չեմ կարողանում ոչ մի կերպով մեկնել ինձ: Դու գիտես, անահավատությունն ինձ համար ծիծաղելի բան է, դու գիտես, ես ամենևին չեմ հավատում այն գերբնական կամ աներևույթ կոչված զորություններին: Բայց և այնպես, այդ գաղտնիքը մնում է ինձ համար անլուծելի, թե ի՞նչ էր այն, որ պատահեցավ ինձ...: Մի ահարկու քուրդ, դարան մտած քարի հետևում, ուղղեց դեպի ինձ յուր հրացանը, յոթն այլ քրդեր պաշարեցին իմ բոլորտիքը, վտանգը հեռու չէր ինձանից...: Հրացանները ճայթեցին, ես կորա ծխի մեջ... բայց ի՞նչ էր այն, չգիտեմ... թե որպիսի աներևույթ ձեռք ազատեց ինձ... մին էլ աչքս բաց եմ անում, տեսնում եմ՝ որ իմ ձիու վրա գտնվում եմ ավելի ապահով տեղում, իմ ընկերների մեջ, որոնք, ինձ միայնակ թողնելով, հեռացել էին դեպի քարափի մյուս կողմը… թող մնա այդ, գուցե ծիծաղես ինձ վրա, Սալբի, թե երկյուղը ծնուցել է իմ գլխում երևակայական ցնորք, դառնանք դեպի մեր խոսքը:

«Ահա՛ այդպես, իմ նազելի, նայիր, թե կրթությունն ինչ հրաշքներ է գործում մի անուս ռամիկ ամբոխի վրա, և դու կտեսնես, թե մարդիկ միօրինակ ստեղծվածներ են, թե նրանց մեջ մինը չկա, որ ստեղծված լինի «անոթ ընտրության» և մյուսը՝ «անոթ ապականության»:

«Ես իմ ընկերների մեջ ազգային սերը զարթեցնելու համար, բացի այլևայլ հնարքներ գործ դնելը, ուսուցել եմ նրանց մի քանի ազգային երգեր: Նրանք խորին ոգևորությամբ երգում են «Ա՛խ, թե իմ ալևոր հերքս սևնային» սքանչելի երգը: Եվ իմ հոգիս փառավորվում է, երբ շատ անգամ կեսգիշերային պահուն, կամ արևածագից առաջ, հեռու սարերի մեջ, լսում եմ մի հիանալի ձայն՝ «Տե՛ր, կեցո՛ դու զհայս»: Ահազին լեռնաժայռերը կրկնում են կախարդական երգի արձագանքը: Բայց մեր վրանաբնակների սրտերն առավել կարծր են, քան թե այն պինդ քարաժայռերը. նրանք չեն զգում և ո՛չինչ այդ երգից, նրանց համար այդպիսի ձայներ, ասես թե քամիներ են հնչում...:

«Բայց նրանք մեղ չունին, երգերը հորինած են այնպիսի լեզվով, որ անհասկանալի են ռամիկներին: Այդ պատճառով ես մտածեցի հորինել մի քանի տաղեր այդ երկրի աշխարհիկ բարբառով, որպեսզի մոտ լինեն ռամիկների սրտին և նրանց հասկացողությանը. և այդ տաղերը, հույս ունիմ, որ թե՛ կազդեն և թե՛ կներգործեն նրանց սրտերին և զգացմունքներին:

«Բայց ես շատ ափսոսում եմ, իմ նազելի, որ դու այստեղ չես. ես գիտեմ, որ դու էլ կաշխատեիր հավաքել մի քանի նորահաս աղջիկներ և կուսուցանեիր նրանց երգեր և իրանց ազգի պատմությունը: Բայց սիրտս ճաքում է, երբ շատ անգամ լսում եմ, թե ինչպես այստեղ աղջիկները երգում են օտար ազգերի լեզուներով և մայրերը նանիկ են ասում օտար ազգի բարբառով:

«Բայց մի քանի օր առաջ, որսորդության համար, ես միայնակ իմ ձիով, գնացել էի հեռու սարերի մեջ. այնտեղ, մի նեղ հովտում, հանդիպեցա մի քանի աղքատիկ չադրների, որ ավելի նման էին թափառական դարաչիների չադրներին: Ավազակները, կարծես թե, դեռ նոր էին հեռացել այդ անբախտ չադրներից, այնքան տխուր և տրտում էր նրանց տեսքը: Ես իմ ձիուց իջա աղբյուրի մոտ՝ մի փոքր հանգստանալու, ինձանից ո՛չ այնքան հեռու կազմած էր մի վրան. արևը յուր կիզող շողքերը ներս էր կաթեցրել նրա պատառոտած ճեղքերից: Մի մանկահասակ կին, տխուր, բայց վայելուչ կերպարանքով, ճոճում էր յուր տղայի լանտիկը, որ քարշ էր տված չադրի երկու սյուներից: Նա խիստ ցավալի ձայնով եղանակում էր այս ողբալի օրորոցի երգը: Հնչող քամիները նրա ձայնը տանում էին հեռո՛ւ և խառնում մուզաների ձայնի հետ...:

«Նանիկ արա, սիրուն որդյակ,
Դու նանի՛կ, նանի՛կ, նանի՛կ,

Նանիկ, արա, շուտ մեծացի՛ր,
Քեզ մատա՛ղ է իմ ջանիկ:

«Օրորոցդ մոր ձեռքով՝
Մեղմիկ, հանդարտ՝ կշարժեմ,
Քո մեռած հոր հիշատակը
Քեզ երգելով կպատմեմ.

«Հայրդ էր հզոր առյուծ,
Այն քաջ արին Երվանդ,
Նա ուներ դեպի յուր ցեղը՝
Շատ սեր, շատ գութ, շատ եռանդ:

«Մի օր հեծավ յուր սև ձին,
Ելավ նա դեմ ոսոխին,
Յուր հետ յուր քաջ ծառաներ՝
Գնաց վանել թշնամին:

«Թշնամին էր քաջն Ռավո՝
Այն վիթխարի աժդահան՝
Զարկեց հորդ սրտի մեջ
Յուր նիզակը հոգեհան:

«Զարկեց հորդ սպանեց,
Մեր հոտերն ավար տարավ,
Վրանները կողոպտեց,
Նա մեզ ոչինչ չթողավ:

«Նանի՛կ արա, աչքի լո՛ւյս,
Նանի՛կ, որ շուտ մեծանաս՝
Քո անտերունչ քաջ ցեղին
Հորդ փոխան տիրանաս:

«Մեր ծաղկավետ սարերը,
Մեր խոտավետ արոտներ,
Արածում են թշնամիաց
Եվ օտարներու հոտեր.

«Մեր պաղ, հստակ աղբյուրներ
Պղտորում են պիղծ շրթունք,
Մեր թշնամյաց կուրծքերը
Զարդարում են մեր ծաղկունք:

«Հպարտ, ազատ մեր ցեղը,
Ամոթալի հիշատա՛կ...
Ծռել է յուր պարանոց
Մեր հաղթողի լծի տակ:

«Իսկ մենք պանդուխտ, անտերունչ,

Թափառում ենք սարեսար,
Օտար ձեռքերու կարոտ,
Հողի՛ն եղած հավասար:

«Անա՛րգ, գերի, անպատիվ,
Որպես պիղծ ազգ, անամոթ,
Թքում են մեր երեսին,
Ապտակ զարկում մեր գլխին:

«Նանի՛կ կասեմ, իմ հրեշտակ,
Նանի՛կ կասեմ երգելով,
Նանի՛կ կասեմ երգելով,
Ողբերգելով ու լալով…:

«Երբ մեծացար ասաուծով,
Ա՛ռ հորդ նետ-աղեղը,
Հեծի՛ր նրա նժույգը,
Կրկին տիրե՛ քո ցեղը:

«Խնդրե՛ հորդ վրեժը
Այն սեգ, անգութ հաղթողին,
Ա՛ռ նրանից հոտերը,
Արտաքսե մեր սարերեն:

«Նորա երկաթի կուրծքի մեջ
Դու էլ ցցե՛ քո մզրախ,
Երկու բուռն արյունից
Դու խմե ուրա՛խ-ուրա՛խ:

«Խմե՛, և թո՛ղ զովանա
Քո մոր կրակված սիրտը,
Խմե՛, և թո՛ղ հանդարտվին
Հորդ կարոտ ոսկերքը:

«Նանի՛կ կասեմ, դու քնե՛,
Ո՛վ իմ հրեշտակ արդար,
Քնե՛, զի դու միայն ես
Մորդ սրտին մխիթար...»:

ԻԷ

ՌՈՒՍՏԱՄԻ ՕՐԱԳՐՈՒԹՅՈՒՆՆԵՐԻՑ

«Արդարև, դու, իմ սիրելի Սալբի, կարդացիր այդ կնոջ օրորոցի երգը, ես հույսով եմ, որ այդ կախարդական երգը միևնույն ազդեցությունն արած կլինի քո սրտին, ինչ որ արավ իմի. ես հույսով եմ, որ դու առանց արտասուքի, առանց սրտացավության չես կարդացել այդ երգը:

«Բայց այդ ի՞նչ ողբալի երգ է, որ լսելի է լինում, հեռու, այս ասիական սարերի մեջ, այդ ի՞նչ սգավոր մայր է, որ այսպես ցավալի կերպով ճոճում է յուր որբիկի օրորոցը, և այնպես այրված, կրակված սրտով ցանկանում է՝ օր առաջ մեծանար յուր տղան և տիրեր յուր ցեղին ու հոր կորուսած երկրներին:

«Այդ հայի մոր ձայնն է, Սալբի, այդ այն սգավոր այրիի ձայնն է, որ այդպես ցավալի եղանակով հնչում է ասիական սարերի մեջ... բայց հայոց տիկնայքը ձայնակից չեն լինում նրան... և ո՛չ հայոց որդիների ականջներն են լսում այդ մոգական ձայնի ազդու հնչյունները...:

«Ահա՛ քեզ օրորոցի երգ, ահա՛ քեզ մի քաջազնական կրթության սկզբունք:

«Ամենից առաջ մայրը ցանում է յուր երեխայի ամուլ և դեռ բնությունից ոչինչ չընդունած գլխի մեջ ազատության սերմերը: Այդ բարեպտուղ սերմերը, — ոռոգելով մայրական կաթնով, որ բխում է մի ջերմ, ախտաբորբոք սրտից, — քաջազնական երակներից ծլում են, աճում են և հասունանում են երեխայի հասակի հետ:

«Առաջին խոսքերը, որ մայրը խառնում է յուր երեխայի օրորոցի երգերի մեջ, չեն կրոնամոլական անհոգի և տաղտուկ քարոզներ և ո՛չ սնապաշտական առասպելներ, այլ երեխայի հոր և նրա պապերի պատմությունը, իրանց կորուսած երկրների, սարերի, դաշտերի և հովիտների գեղեցկությունները, անտառների ու թփերի ծաղկավետ հոտավետությունները, իրանց հոտերի, անասունների կողոպտվելը, թշնամու հաղթությունը և իրանց ցավալի գերությունը...: Ամեն օր, ամեն ժամ, ամեն րոպե երեխայի ականջները լսում են յուր մոր այդպիսի խոսքերը, և առաջին գաղափարը, որ կերպարանագործվում է նրա թարմ երևակայության մեջ, է վրեժխնդրության կատաղի նախանձը:

«Այդ մի սուրբ նախանձ է... Սալբի. այդ ազգասիրության աստվածեղեն նախանձն է, որ ամեն կրքերից առաջ պիտի բնավորվի մեր երեխաների հոգիների մեջ:

«Բայց այս պաշտելի այրիի երեխան յուր առաջին աչքաբացից տեսել է յուր կողքին դրած հոր թուրը. այն միակ ժառանգական ավանդը, որ մնացել է յուր պապերից, իբրև մի նվիրական սրբություն: Այդ հզոր թրով կտրվել է երեխայի պորտը և նրա ազնիվ արյունը խառնվել է յուր պապերի արյան հետ, որոնք անջնջելի նշաններով մնացել էին այդ քաջության զենքի վրա...:

«Իմ սիրելի Սալբի, ես էլ քեզ հետ ծնված ժամանակ, մեր մանկաբարձ դայակը դողդոջուն ձեռքերով դրեց մեր խանձարուրի մոտ մի թուր... և այդ ավանդությունը մինչև այսօր կատարում են հայոց մանկաբարձները, բայց, ափսո՛ս, ո՛չ յուր իսկական խորհրդով... նրանք տվել են այդ խորհրդական իրողությանը մի սնապաշտական կերպարանք — որ դևերը չմոտենային նորածին մանկան և նոր ծննդականին: Եվ այդպես, յուր առաջին աչքաբացից՝ հայ մանուկը սկսում է սովորել սնապաշտություն...:

«Բայց փափկությունը և սնահավատությունը՝ սկսյալ տղայությունից, չեն թուլացնում այդ այրիի որբիկի հոգին ու մարմինը: Նա մեծանում է այնքան ամուր, այնքան անխորտակելի, որպիսի են ահագին որձաքարյա ժայռերը, որոնք եղան նրա խանձարուրը: Նա մեծանում է այնքան ուղիղ և բարձրագլուխ, որպես իրան շրջապատող բարձր եղևնիները: Աշխարհի փոթորիկները, կայծակների փայլատակումը, ամպերի բոմբյունները երբեք չեն կարողանում խոնարհեցնել, խորտակել այդ ուղղաբարձ, բարձրադիտակ հասակը: Բայց երբ ճակատագիրը փոխում է նրա բախտը՝ նա ավելի սիրով գրկում է մահը, քան թե յուր ոսոխի ոտքերը...:

— «Այդ այրին հիմար է, որ խոսում է յուր երեխայի ականջներին վրեժխնդրության խրատներ, — ասում է ինձ մի քուրմ սև հագուստներով և սև սրտով — որովհետև վրեժխնդրությունը մեղք բան է. պատճառ՝ մենք քրիստոնյա մարդիկ ենք, մեր պարտավորությունն այն է, որ չարության փոխանակ բարություն անենք և սիրենք մեր թշնամիներին:

«Գնա՛, կորի՛ր, ասում եմ նրան բարկացած, թո՛ղ վրեժխնդրության աստվածը թափե իմ գլխին կայծակ, կրակ, թո՛ղ նա բանա ինձ համար դժոխքի բերանը, բայց ես պիտի գոչեմ, աղաղակեմ այս անբախտ այրիի հետ՝ վրե՛ժ, վրե՛ժ...: Գնա՛, կորի՛ր, սևերես, կրկնում եմ ես՝ մի՞թե այն վրեժխնդիր աստվածը, որ Ադամին դրախտից արտաքսեց արգելված թուզն ուտելու համար և նրա գալոց սերունդը հավիտենական դատապարտության տակ դրեց, աշխարհը ջրհեղեղով կործանեց, Սոդոմն ու Գոմորը ծծումբով այրեց, յուր կամքին անհնազանդ լինողներու համար վառեց գեհենի կրակը, մի՛թե մի այդպիսի վրեժխնդիր աստվածը կարո՞ղ է պատժել ինձ վրեժխնդրության համար: Ո՛չ...: Պատիվ և իրավունք պաշտպանելը սուրբ բան է:

— «Ո՛չ, բարեկամ, դուք հետևում եք հին օրենքին՝ «ակն ընդական, ատամն ընդ ատաման»: Բայց մենք, որպես քրիստոնյա մարդիկ, պիտի դարձնենք մեր աջ երեսը, երբ զարկեն ձախին, պիտի տանք և մեր վերարկուն, երբ պահանջեն մեր շապիկը...:

«Տո՛, մի թող տուր, է՛յ, թե աստվածդ կսիրես, հենց այդ խոսքերն եղան խեղճ հայի տունը քանդողները: Այսօր աշխարհում մի ազգ էլ չկա, որ հայի նման նեղության մեջ լինի: Շատ ազգեր, որ հայի կիսի չափ չկան, ո՛չ մի ազգի առաջ չեն խոնարհեցնում իրանց անպարտելի գլուխը, այլ քաջությամբ և թրի զորությամբ պահպանում են իրանց ազգային անկախությունը: Հապա հա՞յը, միայն խեղճ հա՞յը ամեն տեղ գերի, ամեն տեղ ոտքի տակ ընկած... հենց հա՞յը պիտի կատարե յուր փրկչի հրամանը. Ո՛վ յուր թուրը բարձրացնե, նա պիտի յուր անբախտ գլուխը դե՞մ տա...:

— Այդպես է նրա հրամանը:

— Եղբայր, նա մի անտուն, անտեր մարդ էր, եթե դու էլ նրա նման լինես, քո որդիքդ սովից կմեռնեն:

— Նա ինքը կպահե իմ որդոց:

«Հա՛, կպահե, գնա՛ խաղաղությամբ հողը մտիր, քո որդիքը միշտ կուշտ են... հա՛, նա կպահե քո որդոցը...:

«Կարճելով զրույցներս իմ անտանելի խոսակցի հետ, դառնում եմ դեպի քեզ, իմ անգին Սալբի. բայց դու ներիր իմ մի փոքր անհավատ խոսքերիս, ես կամենում եմ ասել՝ կրոնք ասած բանը չարաչար վնասել է մարդկությանը և առավելապես հայերը կրել են քրիստոնեության վնասը:

«Արդարև, ես չեմ կարող ուրանալ քրիստոնեության օգուտները, որ նա հասույց մեր ազգին, գիտեմ, քրիստոնեությունը եղավ մի միջնապարիսպ և չթողեց հայերը խառնվեին իրանց դրացի ազգերի հետ: Նա ազատեց հայերին կուլ գնալուց սասանյան պարսիկների մեջ, և Մուհամմեդի, Արաբիայի ախտալից որդու կրոնքը, ճարակելով բոլոր ասիական ազգերը, չկարողացավ ուտել, մարսել և հայոց ազգը. նա հեռու պահեց հայերին և խաբեբա հույների հետ խառնվելուց:

«Բայց հայոց աբեղաները մի այնպիսի խոտորնակի ընթացք տվին քրիստոնեական կրոնքին, և մի այնպիսի թույլ, ստոր, փոքրոգի դիմակի մեջ պարուրեցին նրա ազատ հայացքը, որով քրիստոնեությունը հայերի մեջ մի այլ հոգի չկարողացավ ներշնչել, քան թե այն միակ ստրկության հոգին, որ և իրոք ստացան նրանք:

«Հայոց քահանայք միշտ քարոզեցին, թե այս աշխարհս մի փուչ անցավոր աշխարհ է, որ աստված ստեղծել է մարդու համար, որպես մի բով, որի մեջ մարդը, ոսկերչի արծաթի նման, պիտի հալվի, մաշվի և զտվելով մաքրվի՝ մի նոր փառավոր կյանքի համար մահից հետո...: Նրանք քարոզել են և այն առասպելական խոսքը, թե հայոց ազգի վրա լինելով մի անեծք յուր հին հոգևոր հայրերից, նրա որդիներին այս աշխարհի մեջ չկա հանգստություն, այլ նրանք պիտի հալածվին, միշտ ու նեղություն կրեն, տնից, տեղից, հայրենիքից պիտի զրկվին, միշտ գերության մեջ, միշտ թշնամու լծի տակ պիտի լինին, որպեսզի դրանցով ապաշխարություն լինի նրանց մեղքերին և ազատվին նրանց հոգիները:

«Ահա՛, այդպես, իմ սիրելի, հայոց քահանայքը՝ խոստանալով իրանց ժողովրդին մի նոր կյանք ամպերի մյուս կողմում, միշտ հեռացրել են, միշտ սառեցրել են նրանց սրտերն այս աշխարհից և չեն թույլ տվել նրանց հաստատել իրենց համար երկրի վրա հիմնավոր կացություն, միշտ նրանց հրավիրելու դեպի երկինքը: Եվ այդպիսով միշտ խոնարհություն քարոզելով, միշտ հեզություն քարոզելով, միշտ աղքատություն քարոզելով, թուլացրել են հայերի քաջազնական և աշխատասիրության հոգին:

«Աշխարհի երևելի տիրապետողները չեն եղել քրիստոնյա մարդիկ: Թեմուրլենգը, Աթիլլան, Չինգիզխանյանք, Նադր-Շահը, Աղեքսանդր Մակեդոնացին, — բոլոր հզոր աշխարհակալները մարդկության պատմության մեջ, — դու գիտես, Սալբի, ի՛նչ հոգու, ի՛նչ կրոնքի տեր մարդիկ են եղած: Բայց քրիստոնեությունն աշխարհ գալուց հետո դադարեցավ ազգերի քաջագործությունները, քրիստոնեությունը կերավ, մաշեց հռովմայեցոց արևելյան և արևմտյան կայսրությունները:

«Խորամանկ Մուհամմեդը ներշնչեց Իսլամի հետևողների մեջ պատերազմասեր և քաջության հոգի, խոստանալով յուր մարտիրոսներին ճեննաթի բանաստեղծական վայելչությունները. և շուտով Իսլամը տիրեց հին աշխարհին: Եվ հայոց քաջազնական հոգին առավել վառվուն փառքերով փայլում է նրա հեթանոսական դարերում, որովհետև հին քուրմերը աստվածացրին Վահագնին իսկ Տիգրանը, Արշակը և Միհրդատը դյուցազունք եղան, որովհետև պատերազմի դաշտերում սպանվողները հույս ունեին Օլիմպոսում ընդունել Աթենասի և Արեսի ձեռքից նեկտար և փառաց պսակ: Ահա՛ այդքան կրոնական քաջալերություն կար դեպի կռիվը:

«Հայոց եկեղեցին նույնպես երգում է յուր շարականների մեջ անթառամ պսակ և անապական բաժակ ստանալն այն քաջերին, որ նահատակվեցան Ավարայրի դաշտումը: Եվ հայոց եկեղեցին սրբոց դասն է դասում Վարդանին և նրա քաջ ընկերներին: Եվ այդ կրոնական ոգևորությամբ, այդ ջերմեռանդ քաջալերությունն էր, որ պատճառ տվեց հայերին այնպիսի միահոգի սպառազինությամբ մղել այն սաստիկ պատերազմը՝ Զրադաշտի պաշտոնյաների հետ:

«Բայց ես չեմ կարծում, թե հայերն այնպես քաջությամբ կարողանային կռվել, եթե կռիվը լիներ հայրենիքի և ազգի ազատության համար: Բայց այնտեղ թշնամին սպառնում էր նրանց կրոնքի կորուստը, և կրոնասեր հայերն իրանց հավատքի համար զոհեցին այնքան շատ տղամարդիկ:

«Այդ խոսքերից, իմ Սալբի, դու կարող ես ապացուցանել, թե կրոնքները և կրոնական պաշտոնյաները կարող էին խլել ազգերից նրանց արիությունը և նրանց քաջությունը և ընդհակառակը՝ կարող էին ոգևորել ազգերը դեպի քաջագործություններ: Բայց երանի՛ այն ազգին, որի կրոնքը քարոզում է այդ վերջինը...:

«Հայոց եկեղեցին ջերմեռանդությամբ տոնում է Վարդանի և նրա ընկերների հիշատակը: Բայց այնքան շատ հոգիներ, որ մորթվեցան՝ հույների, պարսիկների, տաճիկների, թաթարների, մոնղոլների սրերով, դրանց հիշատակը կորած է...: Հայոց շարականները չեն անմահացրել դրանց անունները... և ոչ մի հայ եկեղեցական մարդ նրանց զորքի մեջ չէ կատարել յուր գիշերային ժամերգությունը... և պատմությունը թույլ, անհոգի բառերով խոսում է դրանց վրա...:

«Օրորո՛ց... դա առաջին դպրոցն է մարդկանց որդիների. օրորոցի ե՛րգ… դա առաջին դասն է, որ մայրերը խոսում են իրանց երեխաների ականջներին: Օրորոցից պատրաստվում է մարդս լինել մարդ այդ բառի բազմախորհուրդ նշանակությամբ: Բայց ի՞նչ խելք, ի՞նչ միտք, ի՞նչ զգացմունքներ կարող են ստանալ հայոց մանուկները այն օրորոցների մեջ, ուր դնում են նրանց իրանց մայրերը: Երբ երեխան ծնված օրից՝ նրա օրորոցի դաստակից կախում են նրա կրծքի վրա կախարդական բժժանք, հուռութուլունք և մի փոքրիկ խաչ... երեխայի ձեռքի խաղալիքը նրա մանկությունից մինչև նրա մահը, — երբ այդ խաչով քահանան դրոշմում է, կնքում է հանգուցյալի հողադամբարանը...: Անհավատ մայրերը տղայական հասակից ծանրաբեռնում են խեղճ երեխայի գլուխը սուտ առասպելներով — ծառայություն, խոնարհություն, համբերություն, ստրկական հնազանդություն, — այդ բառերը լսում է նա օրորոցի միջից մինչև այն ժամանակ, երբ ասում են նրան՝ «հող էիր և հո՛ղ դարձիր»: Արդարև, մի խորհրդական խոսք հայի համար... պատճառը՝ այդ ազգը յուր կյանքում չէ ցույց տվել որևիցե հոգեկան զորություն, այլ միշտ ապրել է նա որպես հող, քար և անշունչ մարմին...:

«Բայց այրի կնոջ մեջ, աղքատիկ վրանի տակ միտք կա, հանճար կա, զգացմունք կա, կյանք կա. նրա երգն այնքան ոգելից, ախտաբորբոք և կրակոտ է, որպես նրա հոգին, և այդ չարրի միջից կծագի հայի հույսը:

«Ես դառնալով իմ վրանը, Սալբի, իմ միտքը պաշարված էր կախարդիչ երգի զորությամբ, ես բոլոր գիշերը չքնեցի: Մի քնքուշ մուզա հանկարծ քսեց իմ երեսին յուր թևքը, և իմ երևակայությունը վառվեցավ, ձեռքս առա գրիչը, գիշերային լռության պահուն, լուսնյակի լույսով գրեցի այս երգը, իբրև նվեր այն պաշտելի այրիին:

Օրո՛ր կարդա՛, ո՛վ գթոտ մայր,
Մինչ մեծանա քո որդին,
Հոր ոտխից նա պահանջե
Յուր վրեժը դառնագին:

Այդ ձայնիկը քո օրորի,
Այդչափ տխո՛ւր և տրտո՛ւմ,
Բորբոքում է իմ արյունը,
Կրակ է ձգում իմ սրտում:

Այդ կրակը ինձ այրում է,
Ինձ կտանե՛ գերեզման…
Արդյոք կլինե՞ր՝ զինվորվեի
Քո թշնամու հանդիման:

Կիլիկիայի վեհ աղյուծին՝
Արժանավոր ո՛վ կորյուն,
Քո սարերի ազատության
Նվիրեի իմ արյուն:

Անգործ, հանգիստ՝ մեր պատիցը
Քարշ է ընկած թվանգը,

Յուր պատենում՝ իմ սայրասուր
Թուրս ուտում է ժանգը:

Իմ նժույգը՝ գետնին տալով
Յուր սմբակը տրոփում,
Պատերազմի ասպարեզին՝
Նա էլ ինձ հետ փափագում:

Գութը շարժվում ամեն սրտի,
Որքան լիներ նա մեռած,
Երբ տեսնում է մի ամբողջ ազգ
Գերության մեջ շղթայած:

Հայոց որդիք խլացած են,
Լսել չկամին քո օ՜րո՜ր,
Ստրկության ծանր լծի տակ
Ճնշվել կամին ամեն օր:

Օ՜րո՜ր, կարդա՜, թող մեծանա
Առյուծենի մանուկը.
Պետք է նրա ամրացնել
Տկարացած բազուկը.

Որ կարենա քաջի նման
Կրել հոր նետ-աղեղը,
Թշնամու ժանտ զերությունից՝
Ազատելու յուր ցեղը:

Կ'զա օրը… հսկայի պես՝
Նա դեմ տված՝ յուր դրշը,
Դեպ պատերազմ կբարձրացնե ,
Ազատության դրոշը:

Եվ նրա հետ շատ քաջազունք
Ուխտ կ'ուխտեին այն դաշնով. —
Հայրենիքի փրկությունը
Գնել իրանց արյունով…:

«Առավոտյան շուտով, իմ թանկագին Սալբի վեր առա իմ գրած ոտանավորը և սկսեցի դիմել դեպի այրի կնոջ չաղրը: Ես գտա նրան, երբ նրա մանուկը քուն էր եղած, և ինքը միայնակ, խորին մտածողության մեջ, նստած յուր վրանի մոտ հոսող աղբյուրի ափին, ականջ էր դնում արծաթափայլ ջրի խոխոջմունքին:

Նա նույն ժամանակ նմանում էր մի աղբյուրային հավերժահարսի, որ ասես թե, նոր էր դուրս եկել ջրից:

«Ողջունեցի նրա առավոտը և նվերը տվի նրա ձեռքը: Խորին ուշադրությամբ կարդաց ոտանավորը: Ես նկատեցի, արտասուքն սկսեց հեղեղի նման թափվել նրա մեծ սևորակ աչերից…: Ա՜խ, ո՜րքան արտասուքներ լացել են այդ սգավոր աչքերը…:

«Հանկարծ նա յուր լցված աչքերը բարձրացրեց դեպի երկինք.«փառք քեզ, տեր», ասաց նա խորին ջերմեռանդությամբ, «որ գտա ինձ կարեկից, այսուհետև կմխիթարվեմ ես, պատճառ՝ կան հայոց որդիների մեջ և այնպիսիները, որոնք հասկանում են ինձ»:

«Բայց, իմ սիրուհի, դժբախտաբար ես չեմ կարողանում ամեն բան արձակ, համարձակ գրել քեզ. իմ օրագիրը լցված է այս, անբարբառ կետերով... պատճառ՝ մեր լեզուն կապ է և մեր գրիչը կաշկանդված: Մենք չենք կարող արտասանել՝ ո՛չ մեր ուրախությունը և ո՛չ մեր տրտմությունը. մենք չենք կարող՝ ո՛չ լալ և ո՛չ ծիծաղել. ա՛խ, մեր բոլոր մտքերը, մեր բոլոր զգացմունքները, պիտի ճնշվին, պիտի խեղդվին մեր սրտի մեջ...:

«Բռնավորի երկաթյա գավազանը միշտ և հանապազ հսկում է մեր գլխի վրա. լաց ես լինում՝ լո՛ւռ կաց... ծիծաղում ես՝ լո՛ւռ կաց... խուսում ես՝ լո՛ւռ կաց... ա՛խ, ծեծում են ինձ՝ լո՛ւռ կաց...սպանում են ինձ՝ լո՛ւռ կաց... իմ երեխանց արյունն իմ աչքիս առջև թափում են՝ լո՛ւռ կաց... իմ ապրանքը խլեցին, տարան՝ լո՛ւռ կաց... իմ տունը քանդեցին՝ լո՛ւռ կաց... ա՛խ, չեմ դիմանում այդ ցավերին, ի՞նչ անեմ. — տո՛, թշվառ, քեզ ասում են՝ լո՛ւռ կաց, հա, լո՛ւռ կաց, միշտ լո՛ւռ կաց, թե ավելի խոսես, լեզուդ կկտրեմ, թե էլի խոսես, քեզ կենդանի հողում կթաղեմ և այնտեղ կսովորես լուռ կենալ...: Այդ անգութ գավազանն ամեն ժամ, ամեն րոպե պտտվում է մեր գլխի վրա և դու միշտ լսում ես այդ զարհուրելի սպառնալիքը:

«Այդ սպառնալիքի ձայնը քո ականջներին զարկում է, քանի կենդանի ես. այդ երկաթի գավազանքը քո գլխի վրա պտտվում է, քանի շունչ ես քաշում... Մի մարդ էլ չկա, որ ասե. չէ՞ խեղճ է, դա, դա էլ մեզ նման մարդ է, աստված լեզու է տվել, որ խոսե, խորհե, մտածե և յուր մտքերն արտասանե:

«Բայց ասես թե ամեն մարդ յուր գլուխն է պահում, յուր փորի, յուր հանգստության համար միայն ծառայում. մի բան, որ նրան վերաբերյալ չէ, դրա վրա չէ մտածում: Եվ այդպես, մարդիկ սառն աչքով են նայում իրանց նման մարդկանց չարչարանքներին, նրանց նեղություններին: Եվ աստված ինքը սառն աչքով է նայում այդ ցավալի տեսարանների վրա. նա տեսնում է, յուր պատկերը շինել են անասուններին հավասար, բայց աչքերը խփում, երեսը շրջում, անց է կենում...:

«Երբ մեր աստվածը, երբ մեզ նման մարդիկ, ամեննին հոգս չեն քաշում մեզ համար, որ մեզ ազատեն մեր նեղիչների ձեռքից, էլի մեր ցավը մնում է մեր վզին, էլի հարկավոր է, որ մենք մեզնից մի սիրտ, մի հոգի լինենք, միմյանց օգնենք մեր անբախտ գլուխը ազատելու համար ուրիշից, որ մեր միսը, մեր արյունը չէ, մեզ ոչինչ օգուտ չկա:

«Որովհետև բոլոր ազգերը, որոնցից որևիցե օգնության հույս ունինք մենք, բոլորն էլ առանց մեղքի չեն: Երբ նրանցից մինը՝ ասում է իմ նեղիչին՝ դուրս հան աչքիդ միջից շյուղը, նա նրան պատասխանում է. — ուրեմն դու էլ դուրս հան քո աչքի միջի գերանը, հետո խրատիր ինձ: Ահա՛ այդպես, նա նրան ասում է՝ կույր ես, նա պատասխանում է՝ դու էլ քաչալ ես:

«Եվ արդարև, այդ երևելի տիրապետողներից, այդ վիթխարի հրեշներից ամեն մինը, առած յուր ճանկերի մեջ մի քանի մանր ազգեր, ծամում են նրանց լերդը, ծծում են նրանց արյունը: Խղճալի զոհերը ճչում են, աղաչում են, ոչ ոք չէ լսում նրանց ձայները. և նրանք լսում են ճակատագրական սպառնալիքը — լո՛ւռ կաց...:

— Այս կյանքի չարչարանքների փոխարեն մյուս կյանքում աստված կհատուցանե. այդ ապաշխարություն է, վնաս չունի:

— Դարձյալ երևեցա՞ր, սևերե՛ս, անե՛ծք քեզ, չար սատանա...:

— Հոբ երանելին քեզ օրինակ:

— Գնա՛, կորի՛ր, ասում եմ քեզ, քո խրատները մեզ պետք չեն:

— Խրայելցիք քեզ օրինակ Եգիպտոսում:

— Դարձյալ սկսեցի՞ր, ձայնդ չե՞ս կտրելու:

— Ապա որպե՞ս ժառանգեցին Քանանու երկիրը:

— Տո՛, հիմար, նրանք ունեցան Մովսես, Ահարոն, Նավյա որդին Հեսու, մի՞թե քեզպեսնե՞րը պիտի հայի խավար տանը ճրագ վառեն, նրա ձեռքից բռնեն և գերությունից ազատեն:

«Բայց այդ սև սիրտը լիրբ է. դա չէ ամաչելու, դա չէ հեռանալու ինձանից: Ես ինքս կփախչեմ դրանից, եթե ոչ, քանի կանգնած եմ դրա մոտ, միշտ իմ ականջներս ծակելու է դրա միջնադարյան զուռնայի ձայնը... տասնինը դար այդ զուռնան փչում են հայի ականջներին, բայց նա չէ զարթնում յուր քնից... նա քնած է և գուցե կքնե անթվելի շատ ժամանակներ...»:

«Մնաս բարյավ, իմ Սալբի, գալոց օրագրությանս մեջ կտեսնվենք քեզ հետ»:

ԻԸ

ՌՈՒՍՏԱՄԻ ՕՐԱԳՐՈՒԹՅՈՒՆՆԵՐԻՑ

«Եվ ես, իմ սիրուհի, ամեն օր տեսության համար՝ գնում եմ այն պաշտելի տիկնոջ վրանը. իմ խելքս տարել են՝ նրա պարզ ձևերով, արդար սրտով ընդունելությունները, և նրա ազնիվ հյուրասիրությունը հիացնում է ինձ:

«Օրըստօրե ես ծանոթանում եմ այդ վրանաբնակների երևելի տղամարդկանց, նրանց տիկինների և նրանց պատկառելի ալևորների հետ: Եվ ես տեսնում եմ այդ անմեղ ժողովուրդը, իրանց պարզ բարք ու վարքով, իրանց առաքինական բնավորությամբ, իրանց միամիտ սրտերով ձևացնում են մարդկության առաջին ժողովուրդը, յուր կիսավայրենի և բնական կերպարանքներով: Եվ դրանց մեջ պատկերանում է բիբլիական աշխարհը՝ յուր աբրահամներով, յուր իսաակներով և յուր հակոբներով: Եվ արդարև, ես նկատում եմ դրանց բոլորի մեջ, համարյա՛ ելումուտ է անում մի շունչ և շարժվում է մի հոգի:

«Ես տեսնում եմ դրանց մեջ ալևորներ դարավոր հասակներով, բայց տակավին ժիր, գործունյա և աշխույժ: Այդ ծերունի հսկաները, իրանց մարմնի երկաթի կազմվածքով, որպես անմահ աստվածներ, միշտ արհամարհել են մարմնական տկարությունները: Նրանք իրանց հարյուր քսան, հարյուր հիսուն տարեկան հասակում ևս որպես իրանց մարմնի անդամներ՝ չեն հեռացնամ իրանց մոտից իրանց թուրը, իրանց թվանգը — իրանց կյանքի մտերիմ ընկերները, և այն մի զույգ ատրճանակները, որ խնամքով խրել են իրանց հաստ գոտիների մեջ: Այդ հինավուրց նահապետները, որպես կենդանի պատմագրքեր, պատմում են, թե քանի՛ հալածանքներ, քանի՛ չարչարանքներ և քանի՛ կոտորածներ է կրել իրանց ցեղը այնքան երկար թափառելով աշխարհի երեսին, և նրանց ցամաքած աչքերի մեջ պահված են մի քանի կաթիլ արտասուք, որոնք շուտով գլորվում են նրանց փառահեղ, սպիտակ մորուքի վրա, երբ մտաբերում են ցավալի անցյալը:

«Նրանց տղամարդիկն այնքան ամուր, այնքան պնդակազմ են, որ ձևացնում են Հերքուլեսի չուգունից արձանները: Նրանք միանգամայն պատած պողովատի զրահներով, միշտ իրանց վրա ունին զենքեր: Նրանց ձիաները միշտ թամքած սպասում են վրանների առջև, որ երբ պատահե թշնամու հանկարծահաս հարձակմունք, շուտով քաշերը թռչեն նրանց վրա և դուրս գան ավազակների դեմ:

«Նրանց կանայք բոլորն ունին բարձր նոճիների նման ուղիղ հասակ, նրանք ավելի նրբակազմ են, բայց ջլուտ և ոսկրոտ. ես չեմ տեսնում նրանց մեջ և ոչ մեկը, որ մալի և հաստլիկ լինի: Նրանք ունին թուխ, կրակոտ աչքեր, բարակ սև հոնքեր, մետաքսի նման փափուկ, բայց դավայի նման սև և փայլուն ծամեր: Նրանց երեսները նիհար են, գորշ կարմրագույն թշերով, որոնց կաշին փայլում է առավել կոկնությունից, բայց խիստ շատ վայելուչ և գրավիչ հայացքով: Այդ ախտալից կանայքը, այդ հայկազնյան արտեմիսները, դու տեսնում ես շատ անգամ թեթևաշարժ եղջերուների նման աներկյուղ և համարձակ վազվզում են բարձր և մեծ ապառաժների վրա որսի համար. նրանք նույնպես կրում են զենքեր, նրանք նույնպես կռվում են, երբ նեղում է նրանց թշնամին, երբ հարկավորվում է պահպանել իրանց անասունները:

«Այս ո՛չ այնքան բազմաթիվ վրանաբնակները, իրանց կյանքի պարզ և բնական կերպարանքներով, ձնացնում են նախկին մարդկությունը, որ ապրում էր միմիայն յուր հոտերով: Ոչխարների կաթնից պատրաստում են՝ մածուն, սեր, կարագ, յուղ, պանիր և ժաժիկ. — դրանք բավական են նրանց կերակուրների համար: Ոչխարների բրդից մանում են թելեր, որոնցից գործում են կապերտներ, օթոցներ, գորգեր՝ սփռոցի, վերմակի համար, և աբաներ, վերարկուներ, արխալուղներ, շալվարներ՝ հագնելու համար, ձեռնոցներ, թաթմաններ և գլուխը դնելու թաղիքե քոլոզներ: Նրանց մնում է գնել միմիայն հաց, այդ էլ փոխարինում են իրանց անասունների բերքերի հետ: Այծերի մազերից հորինում են չվաններ և վրանների պաստառներ:

«Բայց այդ բոլոր գործերը կատարում են կանայք: Նրանց տղամարդիկն ավելի հանգիստ են: Նրանց կանայքը միշտ կրկնում են իրանց սովորական առածը, թե «կնոջ գործն է աշխատելը, տղամարդը պիտի հանգիստ ապրի, որ գիրանա, զորանա կռվելու համար»: Եվ այս է պատճառը, որ երբ նրանց տղամարդիկը կամենում են վշտացնել իրանց կանանցը, գնում են և անծածկույթ պառկում են սառը քարերի վրա, որ հիվանդանան:

«Այդ բնության հավատարիմ որդիների հագուստները, անտարակույս, ունին մեր նախնի հայերի զգեստաձևերը: Թաղիքե երկայն քոլոզներ, փաթաթած ապարոշներով, դրած են գլխներին. հագած են լայն շալվարներ, որոնց մեջ թողնելով իրանց վարտիքը և բաճկոնի կամ զբունի երկայն դրոշակները, բավականին ուռցնում են, և նրանց իշխանները՝ համարյա կիսաքարշ գետնից տանում են իրանց շալվարները: Մեջքները պնդած են հաստ գոտիներով, որից վերև հագել են կարճլիկ քազախա կամ զառիկ, և մի լայն վերարկուի (աբայի) մեջ ծածկվում են նրանք: Նրանց շապիկների թևքերը, երկայն և լայն, քարշ են ընկած, որ և շատ անգամ փաթաթում են իրանց բազուկների վրա:

«Նրանց կանանց հագուստներն ավելի պարզ են. մի շապիկ իջնում է մինչև նրանց ոտքերը. նրանց վարտիքի բերանը սրունքներից վերև պինդ բուզմայած է լարանով. շապկի վրա հագած ունին անթարի կամ բնիշ՝ երկայն և բաժանված դրոշակներով: Նրանց գլխի զարդերը ցուցանում են, թե հայոց կանայքը հին ժամանակներից միշտ սովորություն են ունեցել կրել թագ և պսակ, որպես մեր Զարեհավանի կանայքը կրում են գոտի: Ուլունքներ, մատանիներ, գնդեր, ապարանջաններ, քթի օղեր կրում են համարյա բոլորը:

«Բայց այնքան բազմության մեջ ես չեմ տեսնում մի մարդ, որ կարդալ գիտենար: Մի բան, որ պակաս է դրանց՝ է ուսումը և կրթությունը: Բայց դու կզարմանաս, իմ սիրունի, թե ասեմ, որ դրանց մեջ կան և քահանայք, որոնք կարդալ չգիտեն...: Այդ քահանա յքը չեն որոշվում հասարակ ժողովրդից. նրանք նույնպես ունին իրանց գոտիների մեջ ատրճանակներ, և նրանց կողքից քարշ է գնում երկայն թուրը...: Ես քննեցի այդ քահանաներից մինի ուսումը. սուրբ գրքերից գիտեր միայն տերունական աղոթքը և երրորդության անունները. նրա հավատքի հանգանակն էր այն, որ աստված ստեղծել է երկինքը և գետինքը. նա միայն կառավարում է բոլոր աշխարհը, և ինքը, յուր թախտը դրած ամպերից վերև, քննում է արդարների և մեղավորների գործերը: Եվ Քրիստոսը նրա որդին է, որին ուղարկեց աշխարհ մեզ սատանայի գերությունից ազատելու համար, և աշխարհից վերանալուց հետո թողեց սուրբ խաչը իբրև յուր օրինակը, որ մենք պաշտենք, այդ պատճառով այդ մարդիկն իրանց կոչում են առավել խաչապաշտ, քան թե քրիստոնյա: Եկեղեցու խորհուրդներից նրանց հայտնի է միայն մկրտությունը, պսակը և հաղորդությունը, որոնք քահանան կատարում է երեք անգամ երրորդության անունը հիշելով:

«Նրանք ճանաչում են և մի քանի սրբերին, որոնց մեջ երևելի են սուրբ տիրամայրը, սուրբ Կարապետը, որի գերեզմանը Տարոնումն է, սուրբ Լուսավորիչը և սուրբ Էջմիածինը. այդ երեքին ճանաչում են որպես աստուծո վեզիրներ: Գիտեն և այլ սրբերի անուններ, որոնք աստուծո ատյանում ունին զանազան բարձր և խոնարհ աստիճաններ, որոնց հանձնված են մարդկանց զանազան տեսակ հսկողությունները:

«Դրանք ունին և մի հատ սուրբ Ավետարան գրչյա և մի քանի մասունքներ, որոնք ման են ածում իրանց հետ, որպես սրբություններ: Այդ մարդկանցից ոչ մինը չէ տեսած, թե ինչ բաներ են դրանք, պատճառ՝ որ նրանք միշտ փաթաթված են զանազան գույներով թաշկինակների մեջ: Մի առանձին վրան ամեն մի իջևանում կրում է յուր մեջ այդ սրբությունները: Եվ ամեն առավոտ ջերմեռանդ վրանաբնակները, հավաքվելով այդ վրանի առջև, մի քանի անգամ ծունր են իջնում, երկրպագություն տալիս, մի քանի անգամ խաչակնքում իրանց երեսները, և այդ է նրանց աղոթքը: Իսկ այդ սրբության խորանը և միանգամայն կացուցանում է նրանց ժամատունը:

«Հայկական բարբառը տակավին չէ կորուսել դրանց լեզվի մեջ յուր հին ձևերը: նրանք տակավին գործ են ածում իրանց խոսակցության մեջ՝ ի, զ, ընդ, առ նախդիրները: Նրանց խոսակցությունը խիստ արագ է և կենդանի. նրանց ձայնը զանգակի հնչյուն ունի:

«Վերջին փոթորիկները Փոքր Ասիայի մեջ, կործանելով մեր Ռուբինյան թագավորությունը, խլեցին մեր ազգի այդ մի հատվածն իրանց բնիկ աշխարհից, և երկար տարուբերելով աշխարհի վրա, այժմ հասցրել են մեր սահմանակից սարերին. բայց ո՞վ գիտե, մինչև ո՞ւր պիտի քշե, տանի դրանց անգութ ճակատագիրը...:

«Այդ մարդիկը բնությամբ խիստ կրակոտ են և աշխույժ, սիրում են երգել, պարել, մանավանդ դրանց կանայքը, և միշտ ոգևորված են կենդանի ավանդություններով իրանց ազգի է իրանց կրոնքի մասին: Ես հույս ունիմ քաղել դրանցից շատ իրողություններ, որոնք լույս կտան մեր ազգի միջնադարյան և նոր ժամանակների պատմությանը:

«Բայց մի ցավալի կորուստ հանկարծ աղմկեց բոլոր վրանաբնակների ուրախությունը: Այսօր առավոտյան շուտ գնացի իմ բարեկամ այրիի վրանը. ես գտա նրան բոլորովին միայնակ նստած լաց լինելիս: Տեսնելով ինձ նա սրբեց յուր աչքերի արտասուքը, բայց նրա կերպարանքը տակավին տխուր էր և մռայլված:

— Ի՞նչ է պատահել ձեզ, — հարցրի ես:

— Մի՞թե չեք լսած. մեռա՜վ Հասոն, այն մեծ և հռչակավոր տղամարդը, — պատասխանեց կինը հոգվոց հանելով:

— Հասո՞ն. մեռե՞լ է, — կրկնեցի ես:

— Հա՜, Հասո՜ն, — առաջ տարավ այրին. — մեր ցեղի փառքն ու պարծանքը... մեր վրանաբնակների աղան...: Վա՜յ մեզ, վա՜յ մեր սև օրերին, այսուհետև էլ ինչպես պետք է ապրել՝ այդ հզոր կորուսանելուց հետո...:

Նույն րոպեին նրա վշտալի թշերի վրա երևեցան արտասուքի կաթիլներ, նա ակամա փղձկեցավ:

— Արժե՞ր ափսոսալ մի այդպիսի անձը, — հարցրի ես, — — որ յուր գործը՝ յուր կյանքի նպատակը շինել էր միշտ արյուն թափել:

— Չէ՛, այդ մի ասեք. նա երբեք չէ թափել մի արդար արյուն, բայց գործ դնել յուր սուրը թշնամու առջև՝ այդ մի սուրբ բան է, և կողոպտել բերել նրա ավարը նույնպես մեղք չէ:

— Ի՞նչ էր պատճառը, որ մեռավ այդ քաջը:

— Ոչինչ... նա մեռավ անարգ և անփառունակ մահով... հանգստությամբ, յուր վրանի տակ, հիվանդության մահճի մեջ...:

— Հապա ո՞րպես պիտի մեռնիլ:

— «Ջրի կուժը պիտի ջրի ճամփին կոտրվի», ասում է մեր Հորերու առածը: Քաջերը, որ թափել են այնքան շատ արյուններ, պետք է արյունով մեռնին, բայց դժբախտ Հասոն չվայելեց այդ փառքը...:

— Արդարև այդպես է, — պատասխանեցի ես մի զաղտնի համակրությամբ հիշելով հոմերյան տողերը.

«Մարտ մարտընչել և մեռանել փառք են առույգ պատանվույն, և վեր և խոց սուր սըլաքաց զարդ գեղեցիկ են մահուն»:

— «Բայց նա թողեց յուր ցեղի վրա ավելի երախտիք, — խոսեց կինը կարեկցությամբ. — տեսնո՞ւմ եք այդ լայն և ընդարձակ հովիտը, այդ խոտավետ արոտամարգերը, նրա շնորհիվ մեր ոչխարներն արածում են այս սարերում. նա խլեց Ջալալիներից այդ բոլորը:

— Ի՞նչպես, — հարցրի ես:

— Ի՞նչպես... — կրկնեց այրին հեգնությամբ. — «դարբե սնուր նինա», — ասաց քրդի առածը:

«Այդ սրբազան առածը, Սալբի, որ շնչում է յուր մեջ պատերազմասեր հոգի, նշանակում է հայոց բառերով՝ «ուժը, կամ զորությունը, կամ քաջությունը՝ սահման չունին»: Մի այդպիսի առած ևս գործ էին ածում մեր նախնիքը, որ հիշեցնում է արժանահիշատակ խորենյան ծերը. «սահմանք քաջաց — զենք յուրյանց»:

Բայց այդ առածն այժմ չէ լսվում և ոչ մի հայի բերանից... նա վաղուց լռել է հայերի համար...:

Տեղեկանալով, որ առավոտյան է լինելու քաջի թաղումը, ես խոստացա ներկա գտնվիլ իմ ընկերներով, և ցավալի զգացմունքներով հեռացա նրանց վրաններից:

«Ես հայտնեցի Ծաղկավանի խաշնարածներին այդ սգավոր անցքը և առավոտյան շուտով՝ բավականին բազմություն՝ երկու սեռից ցանկացան ինձ հետ գնալ քաջի թաղումը կատարելու համար:

«Թաղման հանդեսը խիստ տխուր էր և ցավալի. այստեղ ոչ մի քարացյալ սիրտ չէր կարող յուր արտասուքը զսպել, յուր սրտի ցավին դիմանալ: Սև պաստառներով պատած նաշի մեջ դրած էր քաջի դին. յոթը տղամարդ սև հագած տանում էին նաշը. դրանք մեռնողի ընկերներն էին: Դագաղի առջևից տանում էին հանգուցյալի նժույգը՝ գլուխը, պարանոցը և թամքը սևով պատած: Նրա վրա կարգով կախված էին նրա տիրոջ բոլոր զենքերը — նրա ահագին թուրը, թվանգը, թափանչեքը, դալխանը, մզրախը, երկաթի զրահը և գլխի սաղավարտը: Խելացի երիվարն արթնանում էր տխուր և սրտաբեկ, կարծես զգալով, թե յուր վրա այլևս չէր նստելու նրա հսկայամարմին տերը: Նա էլ յուր աչքերից թորում էր արտասուք...:

«Նժույգի հետևից գնում էին մի կարգ վրանաբնակների բոլոր կանայք՝ բաց գլուխներով, հերարձակ, մերկացրած իրանց կրծքերը: Նրանք փետտում էին իրանց գլխի ծամերը, նրանք փետտում էին իրանց խոպոպիքն ու զանգուրները և թափում էին դագաղի առջև ճանապարհի վրա... նրանք կոծում էին իրանց կրծքերը, հող և փոշի էին ցանում իրանց գլխի վրա, տխուր և ցավալի ձայներով եղանակելով այսպիսի ողբեր.

«Այլևս պետք չէ՛ մեզի ապրել,
Խավար արևի երեսը տեսնել.
Կորա՛վ մեր հույսը, կորա՛վ մեր փառքը.
Վա՛յ մեր սև օրին… հողե՛ր մեր գլխին...»:

«Նաշի հետևից գնում էին բոլոր այր մարդիկը՝ գլուխները քարշ գցած, լաց լինելով, նույնպես իրանց կրծքերը ծեծելով, և նրանց գլխների վրա ածած էր հող և մոխիր:

«Դագաղի բոլորտիքը շրջապատել էին հանգուցյալի ազգակիցները և նրա մերձավոր բարեկամները, նրա կինը, որդիքը: Ինչ որ դրանց դրությունն էր՝ դժվար կարելի է գրչով նկարագրել: Աստված ինքը հեռու անե այդպիսի տեսարաններ... մազեր փետած, հագուստներ պատառոտած, աչք, երես ծվատած, արյունաշաղախ, ամեն մինը մի քար ձեռքում անդադար բախում էր կուրծքը, նրանք թավալվում էին գետնի վրա նաշի առջև, հողերը, փոշիները ցանում կին իրանց գլխներին:

«Այդ ողբալի տեսարանը այրեց և իմ հետ եկած ծաղկավանցոց սրտերը, և նրանք բոլորը միաձայն սկսան լալ: Ի՞նչ սիրտ կարող էր դիմանալ, ի՞նչ աչք կարող էր յուր արտասուքը պահել, ախ՛, քարերն էլ էին լաց լինում, ծառերը ողբում, թռչունները ձայնակից լինում, հնչող քամիները նրանց ողբը խլում և հասցնում էին երկնքի հրեշտակներին...:

«Ճանապարհին մի քանի տեղ դադար առին և նաշը դրին գետին և լաց եղան: Կանայք հերթով գովաբանում էին հանգուցյալի քաջությունները և բոլորի սրտի մեջ կրակ էին վառում... մինչև իսկ նրա կինը տխուր և ողբալի ձայնով առաջ տարավ:

(«Ա՛խ, Սալբի, այստեղ կտրում եմ իմ խոսքը, այդ վրանաբնակների և՛ ողբերն ունին իրանց քաջազնական ոգևորությունները...:)

«Այսպես էր նրա ողբը.

— «Ափսո՛ս, որ այդպես անփառք և անշուք,
Փափուկ մահճի մեջ՝ փչեցիր քո հոգին.
Ափսո՛ս, որ մահը քեզի հանդիպեց
Քո խաղաղ տնակի կամարի տակին:

Դու մի քաջ էիր՝ արի և հզոր,
Քաջերի սուրը թող նյութեր քեզ մահ,
Կռվի դաշտիցը քո արյունոտ դին
Ես տուն բերեի՝ սրտով զո՛հ, ուրա՛խ…

«Ինձ դառն չէր հայնժամ թափել արտասուք
Քո արյունաներկ դիակի վերան,
Ինձ ցավ չէր հայնժամ ողբալով երգել
Քո պարծանքներով կանգնած գերեզման:

«Ջի Հայոց տիկնայք ինձի կասեին՝
Փա՛ռք, պատիվ քեզի, երջանիկ այրի,

Դու բախտավոր ես կնիկների մեջ,
Ձի կորուսիր այր՝ քաջ, հսկա, արի:

«Ինձ քաղցր էր հայնժամ թափել արտասուք
Արնով զարդարված դիակիդ վերան,
Եվ ծաղիկներով պճնել, զարդարել
Քո միշտ պաշտելի հողադամբարան:

«Թող պատերազմում, քաջ Հարքիների,
Հարյուր գերիներ բերելով թալան,
Հազար ձիավոր քեզ հալածելիս,
Քո կրծքին դիպչեր թշնամու գուլլան:

«Թո՛ղ կռվի միջում, Արարատյան դաշտում,
Ազգի, կրոնքի, հայրենյաց համար
Սուրը քո ձեռին, փառավոր մահով:
Թո՛ղ դու զոհեիր քո արյուն արդար:

«Ինձ քաղցր է հայնժամ իմ ձեռքով փակել
Քո այդ սև, հպարտ, շիջած աչերը,
Ձի հազար աչեր պիտի արտասվեին
Քո հզոր թրից սպանվածները:

«Ձի ես գիտեի, որ դու թոցրիր
Հարյուր գլուխներ թշնամու ուսերից,
Ձի ես գիտեի, որ դու զրկեցիր
Հարյուր կնիկներ իրանց այրերից:

«Այդ զարհուրելի խոր-խոր սպիներ՝
Քո արությանցը — վկա և նշան,
Չունի մի տղամարդ հայոց քաջերից,
Ո՛չ քուրդ, ո՛չ արաբ և ո՛չ մի թուրքման:

«Բայց, ափսո՛ս, քեզ հետ՝ ալ-վարդ կարմիր
Դու մի թարմ սպի չտարար գերեզման,
Դու մեռա՛ր, անբախտ, հասարակ մահով՝
Փափուկ մահճի մեջ… քո բարձի վերան ...:

«Ողբը վերջացավ: Քահանան կատարեց աղոթքը: Ժամանակ էր. երբ քաջի դին կամենում էին հանձնել հողին, նույն րոպեին հանգուցյալի կինը կատարեց մի խիստ վսեմ և սրտաշարժ իրողություն. — նա կտրեց յուր գլխի ծամերի հյուսերը, յուր զանգուր խոպոպիքը, յուր գլխի բոլոր արծաթի և ոսկի զարդերը, դրեց դագաղի վրա. «քեզանից հետո թող մի այլ աչք չտեսնե իմ զարդարանքը»... — ասաց նա: Նաև դրեց մի փունջ ծաղիկ նրա նաշի վրա... այդ նրա սիրտն էր, Սալբի, որ մեռնող ամուսինը տարավ յուր հետ հողի տակ...:

«Հանգուցյալի վրանում պատրաստված էր հոգեհաց. բոլորը հավաքվեցան այնտեղ ճաշ ուտելու: Երբ կերան, լիացան, քահանան կանգնեց ոտքի վրա և խոսեց մի կարճ, բայց ազդու ճառ. «աստծո կամքը գուցե այդպես էր եղած, և թող օրհնյալ լինի նրա կամքը, արդարև, նա չթողեց երկար ապրել մեր վրանների առաջնորդին, բայց առանց դրա այդ քաջը շատ բարիք գործեց յուր կյանքում, նա թողեց յուր հետքից միշտ գովելի հիշողություններ:

Դուք, իմ սիրելիք, սրբեցեք արտասուքի ձեր աչերից, թո՛ղ մխիթարենք ընտանիքը պատվելի հանգուցյալի»:

«Քահանան նստեց: Ծերերից մի քանիսը ներս բերեցին մեռնողի տասններկու տարեկան որդուն՝ հագնված սգազգեստի մեջ, և նրա թուրն ու կամարը: Քահանան օրհնեց այդ զենքերը և մի ծեր պատերազմող կամարը կապեց նրա մեջքը և քարշ տվեց հոր թուրը: Այնուհետև բոլորը մի-մի սկսան համբուրել նրա երեսը, շնորհավորելով նրա գլխավորությունը»:

ԻԹ

ՍԱԼԲԻԻ ՆԱՄԱԿԸ

«Սիրելի Ռուստամ,

«Ես կարդացի քո օրագիրը, երբեմն ուրախանալով և երբեմն արտասվելով. ես քեզ հետ զգացի բազմախորհուրդ օրորոցի երգի նպատակը այն այրի տիկնոջ. քո ոտանավորով նվերը հիանալի է...: Բայց, ափսո՛ս, այժմ չեմ կարող գրել քեզ իմ զգացմունքները քո ոգելից օրագրի վրա. ուրիշ ժամանակի թողնելով այդ, այժմ

շտա պում եմ հայտնել քեզ մի նոր խաբար, որ վերաբերում է ինձ և քեզ:

«Դու չծիծաղես, սիրելի Ռուստամ, իմ այս անքաղաքավարի խոստովանությանս վրա. — ինձ այժմ հայտնվել է մի նոր սիրող...: Ի՞նչ ես կարծում, ո՞վ է դա. — Ավազակյանց Սոլոմոնը, այն անզգա հիմարը, այժմ սկսել է սիրել ինձ...: Այդ մի նոր լուր չէ՞... ներիր, որ փոխանակ պատասխանելու քո սրբազան օրագրին, գրում եմ դատարկ բաներ: Որովհետև ես առանց քո գրելու գիտեմ, որ հայի օրը վաղուց խավարել է և հայի աստղը վաղուց նսեմացել է...: Ես առանց քո գրելու գիտեմ. մեր ականջներին զարկում է մի օրորոցի երգի ձայն, այդ խրախուսական ձայնը՝ Հայաստանի մոր ձայնն է...: Բայց դու տեսնո՞ւմ ես այն անթիվ, անհամար հերովդեսները, որոնք դեռ չստուգած մոգերից — իմաստուններից մի այդպիսի գուշակություն, հրամայում են կոտորել բոլոր մանուկներին, որպեսզի նորածինը ևս նրանց հետ կորչի...: Ես չեմ կարողանում ավելի պարզ գրել քեզ. ստույգ ես գրել, մեր լեզուները կապ են, մենք դատապարտված ենք մշտնջենավոր համրության, պատճառ՝ Զաքարիայի պատիժը եկել է մեր գլխին... ուրեմն մի նոր Հովհաննես պետք է, մինչև արձակվին մեր լեզուների կապերը...: Դառնանք դեպի մեր խոսքը:

«Ավազակյանցը, միով բանիվ, խնդրել է իմ ձեռքը, ուրիշ խոսքով, նա միտք ունի ինձ հետ պսակվելու: Նրա մի այդպիսի խորհուրդը հառաջագույն հայտնեց ինձ նրա քույրը, որ, որպես երևում է, եղբոր նպատակը կատարելու համար, հանձնված է տիկին Սալլաթինի մոտ ուսանելու օրինակով: Բայց մի քանի օր առաջ մի անցք բոլորովին հայտնի կացույց նրա միտքը: Ես հարկավոր եմ համարում գրել այդ մի ըստ միոջե: — Ես մեր այգումն էի, և նստած մի ծառի տակ, փունջ էի կապում ծաղիկներից, որ նոր բուսել էին հալված ձյունի տակից: Մեր այգեպանը գնացել էր հեռու, այգիի խորքումը կտրում էր որթերը. ես միայնակ էի: Հանկարծ տեսա այգիի ցանկապատից ներս սողաց մի մարդ և մոտեցավ. ճանաչեցի, Ավազակյանց

Սոլոմոնն էր: Նա սկսավ ման գալ այգիում: Երբ ո՛չ ոք չտեսավ, և կարծելով ես միայնակ եմ, տեսա, ուղղակի եկավ ինձ մոտ: Ես ամենևին ընդունելության նշան ցույց չտվի նրան, բայց նա ինքնագլուխ նստեց ինձանից մի փոքր հեռու խոտերի վրա: Երկար այնպես նստած լուռ նայում էր դեպի ինձ, բայց երբ հասկացավ, որ ես իրան ուշադրություն չեմ դարձնում, խոսեց. — «Որքան անողորմ եք, աղջիկ պարոն, չեք մատուցանում ինձ գոնյա մի վարդ»:

«Ես իսկույն հասկացա նրա ինչ խորհրդով ինձ մոտ գալը. այդ պատճառով մտածեցի նրա բերնի համը տալ:

«Ես ուրիշի համար եմ պատրաստում այս փունջը, — ասացի սառնությամբ:

— «Բայց ես այժմ ձեզ հյուր եմ և հյուրի պատիվը սուրբ բան է, — պատասխանեց նա:

— «Նա՝ որ դռնից չէ ներս մտնում, այլ պատից է վեր գալիս, գող է և ավազակ, — ասում է գիրքը:

«Նա բարկացավ:

— «Դուք շատ անքաղաքավարի եք, ես խնդրեցի ծաղիկ, — ասաց նա վշտացած ձևով:

«Բարկությունը խռովեց և իմ արյունը. այդ պատճառով բոլոր քաղաքավարությունները մի կողմ դնելով, ավելի կոշտությամբ պատասխանեցի նրան.

— «Ներեցեք, պարոն, դուք տակավին այն արժանավորությանը չեք հասած, որ կարող լինիք իմ ձեռքից ընդունենի ոչ թե ծաղիկ, այլև փուշ:

— «Ե՞ս... մելիք Պիլատոսի որդի՞ն... այս գավառի իշխանը... արժան չէ՞ ընդունել ձեր ձեռքից և փուշ... — գոռաց նա կատաղի եղանակով:

— «Արդարև, ձեզ արժան է տեր-Առաքելենց Ռուստամը, այն արյունախում սրիկան...կցորդեց նա;

«Բայց ես, կամենալով ավելի խոր խոցել նրան, պատասխանեցի.

— «Անպիտան, դուք ինչպե՞ս եք համարձակվում առանց ահ ու դողի բերան առնել այն պաշտելի տղամարդի անունը, որին այնքան սիրում եմ ես:

«Երբ նա նշմարեց, որ խստությամբ չէ կարող համոզել ինձ, տեսա, ստրկաբար ծունկ իջավ իմ առջև և կամենում էր համբուրել իմ ոտքերը: Մերժեցի ես այն փոքրոգին և թույլ չտվի, որ նրա պիղծ շրթունքը մերձենային ինձ: Բայց նա մերկացույց յուր դաշույնը, դրեց իմ առջև. — «Երբ դուք այդպես անխիղճ եք, — ասաց նա. — երբ չեք կամենում ձեզանով բախտավորել ինձ, ուրեմն առեք այս սուրը և այդ մահու գործիքով հասուցեք մի խորին հարված իմ սրտին, որ այդպես սաստիկ կերպով զարկում է ձեզ համար... թող դադարե նրա զարկը... և այդ պարծանքը կհանգստացներ ինձ գերեզմանի խորքում, թե սպանվեցա Սալբիի ձեռքով...

— «Հեռացեք ինձանից, ասում եմ ձեզ, ես չեմ կամենում տեսնել ձեր երեսը, սպառնացա նրան: Ինչո՞ւ եք խռովում իմ հանգստությունը, ինչո՞ւ իզուր ստորացնում եք ձեզ. հավատացնում եմ ձեզ, ո՛չ ձեր փառքը, ո՛չ ձեր հարստությունը և ո՛չ ձեր այդ փոքրոգի, ստորաքարշ կեղծավորությունները, ոչինչ բան ձեր կողմից՝ չեն կարող խաբել ինձ...: Եթե կրակը և վառոդը կունենային որևիցե ընկերություն, այն ժամանակ և դուք կվայելեք այն փառքը՝ կոչվիլ Սալբիի փեսա:

«Երբ նա կամենում էր յուր աղվեսաբար շողոքորթությանց երկրորդ փորձն անել, հանկարծ ծառերի հետևից երևան եկավ ծերունի Մարտիրոսը, մեր այգեպանը, հազալով և փռշտալով, իսկ կեղծավորը աներևութացավ թփերի մեջ:

«Այդ անցքը եղավ ինձ ամենօրյա մտածությունների նյութ, և ես սպասում էի, թե ինչ է լինելու դրա վերջը: Մինչև ներկա օրերումս հարսանիք էր մեր դրացու տանը, մի գիշեր ես էլ էի հրավիրված այնտեղ: Նորահաս աղջիկներ և մանուկ պատանիներ պար էին բռնած, տեսա ինձ մոտեցավ կրկին անգամ այն հիմարը և խնդրեց իմ ձեռքը պար բռնելու. ես մերժեցի նրան այս մի քանի խոսքերը նրա ականջներին հասցնելով. «Հիմար, դուք արդեն առել եք ինձանից ձեր առաջին անմտության վարձը, դարձյալ լրբանո՞ւմ եք վշտացնելու ինձ»:

«Մյուս օրը առավոտյան մի անծանոթ կնոջ ձեռքով ստանում են մի նամակ, ահա՛, նրա խոսքերը բառ առ բառ հաղորդում եմ քեզ.

«Անխի՛ղճ և անողորմ օրիո՛րդ,

«Ես մոռանում եմ այն բոլոր դառնությունները, որ դուք պատճառել եք ինձ և դարձյալ դիմում եմ դեպի ձեզ սիրո խոսքերով, հուսալով, թե ձեզանից նույնպես գտնվում է կարեկից սիրտ: Սալբի, աղաչում եմ ձեզ, մի թողեք ինձ երկար տանջվել, ձեր ձեռքումն է այժմ իմ մահը և իմ կյանքը...: Նախախնամությունը գրել է ձեր ճակատի վրա ոսկի տառերով. — Դուք իմն եք: Բայց, Սալբի, ես ցավում եմ, դուք սնուցանում եք ձեր սրտի մեջ սերը մի տղամարդի, որ խիստ ատելի է ինձ: Դուք չեք կարող կատարեք ձեր անխոհեմ նպատակը: Ձեզ համար մի ճար կա. — ընդունել իմ ձեռքը: Բայց եթե դուք ընդ երկար կմնաք ձեր կամակորության վրա համառած, անտարակույս պատճառ կլինեք երեք անպարտ զոհերի՝ իմ, քո և քո սիրածի...: Ես սակավ գրեցի, Դուք շատ հասկացեք:

«Սպասում եմ ձեր պատասխանին:

«Ս. Բ. Ավազակյանց»:

«Ես իսկույն գրեցի հետևյալ պատասխանը և տվի գրաբերին.

«Պարոն,

«Ես, այլև չկարողանալով տանել ձեր վշտացուցիչ խոսքերը, առաջարկում եմ ձեզ մենակռիվ, արևմուտքից հետո, գյուղից դուրս, սպասելով ձեզ կալերի դաշտում»:

«Սալբի»:

«Երբ արևը մայր մտավ, ես, հաստատ մնալով դիտավորությանս վրա, հագուստս փոխեցի, իմ հանգուցյալ եղբորս զենքերը վեր առա և երբ մութը մի փոքր պատել էր աշխարհը, ես լուսնի ծերացած լուսով նրան սպասում էի կալերի դաշտումը, ինձ հետ ունենալով մեր ծառան: Տեսա, նա երևեցավ մի քանի մարդկանց հետ: Երբ մոտեցած էր ինձ, երբ տեսավ ինձ, խոսեց. «դո՞ւք եք, Սալբի. ներեցե՛ք, խնդրեմ, ես չկարողացա ճանաչել ձեզ. իրավ» ձեզ չէ կարելի որոշել մի նորահաս չերքեզ իշխանազնից: Բայց չե՞ք վախենում այսպես տարաժամ... այստեղ միայնակ...

— «Ես վախենա՞մ, տեսնում ե՞ք այս խանչալը, այս կարաբինան, այս ատրճանակները, — պատասխանեցի ես, զենքերս ցույց տալով:

— «Ես հանաք էի համարում, բայց դուք, իրավ, պատրաստվել եք կռվելու, — ասաց նա հանդարտությամբ: Բայց մտածեցե՛ք», որ մենակռիվ կոչված բանը մինչև այսօր սովորություն չէ եղած մեր երկրում, ուր մնաց, որ արգելված է: Բայց դուք, փոխանակ այդ մահու գործիքները ձեզ վրա կրելու, առավել լավ էր փնջերով հանդիպեիք ինձ այստեղ:

— «Վառոդը միշտ բուրում է վարդի անուշահոտություն, երբ գործ է դրվում նա մեր ատելիների դեմ, — ասացի ես:

«Նա նշան արավ. պատի հետքից, ուր թաքնված էին, դուրս եկան մի քանի հոգիներ. — «հափշտակեցե՛ք», հրամայեց նա: Նրանք հարձակվեցան ինձ վրա: Զուր էր ինձ իմ զենքերով պաշտպանել իմ անձը: Նրանք շրջապատեցին ինձ...: Բայց մինչև այժմ ես չեմ կարողանում երևակայել, թե ինչ հնարքով պրծա նրանց ձեռքից... կարծես թե մի աներևույթ ձեռք ազատեց ինձ...»:

***

Մինչ օրիորդ Սալբին գրում էր յուր նամակը յուր սիրողին, Ավազակյանց տանում անց էր կենում հետևյալ խոսակցությունը.

— Դուք չե՞ք հավատում, Ռե՛ս, նա կատարյալ դևիկ է, — խոսեց Սոլոմոն_բեկը:

— Ո՛չ, ձեր մարդիկը քաջություն չեն արած, եթե ոչ՝ խիստ դյուրին էր նրան հափշտակել, — պատասխանեց պարոն Վասակյանը:

— Իմ մարդիկը, դուք գիտեք, կարող են բռնել և հափշտակել կենդանի առյուծներ, կատաղած արջեր, բայց այդ սատանի ծիծ կերածը կարծես թե աներևութացավ մեր միջից, որպես ուրվական:

— Արդեն անցել է, դուք կորուսիք հաջող միջոցը:

— Բայց ես կմեռնիմ հուսահատությունից...:

— Եթե դուք կընդունեք իմ խոսքերը, որսը դարձյալ մեր ձեռքումն է:

— Դուք միշտ հուսադրում եք, բայց...: Եվ նրա ձայնը խեղդվեցավ շնչափողի մեջ:

— Անհամբերությունը սեփական է թուլասիրտ և փոքրոգի մարդիկներին, պետք է ունենալ մտքի հաստատություն և հեռատեսություն, — պատասխանեց պարոն Վասակյանը:

— Մինչև ե՞րբ...:

— Մինչև դուք հասած կլինիք ձեր նպատակին: Սոլոմոն-բեկը լուռ կացավ:

— Գիտե՞ք, աղա, — առաջ տարավ պարոն Վասակյանը, — մեր մինչև այս րոպեիս խորհած բոլոր հնարքները՝ որսալու օրիորդ Սալբին, իզուր անցան: Աշխարունու տանից մեզ օգուտ չեղավ: Այժմ պետք է փոխել առաջին մտքերը և մտածել նոր հնարքներ: Մեր միմիայն հույսը, որ մնացել է, է նրա մայրը: Մենք կսկսենք այսուհետև ներգործել նրա մոր վրա. երբ կարողացանք շահել նրա կամքը, այնուհետև ոչինչ չէ մնում նրա աղջկանը: Տիկին Թարլանը ավելի ժլատ է, քան թե ջհուդ: Դուք այդպես չսեղմեք ձեր քսակի բերանը. այսուհետև արծաթն պիտի լինի մեր լարած մեքենաների շարժառիթը: Ես վաղուց մտածել եմ մի հնար, որով տիկին Թարլանը կարոտություն կունենա փողի. երբ այդ կատարված է, այնուհետև գործը կերթա յուր կարգով...: Մենք այժմ խիստ կարճ ժամանակ ունինք մեր ձեռքում... մի ամսից հետո մեր հույսը կորած է... որովհետև Ռուստամը կպսակվի օրիորդ Սալբիի հետ, այնուհետև ոչինչ չէ կարելի անել...:

— Ես չեմ կարծում, որ իմ փափագը կատարվի, — ասաց Սոլոմոն-բեկը երկար լռությունից հետո: — Որովհետև այդ աղջիկը ոչինչ բանով չէ կարելի խաբել. նա մի երկաթի պնդությամբ հաստատամիտ աղջիկ է:

— Ես ասացի, թե աղջկա հետ գործ չունինք այսուհետև, — պատասխանեց պարոն Վասակյանը: Եվ եթե մինչև այսօր մտածել ենք օրիորդ Սալբիի կամքով շինել բանը, այդ մեր անխելքությունից է եղած, որովհետև Ասիայում աղջիկների ու տղամարդերի կամքը ամուսնության մասին ոչինչ նշանակություն չունի. նրանց կամքը նրանց ծնողների սրտումն է. նրանց ընտրությունը կախված է նրանց ծնողների հաճությունից: Դուք լսե՞լ եք մինչև այսօր Պարսկաստանում մի աղջիկ յուր կամքով ընտրեր փեսա, կամ թե մի տղամարդ ինքնագլուխ իրան կին առներ: Ուրեմն ի՞նչ շահ կար մեզ աշխատել շահելու օրիորդ Սալբիի կամքը, երբ նրա մայրը կարող էր յուր աղջիկը ամեն մարդու տալ: Եվ օրիորդ Սալբին յուր կողմից ոչ մի իրավունք չուներ յուր մորն ընդդիմանալու:

— Ձեր խոսքերն ստույգ են, Ռե՛ս, մենք մինչև այսօր սխալվեցանք, իզուր ժամանակ կորուսինք: Արդարև, Ասիայում ծնողքներն ո՛չ միայն կարող են իրանց աղջիկներն ուզած մարդուն տալ կնության համար, այլև վաճառել ստրուկի, գերիի նման:

— Ես ուրախ եմ, որ դո՛ւք հասկացաք իմ միտքը, — առաջ տարավ Ռեսը, — բայց արդյոք կարո՞ղ եմ հասկացնել ձեզ, որ ձեզ պետք է հանձն առնուլ և մեծ զոհաբերություն:

— Միթե փողը կարո՞ղ է մի բան շինել այստեղ:

— Ի՞նչ եք խոսում, օրհնած, ես փողի մեջ ճանաչել եմ մի վերին աստվածեղեն զորություն. ի՞նչ անհնարին գործեր կան, որ չէ կատարում արծաթը...:

Պարոն Վասակյանի վերջին խոսքերը խիստ ծանր էին պատանի Ավազակյանցի սրտին. նրան դժվար էր այնպես շռայլաբար բաց անել յուր քսակի բերանը, որով նրանում դրված էր և՛ նրա հոգին, որ իսկույն դուրս էր թռչելու արծաթի հետ: Բայց օրիորդ Սալբիի սերը, առավելապես նրան խելքից հանած լինելով, քան ոսկին, ակամա հոժարվեցավ Ռեսի խորհուրդին:

— Ես ասացի, թե մեզ պետք է շահել տիկին Թարլանի կամքը, — պատասխանեց պարոն Վասակյանը յուր սովորական հանդարտությամբ: — Որպեսզի կարողանանք շահել նրա կամքը, պետք է պարտավորացնել այդ կինը արծաթով: Եվ այդ իրողության մի կարգին կերպարանք տալու համար եմ մտածել եմ ահա թե ինչ հնարք: — Ես վաղուց գիտեմ, որ տիկին Թարլանի հանգուցյալ այրը, վարպետ Պետրոսը, հաստատ գրավատոմսակով` հազար թումանի պարտք է թողել Միրզա՛Ֆաթալի պարսկին, որ և մնում է նրա կնոջ վրա մինչև այսօր: Հայտնի է, տիկին Թարլանը չունի այնքան կարողություն, որ կարողանա վճարել մի այսքան ծանր պարտք. դրա համար Միրզա-Ֆաթալին պարտավորված է տիրել յուր գրավները, այսինքն՝ Հովսաաբենց տունը և նրանց այգին, տիկին Թարլանի միակ ժառանգությունները, որ են և նրա ընտանիքի ապրուստի միակ աղբյուրները: Միրզա-Ֆաթաղին մտերիմ բարեկամ է ինձ, ես մտադիր եմ խնդրել նրան, այս օրերում տիրե գրավները, որ նրա գրավատոմսակի պայմանով այժմ պատկանում են պարտատիրոջը: Տիկին Թարլանը զրկվելով յուր տանից, կորուսանելով յուր այգին, այլևս չի կարող ապրել, այսինքն՝ կընկնի անբախտ աղքատության մեջ: Կարոտությունը ու չքավորությունը խոնարհեցնում է մարդիկ: Մենք՝ հաջող միջոցը որսալով՝ կառաջարկենք նրան ձեր օգնությունը, եթե դուք պատրաստ եք վճարել Միրզա-Ֆաթալիի պահանջելի արծաթը, և հետ առնելով նրա տիրած գրավները, դարձնել տիկին Թարլանին այն պայմանով, երբ նա կհաճեր յուր աղջիկը տալ ձեզ կնության: Եվ դուք այդ մեծահոգությունը կատարելեն հետո, տիկին Թարլանը ուրախությամբ կցանկար ունենալ ձեզ նման փեսա: Եվ օրիորդ Սալբին անտարակույս սիրելու էր ձեզ, երբ պատճառ կդառնայիք նրանց ապրուստի կրկին ապահովությանը:

Սոլոմոն-բեկը երկչոտ աչքերով նայում էր պարոն Վասակյանին և դողում էր բոլոր մարմնով: Սերը եթե չլիներ, փոքրոգի մարդերի մեջ այնքան զորեղ, պարոն Ավազակյանցը ոչ մի պայմանով չէր համաձայնվելու այդ նրա համար ամենածանր զոհաբերությանը: Բայց նրա հիմար գլուխը այնպես խռովել էր օրիորդ Սալբիի կախարդական սերը, որ այժմ նրա աչքերում ո՛չ մի բան բացի նրանից արժեք չուներ: Նա հրամայեց, նրան տվին ղեյլան, և մի քանի շունչ ծխելեն հետո ասաց.— Ես հոժար եմ, Ռե՛ս, ես ո՛չ մի բան չեմ խնայում, միայն թե կարողանայի շահել օրիորդ Սալբիի սերը:

— Շատ լավ. այժմ ինձ մնում է կապել ձեզ հետ և մի դաշինք, այսինքն դուք հայտնի կացուցանեիք, թե որքանո՞վ կվարձատրեիք իմ ծառայությունը, — հարցրուց Վասակյանը:

— Բայց դուք հայտնի կացուցեք ձեր գործը:

— Ի՞մ գործը. — իմ գործը կլինի, որ օրիորդ Սալբին յուր հոժարությամբ կընդունի պսակվել ձեզ հետ:

— Ձեր մի այդպիսի աշխատությունը կվարձատրեմ ես երկու հարյուր թումանով և մի թագա ընտիր շալով:

— Թեպետ խիստ սակավ է իմ ծառայության հետ համեմատելով, բայց ձեզ մոտ կորած չէ՛, եթե ոչինչ չտաք, ես դարձյալ շնորհակալ եմ. մնաք բարյավ.

— Տերը ձեզ հետ: Խաբեբան հեռացավ:

Բայց պարոն Աշխարունիի տանում պարոն Արամը և նրա կինը՝ տիկին Սալլաթինը՝ այդպես խոսում էին.

— Պետք է շնորհակալ լինել Սոլոմոն-բեկին, որ այդպես շուտ դուրս տարավ քույրը մեր վարժարանից, — ասաց պարոն Արամը:

— Արդարև, օձը բույն էր դրած դրախտի մեջ, — պատասխանեց նրա կինը:

— Սոլոմոն-բեկը սկսել է այժմ աշխատել մեր գործի վնասի համար:

— Հուդաները միշտ պակաս չեն աշխարհից...: Բայց տիրոջ գործը միշտ գնում է առաջ և առաջ... հալածանքները, արգելքները՝ միշտ զորություն են տալիս նրան...:

— Սոլոմոն-բեկը սկզբանե ուներ չար միտք... — ասաց տիկին Սալլաթինը. — և նրա այնպես բարեկամաբար մեզ մոտենալը առանց պատճառի չէր:

— Ի՞նչ պատճառ կար:

— Նա սիրում էր Սալբին և միտք ուներ մի հնարքով նրան խլել պարոն Ռուստամի ձեռքից:

— Ա՜... ա՜... ա՜... այդպե՞ս... դա ծիծաղելի է... — բացականչեց պարոն Արամը:

Հանկարծ ներս մտավ պարոն Խոսրով Մելիքզադեն:

— Օրիորդ Սալբին խոստացել է ինձ տալ կարդալու պարոն Ռուստամի օրագրությունները, — ասաց նա. — այժմ հասկացա, ձեզ մոտ են, կխնդրեմ տալ ինձ:

— Հա՜, մեզ մոտ են, — պատասխանեց տիկին Սալլաթինը և տվեց նրան թղթերը:

Պարոն Մելիքզադեն առեց թղթերը և անփույթ կերպով թեք ընկավ սոֆայի վրա, սկսավ կարդալ:

— Արդարև, հեղինակը խիստ խոր զգացել է անբախտ այրիի հետ նրա օրորոցի երգը, — ասաց նա, ուշադրությամբ նայելով թերթին:

— Պարոն Ռուստամը, — մյուս կողմից խոսեց պարոն Աշխարունին, — ոգևորված գովաբանում է վայրենի քոչազնական կյանքը, կամ ուրիշ խոսքերով՝ բարբարոսությունը, բայց հույները իրանց ճարտարությամբ թողել են արժանի հիշատակի մի արձան գալոց ազգերին — մի արձան, որ միանգամայն ձնացնում էր կռվի և իմաստության աստվածուհին: Այդ մի մեծ խրատ է մարդկությանը, որ առանց իմաստության, առանց ուսման, առանց կրթության, միով բանիվ՝ առանց լուսավորության, այսօրվա օրս ոչ մի գործ չէ կարելի կատարել: Անցան, գնացին այն ժամանակները, երբ մի Ալեքսանդր, մի Աթիլլա, մի Լենկ-Թեմուր, մի Նադր-Շահ աշխարհի մի ծայրից դեպի մյուսն արշավել են: Այդ մեծամեծ ավազակները միշտ նմանել են ցոլացող մետեորաներին, որ հանկարծ երևան էին գալիս և իսկույն չքանում մթնոլորտի մեջ...:

Լ

ՈՒՂՂԱՓԱՌ ՄԱՀՄԵԴԱԿԱՆԸ

Առավոտյան շուտ պարոն Վասակյանը հրամայեց թամքել յուր ջորին. հեծավ և սկսավ դիմել դեպի գյուղաքաղաքը, որ ոչ այնքան հեռու էր Ծաղկավանից:

Այդ գյուղաքաղաքում վաղուց արդեն բնակվում էր Միրզա-Ֆաթալի անուն հարուստ պարսիկը, մի եկվոր այս կողմերը Շիրազից:

«Մեծ հարստությունները միայն կարելի է վաստակել անիրավությամբ, արդարությամբ չէ՛ կարելի միշտ փլավ ուտել, ցամաք հաց է աղքատիկ կերակուրը արդարների... »: Այդպես էր սովորական առածը Միրզա-Ֆաթալիի: Յուր նպատակի հիմը դնելով այդ բնաբանի վրա՝ Միրզա-Ֆաթալին յուր մանկությունից ամենևին չուներ պահեցողություն մեղք գործելու մեջ. — սուտ խոսել, սուտ երդվել, ուրանալ, գողանալ, թեթև քարով կշռել, կարճ կանգունով չափել, փոքրիկ թուրայով (քոռով) տալ, մեծով առնել՝ էին միակ վաստակարարության աղբյուրները նրա առևտուրի մեջ: Այսուամենայնիվ, նա յուր հավատակիցների մեջ համարվում էր մինը ուղղափառ մուսուլմաններից: Ավելի ճշտությամբ կատարելով Իսլամի շառիաթական կանոնը, «թե օրենքը երևելիին հրաման կանե»– — կամ «քննությունը պիղծ է». — Միրզա-Ֆաթալին կարողացել էր մուսուլմանների արդարության գույներով ներկել յուր արտաքին կերպարանքը: Կամ ըստ հայոց ասության, լինել մի ոչխարազգեստ գայլ: Նա ոտքից գլուխ ծածկված էր մեշետյան սև վերարկուով, բարեպաշտության հաստ գոտիով պնդել էր յուր մեջքը, յուր ճկույթը անցուցած էր արդարության մատանին, միշտ ձեռքում ուներ փառաբանության թասպահը, գլխին կապած էր նվիրական չալման, հագած էր ժուժկալության սպիտակ թումբանը (վարտիք), նրա աչքերը միշտ սուրմայած էին սև դեղով, նրա երեսը ամեն առավոտ թաց էր լինում վարդաջրով, և եթե մի մուսուլման՝ յուր կյանքում գործածելով մի բաթման հանա, ազատվում էր դժոխքի կրակից, Միրզա-Ֆաթալին արդեն գործ էր ածել քանի-քանի՛ բաթմաններ հանա, ամեն ուրբաթ ներկելով յուր ձեռքերը, ոտքերը և մորուքը՝ նրա աղյուսագույն ռանգով:

Միրզա-Ֆաթալին ամեն օր գնում էր բաղնիք. ով որ տեղյակ է Իսլամի խորին գաղտնիքներին՝ իմանում է, թե Միրզան դրանով լցուցանում էր մի մեծակշիռ կրոնական պարտավորություն, ամեն օր մերձավորություն անելով յուր կնիկներին... և այդ ցանկասիրական առաքինությունը ստանում էր յուր վարձքը ճեննաթի մեջ...»

Վաստակել արդարությունը Իսլամի մեջ խիստ հեշտ է և դյուրին՝ նյութական ծեսերի և արարողությունների միջոցով, Իսլամի հոգևոր մասը մռայլված է՝ հանդեսների խրատներով:

Դու տեսնում ես, Միրզա-Ֆաթալին նստած է յուր դուքանում, հանկարծ լսելի է լինում կեսավուր ազանի ձայնը, և ահա նա, յուր դապայի երկայն դրոշակները հավաքած, յուր հագուստների թևքերը մինչև արմունկները ծալած, վեր է առնում աֆտաֆան, լվացվում, դաստամազ առնում, և կատարում է յուր նամազը: Նա կարդում է յուր աղոթքը (որ մարգարեն հորինել է արաբացվոց լեզվով), ամենևին չհասկանալով յուր աղոթքի իմաստը. նա կարդում է բարձր և լսելի ձայնով, որպեսզի բազմաթիվ բազմությունը լսե նրա աղոթքը և գովե յուր բարեպաշտության համար:

Միրզա-Ֆաթալին ճշտությամբ պահում էր երեսնօրյա ծոմը (օրուջը), մուհարլեմի ամսում ամբողջ քառասուն օր հագնում է սև քուրձ ի պատիվ իմամ Հյուսեինի և նրա ընկեր մյուս մարտիրոսվածների, և նշանավոր զատիկ օրերում բաժանում էր աղքատներին հաց և արծաթի շահիներ:

Միրզա-Ֆաթալին, գալով այդ երկիրը Դաղստանից, առաջ ապրում էր որպես փաստաբան մոլլաների դիվաններում. այդ գործով, նա խիստ փոքր ժամանակում, մեծ հարստության տեր դառնալով, սկսավ վաճառականություն անել: Բայց միևնույն ժամանակ նա բոլորովին չկտրեց յուր հաղորդակցությունը մոլլաների հետ. կարծես թե Միրզա-Ֆաթալին պարտավորված էր կերակրել այդ մարգերի ստամոքսը, որոնց ձեռքումն էր Իսլամի օրենքը: Բացի դրանից՝ նա ամեն շաբաթ ուներ յուր տանում մի քանի առանձնակի հյուրեր, որ էին այն կարգի մարդերից, որ իրանց կեղծավորությամբ և փարիսեցիությամբ ո՛չ միայն ստացել էին ուղղափառ մուսուլմանի անուն, այլ օրինական մոլլաների դիվաններում գրավել էին մեծակշիռ համարում իրանց արդարության մասին: Միրզա-Ֆաթալին կարոտ էր պահպանելու յուր բարեկամությունը այդպիսի խաբեբաների հետ, որ շատ անգամ օգնում էին նրան յուր չարագործությունների մեջ. — հարկավորած ժամանակ՝ լինելով նրա համար սուտ վկաներ, և շատ անգամ կնքելով նրա կեղծյալ և խարդախ տոմսակները և մուրհակները:

Մի քանի դերվիշներ ապրում էին նրա հացով՝ նրա տան նախագավթում նրանց համար առանձին շինված խուցերում: Միրզա-Ֆաթալիին գովաբանում էին, որ կերակրում էր այդ ֆաղիրները աստուծո համար: Եվ շատերը կարծիք ունեին, թե այդ իմաստունները ալքիմիայի արհեստով շինում էին նրա համար ազնիվ մետաղներ, որով այնքան հարստացած էր Միրզա-Ֆաթալին: Բայց ո՛չ այս, ո՛չ այն, դերվիշները նրա համար շինում էին խարդախ դրամներ:

Միրզա-Ֆաթալիի ծառան իմաց տվավ, թե Ռես Վասակյանը կամենում է առանձնակի տեսություն անել՝ հարկավոր խոսելիքի համար:

— Մաշատի-Սմայելի, — ասաց նա յուր որդուն, — դուք այստեղ վերահասու եղիք առևտրական գործերին, մինչև ես կվերադառնամ:

Նա մտավ կրպակին կից փոքրիկ սենյակը, ուր սպասում էր նրան պարոն Վասակյանը:

— Հը՛մ, ի՞նչ կա, Ռե՛ս, բարի լինի, — ծիծաղելով ասաց Միրզան սովորական ողջունից հետո:

— Աստուծով բարի է... ես չար և անօգուտ գործերի համար ձեր շեմքը չեմ կոխել, — պատասխանեց պարոն Վասակյանը:

— Դարձյալ ո՞րս... կա՞ մի այդպիսի բան, — հարց արավ պարսիկը խորհրդական եղանակով:

— Այո՛, որս... բայց որպիսի՛... խիստ գեր և պարարտ... ես կթռցնեմ, դուք զարկեք, — պատասխանեց խաբեբան իրանց միայն հասկանալի ոճով:

— Շատ լավ. ես պատրաստ եմ կատարել սուրբ պարտականությունները, միայն դուք պարզեք գործի իսկությունը:

Պարոն Վասակյանը խոսեց.

— Մեր գյուղում բնակվում է Հովասաբենց տիկին Թարլան անուն այրին: Դա մի աղքատ կին է, որի ապրուստի միակ աղբյուրներն են՝ նրա տունը և այն մեծ այգին, որ ժառանգությամբ մնացել են նրա հանգուցյալ ամուսին այրից: Այդ կինը ունի մի ամենագեղեցիկ աղջիկ Սալբի անունով, որ նշանված է տեր-Առաքելենց Ռուստամին: Բայց իմ տերը, Սոլոմոն-բեկը, մելիք Պիլատոսի որդին, ամենասաստիկ կերպով սիրահարված է օրիորդ Սալբիի աննման գեղեցկությամբ: Մեր բոլոր ջանքերը, որևիցե հնարքով հրապուրել մանուկ օրիորդի սիրտը դեպի պատանի Ավազակյանցը, բոլորը իզուր անցան: Եվ որքան օրիորդ Սալբին մնացել է հավատարիմ յուր նշանածի սիրույն, այնքան Սոլոմոն-բեկը պահանջում է ինձանից նրա սերը գրավել դեպի ինքը: Միրզա, լսեցեք, — առաջ տարավ պարոն Վասակյանը. — ինձ խիստ պետք է ձեր գործակցությունը, և մի առատ դրամացի օգուտ ստիպում է մեզ սառն աչքով չնայել այդ գործի վրա, այլ աշխատիլ մի հնարքով կատարել Սոլոմոն-բեկի կամքը, ընդամին և տեր դառնալ այն բավականաչափ գումարին, որ ես կորսայի մեջտեղից:

օրվա մեջ:

Պարոն Վասակյանը մնաք բարյավ ասելով, հեռացավ:

Մի քանի օրից հետո Միրզա-Ֆաթալին խանի հրամանով տիրեց տիկին Թարլանի այգին և արտաքսեց նրան այն նվիրական տանից, ուր երկար տարիներով բնակվել էր Հովասաբենց ազգատոհմը: Տիկին Թարլանը ճարահատյալ տեղափոխվեցավ յուր դրացի ծերունի Մկրտչի՝ մեզ նախածանոթ տունը:

Այդ հանկարծակի անցքը մահու չափ ցավալի եղավ տիկին Թարլանին. նա չէր կարողանում տանել յուր անբախտությունը: Մի օր, երբ նա միայնակ նստած լաց էր լինում յուր սև օրը, լսելի եղավ, որ զարկում էին բակի դռները. սարսափելի դող եկավ խեղճ տիկին Թարլանի վրա: — Գնա, ասաց նա օրիորդ Նազանուն, զնա, տե՜ս, այլևս ո՞վ կամենում է վրդովել մեր հանգստությունը... եթե այն անիծյալ Միրզա-Ֆաթալիի մարդիկ լինեն, ասա՛, ես հիվանդ եմ, չեմ կարող ընդունել մարդիկ:

Աղախինը շուտով հետ դարձավ, հայտնեց. Վասակյան Ռեսը հարկավոր խոսելիք ունի:

— Բարի՛ լինի... — կրկնեց տիկին Թարլանը և հրամայեց աղախնուն, որ ասե, թող ներս գա: Եվ ինքը, չորելով աչքերի արտասուքը, ընդունեց պարզ և հանդարտ կերպարանք:

Ներս եկավ Ռեսը. տիկին Թարլանը ոտքի ելավ նրա առջև, ցուցանելով արժանավոր ընդունելություն. երկուքն կրկին նստեցան միմյանց շատ մոտավոր:

Ռեսը սկսավ հարցնել տիկին Թարլանի առողջությունը և նրան պատահած դժբախտությանը ցույց էր տալիս խորին ցավակցություն: Նազանին ոտքի վրա սպասավորություն էր անում. նա շուտով մատույց հյուրին ղեյլան, և պարոն Վասակյանը սկսավ ծանր ու հանդարտ կերպով ղողռացնել:

— Ասացեք, խնդրեմ, — հարցուց պարոն Վասակյանը երկար լռությունից հետո, — ի՞նչպես վերջացավ ձեր վեճը Միրզա-Ֆաթալիի հետ:

— Ես իմ բնակությունը փոխելով այդ աղքատին տան մեջ, դուք պիտի հասկանաք, ես զրկված եմ իմ տանից, — պատասխանեց տիկին Թարլանը հոգվոց հանելով:

— Տեր ողորմյա... — գլուխը շարժեց խաբեբան ավելի ցավակցություն ցույց տալով: — Ասացեք խնդրեմ, ձեր լուսահոգի ամուսին այրը յուր կենդանության ժամանակը երբեք պատմե՞լ էր մի այդպիսի պարտքի մասին:

— Ոչ, երբեք, նա ամենևին հաղորդակցություն չուներ Միրզ-Ֆաթալիի հետ:

— Ուրեմն դուք կարծում եք այդ պարտքը ձեր ամուսինը թողած չէ՛:

— Աստված գիտե... այդ չեմ կարող ասել, մթին և հին գործ է:

Պարոն Վասակյանի հոնքերը ավելի և ավելի խոժոռվում էին.

Նրա կերպարանքը ընդունում էր հետզհետե կատաղի գծագրություն, նա նմանվում էր նույն ժամանակ գազանին, որ պատրաստվում էր հարձակվել յուր զոհի վրա:

— Գիտեք, տիկին, — խոսեց նա, — Դուք գիտեք, որ մենք ոչ մի անգամ չենք ցանկանալու մի հայ քրիստոնյայի ապրանքին տիրե այլազգին: Բայց մենք հոգի ունինք աստծուն տալու, ինչպե՞ս կարող ենք սուտ խոսիլ. աստված ինքն վկա է երկնքում, և ես գիտեմ, որ այն պարսկի գրավատոմսակը սուտ չէ. ձեր այրը մի այդքան գումար պարտք էր նրան յուր կենդանության ժամանակ: Եվ տեր Մարկոսը, ես և մի քանի այլ մարդիկ մեր դրկիցներից՝ վկա ենք այդ իրողությանը:

— Իհարկե, դուք լավ գիտեք:

— Լսեցեք ինձ, մայրիկ, — առաջ տարավ նա յուր սովորական ճարտարախոսությամբ, — ես ունենալով ձեր հանգուցյալ ամուսնի հետ մի անկեղծ բարեկամություն, մեծ պարտավորություն եմ համարել մինչև այսօր միշտ մտածել նրա ընտանիքի բարօրության մասին: Եվ այդ դժբախտությունը ձեզ պատահելեն հետո, քանի օր է, որ ես գիշեր ու ցերեկ հանգիստ չունիմ, միշտ մտածելով մի հնար՝ ազատելու ձեզ այդ թշվառությունից:

— Տերը թող միշտ օգնական և պահապան լինի քեզ, — խոսեց տիկին Թարլանը ջերմեռանդությամբ:

— Ես մտածել եմ մի իրողություն, որի մեջ, եթե, դուք ևս ինձ հետ համաձայն կլինիք, հույսով եմ, որ կրկին տեր կլինիք ձեր կորուսած ժառանգություններին:

— Ես ձեր ոտքի հողն եմ, դուք ինչ ասեք, ես կլսեմ:

Պարոն Վասակյանը այն կարգի մարդերից էր, որ հայերի ասածին պես, «սև ջրից սեր վեր կառներ»: Նրա հնարագետ միտքը իսկույն գտավ մի նոր միջոց այստեղ նույնպես յուր օգուտը որսալու:

— Այո, այդպես, — ասաց նա հաստատամտությամբ, — դուք կրկին տեր կլինիք ձեր կորուսած ժառանգություններին միայն մի քանի պայմաններով:

Տիկին Թարլանը կարծես թե երազի մեջ էր. չէր հավատում յուր ականջներին. նրա շնչառությունը ուրախությունից խեղդվում էր:

— Աստված է ուղարկել քեզ, Ռես, մխիթարելու խեղճ այրին, — ասաց նա ուրախությամբ համբուրելով պարոն Վասակյանի ձեռքերը:

— Ես ասացի ձեզ, թե դուք տեր կլինիք ձեր կորուսած ժառանգություններին, միայն մի քանի պայմաններով, — շարունակեց Ռեսը անվրդով եղանակով: — Այժմ հարկավոր է ձեզ, պատվելի տիկին, գիտել թե ի՞նչ պայմաններ էին դրանք: Մի մեծահոգի տղամարդ իմ բարեխոսությամբ հանձն է առել բարերարել ձեզ, վճարելով Միրզա-Ֆաթալիին ձեր մի հազար թումանի պարտքը, հետ առնելով գրավներն և դարձնելով նրանք ձեզ բոլորովին ձրիաբար: Առաջին, որ դուք խոստանայիք տալ նրան կնության ձեր աղջիկը, երկրորդ, որ իմ այս ծառայության փոխարեն վարձատրեք արծաթով:

— Կարելի՞ է գիտենալ այդ բարերարի անունը, — հարցրուց տիկին Թարլանը:

— Մելիք Պիլատոսի որդին, Սոլոմոն-բեկը:

Քիչ էր մնում տիկին Թարլանը խելքից գնար, լսելով այդ փառավոր անունը:

— Իմ աղջիկը ոչ թե արժան է լինել Սոլոմոն-բեկի կինը, այլ նրա տան մեջ մինը ստորին աղախիններից: Այդ աստծո շնորհն է. ես անարժան եմ մի այդքան բախտավորության...: Բայց դուք, որ ձեր բարեսրտությամբ պատճառ եք եղել իմ և իմ աղջկա բախտավորությանը, ձեզ ես իմ հոգին տալու լինիմ դեռ սակավ է... իհարկե, ձեզ առանց վարձատրության չեմ թողնելու:

— Դուք հայտնեցեք, թե ի՞նչ կամիք տալ:

— Ես ամենայն խնայողությամբ իմ վաստակներից ավելացրել եմ մի հարյուր թուման փող, որ միտք ունեի Երուսաղեմ ուղարկելու. այդ գումարը քեզ կուտամ. եթե դրանից ավելի ունենամ և չտամ, թող Հուդայի արծաթ լինի:

Պարոն Վասակյանը ոտքի ելավ:

— Այժմ ի՞նչ հույսով գնում եմ ես, — հարցրուց նա:

— Դու բոլորովին միամիտ կաց, թե ձեր մի հարյուր թումանի մասին և թե իմ աղջկա մասին: Միայն աշխատիր որքան կարելի է, մենք շուտով դուրս գանք այդ անտանելի բնակությունից, — կրկնեց տիկին Թարլանը:

Խաբեբան հեռացավ: Բայց անմիտ տիկին Թարլանը ամենևին չմտածելով յուր աղջկա հպարտ և հանդուգն բնավորությունը, և թե նա՝ բոլոր աշխարհի հետ չէր փոխելու պարոն Ռուստամի մի մազը. — իզուր հանձնառու եղավ պարոն Վասակյանի առաջարկությանը:

Երեկոյան պահուն, երբ տիկին Թարլանը գնացել էր ժամ, օրիորդ Սալբին դարձավ պարոն Աշխարունու տանից: Նա գտավ իրանց նոր բնակարանում միմիայն օրիորդ Նազանին և յուր սովորական կատակասիրությամբ սկսավ նրա հետ խաղալ. բայց տեսնելով նրա տրտում և տխրամած երեսը, ասաց. — Նազանի, միթե դուք տկա՞ր եք:

— Ոչ, ես տկար չեմ, — պատասխանեց վշտացած օրիորդը. — բայց, Սալբի քույրիկ, ձեր մայրը մի անագորույն ծնող է. դուք մի ընդունեք նրա խոսքերը. նա կամենում է ձեզ ձգել անբախտության մեջ՝ զրկելով պարոն Ռուստամից և տալով Սողոմոնին, այն հիմար անասունին, որին այնքան ատում եք դուք:

— Ի՞նչ էր ստիպում նրան այդ անել:

— Շահասիրությունը և անխելք փառասիրությունը, իմ սիրելի, որովհետև Սողոմոն-բեկը խոստացել է վճարել ձեր հոր պարտքը և ձեր տունը և այգին ձրի դարձնել ձեզ:

— Այդ դուք ո՞րտեղից գիտեք:

— Այսօր եկել էր ձեր տունը Ռես Վասակյանը և դրա վրա խոսում էր ձեր մոր հետ. մայրդ խոստացավ նրան մի հարյուր թուման փող, երբ նա կկատարե այդ գործը:

Ախ, չար վասակներ... ա՛խ, դժոխքի որդիք… մինչև ե՞րբ դուք պիտի անպակաս լինիք խեղճ հայերի միջից... մինչև ե՞րբ ձեր թունավոր շունչը պիտի ապականե մեր աշխարհի օդը... — բացականչեց օրիորդ Սալբին տխուր հառաչանքով:

— Ոչ. դուք մի խաբվիք, Սալբի, Ռուստամը ափսո՛ս է:

— Ես չեմ խաբվիլ, Նազանի, և ոչ մի բան աշխարհում չէ կարող խաբել ինձ... ես չեմ լսելու ոչ մի ձայն. բայց կլսեմ սիրո ձայնին, որ միշտ զարկում է իմ սրտի մեջ...:

Օրիորդ Նազանին լուռ կացավ և գնաց ճրագ վառելու: Մեր անբախտ հերոսուհին միայնակ նստած էր մութի մեջ: Հազարավոր դառն մտածմունքներ պաշարեցին նրան: «Անտարակույս գործը կընդունե վատ ուղղություն, երբ մայրս նույնպես անցավ նրանց կողմը... այդ հիմարը կխանգարե յուր այրի, իմ հոր սուրբ ուխտը... և ի՞նչ կլինի այն ժամանակ իմ և խեղճ Ռուստամի վիճակը…», մտածում էր նա խորին տխրությամբ:

Օրիորդ Նազանին ճրագ բերավ. աղջամուղջին խրճիթը լուսավորվեցավ պայծառ լույսով: Միևնույն րոպեին ժամից հետ դարձավ տիկին Թարլանը: Օրիորդ Սալբին նկատեց, նրա երեսը փայլում էր ուրախությունից:

ԼԱ

ՀԻՄԱՐ ԾՆՈՂՔ

Տիկին Թարլանը բոլոր գիշերը չէր քնացել ուրախությունից: Առավոտյան նա սովորականից խիստ շուտ զարթել էր: Նա հրամայեց յուր մոտ կոչել յուր աղջիկը:

— Մայր իմ, — ասաց օրիորդ Սալբին նշմարելով նրա պայծառ դեմքը, — այսօր խիստ ուրախ եմ տեսնում ձեզ:

— Այո, Սալբի, պետք է ուրախանալ և օրհնել վերին նախախնամությունը, — պատասխանեց նրա մայրը հրճվանոք: — Որովհետև տերը ողորմություն է արել մեզ անբախտներիս:

Օրիորդ Սալբին արհամարհական ձևով ժպտեցավ:

— Ի՞նչ ողորմություն, ասացեք, խնդրեմ, թող ես նույնպես բաժանորդ լինիմ ձեր ուրախությանը, — հարցրուց նա:

— Իմ աչքի լույս, մի մեծամիտ և մեծահոգի բարերար շնորհ է գործել մեզ. մենք մյուս անգամ տեր կլինինք մեր կորուսած ժառանգություններին և մեր ապրուստը կրկին ապահովության մեջ կլինի:

— Ես կարո՞ղ էի գիտենալ այդ բարերարի անունը:

— Սոլոմոն-բեկը, մելիք Պիլատոսի որդին:

Ծիծաղը կրկին ցնցեց օրիորդ Սալբիի վարդագույն շրթունքը:

— Ես չեմ կարծում նրա կողմից մի այդպիսի մեծահոգություն, — ասաց նա:

— Նա պատճառ ուներ այդպես անելու, — պատասխանեց տիկին Թարլանը: — Աստված դրել է նրա սրտի մեջ այն բարենպատակ ցանկությունը, որով նա խնդրում է ձեր սերը: Աստված նրան ազդել է այն վսեմ հոժարությունը, որով նա խոնարհվում է պսակ կապել մի աղքատ աղջկա հետ:

Օրիորդ Սալբին ոչինչ պատասխան չտվավ: Արտասուքը նրա աչքերի մեջ չէին կարողանում շիջուցանել կրակը բոցավառված աչքերի, և նրա շնչառությունը խեղդվում էր սրտի տհաճությունից և մրրկահույզ վրդովմունքից:

— Սալբի, սիրական, — հառաչ տարավ մայրը, — մի լավ մտածեցեք. Սոլոմոն-բեկը, մեր երկրի առաջին իշխանի որդին ցանկանում է պսակվիլ քեզ հետ... այդ աստուծո ողորմությունը չէ՞ ...:

— Ուրեմն դուք միտք ունիք պղծել իմ հոր սուրբ ուխտը, — պատասխանեց օրիորդը վշտացած կերպով:

— Ի՞նչ պետք է արած... երբ աղքատությունը ստիպում է...: «Հարկ զօրէնս լուծանէ», ասում է գիրքը, — պատասխանեց նրա մայրը:

— Ուրեմն դուք կամիք վաճառե՞լ ինձ:

— Ոչ: Բայց ես իբրև մայր, իբրև առավել փորձառու իմ այնքան անցուցած օրերով, կամենում եմ բախտավորել քեզ. հաստատ գիտելով այդ չար աշխարհի գործը, որ նա յուր դառնությունները միշտ թափում է աղքատների վրա..., բայց արծաթից, իբրև կախարդական թիլիսմից, միշտ փախչում են կյանքի հոգսերը...:

— Մայր իմ, — ասաց նա հանդարտությամբ, — դուք խիստ սխալվում եք ձեր դատողությանց մեջ. որովհետև արծաթը թունավորում է երջանկություն ասած բանը:

— Ձեր մանուկ սրտին դյուրին է այդպես մտածել, բայց իմ ծամերը սպիտակացել են վշտակրության մեջ. ես առել եմ աշխարհի դառն համը... այդ պատճառով, մտածում եմ քեզ համար, զոնյա, ես հանգստությամբ գերեզման մտնեմ, չտանելով իմ հետ հողի տակ և այն ցավը, թե դուք մնացիք արևի տակ ինձ նման դժբախտ...:

— Աղքատությունը մեղք բան չէ, — պատասխանեց օրիորդ Սալբին սառնությամբ: — Եվ եթե մարդիկ կսանձեին իրանց եսական շահասիրությունները և մարդասիրությունը տեղի կգտներ բարի քրիստոնյաների մեջ, այն ժամանակ կարող էին ասել, աղքատություն ասած բանը չէ ապրում աշխարհի մեջ:

— Դրանք վերացական մտքեր են, որդի, — նրա խոսքը կտրեց տիկին Թարլանը: — Մենք պետք է մեր անձը հարմարեցնենք ներկա ժամանակի և մեր կյանքի պիտույքների հետ:

— Ժամանակի հետ ես գործ չունիմ. ես ամենևին ուշադրություն չեմ դարձնում, թե ի՞նչ բաներ գործվում էին իմ շրջակայքում. բայց ես գործ ունիմ իմ սրտի, իմ մտքի, իմ գաղափարների հետ. ես իմ անձս կհարմարացնեմ իմ կամքի հետ, մտածելով, թե երկու սիրավառ սրտերի համար և այն փոքրիկ, համեստ խրճիթների մեջ կարելի էր գտնել բախտավորություն:

— Դուք ապրում եք ֆանտազիայով, — կրկնեց նրա մայրը վշտացած սրտով և ավելի չկամեցավ խոսել նրա հետ, այլ առավ չարսավը, սկսավ գնալ առավոտյան ժամը խռոված սրտով: Նա ճանապարհում անիծում էր ինքն յուր անձը, յուր անխելքությունը, թե ինչու յուր աղջիկը տվեց ուսում և գիտություն սովորելու, որ կարողանա մինչև այն աստիճան լրբանալ, ընդդիմանություն գործելով յուր կամքին, կամ այնպես համարձակ և անամոթ կերպով խոսել սիրո վրա: Նա գնաց ժամ աղոթելու և սրբերու բարեխոսությունները խնդրելու, որ յուր աղջկա միտքը փոխեին...:

Ժամից դուրս գալուց հետո նրան հանդիպեց ճանապարհում Ռես Վասակյանը, որ յուր կյանքում եկեղեցվո երես տեսած չլինելով, նույն առավոտ գնացել էր այն մտոք, որ կարողանա խոսել տիկին Թարլանի հետ:

— Եկեղեցում մեր պարտքը աստծուն հարուցանելեն հետո այժմ մնում է մեզ լցնել, մեր պարտավորությունները դեպ մարդիկ, — խոսեց նա ավելի բարեպաշտություն ցույց տալով: Գիտե՞ք, պատվելի տիկին, որքան անհանգիստ եմ ձեր գործի մասին... Ես մտադիր էի ձեզ մոտ գալ այս առավոտ, լավ եղավ, հանդիպեցանք միմյանց. դուք խոսեցի՞ք ձեր դստեր հետ այն խորհրդի մասին, որ անցյալ օր այնքան սիրով ընդունեցիք դուք:

Տիկին Թարլանը, տակավին հույս ունենալով, թե մի կերպով կարող էր համոզել յուր աղջիկը, պատասխանեց. — Ի՞նչ հարկ կար այդ մասին խորհրդակցել իմ դստեր հետ. միթե մեր աղջիկները մինչ այն աստիճան լրբացա՞ծ են, որ կարողանային ընդդիմություն գործել իրանց ծնողների կամքին: Մենք ունինք իշխանություն մեր աղջիկների վրա, ոչ միայն մեր ուզած մարդին տալու, այլև վաճառելու:

— Ահա՛ ամենաճշմարիտ խոսվածքը, — կրկնեց բանսարկուն: Միայն հիմար Եվրոպան շնորհել է յուր որդիներին այնքան անտեղի ազատություններ ամուսնության մասին: Բայց իրավ, մեր ասիացի ծնողները առավել իրավացի վարվել գիտեն իրանց որդիների հետ...: Եվ Եվրոպայի պղծությունները մեծ ապացույց են, նրանց չարաչար սխալմունքներին:

— Իշխանություն տալ հասուն աղջիկներին, իրենց կամքի ազատությամբ ընտրել փեսա, ասել է թե փչացնել, ոչնչացնել նրանց, — պատասխանեց տիկին Թարլանը:

— Օ՛հ, խելքս տանում են այդ ճշմարտաքարոզ խոսքերը, — կրկնեց կեղծավորը: Դուք, տիկին, խոսում եք իսկ և իսկ Ավետա — բանի միջից. բայց ներողություն, խնդրեմ, որ մի ամենահարկավոր գործ դժբախտաբար ինձ զրկում է ձեր մեղրաճաշակ զրույցներից, առայժմ մնաք բարյավ:

Տիկին Թարլանից բաժանվելով, պարոն Վասակյանին հանդիպեց Միրզա-Ֆաթալին, որ թանկագին ջորու վրա նստած, գնում էր յուր գյուղը, որ ոչ այնքան հեռի էր քաղաքից:

— Հը՛մ... բարեկամ, ի՞նչ եղավ, — հարցրուց նա, — ես կատարեցի ձեր կամքը, դուք էլ կատարեցեք ձեր խոստումները:

— Անտարակույս, այս րոպեիս գնում եմ Սոլոմոն-բեկի մոտ. առավոտյան կստանաք հինգ հարյուր թումանը, — պատասխանեց պարոն Վասակյանը:

— Մնացյալ հինգ հարյուր թումանը դուք պիտի բաժանեք տեր Մարկոսի՞ հետ:

— Իհարկե:

— Ա՛յ դու սատանա, — կրկնեց Միրզան և յուր ձեռքի մտրակը դեպի նա շարժելով, հեռացավ:

Սատանա բառը Միրզա-Ֆաթալին սովորաբար գործ էր ածում խելոք բառի փոխարեն:

Այնտեղից անցնելով Ռեսը ուղղակի դիմեց դեպի Ավազակյանց իշխանի տունը և գտավ Սոլոմոն-բեկին միայնակ յուր սենյակում:

— Ի՞նչ արեցիք, — հարցրուց Սոլոմոն-բեկը:

— Մինչև մի բան չպարզեք ինձ, չեմ ասի, — պատասխանեց պարոն Վասակյանը, ավելի թանկ ծախելով յուր գիտցածը:

— Թե աստված կսիրես, ասա:

— Էլ ի՞նչ ասեմ, երկնային ավետիք, որ աստված ուղարկում է յուր հրեշտակների լեզվով, օրհորդ Սալբին այժմ ձերն է...:

— Ուղղո՞րդ, եթե այդպես լինի, ես կավելացնեմ իմ խոստացածի վրա և մի քանի թուման:

— Ճշմարիտ... աստված է վկա, որ սուտ չեմ ասում: Սոլոմոն-բեկը հափշտակվեցավ հիացմունքով:

— Բայց ժամանակ կորցնել պետք չէ, — կրկնեց Ռեսը. — դուք հրամայեցեք, թե որտեղից կամենում էիք տալ մի հազար թումանը, այսօր իրիկնապահին ժամադիր եմ եղած հասցնել Միրզա-Ֆաթալիին:

— Առեք այդ տոմսակը, գնացեք բազառ. այնտեղ գանձապետից կստանաք բոլոր գումարը, և հատուցանելով Միրզա-Ֆաթաիին՝ կստանաք նրանից գրավաթուղթը, և առավոտյան Հովասաբենց գերդաստանը կրկին կտեղավորեք իրանց հայրենական բնակության մեջ:

— Շատ լավ, — ասաց Ռեսը և առնելով տոմսակը հեռացավ:

Իրիկնապահին մի ընդարձակ դահլիճ Ավազակյանց ամրոցում լուսավորված էր բազմաթիվ ճրագներով, և պարսկական ճաշակով խիստ ճոխ զարդարված դահլիճը շողշողում էր, վառվռում էր զառիկից, բրոնզից, ֆարֆորից, ոսկուց և արծաթից, միանգամայն կացուցանելով շռայլության աստուծո տաճար: Մի hսկայաձև հաստլիկ մարդ, քիշմիրյան շալից խալաթը հագին, չափավոր քայլերով անցուդարձ էր անում թանկագին գորգերի վրա: — Դա էր մելիք-Պիլատոս Ավազակյանցը:

Մի մարդ, մռայլոտ կերպարանքով, ստրկաբար յուր գլուխը դեպի ցած խոնարհեցուցած, կանգնել էր դռան մոտ ոտքի վրա, և յուր աչքերը մեքենաբար հետևցնում էր մելիքի քայլերին:

Ինքը մելիքը կլիներ հիսուն տարեկան մարդ: Ժամանակը բոլորովին սպիտակացրել էր նրա ալիքը: Բայց նա, կամենալով իրան ավելի մատաղահասակ ցույց տալ, գլխի մազերը ածիլել տալով մորուքը կարմիր ներկել էր հինայով: Նրա բարձր, հսկայաձև հասակը, յուր նախկին ուղղությունից թեքվելով դեպի քամակը, առջևից դուրս էր ընկել ահագին հաստլիկ փորը: Նրա աղյուսագույն մսալի երեսը ցույց չէր տալիս ոչ մի մարդկային գծագրություն, այլ մի վագրի կերպարանք, որ յուր կատաղի արտահայտությամբ՝ բացատրում էր նրա գազանական հոգու վայրենի տրամադրությունները: Նրա խոժոռված աչքերը, սև, փայլուն, շուտաշարժ, լի էին արյունով և բարկությամբ:

Ոչ թե մելիքի արտաքին կերպարանքին նայելով՝ չէր կարելի որոշել նրան մի խաբեբա և փառասեր պարսկից, այլ նրա բոլոր սովորությունները, բարք ու վարքը միանգամայն նման էին կեղծավոր մահմեդականի, որ արտաքին ձևականությամբ միայն կամենում էր երևիլ բարեպաշտ մուսուլման, բայց հոգին լի է ամենայն չարությամբ:

Նա մեղմաշարժ ընթացքով գնաց, մոտեցավ փառավոր կիսաթախտին, որի տախտակները բարձր հնչումով ճռացին այդ վիթխարի անասունի անհամեմատ ծանրությունից, երբ նա նստած էր նրա վրա, և խորամանկ աչքերը ուղղելով դեպ Ռես Վասակյանը, որ կանգնած էր դռան մոտ, խոսեց.

— Վասակ, այսօր մեր գանձապետը տվավ ինձ մի տոմսակ, որ գրել էր մեր փչացած Սոլոմոնը, որով դուք ստացել եք հազար թուման, Միրզա-Ֆաթալիին հասցնելու համար:

— Ստույգ է, աղա՛, — երկյուղածությամբ պատասխանեց պարոն Վասակյանը:

— Առանց ինձ հայտնելո՞ւ, նզովյալ, — գոռաց նրա ձայնը: Պարոն Վասակյանը շփոթվեցավ երկյուղից:

— Ես պիտի չգիտենամ, թե ի՞նչ է գործվում իմ տանում, — կրկնեց մելիքը բարկությամբ: Ի՞նչ հարաբերություն ունի իմ փչացած որդին Միրզա-Ֆաթալիի հետ. այդ ի՞նչ փող է, որ տալիս է նրան:

— Թող աստված փչացնե ինձ, թե ես գիտեմ, նրանց մեջ ինչ հարաբերություն կա, — պատասխանեց Ռեսը դողալով:

— Միթե դու չե՞ս բոլոր չարության խմորը:

— Թող ես Քրիստոսի մեխ զարկողներից լինիմ, թող ես սուրբ Հովաննու գլուխ կտրողն լինիմ, թող ես սուրբ Ստեփանոսի քարկոծողներից լինիմ... թե գիտեմ ձեր որդու և Միրզա-Ֆաթալիի մեջ ի՞նչ գաղտնիք կա... թող ես դժոխքի շունը լինիմ և աստուծո երես չտեսնեմ, թե գիտեմ ինչ փող է, որ Սոլոմոն-բեկը տալիս է նրան: Եթե չեք հավատում ինձ... հրամայեցեք ձեր ծառաներին թող թափեն իմ արյունը, իմ լեշը թող ուտեն ձեր դռան շները:

Եվ պարոն Վասակյանը կեղծավորաբար փղձկեցավ և նրա աչքերը լցվեցան արտասուքով:

Այդ սարսափելի երդումները մի փոքր մեղմացրին մելիքի բարկությունը և նա հարցրուց.— միթե դուք չէի՞ք գնացել հարսնախոսության համար Հովասաբենց տանում, տիկին Թարլանի մոտ, նրա աղջկա մասին:

— Եթե այդ ստույգ լինի, եթե մի այդպիսի բան արել եմ ես, դուք տվեք իմ կաշին քերթեն, իմ լեզուն կտրեն, իմ աչքերը դուրս հանեն: Բայց, աղա, — խոսքը փոխեց նա, — ձեր ոտքերի հողն լինիմ, ձեզ մատաղ դառնամ, ես քանիցս անգամ ձեզ խնդրած եմ, թե ձեր ծառաներից ոմանք մի հին ոխակալության պատճառով չարախոսություն են անում ծառայիս համար և վառում են ձեր բարկությունը խղճալուս վրա...: Դուք ստուգեցեք ճշմարիտը, եթե ձեր լսած-ները ուղիղ են, ինչ պատիժ կամիք, տվեք ինձ:

Մելիքը, յուր անչափ փառասիրության պատճառով, շուտով կզիջաներ յուր բարկությունից, երբ մինը աղաչավոր կերպով, փաղաքշաբար՝ խոնարհվում էր նրա առջև:

— Ո՞վ է նա, որ այդ մասին չարախոսել է ձեզանից, — հարցրուց մելիքը մի փոքր հանգստանալով:

— Ձեր զանձապետը, որ ոչ սակավ դիպվածներում ցույց է տվել ինձ յուր թշնամությունները:

Պարոն Վասակյանը, վաղուց դարանակալ լինելով հափշտակելու զանձապետի պաշտոնը, հաջող միջոցներով, միշտ սուտ և խորամանկ չարախոսություններով, աշխատում էր նրան կացուցանել մելիքի աչքում մի ավազակ և ստախոս մարդ:

— Եթե զանձապետը սուտ ամբաստանություն է արած ձեր մասին, ես կպատժեմ նրան:

— Ինձ այնքան ցավալի չէ, երբ ես ձեր առջև կորցնում եմ իմ բարի համարումը, բայց առավել զգալի է ինձ, երբ ես բաց աչքով տեսնում եմ նրա գողությունները:

Դյուրահավան մելիքը իսկույն հավատաց ստախոսին, բայց չկամենալով նույն րոպեին խոսել մի այդպիսի առարկայի վրա, ասաց.

— Մենք ուրիշ ժամանակի ենք թողնում խոսել դրա մասին, ես ինքս հասկացել եմ զանձապետի անհավատարմությունները, միայն ասեք, ի՞նչ է ձեր կարծիքը Սոլոմոնի մի այդպիսի հիմար ցանկության վրա:

— Ես մինչև հիմա չեմ լսել և չեմ հասկացել, թե ձեր որդին կամք ունի Հովասաբենց աղջիկը իրան կին առնուլ. եթե եղել է մի այդպիսի բան, այդ խիստ հակառակ է իմ կամքին, և ես կաշխատեմ նրա սրտից դուրս բերել մի այդպիսի հիմար ցանկություն:

Հանկարծ ներս մտավ մելիքի կինը, Նազլու խանումը, յուր ամուսնի նման հաստլիկ և մսի կոճղ:

— Մենք իզուր բարկացել ենք Ռեսի վրա, — ասաց նա յուր կնոջը:

— Ի՞նչպես, — հարցրուց Նազլու խանումը:

— Մենք սխալված ենք, կարծելով, թե Ռեսը նույնպես խառն է եղել Սոլոմոնի գործի մեջ:

— Թող երեսը սպիտակ լինի, երբ այդպես է, — պատասխանեց նրա կինը:

— Դուք, Ռես, աշխատեցեք հեռացնել Սոլոմոնին յուր ցնորված մտքերից, և այս անգամիս բաշխում եմ նրա մեղքը, և չեմ ցույց տալու, թե ինձ հայտնի եղած են նրա գործերը: Դուք հայտնեցեք, որ ես Թեհրանուց դառնալու ժամանակ նրա համար Թավրիզում նշանադրել եմ Ն... խանի աղջիկը:

— Դուք անհոգ կացեք, տեր, ինձ համար դյուրին է ձեր որդին զարթեցնել յուր երևակայական երազներից. միայն զանձապետը...:

— Թող մնա այդ, ես միտք ունիմ զանձապետին հեռացնել յուր պաշտոնից, և եթե խելոք կլինիք և հավատարիմ՝ կստանաք նրա պաշտոնը:

Պարոն Վասակյանը մոտեցավ, կամենում էր խոնարհվիլ համբուրելու մելիքի ոտքերը: Բայց նա թույլ չտվավ, Ռեսը գլուխ տալով դուրս ելավ դահլիճից:

Դուրս գալով Ավազակյանց դահլիճից, պարոն Վասակյանի միտքը նմանում էր մի ամենաուղիղ կշիռի, որի ամեն մի թաթի մեջ ամենաթեթև ծանրությունը զգալի էր: Մտաբերելով մելիքի վերջին խոսքը, երբեմն նա մտածում էր, դուրս հանել Սոլոմոն — բեկի գլխից նրա ցանկությունը և կատարելով մելիքի կամքը, հափշտակել զանձապետի պաշտոնը... ուր մեծավորի անհոգությունը և ծուլությունը պատճառ էր տալիս ինքնակամ ներգործել արծաթի վրա... ուր ամեն օր պիտի խաղ անել մետաղների հետ...:

Բայց հանկարծ նրա մտքում լույս էին ընկնում խոստացածները՝ տիկին Թարլանի, Սոլոմոն-բեկի, Միրզա-Ֆաթալիի և այլն...: Կրկին տիրում էր նրան ագահության դևը և փոխում նրա միտքը...:

Չէ, ասում էր նա, այդ իմ կողմից մեծ հիմարություն է, երբ ես «եփած հավը թող տամ օդի մեջ թռչուն որսալու»...: Ի՞նչ արգելք կա, ես չեմ թող տա իմ ձեռքից երկու կողմերն էլ: — Մի կողմից պետք է աշխատել, Սոլոմոն բեկի նպատակն կատարվի, մյուս կողմից պետք է ձեռք բերել և այն հնարները զանձապետը ցած գլորելու յուր աթոռից..:

Խորասուզված մտածությունների մեջ, նա ներս մտավ Սոլոմոն-բեկի մոտ. պատմեց նրան հոր սպառնալիքը, և երկար խորհրդակցությունից հետո, պատվիրեց՝ մի քանի օր հիվանդ ձևանալ, մինչև նա կաշառված բժիշկների վկայությամբ կիմացներ մելիքին, թե նրա որդին առանց օրիորդ Սալբիին՝ վտանգի մեջ կզցե յուր անձը: Եվ դուրս գալու ժամանակ սաստիկ պատվիրեց, որ Սոլոմոն-բեկը այնպես ցույց տա, թե Ռեսը այս գործի սկզբից մինչև նրա վերջը ոչ մի տեղեկություն չունի:

Մինչև նրանք այդ խորհրդածության մեջ էին, օրիորդ Սալբին միայնակ յուր սենյակում գրում էր այդ նամակը.

«Անգին բարեկա՛մ,

«Հանգամանքները օրեցօր փոխվում են, ընդունելով ավելի և ավելի վտանգավոր կերպարանքներ... և հետադարձ բախտը, ասես թե կամենում է զորություն տալ մեր հակառակ կողմին...:

«Սոլոմոն-բեկը, հաստատ յուր դիտավորության վրա, խիստ հիմար և անխելք կերպով սիրում է ինձ: Եվ մի նոր դժբախտություն. — մեր տան և այգիի կորուստը պատճառ են տվել նրան զրավել և իմ մոր կամքը...: Ա՜խ, որքան փոփոխամիտ և թույլ են այդ անսիրտ ծնողները:

«Դու լսել ես Միրզա-Ֆաթալիի անցքը: Այժմ մայրս հոժարել է ինձ տալ Սոլոմոն-բեկին կնության, միով բանիվ, ինձ վաճառել այն արծաթին, որ մելիքի որդին խոստացել է վճարել յուր քսակից և ազատել մեր կորուսած ժառանգությունները:

«Իմ սիրելի, դժվար է ապրել մի այսպիսի երկրի մեջ, ուր անկարգ շարիաթը, առանց երկար քննությունների, հաստատություն է տալիս քսան տարվա հին գրավաթղթին և պարսիկը տիրում է խեղճ հայի կալվածքին, ուր մայրերը վաճառում են իրենց որդվոց, պարտք վճարելու համար: Արդարև, դժվար է բնակվել մի այնպիսի երկրի մեջ, ուսկից արդեն դուրս է կորել աքսորված արդարությունը...:

«Բայց դու անխիղճ ես, Ռուստամ, դու երկար պիտի թողնես ինձ տանջվել մի խստաքարո և հիմար ամբոխի մեջ, որոնց համար սիրո կախարդական զաղտնիքը դեռ չէր դուրս բերված հավիտենական խավարի միջից: Արդյոք դու ինձ չե՞ս ափսոսում, ի՜նչ հիմար ցանկություն է բնակվել մի այսպիսի անբարոյական ժողովրդի մեջ: Եկ, հասիր, ազատե՜ ինձ: Մի՞թե այն լայն և ընդարձակ անապատները չունի՞ն այնքան տեղեր մեզ ապրելու: Մի՞թե այն բարձրաբերձ սարերը և ծառախիտ անտառներր չե՞ն կարող պահպանել մեզ իրանց ծոցերում: Արդարև, առավել երջանիկ կլինինք մենք բնակվելով այծյամների, թռչունների, վայրենի ծառերի և ծաղիկների հետ, քան թե մարդկանց հետ, որոնք խիստ ստոր են անասուններից...:

«Անաստված երկրում բնակվի՛ր, բայց անօրեն երկրում մի բնակվիր», այդպես է հայերի խրատը, որ և եղել է սովորական առած: Արդարև, մեծ հիմարություն է բնակվել մի երկրում, ուր օրենքը, իրավունքը, արդարությունը ոտքի տակ են ընկած, ուր զորեղը տիրում է անզորին, ուր հարուստը արծաթի զորությամբ կատարում է յուր կամքի ամենազարհուրելի բաղձանքները...:

«Իմ թանկագին բարեկամ, ճշմարիտ, ես երկյուղ ունիմ, զուցե մեզ զրկեն միմյանցից...:

«Ե՛կ, հասիր, ազատե ինձ, գնանք, հեռանանք այս չար երկիից, գնա՛նք, ուր ճակատագիրը կոչում է մեզ: Գնանք, խառնվինք այն քաջ վրանաբնակների հետ, բառնանք նրանց սրբությունները, և նրանց հետ միասին թափառինք սարից սար, ձորից ձոր, մինչև նախախնամությունը կհաստատե մեր կացությունը ամուր երկրի վրա, ուր հայկական տունկը՝ ազատ, ինքնուրույն կաճեր, կհասունանար…:

«Այն օրից, որ կարդացել եմ քո օրագիրը, իմ սրտի մեջ զոյացել է մի անհանգստություն՝ դեռևս ինձ անհասկանալի բաղձանքի հետ: Վրանաբնակ այրին և նրա անբախտ որբիկը միշտ իմ մտքիս մեջ են, ես չեմ մոռանում նրանց: Շատ անգամ ես մտածում եմ, իմ բոլոր կյանքս ընծայել նրա սպասավորությանը, իմ կրծքի վրա գրկելով նրա որբիկը, իմ բազուկների վրա մեծացնելով և ձեռքով շարժելով նրա օրորոցը:

«Եկ, մի ուշացիր, բեթլեհեմյան աստղը առաջնորդում է մեզ դեպի այրի կնոջ չադրը. եկ, գնանք, երկրպագություն տանք այն մանուկին...:

«Քո Սալբին»:

Նա ծալեց և կնքեց նամակը, տվավ Խաչոյին, որ սպասում էր նրա սենյակի դռան մոտ:

ԼԲ

ՀՈՒՍԱՀԱՏՈՒԹՅՈՒՆ

Հուսահատությունը միշտ բնական է փոքրոգի մարդիկներին, որոնց միտքը, սիրտը, խելքը և բոլոր հոգեկան զորությունները չեն կարող տանել դժբախտության հարվածներին:

Պարոն Վասակյանի խորհուրդը, — որով մարգարեաբար պատվիրեց Սոլոմոն-բեկին՝ մի քանի օր հիվանդ ձևանալ, գուցե մելիքը հասկանալով, թե նրա հիվանդության պատճառն էր օրիորդ Սալբին, համոզվեր կատարել նրա կամքը, — եղավ ուղղորդ — «մարդի ասած, տերի լսած» — Սոլոմոն-բեկը իրավ հիվանդացավ: Եվ նրա հիվանդությունը օրեցօր սաստկանում էր, չնայելով, թե նրա ծնողքը ուշադրություն չէին դարձնում դեպի նա:

Պարոն Վասակյանը չէր հեռանում հիվանդի մոտից:

Մի գիշեր նրան յուր մոտ կոչեց մելիքը:

— Նա տակավին չէ՞ վեր կենալու յուր հիվանդության մահճից, — հարցրուց նա:

— Նրա հիվանդությունը սաստիկ է, — պատասխանեց Ռեսը:

— Այն աղքատ աղջկա համար:

— Հրամեր եք. բժիշկները այդպես ասում են:

— Ուրեմն թող մեռնի յուր հիվանդության մահճի մեջ, — պատասխանեց անագորույն հայրը, գուցե մյուս աշխարհում կտեսներ յուր սիրուհին...:

Պարոն Վասակյանը կոտրած սրտով դուրս եկավ մելիքի դահլիճից: Գիշերը մթին էր և զարհուրելի, ամրոցում տիրում էր գերեզմանական լռություն: Ռեսը, անցնելով հիվանդի սենյակի մոտից, տեսավ, դեռ ճրագը վառվում էր. մոտեցավ դռանը, կամեցավ բաց անել, փակ էր: Մի քանի րոպե նա ականջ դրեց դռան ճեղքերին, ներսից լսելի էր լինում հիվանդի նվաղած ձայնը և մի զարհուրելի խռռոց: Նա առավել լարեց յուր լսողական գործարանը, դարձյալ լսելի էր լինում այն չարագուշակ խռռոցը, որ ավելի նման էր խեղդվողի հեծկլտոցի խառն ձայներին:

Ռեսը, չկարողանալով ներս մտնել դռնից, մի հնարքով բաց արավ լուսամուտը: Սարսափելի ապշություն տիրեց նրան, երբ տեսավ Սոլոմոն-բեկը յուր մեջքի գոտիով յուր պարանոցեն քարշ ընկած: Նա իսկույն կտրեց մետաքսյա գոտին, և յուր գրկի մեջ առնելով անզգայացած տղամարդը, դրեց նրան մահճի մեջ: Նա շոշափեց խեղդվողի շնչերակը, նկատեց՝ տակավին զարկում էր. ձեռքը դրեց նրա կուրծքի վրա, զգաց, սիրտը թրթռում էր և դրանցով Ռեսը իմացավ, թե տակավին հույս կար նրա կենդանությանը:

Ռեսը չկամեցավ իմացում տալ մելիքին, մտածելով այդ անցքը գաղտնի պահել:

Սոլոմոն-բեկը մի քանի րոպեից հետո ուշի եկավ, սկսավ շարժել յուր ձեռքը, բայց նրա բերանից և պնչածակերից հոսում էր արյունը: Ապա նա բաց արավ յուր կարմրած, արյունով լցոււն աչքերը, տեսավ Ռեսին նստած յուր մոտ: Նա ասաց թույլ ձայնով. — Ինչո՞ւ դուք շփոթեցիք իմ հանգստությունը...:

Ռես Վասակյանը ոչինչ պատասխան չտվավ: Նա ջուր ածեց, Սոլոմոն-բեկը լվաց բերանը և քիթը. մի փոքր հանգստանալեն հե տո բոլորովին զգաստացավ և խոսեց. —

Երանի՜ մի քանի րոպե հետո հասած լինեիք:

— Ինչո՞ւ, — հարցրուց Ռեսը:

— Որովհետև ես մնաս բարով կասեի իմ կյանքին, — կրկնեց հիվանդը:

— Այդ ի՞նչ հիմար ցանկություն է:

— Ախ, դու չգիտես, Ռես, որքան ծանր է ինձ ապրելը... մահը միայն կհանգստացնե իմ խղճալի անձը:

Ռեսը ոչինչ պատասխան չտվավ, նա ուշադրությամբ նայում էր նրա երեսի վայրենի գծագրությանցը:

— Թողեք իմ գլուխը բարձի վրա, — ասաց Սոլոմոն-բեկը:

Պարոն Վասակյանը յուր գրկից նրա գլուխը դրեց բարձի վրա և զգուշությամբ ծածկեց նրա երեսը, որ նույն րոպեին գունատված, կապտագույն, երևցնում էր զարհուրելի կծկողություններ: Նրա աչքերը փակվեցան, սաստիկ ջերմախտական կրակը տիրեց նրան: Նա շփոթված էր երևակայական ցնորքների մեջ, և երբեմն դուրս էր թողնում բերանից անորոշ և կցկտուր բառեր: — «Սալբի» — «իմ նազելի» — «հոգիս» — ըստ մեծի մասին լսելի էին լինում նրա խոսքերի մեջ:

Պարոն Վասակյանը բոլոր գիշերը անքուն հսկեց հիվանդի մոտ: Առավոտյան Սոլոմոն-բեկը աչքերը բաց անելով տեսավ յուր մոտ նստած Ռես Վասակյանը:

— Երևի բոլոր գիշերը անքուն եք մնացած, — ասաց նա, — գնացեք մի փոքր հանգստանալու:

— Ոչ. ես բոլորովին հանգիստ եմ. բայց ասացեք, ի՞նչպես զգում եք ձեզ այժմ, — հարցրուց Ռեսը:

— Ես ծանր հիվանդ եմ և շատ կարելի է այդ հիվանդությունը ինձ տանե դեպի գերեզման:

Նույն ժամանակ պարոն Վասակյանը նշմարեց նրա աչքերը նվազած և ներս ճնշված. նրանց մեջ տեսանելի էր ցավալի հուսահատությունը և կատաղի նախանձ: Նրա դեմքը գունատված էր. մահվան դալուկը ներկել էր նրա զարհուրելի երեսը քրքմագույն դեղնությամբ: Նրա ձայնը ստացել էր կոշտ և խռպոտ հնչումներ:

Պարոն Վասակյանը, նշմարելով, որ հիվանդի դրությունը վտանգավոր էր, հարցրուց. — կամի՞ք իմացում տալ ձեր մասին:

— Միայն ասացեք, Սոլոմոնը հիվանդ է, ուրիշ ոչինչ...:

Ռեսը դուրս գնաց:

Ռեսը գտավ մելիքին, միայնակ, յուր գործակալի հետ խոսում էին: Երբ հայտնել էր նրա որդու դրությունը. — թող մեռնի, — ասաց նա անգութ սրտով, — գուցե հողը կպարտակեր այդ նզովյալ մարմինը:

Եվ նա բոլոր սառնասրտությամբ հառաջ տարավ հարցուփորձը գործակալից: Ռեսը հեռացավ:

— Դ...գյուղի ամբարը չափեցի՞ք, — հարցրուց մելիքը:

— Հրամեր եք, — պատասխանեց գործակալը, որ կանգնած էր ոտքի վրա:

— Գիտեմ, որ չափել եք, — կրկնեց նա, — բայց ո՞ր քռռով կամ սոմարով:

— Ոչ այն հասարակաց քռռով, որով միշտ առևտուր է լինում, և որով խոսացել եք խանի հետ, այլ մի բավականին մեծ քռռով:

— Ո՞րքան զանազանություն կանե:

— Հարյուրին տասն և հինգ բեռ:

— Խանի մարդը չհասկացա՞վ:

— Մինը հասկացավ, բայց ես նրա ափում դրի մի քանի աշրաֆի, հետո լուռ եղավ:

— Հա, ապրիս... — կրկնեց գոհությամբ մելիքը: — Միայն աշխատեցեք, մնացյալ ամբարներն նույնպես այդ քռռով չափվին:

Մի քանի րոպե տիրեց նրանց մեջ խորին լռություն:

— Գյուղերի նախրապաններին և հովիվներին ասացի՞ք, չորքոտանիների թիվը, որքան կարելի է, պակաս ցույց տան, — հարցրուց մելիքը:

— Ասացի, համարյա կես ու կես զցել տվի:

— Ի՞նչպես:

— Համբարքից մի օր առաջ տավարներն և ոչխարներն պահել տվի շրջակա գյուղերում:

— Այդ որ քո հին արհեստն է, — ծիծաղելով կրկնեց մելիքը: — Բայց թող երեսդ սպիտակ լինի:

Դարձյալ տիրեց լռությունը:

— Երկրաչափին տեսա՞ք:

— Հրամեր եք. պատվիրեցի, որքան կարելի է, չվանը երկար անե:

Այդ հատուկտոր խոսակցությունը մեր ընթերցողին հասկանալի կացուցանելու համար ավելորդ չեմ համարում մի քանի տեղեկություններ տալ նրան:

Մելիքը Զարեհավանում սովորություն ուներ ամեն տարի վարձով վեր առնել խանից մի քանի գյուղեր: Եվ մի գյուղի վարձը որոշվում էր՝ հաշվելով նրա բնակիչների և չորքոտանիների թիվը և հողերի չափը, որոնց քանակության համեմատ ստացվում էր հարկ: Դրա համար մելիքը հրամայել է, որքան կարելի է սակավ ցույց տան անասունների թիվը և հողերի չափելու չվանը սովորականից երկար անեն, որպեսզի արտերը չերևցնեն ավելի տարածություն: Նա և գնում էր խանի ամբարների ցորյանները, ով որ տեղեկություն ունի այդպիսի առևտուրներից գիտե, որ մեծ չափով առնել, փոքրով վաճառել, որքան օգուտ կբերի վաճառողին:

— Խանին հայտնեցի՞ր այդ լիրբ աղջկա մասին: — Հարցրուց մելիքը:

— Հայտնեցի... — պատասխանեց գործակալը:

— Ի՞նչ ասաց:

— Ուրախությամբ ընդունեց:

— Այլևս ի՞նչ խոսեցիք:

Ինչ որ պատվիրած էիք ինձ. առաջին՝ այն հային, որ այժմ կալանավորված է, հայտնեցի, որքան կարող է չարչարե. և քանի կտանջե նրան, այնքան ավելի փող դուրս կգա...: Երկրորդ՝ թե դուք համոզել եք ժողովրդի ծերերին, որ ավելացվի գյուղացիների գլխահարկը: Երրորդ՝ հայտնեցի այն իրողությունը, որ պատվիրեցիք ձեր ու խանի մեջ գաղտնի պահվի...:

— Ապա դուք այն նորեկ հայի մասին ոչինչ չխոսեցի՞ք, որ այնքան փող է բերել Ռուսաստանից:

— Հրամեր եք. ես ասացի, թե այդ հայը յուր արծաթից փքվելով խիստ բարձրից է գնում, պետք է սեղմել նրան և հայտնեցի, թե դուք ուսուցել եք մի մարդու, որ բողոքե խանին, իբր նորեկ պարոնը բռնություն էր գործ դրել նրա կնոջը վրա. և մի այդպիսի սուտ ամբաստանություն բավական էր նրանից դուրս քաշելու յուր բերած ոսկիները:

— Խանը ի՞նչ ասաց:

— Հրամայեց, կնոջ այրը շուտ յուր մոտ ուղարկեք:

Մինչ մելիքը այդպես խոսում էր յուր գործակալի հետ, Ռես Վասակյանը ներս մտավ Նազլու խանումի մոտ և հայտնեց նրա որդու երկյուղալի հիվանդությունը: Բայց մայրական սիրտը՝ յուր բոլոր թուլությամբ՝ առավել փափուկ և գթառատ է: Նա շուտով զիջավ յուր բարկությունից, և առանց ժամանակ կորցնելու, մտավ որդու սենյակը: Խղճալի մայրը զարհուրեցավ, երբ տեսավ յուր որդու մեռելատիպ երեսը: Միևնույն ժամանակ հավաքվեցան այնտեղ և նրանց բարեկամ կանայք, բոլորեցին հիվանդի շուրջ:

Լացի հետ խառնել սգավոր երգեր, մի ծանր հիվանդի մոտ, կամ մեռելի վրա, այդ սովորություն է արևելյան ազգերի մեջ: Ամեն մի լացող աշխատում է յուր երևակայության և խելքի զորությունը ցույց տալ՝ առավել տխրեցուցիչ և սրտաշարժ խոսքերով հորինելով յուր ողբը: Բայց ափսոս, արևելքում և սգի ողբերը երգում են այլազգի բարբառով:

— Վա՛յ... վա՛յ... ամա՛ն... վա՛յ... ազատեցեք, օգնության հասե՛ք, մեռա՛վ... մեռավ... իմ որդիս... ազատեցե՛ք, վա՛յ ինձ... վա՛յ իմ հոգուս... Սոլոմոն ջան, հոգի ջան, աչքի լույս... ի՞նչ պատահեց քեզ... տունս քանդվեցավ... օրս ու արևս մթնեցավ... աստված ջան... Քրիստոս ջան... Ով սուրբ աստվածածին... ազատեցեք, օգնության հասեք... ազատեցեք իմ սիրականը... իմ ծերության միակ հույսը...

Մյուս կանայքը սկսեցին ավելի դաշնակավոր եղանակով:

— Երկինք, դու փուլ եկ... մեզ տակով արեք՝ որոտ, կայծակներ...: Անդունդ բաց արա անհագ բերանդ, մեզ ձեզ մոտ տարեք, հրեշ ճիվաղներ... թող մեր աչքերը չտեսանեն, ավա՛ղ, այդ զարհուրելի տխուր տեսարան... թող մեր աչքերը չտեսնեն չքնաղ՝ այդ սիրուն տղամարդ՝ ընկած անկենդան...

Սկսում է մայրը, մյուսները ձայնակից են լինում.

Այդ ի՞նչ եմ տեսնում... քոռացեք, աչքե՛ր,
Այդ ի՞նչ է աստված, ինչ տխուր պատկեր...
Դժո՛խք, ով դժոխք, ինչո՞ւ չես բացվում,
Իմ խղճիկ մարմին դեպի քեզ քարշում:

Վեր կաց, մի քնե, որդյակ իմ չքնաղ,
Իմ սիրուն հոգիս՝ քեզ կտամ մատաղ.
Բաց արա աչերդ, ով իմ կենաց հույս,
Մի խավարեցրու մեր արև, մեր լույս:

Մի՛ փակե աչերդ, այգ սև-սև աչեր,
Ա՛խ, քեզ թող օգնեն սուրբ աջեր, խաչեր...
Քեզ եմ աղերսում, հզոր սուրբ Սարգիս,
Կա՛մ փրկիր որդիս, կա՛մ առ իմ հոգիս:

Լսե իմ ձայնիս, խղճա քո խեղճ մայր,
Միցցե սրտումը նետեր քառասայր,
Մի՛ թող դու նորան դնել գերեզման՝
Յուր անգին որդին, որդին աննման…

Վեր կաց, մի քնե, որդյակ իմ սիրուն,
Մի քանդե քո հոր և քո խեղճ մոր տուն,
Հիշե մեր սարեր, հիշե մեր դաշտեր,
Ծաղկած այգիներ, աղբյուրներ, գետեր:

Առանց քեզ ծաղկոց, պարտեզ, բուրաստան
Են փուշ, տատասկի մացառ անպիտան.
Առանց քեզ մեխակ, շուշան, նունուֆար
Չեն անուշահոտ՝ և վարդերը քյաֆուր:

Երբ որ պարտեզում դու ծաղկապսակ՝
Մնջիկ ման գայիր, որպես հրեշտակ,
Վարդը նուրբ թերթերն կամենար ներկել՝
Քո շքեղափայլ թշերուն հասցնել:

Երբ որ անտառում՝ ուրախ խնդամիտ՝
Կինչեցնեիր ծառեր թավախիտ,
Սոխակը ձայնիդ երգակից լիներ,
Հովվի հոտերը քեզնով կիրճվեր:

Վեր կաց, իմ հրեշտակ, վեր կաց, կյանքիս հույս,
Մեր խավար օրին դու ծագե մեզ լույս,
Առանց քեզ մի ժամ, և հոժար ինքնակամ,
Անգութ Գրողին՝ ես հոգիս կտամ…:

Պարոն Վասակյանի աչքերը նույնպես լցված էին արտասուքով, նա լաց էր լինում. ոչ առավել նրա համար, որ երկյուղ կար յուր աղայի կյանքի մասին, այլ որ նրա հետ կկորչեին յուր այնքան օգուտները, որ հույս ուներ ստանալ Սոլոմոն-բեկի ամուսնությունից...:

Մինչ Ավազակյանց տանում այդպես սուգի մեջ էին, տեր-Առաքելենց դռանը վեր եկավ ձիուց մի տղամարդ. նրա զենքերը հնչեցին բարձր ձայնով, և նա՝ յուր ձիու սանձը ծառայի ձեռքը տալով, ներս մտավ:

— Բարով, բարով, — նրան ասաց մահտեսի Ավետիսը, հանդիպելով յուր որդուն բակի մեջ:

Բայց պարոն Ռուստամը գլուխ տվեց և անխոս մտավ յուր սենյակը:

Երեկոյան պահուն նրան տեսության եկան պարոն Արամ Աշխարունին և պարոն Խոսրով Մելիքզադեն:

— Օ՛, որքան չաղացել եք, — նրա ձեռքը բռնելով ասաց Մելիքզադեն. — երևի լեռնային օդը ձեզ համար առավել առողջարար է եղել:

— Դուք գիտեք, մեր սարերում որքան չաղանում են մեր ոչխարները, միթե ես նրանցից պակա՞ս էի, — պատասխանեց ծիծաղելով պարոն Ռուստամը:

Պարոն Աշխարունին սկսեց երկար հարցուփորձ անել այն տարվա արտերի մասին, ոչխարների մասին, նա մի առ մի հարցնում էր գյուղացիների առողջությունը: Բայց պարոն Ռուստամը միշտ տալիս էր կարճ և անորոշ պատասխաններ: Նրա միտքը այն րոպեին օրիորդ Սալբիի մոտ էր:

— Դուք լսե՞լ եք, Ռուստամ, Հովասաբենց մասին մի բան, —. հարցրուց պարոն Մելիքզադեն:

— Հա, լսել եմ, Միրզա-Ֆաթալին տիրել է նրանց ժառանգությունները և Սոլոմոն-բեկը կամենում է պսակվիլ օրիորդ Սալբիի հետ, — պատասխանեց պարոն Ռուստամը կատականոք:

— Ես չէի կարծում տիկին Թարլանի կողմից մի այդպիսի հիմարություն, — խոսեց պարոն Աշխարունին, — որ նա յուր փառասիրության համար ցանկանար ավերել յուր ամուսնի ուխտը:

— Ինչո՞ւ համար չեք կարծելու, — նրա խոսքը կտրեց Խոսրովը, — կանանց սեռի փոփոխամտությունից և մանավանդ նրանց թուլությունից ամեն բան կարծելի է:

— Մինչև ա՞յդ աստիճան:

— Բանը, իրավ, աստիճանից է կախ, աշխարհի աչքերը միշտ հարգությամբ նայում են դեպ աստիճանները:

— Ի՞նչպես:

— Այնպես որ, մեզ հայտնի է՝ տիկին Թարլանը մի աղքատիկ կնիկ է:

Պարոն Ռուստամը լուռ ականջ էր գնում:

— Եթե տիկին Թարլանը ընդդեմ յուր աղջկա կամքին կգործեր մի այդպիսի ուխտազանցություն, հայնժամ ես կբողոքեի հոգևոր կառավարությանը, — կրկնեց պարոն Ռուստամը:

— Այ եղբայր, որքան պարզամիտ եք դուք, — նրան պատասխանեց պարոն Խոսրովը. — միթե չե՞ք գիտում, որ հոգևոր կառավարության շունչը, հոգին մելիքի քսակի մեջն է:

— Ի՞նչպես, — հարցրուց պարոն Ռուստամը ավելի տհաճությամբ:

— Այնպես որ, երբ մի մարդ մի՝ ուրիշի ձեռքով գործում էր մեղք, նա նրա ծառան է: Այժմ մտածեցեք, մեր հոգևոր կառավարությունը որքան ավազակություններ, որքան գողություններ, որքան անիրավություններ գործել է մելիքի ձեռքով: Եվ եթե գիտեք, հոգևոր կառավարությունն էր, որ բարեկենդանին արգելեց քո պսակը. երևում է, այդ գործի մեջ Ավազակենց հետ խորհրդակից են և սնազլուխները:

Պարոն Ռուստամը դարձյալ լուռ կացավ:

— Ի՞նչ պետք է արած, — հարցրուց պարոն Աշխարունին յուր սովորական հանդարտությամբ:

— Որպես ես մտածում եմ, պարոն Ռուստամի պսակվելու գործը օրիորդ Սալբիին հետ՝ ազատ չէ վտանգներից, — խոսեց պարոն Խոսրով Մելիքզադեն: Ես գիտեմ, որ հայոց բոլոր քահանաները հրաժարվելու են այդ պսակը կատարելուց, և այդպիսի հանգամանքներում պետք է վարվել այնպես, որպես ես արժան տեսա երեք ամիս դրանից առաջ, այսինքն առանց քահանայի՝ մեր ձեռքով պսակել:

— Ահա այդ տեղից են սկիզբն առել հայերի մեջ բաժանմունքները կաթոլիկների, պրոտեստանտների և այլն, — պատասխանեց Արամը: — Երբ մի հայ մի փոքր ընդդիմացել է հայ հոգևորականի կամքին, նա, իսկույն փոխանակ քրիստոնեական եղբայրասիրությամբ նրա սիրտը ամոքելու և նրա հետ հաշտվելու՝ հրաժարեցնում է յուր եկեղեցուց, չկատարելով նրա հոգևոր պիտույքները: Եվ խղճալի հայը ճարահատյալ դիմում է դեպի մի այլ եկեղեցի, մտնում է նրա ծոցը, ընդունում է այլ անուն... և այդպես, մեր չար եկեղեցականների հիմարությամբ, ամեն տարի որքան հոգիներ կորչում են, անհետանում են և կուլ են գնում մյուս ազգերի անդնդում...:

Նույն ժամանակ ներս մտավ մահտեսի Ավետիսը, նրան արժանավոր ընդունելություն ցույց տվին, նստեց:

Բայց նույն միջոցին, երբ մանուկ տղամարդիկը տաքացած էին խոսակցությամբ, դրսից մի բան քանի անգամ զարկվեցավ լուսամուտի ապակիներին: Նրանք՝ կարծելով թե քամին շարժեց պատուհանները, ուշադրություն չդարձրին:

— Ապա ի՞նչ պետք է արած, — հարցրուց պարոն Մելիքզադեն:

— Եղբայրք, մենք մի բանի հիմքը դրել ենք այդ երկրում, — խոսեց պարոն Արամը, — պետք է նույն հիման վրա, նույն ուղղությամբ բարձրանա շինվածքը: Մեր դիտավորությունն այն չէ այստեղ ազգի մեջ հերձված զցել, նոր կրոնք բաժանել, և նրանց սերն ու միաբանությունը խռովել: Եվ ոչ մեր նպատակն այն է, մի նորանան ընդունել մեզ վրա. բայց մի փոքր զտելով հայոց կրոնքը յուր պղտորություններից, մնանք դարձյալ հայ, սիրելով մեր ազգը, մեր պատմությունը և մեր հայրենիքը: Տեսնենք, եթե այդ գործի մեջ տեղիս եկեղեցական հարք կսկսեին մեզ հետ հակառակիլ, մենք մեր խոնարհությամբ կաշխատենք նրանց հետ վարվիլ որպես եղբայրներ:

Դրսում խորին մութ էր, պարոն Աշխարունին հրաժարական ողջույն տալով, հեռացավ: Պարոն Մելիքզադեն մնաց այնտեղ:

— Եղբայր, — խոսեց նրա գնալուց հետո պարոն Խոսրովը, — թեպետ պարոն Աշխարունու խոսքերը հեռու չեն ճշմարտությունից, բայց դարեր հարկավոր են, մինչև մենք հայոց եկեղեցականներին սովորեցնենք միաբանություն և եղբայրասիրություն: Իսկ քո պսակը չէ կարելի թողուլ մինչև դարերի վերջը: Շատ լավ, մենք չենք կամենա այստեղ հերձված գցել, միայն մի բան ասեմ քեզ, Ռուստամ, լսիր, եթե կամենում ես օրիորդ Սալբին քեզ կին լինի, առ նրան, փախիր դեպ հեռավոր աշխարհ, այնտեղ կատարել կտաս քո պսակը...:

— Ճշմարիտ, լավ է խոսում Խոսրովը, — կրկնեց մահտեսի Ավետիսը: — Մենք չենք կարող մարտնչիլ մի երկրի ժողովրդի հետ:

— Դուք կարծում եք աշխարհը շարժող մեքենան արծա՞թն է, — հարցրուց պարոն Ռուստամը հորից:

— Հա, աշխարհի աստվածը այդ ժամանակում նույնպես արծաթն է, — պատասխանեց մահտեսի Ավետիսը:

Պարոն Մելիքզադեն վեր կացավ, նույնպես կամենում էր գնալ: Պարոն Ռուստամը հայտնեց նրան, թե նրա խորհուրդը հավանական է, միայն պետք է խոսել օրիորդ Սալբիի հետ: Պարոն Մելիքզադեն հեռացավ:

Բայց մի քանի րոպեից հետո, մի մարդ դուրս գալով պարոն Ռուստամի նախասենյակից, մութի մեջ, կտուրների վրայով գնալով, մոտեցավ պատին, յուր մեջքի պարանը կապեց պատից վեր ցցված ժանիքին, իջավ դեպի ցած, աներևութացավ խավարի մեջ: Եթե մինը կիարցներ, թե ո՞վ էր այդ գիշերային դևը, մենք կասեինք՝ Ռես Վասակյանը, որ լուսամուտի առջև լրտեսում էր:

ԼԳ

ՍՐԻԿԱ

Կեսգիշեր էր: Պարոն Ռուստամը, յուր հյուրերը ճանապարհ դնելուց հետո, որովհետև շատ հոգնած էր, շուտով քնեցավ: Հանկարծ նրա քնարանի դռները անլսելի ձայնով բացվում են: Խավարի մեջ շփվում է ծծմբառը. ձեռքի մոմպատի լուսով, որ վառվում է նույն րոպեին, սենյակի կենտրոնում երևան է լինում մի մարդ: Նա յուր ուսից վեր է գցում թեթև լեզգու յափունջին, և նույն րոպեին նրան կարելի է նմանեցնել մի մանուկ չերքեզ պարոնի, գեղեցիկ հագնված և ըստ կարգին զինված:

Այցելուն ծնկների վրա չոքում է մահճակալի մոտ, որի վրա քնած էր պարոն Ռուստամը. նա յուր ցուցամատով հեզիկ խեթկում է նրա կողքը: — «Ռուստամ» — «Ռուստամ», — լսելի է լինում բարակ արծաթի հնչումի ձայնով: Քունը խիստ ծանր էր, տղամարդը ոչինչ չէ զգում՝ շարունակելով յուր խորին շնչառությունը: Այցելուն յուր բարակ, հեշտախոսությունից դողդոջուն շրթունքը հպեցնում է քնողի երեսին, մի քանի ջերմ համբույրներ քաղում է նրա նույն ժամանակ վառված թշերից և մյուս անգամ սկսում է մեղմիկ խեթել նրա կողքը, շփել յուր դալար մատներով նրա երեսը ու բաց կուրծքը:

Պարոն Ռուստամը զարթնում է, նա զարհուրած կերպով վեր է թռչում, և եթե այցելուն շուտով ծանոթություն չէր տված յուր մասին, իսկույն ջարդուփշուր կլիներ այդ հսկայի ոտքերի տակ:

— Մի վրդովիք, — հեզիկ ասաց նրան աղջիկը:

— Ախ, Սալբի, դո՞ւք եք, — կրկնեց պարոն Ռուստամը:

— Որքան անզգա քնած էիք, ես մտածեցի կողոպտել ձեր սենյակը:

— Իրավունք ունիք ամաչեցնել ինձ, — պատասխանեց մանուկ տղամարդը: —

Ուրեմն եկ համբուրեմ քեզ, իմ նազելի Պալլաս, — կրկնեց նա՝ սեղմելով յուր կուրծքի վրա չքնաղագեղ օրիորդը:

— Մտածեցեք, Ռուստամ, որքան մեծ բան է սերը, — խոսեց օրիորդը գաղտնի համակրությամբ: — Եվ որքան մեծ է նա, այնքան կատաղի և անխելք է:

— Բայց որքան անխելք է, այն քաղցր է:

— Սերը քաղցր է, երբ երկու կողմից ևս ունի յուր հավասարակշիռ մագնիսական ձգողությունը, — պատասխանեց օրիորդը: — Բայց Սոլոմոն՛բեկը նույնպես սիրում է ինձ, և նրա սերը կատաղի ու անխելք է, բայց երբեք քաղցր չէ...:

Պարոն Ռուստամը ժպտեցավ:

— Ինչո՞ւ քաղցր չէ, և ինչո՞ւ չեք կարող սիրել նրան, — հարցրուց նա:

— Որպես մի տերության մեջ չեն կարող կառավարել երկու թագավորներ, նույնպես և մի սրտի մեջ երկու սեր, — պատասխանեց օրիորդ Սալբին:

— Ուրեմն դուք բացի ինձանից ոչ ոք չե՞ք սիրում:

— Ես բացի ձեզանից ուրիշները պատվում եմ:

Պարոն Ռուստամը լուռ եղավ և երկու կողմից առժամանակ տիրեց լռությունը:

— Ուրեմն Սոլոմոն-բեկը ի՞նչ խելքով մտածելն յուր արծաթով գնել ձեզ, — հարցրուց պարոն Ռուստամը: — Եվ ձեր մայրը ի՞նչ իրավունքով կամենում է անել մի այդպիսի վաճառականություն:

Օրիորդ Սալբին պատասխան չտվավ:

— Եթե ձեզ կանեին վաճառքի նյութ, — առաջ տարավ պարոն Ռուստամը, — ձեզ գնելու իրավունքը առավել հասնում է ինձ, որովհետև հառաջագույն ես իմ ձեռքս դրած եմ ձեզ վրա:

— Միթե դուք ունի՞ք այնքան փող, — հարցրուց օրիորդ Սալբին:

— Թեպետ ես չունիմ այնքան փող, բայց կարող էի Միրզա-Ֆաթալիից խնդրել մի ժամանակ, մինչև ես կգնայի օտար աշխարհներ և կվաստակեի այնքան արծաթ, որով կարողանայի հատուցանել ձեր հանգուցյալ հոր պարտքը, միայն թե դուք հավատարիմ մնայիք դեպ ինձ և չփոխեիք ձեր սերը, մինչև իմ գալուստը:

— Արդարև, դուք կլինեիք երկրորդ Աշըղ-Ղարիբը, — պատասխանեց օրիորդը ժպտալով:

Պարոն Ռուստամը կարմրեցավ ամոթից:

— Ռուստամ, հոգիս, — շարունակեց նա, — իրավ որ սերը գիժեցնում է... ինչո՞ւ դուք խոսում եք այսպես տղայաբար: Դիցուք թե Միրզա-Ֆաթալին տիրել է այն ժառանգությունները, որ թողել է իմ հայրը: Այդ ինձ ի՞նչ փույթ: Դրա վրա թող տրտմի իմ մայրը: Այդ անցքը ինձ չէր վերաբերում: Բայց եթե կհաջողեր աստված և մի օր տիրոջ օրենքով իմ անձս կկապվեր քոնի հետ, այնուհետև, որքան կտևեր մեր կյանքը, թե բարեբախտությունը և թե դժբախտությունը՝ ամենևին զանազանություն չէր անելու մեզ համար, որովհետև դրանց երկուսին մենք բաժանորդ կլինեինք միասին:

— Ախ, Սալբի, ձեր խոսքերը մահացնում են ինձ, — կրկնեց պարոն Ռուստամը, — միթե ես այնքան աղքա՞տ եմ, որ չեմ կարող վայելուչ կերպով պահպանել ձեզ:

— Դարձյալ խոսում եք որպես երեխա, Ռուստամ, մեր կյանքը ի՞նչ մի արժեքավոր բան է, որ պետք լինի նրա ապրուստի համար մտածել: Միայն իրողությունը, որ պետք է ամուսնական կյանքի համար, չէ ոսկի, չէ արծաթ, չէ թանկագին քարեր, միակ իրողությունը՝ որ շունչ է տալիս, կենդանացնում է ամուսնական կյանքը, է սերը:

Պարոն Ռուստամը ոչինչ չխոսեց, նա ախտալից սրտով միայն նայում էր յուր սիրուհու երեսին:

— Դուք պատմեցեք մի փոքր ձեր հովվական կյանքի մասին, — ասաց նրան օրիորդ Սալբին:

— Ես երկար գրած էի ձեզ այդ մասին և կխոսեմ ձեզ հետ, եթե դուք ախորժում եք լսել, բայց այժմ կամենում եմ առաջարկել քեզ մի խնդիր:

— Ի՞նչ խնդիր:

— Դու ցանկանո՞ւմ ես, որ մենք երկուքս միմյանց հետ ապրեինք միշտ այդպես անօրեն սիրով:

— Ոչ, — կարճ պատասխանեց օրիորդը:

— Ապա ի՞նչ պետք է արած, երբ թշնամիները ամեն կողմից շրջապատել են մեզ այստեղ, և քահանաները չեն կամենում կապել մեզ օրինավոր սիրով:

— Միթե մոռացե՞լ եք ինչ որ ձեզ գրած էի: Իմ միտքը, իմ դիտավորությունը միևնույն է, ինչ որ քանի օր առաջ հայտնել եմ ձեզ թղթով. այսինքն՝ գնալ, հեռանալ այդ երկրից մի այլ աշխարհ, ուր կարելի էր հանգիստ և անվրդով կյանք վարել:

— Միևնույնը և ես կամեի առաջարկել քեզ, հոգիկս, — կրկնեց պարոն Ռուստամը ուրախացած: — Ուրեմն ե՞րբ պետք է դնել մեր դուրս գալու պայմանը:

— Երբ որ կամիս, ես միշտ պատրաստ եմ:

— Երկու օր դրանից հետո, այսինքն՝ շաբաթ կեսգիշերին:

— Շատ լավ, — պատասխանեց օրիորդը և վեր կացավ:

— Ու՞ր, — հարցրուց պարոն Ռուստամը, ուղղակի նրա երեսին նայելով:

— Գողերը գործում են քանի մութ է, բայց լուսաբացին նրանք հեռանում են դեպ իրանց բնակարանները: Մեր երկրի անկարգ սովորությունները պատճառ են տվել մեզ գողանալ միմյանց սերը... բայց ահա մոտ է լուսաբացը... պետք է հեռանալ:

— Արդարև, — այդպես է... — կրկնեց պարոն Ռուստամը: — Եթե մի անբախտ ռոմանագիր մեր սերը նյութ կառներ յուր վիպասանությանը, ես զարմանում եմ, ի՞նչ մի ցանկալի բան կարող էր գտնել նրա մեջ:

— Ոչինչ... մեր երկուսիս կյանքը դատարկ է...:

Օրիորդը սկսեց հեռանալ, պարոն Ռուստամը գնաց նրան ճանապարհ դնելու:

Ծաղկավանի բոլոր տները կից են միմյանց, նրանց կտուրների վրայից կարելի էր գնալ գյուղի մի ծայրից դեպի մյուսն: Եվ այդ միմյանց հետ կպած տուների մեջ կային ծակեր, այնպես, որ, առանց դուրս գալու, ծակերի միջով, մի եղելություն մի րոպեում կարելի էր բոլոր գյուղի մարդկանցը իմացում տալ: Պարսկաստանի հայերի և ջհուդների բոլոր տուները ունին այդպիսի ձևեր: Եվ այդ առանց պատճառի չէ: Հարաժամ երկյուղը՝ գողերից, թշնամիներից պատճառ են տվել նրանց այնպես սեղմվիլ միմյանց հետ և այնպես սերտ գրկել միմյանց...:

Ճանապարհը, որ տանում էր տեր-Առաքելենց կտուրից մինչև ծերունի Մկրտիչի տունը, բավականին երկար էր և պետք էր անցնել բավականին շատ կտուրներ: Պարոն Ռուստամը յուր սիրուհու հետ անցավ մի քանի կտուրներ: Մութը խորին էր և աղջամղջին: Շուները կատաղած հաչում էին նրանց ոտնաձայներից ու կտուրների երդիկներից շատ անգամ լսելի էին լինում դեռևս քնած գյուղացիների ձայները — «է՛յ, այն ո՞վ է...»:

Գյուղական կյանքում կից կտուրները մեծ բախտավորություն են անբախտ սիրողների համար: Նրանք, լույս ցերեկով չկարողանալով միմյանց տեսնել, շատ անգամ, օգուտ քաղելով գիշերների խավարից, կտուրների անմարդ անապատի մեջ կարողանում են գտնել մի անկյուն մի քանի ժամ միմյանց հետ խոսելու, և իրանց այրված սրտերի խորհուրդը միմյանց հայտնելու: Ասիական աշխարհի մեջ այդ փոքրիկ անկյունը առավել ախորժելի է. այդ անբախտների համար, քան թե մի պարտեզ, բուրաստան կամ ծաղկոց: Որովհետև, այստեղ նրանց ծնողքը և ոչ այլ մարդիկ չէին կարող տեսանել նրանց...: Լուսինը, փայլուն աստղերը երբեմն տեսնում են նրանց և լսում նրանց ջերմ, հեշտախոսությունից բորբոքված համբույրները:

Պարոն Ռուստամը մինչև ծերունի Մկրտչի տունը, ճանապարհի դրեց յուր սիրուհին, և մի քնքուշ զրկախառնությունից հետո նրանք բաժանվեցան միմյանցից:

Պարոն Ռուստամը դառնալով, յուր սենյակի դռանը հասնելով, ներսից լսեց մի թխկոց և մարդու զգեստների խշխշոց: Նա կասկածանոք մոտեցավ լուսամուտին, վառ ճրագի լուսով տեսավ յուր սենյակում մի պարսիկ՝ բարձր հասակով, որ կանգնած յուր մահճակալի մոտ, մերկացրած դաշույնը ձեռքին, անդադար հարվածներ հասցնում էր մահճի վերմակին, մտածելով, թե նրա տակին քնած էր մարդ: Նրա մանուկ սրտի անհամբերությունը թույլ չտվավ նրան երկար մտածել: Նա շուտով բաց արավ դուռը, ներս մտավ և աննկարագրելի արագությամբ հարձակվեցավ ավազակի վրա, և հետքից պինդ բռնեց նրա թևքերը: Ավազակը, ոչ այնքան պարոն Ռուստամի անհամեմատ ուժից, որքան մի այդպիսի հանկարծակի հափշտակվիլն գերբնական զորությունների ընծայելով, իսկույն թուլացավ և տարածվեցավ հատակի վրա մի քաջ հերոսի ծնկների տակ: Նա շուտով կապեց նրա թևքերը և ոտքերը, զենքերն առավ, սկսեց հարցնել.

— Ասա, չարագործ, դու ի՞նչ նպատակով եկել էիր այստեղ:

— Ես եկել էի քեզ սպանելու համար, — պատասխանեց ավազակը աներկյուղ համարձակությամբ:

— Ի՞նչ թշնամություն ունեիր ինձ հետ, չէ որ ես քեզ ոչինչ վատություն չեմ արած:

— Այդ ստույգ է, բայց ես կատարում եմ մի այլ մարդու քո թշնամու կամքը:

— Ո՞վ է այն մարդը, ուղղորդն ասա, եթե ոչ կսպանեմ քեզ:

— Ես կասեմ քեզ, թե ով է նա, ոչ այնքան երկյուղ կրելով քո սպառնալիքից, որքան պատիվ դնելով քո քաջությանը և տղամարդությանը, որով ընկած եմ ես այդ հատակի վրա: Իրավ, ոչ ոք մինչև այսօր չէ զարկել իմ կողքը գետնին... բայց ես ուրախ եմ, որ հանգամանքները այնպես բերեցին, որ իմ ձեռքը չթաթախվեցավ ձեր արյունով:

— Պատմիր, երկար մի խոսիր, կեղծավոր, ես լավ կճանաչեմ ձեր ազգի հոգին:

— Դուք ունիք մի ամենավտանգավոր թշնամի՝ Ավազակյանց Սոլոմոն-բեկը, նա ամենասաստիկ կերպով խելագարված է ձեր նշանածի՝ օրիորդ Սալբիի սիրով: Բայց այդ սերը ընդդեմ լինելով նրա հոր՝ մելիքի կամքին, և կամենալով հեռացնել յուր որդին մի այդպիսի ցանկությունից, մտածել է նա կորուսանել, որպես քեզ, նույնպես և օրիորդ Սալբին: Դրա համար այս գիշեր կանչեց ինձ յուր մոտ — «Ապպաս, ասաց նա ինձ, առանց ժամանակ կորուսանելու կմտնես տեր-Առաքելենց Ռուստամի քնարանը և նրա կտրած գլուխը կբերես ինձ, որի փոխարեն ես կտամ քեզ լի բուռով ոսկիներ, մինչև առավոտյան կմտածեինք և օրիորդ Սալբիի համար...»:

— Ի՞նչ հարաբերություն կար քո և մելիքի մեջ, որ դու հանձն ես առել գործել մի այդպիսի չար դավաճանություն, միթե միմիայն ոսկիների՞ համար, — հարցրուց պարոն Ռուստամը զարմանալով:

— Ո՜չ, թե ոսկի ևս չլիներ, դարձյալ ես պարտավորված էի կատարել նրա կամքը: Մենք ավազակներ ենք թվով ավելի քան տասն, որ ծառայում ենք մելիքին: Բոլոր Ասիան կողոպտում ենք

և լցնում նրա տունը: Մելիքը գաղտնի կերպով վաճառում է մեր կողոպուտները և հարկավորված ժամանակ արծաթը տալիս է մեզ: Մեր ձեռքով նա ժողովել է յուր այնքան մեծ հարստությունը: Բայց երբ պատահում էր, մեզանից մինը կալանավորված էր տերությունից, ուր որ լիներ այդ, մելիքը անհուն գումարներ գործի է դնում մեզ ազատելու համար, այդ պատճառով, մենք միշտ կարոտություն ունինք նրան, որ յուր ձեռքում ունի երկու զորություն՝ արծաթ և իշխանություն:

— Մելիքը վաղո՞ւց պարապվում է այդ արհեստով:

— Վաղուց... մենք շուտուց ճանաչում ենք նրան, համարյա նրա երեխայությունից... — պատասխանեց ավազակը խորհրդական ձայնով: Պարոն, դուք մի նայիք նրա երևելի բարեպաշտությանը, դա մի շատ վտանգավոր մարդ է: Երբ մի մարդու նա կամեր վրեժխնդիր լինել, նրա տունը կողոպտել է տալիս, նրա վիզը կտրել է տալիս, նրա կինը և աղջիկները խայտառակել է տալիս...: Իսկ առավոտյան ինքը իբրև թե ոչինչ բանից լուր չունի, սկսում է որոնել գողը...:

— Նա յուր այդպիսի չարությունները գործ է դնում և հայերի՞ վրա:

— Նրա համար ոչինչ զանազանություն չունի, թե հայ, թե թուրք և թե ջհուդ՝ բոլորը մի են:

«Խեղճ հայեր, բավական չէ, որ ուրիշները կողոպտում են ձեզ, և ձեր գլխավորները, ձեր իշխանները՝ ձեր մարմնին ցեց են դարձել...»: Նա ընկղմեցավ խորին մտածությունների մեջ. մինչև այսօր չէր լսել մի այդպիսի բան մելիքի մասին:

— Ես, պարոն, — խոսեց ավազակը. — ես չարագործ մեկն եմ, ինձ ներելի է, որ հանձն եմ առել քեզ սպանելու պաշտոնը, բայց դուք ձեր մեծահոգությամբ ներեցեք ինձ, առանց պատժի արձակելով ինձ:

— Ես բաշխեցի քո պատիժը քո ուղիղ խոստովանությանը, — ասաց պարոն Ռուստամը, և սկսեց բաց անել նրա կապանքները:

— Ես ուխտ եմ դնում այսուհետև միշտ մնալ ձիզ հավատարիմ բարեկամ, — կրկնեց ավազակը:

— Քո բարեկամությունը ինձ պետք չէ, միայն լավ է, որ դու ուխտես թողուլ քո այժմյան արհեստը: Որովհետև, քանի դու պարապվում ես չար գործերով, ի՞նչ հավատարմություն կարող է լինել քո բարեկամության մեջ:

— Լութիները (սրիկաները) նույնպես ունին իրանց հատուկ օրենքը և ճշմարտությունը: Գիտե՞ք, այսուհետև Ավազակյանք չեն թողնելու իրանց չար խորհուրդները, որպես քո, նույնպես և օրիորդ Սալբիի կյանքի դեմ որոգայթներ լարելու, և բոլոր այդ գործերի մեջ գործակատար լինելու ենք ես, իմ ընկերների հետ: Երդվում եմ ես Ապութալեպի որդի Ալիի անունով, միշտ հավատարիմ լինել ձեզ, միշտ հայտնելով ձեզ նրանց դավաճանությունները, և հարկավորած ժամանակ չխնայել իմ ծառայությունները գործիքով — իմ սրով:

— Դե՛, վեր կաց, — ասաց Ռուստամը, — առ զենքերդ, հեռացիր– քանի մութ է, ոչ ոք չէ տեսնելու քեզ:

Սրիկան զոհունակությամբ համբուրեց յուր բարերարի ձեռքը և հեռացավ:

Պարոն Ռուստամի քունը փախավ աչքերից. զանազան խառն մտածմունքներ պաշարեցին նրան, նա հիշեց սրիկային խոսքը, որ ասել էր նրան մելիքը: «Ապպաս, կմտնես տեր-Առաքելենց Ռուստամի քնարանը... նրա կտրած գլուխը կբերես ինձ... մինչև առավոտյան կմտածեինք և օրիորդ Սալբիի համար... »:

Քաջասիրտ տղամարդը, որին երկյուղ ասած բանը անծանոթ էր սկսեց վախենալ, և վախենալ ոչ թե յուր մասին, այլ յուր սիրուհու համար: Նա հաստատ որոշեց յուր մտքում, առավոտյան հրաժարական ողջույն տալ յուր բարեկամներին և երեկոյան զաղտնի դուրս գալ Ծաղկավանից:

— Նա մոտեցավ գրասեղանին, սկսեց գրել այդ նամակը յուր բարեկամին, որ թողել էր սարում իրան տեղապահ:

«Ազնիվ բարեկամ Պարոն Վ... »:

«Ես մի քանի օրվա համար, խաշնարածների վերատեսչությունը ձեզ հանձնելով, եկա տուն, հույս ունենալով, թե շուտով կդառնամ դեպի ձեզ: Բայց հանգամանքները, ընդդեմ իմ կամքին, փոխեցին նպատակս, և ես ստիպված եմ խնդրել ձեզ, այս տարի մինչև վերջը հանձն առնել այդ նեղությունը:

«Սիրելի Վ...«խորհուրդ մարդկան—կամք աստուծո», ասում են գրագետները.— «Մարդի ասած — աստծո լսած», — ասում է առածը: Եղբայր, ձեր մարգարեությունը կատարվեցավ. ես ստիպված եմ, իմ սիրուհու հետ, դուրս գնալ իմ հայրենի երկրից. դուրս գնալ, չգիտեմ ուր:

«Ո՞ւր, կրկնելու եք դուք, հայի համար ամեն տեղ միևնույն է. հայի համար ամեն տեղ լույս է տալիս միևնույն մռայլված, խավարած արեգակը:

«Արդարև, այդպես է... բայց ես չեմ գնում ուրիշ աշխարհներում բախտ որոնելու, ես գնում եմ փորձելու նոր անբախտություններ. ես գնում եմ տեսնել նորանոր անբախտ հայեր, լսել նրան լացը, աղաղակը, նրանց ցավակից լինել, նրանց հետ արտասվել...:

«Բայց հայրենիքը — այս ի՞նչ հիմար բառ է, որ գործածում եմ ես. հայի համար ո՞ւր է հայրենիք: — Բայց Հայրենիքը, ասես թե, ատում է ինձ. նա խորթությամբ նայում է ինձ վրա:

«Եղբայր, այստեղ քահանան սրբության տեղ թույն է մատուցանում հիվանդին: Իշխանները ավազակների խումբ են բանացնում: Անկարգ շառիքթը իրավունք է տալիս մուսուլմանին խարդախ գրավաթղթով տիրել այրի կնոջ անշարժ կայքը: Եվ մայրերը վաճառում են իրենց աղջիկները, ազատելու համար իրանց կորուսած ժառանգությունները, որ ապրեին: Վասակները՝ օգուտ քաղելով մարդիկների տգիտությունից, որպես չղջիկները գիշերի խավարից, ծծում են իրենց զոհերի արյունը: Եվ արծաթը բեկերի ձեռքում հրաշք է գործում...:

«Ինձ երևում է, թե այդպիսի աշխարհի օդը թունավորված է և բնակիլ նրա մեջ անկարելի է:

«Ինձ կասեն, այդ մի նոր բան չէ հայերի կյանքի մեջ. հայերի մեջ ամեն տեղ անպակաս են եղեռնագործ տեր Մարկոսներ, ավազակ մելիքներ, խաբեբա Միրզա-Ֆաթալիներ, փոփոխամիտ տիկին Թարլաններ, օգտածարավ վասակներ և այլն...: Այդ իրավ, դրանք բոլորն կան: Բայց հայերի մեջ ամեն տեղ դժվար կարելի է գտնել — սիրահարված ազահներ:

«Ես ամեննին սառն սրտով դուրս եմ գնում այդ երկրից: Բայց մի տխրություն, որ տանում եմ ինձ հետ՝ է այն, որ ես չկարողացա երկար ժամանակ իմ խաշնարածների հետ մնալ, և իմ բոլոր սկսածներս նրանց մասին՝ մնացին անկատար, իմ բոլոր խորհուրդներս նրանց մասին՝ և պիտի տանջեն ինձ գերեզմանում: Բայց մյուս կողմից ուրախ եմ, որ նրանց համար թողնում եմ ձեզ նման մի ոգելից տղամարդ, որ կրում է իմ գաղափարներս, իմ հոգին...:

«Եվ միակ հույսը, որ մխիթարելու է իմ պանդխտությունս, է այն, որ ես իմ հետ տանում եմ մի ընկեր, որ կարող է կարեկից լինել ինձ, որ ընդունակ է հասկանալու իմ ուրախ և տխուր զգացմունքները, որ կարող է ինձ հետ լալ և ինձ հետ ծիծաղել:

«Բայց սիրելի Վ...դուք մի մոռանաք երբեմնապես գնալ այն անբախտ թափառական վրանաբնակների մոտ, դուք սրբեցեք արտասուքը այն այրի կնոջ աչքերից, դուք մխիթարեցեք նրան:

«Ողջույն մատուցեք սիրո համբույրներով իմ բոլոր բարեկամներին, մնաք բարյավ, իմ բարեկամ, գուցե այլևս չենք տեսնելու միմյանց...:

«Ձեր սրտակից բարեկամ այժմ և միշտ

տեր-Առաքելենց Ռուստամ»:

ԼԴ

ԿԱԼՎԱԾԱՏԵՐ ԽԱՆԸ

— Ո՞ւր այդպես շտապով, Մարտիրոս եղբայր, առավոտյան շուտ գնում ես, — հարցրուց գյուղացի Խաչատուրը յուր դրկիցից:

— Գնում եմ... ասում են խանը եկել է Ավազակենց տանը, բոլոր մարդիկ գնացին սալամ, ես էլ գնում եմ... գիտես մեր դրկիցների սատանությունը, թե այնտեղ չգտնվիմ, իմ քարփուչը ջուրը կդնեն, — ասաց Մարտիրոսը:

— Ուրեմն կանգնիր, միասին գնանք, — կրկնեց Խաչատուրը: Նրանք հեռվից տեսնում են գյուղացիների բազմությունը, որ խումբ-խումբ գնում էին Ավազակենց տունը:

— Ի՞նչ գործի համար խանը եկել է Ավազակենց տունը, — հարց արեց Խաչատուրը:

— Բա, լսած չե՞ս, խանը պահանջել է Հովասաբենց աղջիկը՝ օրիորդ Սալբին՝ իրան կին առնուլ, այսօր պիտի բերեն, այնտեղ տեսնե:

— Օ՜յ, տեր աստված, — կրկնեց զարմանալով Խաչատուրը. — խանին ո՞վ է հասկացրել, թե օրիորդ Սալբին մեր գյուղի բոլոր աղջիկների գեղեցկուհին է:

— Է՛հ, եղբայր, — պատասխանեց Մարտիրոսը... — «Գողը որ տանից լինի, եզն երդիկից կհանե»: — «Ծառի որդը իրանից չլինի, հազար տարի կապրե»: — «Մեր գողն մեր տանից է, մեր որդն մեր ջանիցն է...»:

— Ո՞վ եք կարծում, որ լիներ այդ անաստվածը:

— Միթե չե՞ք ճանաչում մեր գյուղի չարության դևը, ո՞վ պիտի լինի, եթե ոչ մելիքը, խանի հետ խոսքերը մին են արած՝ խեղճ գյուղացիների տուները քանդում են:

— Այդպես է, եղբայր, երկու սատանա երբ միացան, աշխարհս մատի վրա պտույտ կտան: Բայց ասա, խնդրեմ, ի՞նչ առիթ ուներ մելիքը այդպիսի անիրավություն գործելու:

Որպես ես լսեցի, անցյալ օր մարդիկ խոսում էին, թե Սոլոմոն-բեկը միտք ուներ Հովասաբենց աղջիկը իրան կին առնուլ: Նրա մի այդպիսի ցանկությունը ընդդեմ էր հոր կամքին, և կամենալով հեռացնել յուր որդուց մի այդպիսի միտք մելիքը մատնել է օրիորդ Սալբին, որով մի կողմից Սոլոմոն-բեկը կզրկվի յուր սիրուհուց, մյուս կողմից՝ խանին մեծ ծառայություն արած կլինի մելիքը: — Աստված քեզ մի պատիժ չտա, մելիք Պիլատոս, — կրկնեց Խաչատուրը վշտանալով, — ի՞նչ ասել է լուսավորչյա լույս հավատը կորցնել և Քրիստոսի անմեղ գառը գայլերի բերանը գցել:

Մելիք Ավազակյանցի ընդարձակ դահլիճում զարդարած պարսկական ամենաշքեղ և զեխ ախորժակով, խանը, մեջքը տված մախմուրի փափուկ բարձերին, նստած էր մի թանկագին օթոցի վրա, ասզնագործած ոսկի թելերով: Նրա գեղեցիկ մանկլավիկները, փառավոր հագնված, ձեռքերը կուրծքի վրա փակած, կանգնել էին խանի առջև և զգուշությամբ սպասում էին նրա հրամաններին: Նրանցից մի փոքր հեռու, նույնպես ոտքի վրա, ձեռքերը սրտին դրած, ստրկական հնազանդությամբ, կանգնել է մելիքը, յուր հաստ ահագին մարմնով: Բացի դրանցից, դահլիճի մեջ ոչ ոք հրաման չուներ կանգնել խանի առջև: Բայց բակումը, դահլիճի բաց արած լուսամուտների հանդեպ, կանգնած են փարոցավոր ֆերրաշները, և նրա մյուս ծառաները, ղաջարի երկայն գդակներով և լեզգու խանչալներով:

Ֆերրաշներից շատ հեռու, բակի մեջ, բոբիկ ոտքերով, լուռ և անձայն, որպես անշունչ էակներ, իրանց ձեռքերը փակած, խառնիխուռն, միմյանց հետքից՝ կանգնած էին գյուղացիները: Նրանց ամեն մեկը, բակի դռնից մտնելով, մինչև խանին մի փոքր մերձենալն, հարյուր անգամ գլուխ էր խոնարհեցնում, թեպետ գոռոզ բռնակալը ամեննին ուշադրություն չէր դարձնում նրանց:

Մի քանի մարդիկ գյուղացիներից իրանց գլուխների վրա բերեցին ահագին փայտյա սկուտեղներ, որ տվին մանկլավիկներին, որ նույնպես իրանց գլուխների վրա առած՝ ներս տարան, դրեցին խանի առջև: Երբ ծառաները բարձրացուցին նրանց երեսներից շալ ծածկոցները, սկուտեղների մեջ դրված էին քաղցրավենիների անհուն տեսակներ, մեծ-մեծ շաքարների գլուխներ, թեյի կապոցներ և մի փոքրիկ ամանի մեջ լցրած ոսկի դահեկաններ — դիշքիրասի — խանի ատամների վարձը, որով բարեհաճեր նա ընդունել նրանց բերած ընծան, և յուր ատամներին նեղություն տալով, հաճեր ուտել...:

— Ի՞նչ նեղություն եք կրել, ես առանց դրանց շնորհակալ եմ ձեզանից, — ասաց նա հպարտությամբ աչքը ձգելով ընծաների վրա:

— Դուք ձեր չափազանց հնազանդությամբ միշտ գթացուցել եք իմ սիրտը ձեզ վրա և իմ աչքը միշտ քաղցրությամբ նայում է ձեզ վրա:

Ժողովրդի միջից մի մարդ ևս չկարողացավ համարձակվիլ մի քանի բառ խոսել խանի առջև: Միայն նրանք մինչև գետին երկրպագություն տալով, նրանց միջից լսելի էին այսպիսի խոսքեր. — «տերը թող երկար կյանք տա ձեզ, ձեր թուրը միշտ կտրուկ անե... մեր կյանքից կտրե ձերի վրա դնե...»:

Բայց մելիքը յուր երկար տարիների ծառայությամբ, մի փոքր համարձակություն ստացած լինելով խանի սպասավորության մեջ, ժողովրդի կողմից խոսեց այդպես.

— Քեզ մատաղ լինինք, վեհափառ խան, մենք ձեր ոտքի տակի հողն ենք և ձեր կոշիկների փոշին: Տեր աստված, ի պատիվ մեծ մարգարեին (Մուհամմեդին) թող օրհնե ձեր կյանքը, ձեր փառքը, ձեր կարողությունը և ձեր զորությունը՝ թող միշտ զորացնե:

Մենք ու մեր որդիները, բոլոր գերդաստաններով ձեր անարգ ծառաներն ենք, և դուք պետք է միշտ անպակաս անեք մեզանից ձեր կարող ձեռքի հովանավորությունը, ձեր բարեսրտության առատազութ ցողը, և ձեր մեծահոգի ողորմածության բարի խնամքը, որպեսզի, մենք՝ հանգստություն գտնելով, մեր ծառայությամբ աշխատինք ձեզ համար:

Մելիքը լռեց: Բոլոր բազմությունը զարմանում էին նրա անվախ ճարտարխոսության վրա և գովասանում էին նրան, որ այնպես համարձակվում էր փափկացնել խանի սիրտը:

—Հավատացնում եմ ձեզ տասն երկու իմամների անունով, — խոսեց խանը, ձեռքում շարժելով յուր փոքրիկ գավազանը, — և երդվում եմ իմ պապերի սուրբ ոսկորներով, որ ես երբեք իմ սիրելի ծառաներից չեմ որոշելու ձեզ, և որպես իմ արժանահիշատակ պապերը միշտ խաղաղությամբ պահպանել են ձեզ, ես էլ աշխատելու եմ ևս առավել բաշխել ձեզ հանգստություն և բարօրություն:

— Աստված երկայն կյանք տա ձեզ, — գոռացին գյուղացիները, — մենք մեր աչքերից զանգատ ունինք, ձեզանից երբեք ոչ:

«Ողորմելի ժողովուրդ», խոսեց անլսելի ձայնով պարոն Ռուստամը, որ այն ժամանակ նստել էր բակի մի անկյունում և նայում էր գյուղացիների ստրկական հնազանդությամբ և լսում էր նրանց փոքրոգի խոսքերը: Երկար և ձիգ տարիների բռնակալության հարկը և գերությունը բարբարոս իշխանների թրի տակ ոչինչ չեն կարողացել ավելացնել այդ ազգի հոգու մեջ, բացի մի կեղտոտ կեղծավորություն և մի ստոր, փոքրոգի խոնարհություն: Արդարև, այդպես է աշխարհի կարգը, երբ մեկը չէ կարող ինքնուրույն պահպանել յուր անբախտ գլուխը, յուր մարդկության ազատ անձնիշխանության մեջ, նա պարտավոր է խոնարհիլ ուրիշի թրի տակ, և աղաչանքով, կեղծավորությամբ, նրա կամքին գործիք դառնալով, պահել յուր գլուխը...: Ահա այդպես է մեր ազգի վիճակը...:

Բոլոր բազմության մեջ քրթմնջոց ընկավ, թե ահա բերեցին Հովասաբենց Սալբին:

Եվ արդարև, երկու թուրքի կանայք, խանի հարեմատան պառավներից, իրանց կապույտ չարսավների մեջ փաթաթած, բերում էին մի այլ կին, սպիտակ չարսավով: Երբ հասցրել էին նրան խանի հանդեպ, նա հրամայեց պառավներին բարձրացնեն նրա երեսի քողը: Ի՞նչ զարմանալի փոփոխություն...: Երեսաքողի տակից դուրս երևաց մի այլանդակ և տգեղ կերպարանք, ներկված գորշ և մռայլոտ դեղնապղնձի գույնով, սովորականից շատ մեծ զարհուրելի աչքերով, որ վառվում էին զերբնական փայլողությամբ: Այդ ահագին, բարձրահասակ մարմինը, յուր կերպարանքի սարսափելի գծագրությամբ, ոչ միայն վրդովեց խանի կատաղի բարկությունը– այլև մի անսովոր եկյուղ ձգեց նրա սրտում:

— Դուք ինձ վրա ծիծաղո՞ւմ եք, դժոխքի ծնունդներ, — գոռաց նա պառավներին:

Պառավները սկսեցին զարհուրելի երդումներով հավատացնել խանին, թե այդ ճիվաղը միևնույն աղջիկն էր, որ խոստացել էին նրան, բայց իրանք նույնպես զարմանում են, թե որպես կերպարանափոխ եղավ նա:

— Քոփակ (զամփռ), — բարկանալով ասաց խանը մելիքին, — ա՛յս է քո ինձ խոստացած աղջիկը, ուրեմն դու խա՞ղ ես անում ինձ հետ. դու խայտառակե՞լ կամենում ես իմ հարեմատունը, սպասիր, դու կստանաս իմ վրեժխնդրության ծանր պատիժը:

Քրտինքը խոշոր կաթիլներով սկսեց թափվել մելիքի ճակատից և անհետանալ նրա մորուքի մեջ. նրա երեսը ամոթուց կարմրեցավ աղյուսի գունով. նա ուզում էր գետին մտնե, որովհետև խանը նրան բոլոր բազմության առջև կոչեց քոփակ: Բայց և այնպես, նա չէր կարողանում հասկանալ այդ զարմանալի և տարապայման անցքի պատճառը:

— Այ գյուղացիք, — ասաց խանը սպառնացած, — բոլորիդ գլուխները այս րոպեիս կտրել կտամ, եթե չգտնեք այս վայրկյանում այդ աղջիկը: Կորեք դուք, գարշելիներ, — ասաց նա պառավներին:

Սարսափը և զարհուրանքը տիրեց խղճալի ժողովրդին: Նրանց աչքերը սևացան, նրանց գլուխները պտույտվեցան. նրանք դողում էին ահից և երկյուղից:

Պարոն Ռուստամը ինքը մնացել էր զարմացած, որովհետև նա յուր աչքով տեսավ, երբ առավոտյան շուտ խանի անթիվ ֆերրաշները շրջապատեցին ծերունի Մկրտչի տունը, օրիորդ Սալբիին բռնեցին, տվեցին պառավների ձեռքը, ինքը չկարողացավ օգնել յուր սիրուհուն, և ճարահատյալ դիմեց Ավազակենց տունը, գուցե մի հնարքով ազատեր նրան: Բայց տեսնելով զարմանալի փոփոխությունը՝ նա մնաց սառած, թե ի՞նչ գաղտնիք էր այդ, ո՞ւր աներևութացավ օրիորդ Սալբին. ուսկի՞ց հայտնվեցավ այդ դարաչի կինը, որ քանի օր առաջ տեսել էր տներում՝ ման էր գալիս, ֆալ բաց անում (հմայում) և հաց ժողովում: Նա որ երբեք չէր հավատում գերբնական զորությունների, ընկղմվեցավ խորին կասկածների մեջ, թե այդ գործի մեջ թագուցած էր մի անբնական գաղտնիք: Բայց լսելով խանի սպառնալիքը, տեսնելով գյուղացիների տագնապը և զարհուրանքը, թողեց յուր մտածմունքը, մոտեցավ խանին ու խոսեց.

— Ինչո՞ւ դուք մի խաբեբայի (մելիքի) խորհրդով խռովում եք այդ խեղճ գյուղացիների հանգստությունը. ինչո՞ւ հայհոյում եք այդ ողորմելի ժողովուրդը, որ այսպես հնազանդությամբ իրանց գլուխները ծռել են ձեր առջև: Բավական չէ՞, որ դուք խլում եք մեր կայքը, կարասիքը, մեր բոլոր ապրանքը, և մեր ընտանիքն էլ ծառա պիտի լինին ձեր անիրավ կամքին. ո՞վ է տվել ձեզ այդ իշխանությունը, դուք չե՞ք դիտում, որ մեր կրոնքը երկնքից մինչև երկիր մեզ հեռացրել է ձեզանից և մեր ու ձեր մեջ անկարելի է խնամություն:

— Որքան դուք այդպես պինդ կապված կլինիք ձեր մոլար կրոնքին, միշտ կմնաք խեղճ և մեզ ծառա, — պատասխանեց խանը թունավոր հայացքով:

— Ոչ, որքան մենք պինդ կապված կլինինք տգիտության և կործանիչ անմիաբանության, միշտ կմնանք խեղճ, բայց գիտցեք, որ հասել է ձեր բռնակալության վերջը... և հայը մինչև յուր արյունով կարող է վրեժխնդիր լինել ձեզ...:

— Ձայնդ կտրե, լիրբ շուն, — պոռաց բռնավորը.— ես այս րոպեիս կտրել կտամ քո լեզուն, և դու կճանաչես քո չափը:

Եվ նա հրամայեց դահիճներին, որ նրա լեզուն կտրեն:

Պարոն Ռուստամի մոտ կանգնած գյուղացիները, լուռ, աչքով, հոնքով՝ նշանացի էին անում նրան, որ չխոսե այդպիսի համարձակ խոսքեր, որով ոչ միայն յուր անձը կձգեր պատժի տակ, այլ բոլոր հայերը նրա պատճառով վտանգի մեջ կընկնեին: Բայց արիասիրտ տղամարդը ուշադրություն չդարձրեց թուլահոգի և վախկոտ ամբոխին, նա խոսեց խանի երեսին և ավելի անպատշաճ խոսքեր, մինչև անգամ հայհոյանքներ:

Անբախտ տղամարդը, արդարև, քո երակներում դեռ չէ սառած հայոց դյուցազունների արյունը... և քո սիրտը զարկում է վսեմ ազգասիրական նախանձով...: Բայց դու մինակ ես. «մի ձեռքը ծափ չի զարկում...»:

— Սպանե՛ք, սպանե՛ք, կտոր-կտոր արեք, — պոռաց խանը զարհուրանքով:

Երբ ֆերրաշները և խանի սարվազները մոտեցան նրան, քաջն Ռուստամ՝ դուրս եկավ բազմության միջից, քաշվեցավ դեպի բակի արձակ կողմը, և մերկացնելով յուր ահագին թուրը, որ թաքցրել էր յուր վերարկուի տակ, հարձակվեցավ ֆերրաշների վրա, կոչելով, — անիրավներ, երեխայի՞ վրա վազում եք դուք:

— Սպանե՛ք, սպանե՛ք, — գոռում էր կատաղած խանը:

— Տեսնենք ով շուտ կսպանե, — կոչեց մեր քաջը աներկյուղ սրտով. — մինչև այդ կատուները կհասցնեն ինձ մի չնչին վերք, ես բոլորին կուղարկեմ դժոխքը քո պապերի մոտ:

Այդ խոսքերի հետ նա զարկեց թուրը առաջին մոտեցող ֆերրաշի գլխին, արյունը խավարեցրեց նրա աչքերը, հասցրեց մի սաստիկ հարված երկրորդի կռան վրա, զցեց մի երրորդի ուսը: Բայց տակավին ոչ մի վերք չէր ստացել նա:

— Տո, հեռվից թափանչով, — ձայն տվեց խանը, ինքը նույնպես բարկությունից վեր կենալով և իջանելով դահլիճից կռվողների մոտ:

Երբ որ նրանք, չկարողանալով մոտուց սրով զարկել նրան, կամեցան հեռվից հրացան գործիքներ արձակել դեպի նա, պարոն Ռուստամը առանց ժամանակ կորուսանելու, յուր թուրը պատեհին հանձնեց, և դուրս բերելով յուր գոտուց երկու թափանչա, մինը ուղղեց դեպի ֆերրաշները, մյուսը դեպի խանը, ասելով — դու հրամայում ես ինձ սպանել թափանչով, բայց քո ծառաները խիստ թույլ են երևում կռվի մեջ, ուրեմն առաջազույն դու ինքդ փորձիր իմ զնդակի զորությունը:

Խանը, նշմարելով անհրաժեշտ մահը յուր աչքի դեմ և տեսնելով յուր ծառաների թուլասրտությունը, սկսեց կեղծավորության գործի դնել: Արդարև, նեղի ընկած միջոցին պարսիկը բացի կեղծավորությունից և խաբեբայությունից ավելի շնորհ չունի:

— Դու չե՞ս ամաչում, սներես, որ քո խանի վրա ձեռք ես բարձրացնում, — ասաց նա:

— Ինձ համար ոչինչ զանազանություն չկա խանի և մի ստոր մարդու մեջ, երբ հարկավորում է պահպանել իմ կյանքը և իմ պատիվը, — պատասխանեց արիասիրտ Ռուստամը:

Նույն ժամանակ մի մարդ բազմության միջից դուրս եկավ, բռնեց պարոն Ռուստամի ձեռքը, ասելով.— ամա՛ն, Ռուստամ, իմ որդի, իմ աչքի լույս, խղճա քո ողորմելի հորը, բաշխիր այդ խեղճ ժողովրդին, որ բոլորը քո պատճառով պիտի վտանգի մեջ ընկնին, սանձիր քո բարկությունը, մտածիր, թե ինչ ծանր հանցանք ես գործում...

Մահտեսի Ավետիսը հանդարտացրեց որդու կատաղությունը և խլեց նրա ձեռքից թափանչաները:

— Ծերունիդ դու, — ասաց խանը մահտեսի Ավետիսին, — առ նրա զենքերը, սաա, թող գա իմ ձեռքս համբուրե, որ ես բաշխեմ նրա հանցանքը:

Մահտեսի Ավետիսը, հավատալով խաբեբա և խորամանկ պարսիկի խոսքերին, բոլորովին զինաթափ արեց յուր որդին: Խանը, տեսնելով նրան առանց զենքի, հրամայեց յուր ծառաներին, բռնեցին նրան և կապեցին թևքերը: Նույն ժամանակ մի անմաս մանկլավիկ բարձրացրեց խանչալը և ուզում էր խրել պարոն Ռուստամի սիրտը:

— Քո ձեռքո՞վ պիտի սպանվեմ ես, լակոտ, — ասաց նա և յուր ոտքով այնպես սաստիկ զարկեց մանկլավիկի փորին, մինչ նա գլորվեցավ և հինգ քայլ հեռու վեր ընկավ գետնի վրա:

Երբ բոլորովին կալանավորված էր նա, ուխտազանց պարսիկը հրամայեց յուր ծառաներին, ամեն մեկը մի թափանչա արձակեն նրա վրա: Խեղճ Ռուստամի մահը հասած էր: Այնքան բազմաթիվ հայերից ոչ ոք չօգնեց նրան: Բոլորը, ահից, երկյուղից սասանված, չորացած, սառն աչքերով նայում էին այդ ցավալի հանդեսի վրա: Եվ ոմանք շատ ուրախ էին, որ սպանվում է մի այնպիսի գոռոզ և հպարտ տղամարդ, որ չգիտեր չափ դնել յուր լեզվին:

Բայց մահտեսի Ավետիսը, խանի ոտքերն ընկնելով, նրա սռլերը համբուրելով, լալով ասաց. — ողորմած խան, բաշխիր ձերունի հորը, մի սպանիր իմ որդիս, աստված չի ընդունիլ այդ, դուք խոստացաք բաշխել նրա հանցանքը, դրա համար ես զինաթափ արեցի նրան... այդ մի տղամարդություն չէ հարձակվիլ անզեն մարդի վրա, ողորմիր իմ ալիքներիս, այժմ անձնատուր է իմ որդին, արժան չէ այլևս սպանել նրան... նա դեռ մանուկ է, նրա խելքը հասուն չէ, խղճա ողորմելի հորը, քո ծառային, մի սպանիր իմ որդին:

— Դա մանուկ է, այո, — խոսեց խանը գլուխը շարժելով, — դա օձի ձագ է, երբ մեծանա, վիշապ կդառնա... սպանեք, ասում եմ, հրամայեց ֆերրաշներին:

Հանկարծ բոլոր բազմությանը տիրեց զարհուրելի սարսափ. յոթն հսկայաձև տղամարդիկ, կայծակի արագությամբ, մերկացուցած թրերը ձեռքերում, հարձակվեցան ֆերրաշների վրա:

— Թող տվեք դրան, — գոռաց ամպի որոտի ձայնով նրանցից մինը, — թող ավեք, ասում եմ ձեզ, եթե ոչ, բոլորիդ կմորթեմ այս րոպեիս. դրանց մինն էր պարոն Խոսրով Մելիքզադեն:

Ֆերրաշները զարհուրեցան երկյուղից, տեսնելով Ապպասալուեին և նրա ավազակ ընկերները, որոնց քաջությունը և արյունախում բնավորությունը բոլորին հայտնի էր: Խանը, որ բնությամբ մի վախկոտ մարդ էր, ավելի երկյուղ կրեց, մտածելով, թե ոչ միայն ինքն կամ յուր ծառաներն կարող չէին ընդդիմություն գործել նրան, այլև, այն վտանգավոր սրիկան, սպանելով բոլորին, մի գիշեր կկտրեր և յուր որդիների գլուխները: Այդ պատճառով նա, ընդունելով ավելի հանդարտ կերպարանք, խոսեց — Ապպաս, դու գիտես, ես սիրում եմ քեզ իմ որդիներից առավել, բայց մտածիր, այդ նզովյալը որքան վշտացրել է ինձ: Նա վիրավորել է իմ ծառաներից երեքին, որ անտարակույս կմեռնին, իրավունք չէ, մի այդպիսի հանցավորը անպատիժ մնա: Որովհետև ես իմ կյանքում մի այդպիսի նախատինք կրած չեմ ոչ ոքից, ուր մնաց, մի պիղծ հայից, որ իմ հպատակս է, որ պատկանում է ինձ յուր կյանքով և արյունով:

— Արդար է ձեր հրամայածը, խան, բայց այդ մեծահոգի տղամարդը մի օր պարգևել է իմ կյանքը, ես պարտավոր եմ անեք նրան միևնույնը, — պատասխանեց սրիկան, պարոն Ռուստամի թևքերի կապանքներն արձակելով, առանց սպասելու խանի վճռին:

Մելիք Ավազակյանցը մեռնում էր տխրությունից, տեսնելով յուր ավազակները բռնել էին յուր թշնամու կողմը:

Խանը, մտածելով, որ այդ գործը կնդունե ավելի վատթար ուղղություն, հրամայեց բաց թողնուլ կալանավորը:

— Ես և իմ ընկերները շնորհակալ եղանք ձեզանից, — ասաց սրիկան, և նրանք դուրս եկան Ավազակյանց բակից, իրանց հետ տանելով պարոն Ռուստամը:

Գյուղացիները նույնպես գլուխ տալով խանին, հեռացան– մինչև մնացին մելիքը և խանը երկուքը միասին:

— Ի՞նչ պետք է արած, մելիք, ես չեմ կարող տանել այդ անարգությունը, — ասաց խանը, — ես կմեռնիմ իմ սրտի կսկծից:

— Ես ինքս մնացել եմ շվարած, — պատասխանեց մելիքը հուսահատությամբ. — տեսա՞ր նրա գործը, տեսա՞ր նրա ընկերները:

— Ի՞նչ պետք է արած, — դարձյալ կրկնեց խանը տխրությամբ:

— Դուք այժմ շատ վրդովված եք, խան, մի փոքր հանգստացեք, այնուհետև կխոսենք, թե ինչ պետք է արած:

Խանը յուր ծառաների հետ վեր կացավ և գնացին ամրոցը, որ քառորդ ժամու ճանապարհով հեռու էր Ծաղկավանից:

Բայց նախանձը և տխրությունը ուտում էր, մաշում էր մելիք Պիլատոսի լերդն ու սիրտը, որ նույն րոպեին գտնվում էր զարհուրելի ալեկոծության մեջ: Նա կարմրելով հիշում էր այն անցքը, որ Ռուստամի նման աղքատ տղամարդը (նրա կարծիքով հարուստները միայն պիտի ունենային ձայն և կշիռ) — յուր քաջությամբ արհամարհեց, որպես խանի բռնակալությունը, նույնպես և յուր բոլոր ջանքերը օրիորդ Սալբին կորուսանելու: Նա մեռնում էր յուր բարկությունից, որ չկարողացավ յուր չարագործությունը կատարել:

Մինչ նա տարուբերվում էր յուր կատաղի ալեկոծության մեջ, նրան իմաց տվին, թե խանի հարեմատան ներքինիներից մինը կամի ձեզ տեսանել: Նա հրամայեց, որ ներս թողնուն:

Ներքինին դորա բերավ յուր ծոցեն մի նամակ, տվեց մելիքին. նա կարդաց նրա մեջ հետևյալ խոսքերը.

«Անպիտան դու, այդ ի՞նչ աններելի հանդգնություն է, որ գործում ես: Բավական չէ՞, որ քո ամենայն տեսակ բանսարկությունով և չարախոսությամբ, մոլորեցնելով խանի միտքը, խռովում ես խեղճ գյուղացիների հանգստությունը, իսկ այժմ համարձակվել ես և աղմկել նրա հարեմատո՞ւնը: Թող վկա լինին աստծո բոլոր հրեշտակները, թե քանի ծանր ու դժնդակ կերպով դու կճաշակես քո չարության պատիժը իմ ձեռքից, թե չկամեիր քո սատանություններին չափ դնել»:

Կնիքի վրա կարդացվում էր խանի գլխավոր հարեմի անունը «Դուրի-Դարիա»:

Մահվան գունաթափությունը ներկեց նրա դեմքը քրքումի գունով, նա

թուլացավ, ուշքը, միտքը կորցրուց, և հազիվհազ մի քանի րոպեից հետո յուր զորությունները պնդելով, ասաց ներքինուն. — ի՞նչ առիթ ուներ խանումը այդպես բարկանալ ինձ վրա:

— Դու խելագարվա՞ծ ես, այ մարդ, — կրկնեց ներքինին: — Ի՞նչպես թե խանումը առիթ չուներ քեզ վրա բարկանալու, միթե այդ փոքր գործ է, քեզ ի՞նչ վերաբերյալ է խառնվիլ խանի ընտանեկան գործերին. այդ ի՞նչ աղջիկ տալ է. դու չե՞ս իմանում, խանմերը կբարկանան դրանով:

Մելիքը սկսեց հազար ու մի երդումներով հավատացնել, թե ինքը ամեննին այդ գործից տեղեկություն չունի եղել, և թե այլ մարդիկ հասկացրել են խանին օրիորդ Սալբիի մասին: Բայց ինքը կամենալով խանին անհավանելի կացուցանել նրան, հրամայել էր այն դարաչի կինը ցույց տալ օրիորդ Սալբիի փոխարեն, և շատ ուրախ է, որ հաջողվեց նրան:

Բոլորովին սուտ էր խոսում մելիքը, որովհետև, նա ինքը չէր կարողացել մինչև այն րոպեին հասկանալ այն հրաշագործ փոփոխության գաղտնիքը...:

ԼԷ

ՄԱՏՆՈՒԹՅՈՒՆ

Այն ժամուն, երբ բոլոր Ծաղկավանը աղմկալի խռովության մեջ էր — խանի մասին, երբ ձայն դուրս եկավ, թե օրիորդ Սալբիին տարան, պարոն Ռուստամին սպանեցին, — տեր-Առաքելենց տանում ոչ ոք չէր մնացած. նրա մայրը, հայրը և բոլոր ընտանիքը՝ հավաքված Ավազակենց տանում, լաց էին լինում: Այդ ցավալի ժամուն Ռես Վասակյանը դևի նման սողաց պարոն Ռուստամի առանձնասենյակում: Նա առանց ժամանակ կորցնելու մոտեցավ ահագին փայտյա արկղին, որ պարոն Ռուստամի թղթերու պահարանն էր: Նա դուրս բերավ ջիբից մի շարք բանալիներ, մի քանիսը փոփոխելով, ապա բաց արեց արկղը և սկսեց ուշադրությամբ քրքրել թղթերը: Նրանց միջից նա վեր առավ երկու մեծ տետրակներ, մինը՝ պարոն Ռուստամի «Հիշատակարանը», մյուսը՝ «Ազատ ժամեր» մակագրությամբ, որ պարունակում էր նրա բոլոր տաղաչափությունները: Այդ երկու տետրակները իրան հետ վեր առնելով Ռեսը զգուշությամբ փակեց արկղը, դուրս ելավ սենյակից և աներևութացավ Ծաղկավանի նույն ժամուն անմարդաբնակ փողոցների մեջ:

Նույն օրվա երեկոյան պահուն մելիքը Ռես Վասակյանի հետ ձիով գնում էին դեպի խանի ամրոցը: Նրանք հասան, ձիերը պահ տվին ախոռապանին, մտան ամրոցը: Բոլոր ամրոցը վառվում էր ճոխությունից, արևի վերջալույսը, խաղալով պատուհանների գույնզգույն ապակիների հետ, ձևացնում էր հազարավոր կախարդական գունավորություններ: Շատրվանները փողփողում էին հայելվո նման, ջուրը բարձրանում էր անհամեմատ բարձրությամբ, սենյակներից լսելի էին լինում զանազան եղանակներով երգերի և նվազարանների ներդաշնակություններ:

Նրանք մանկլավիկներից մեկին հայտնեցին, որ խանին իմաց տան իրանց մասին և շուտով ընդունվեցան մի առանձին սենյակում դրսի բակում: Շուտով հայտնվեցավ նրանց մոտ և խանը:

— Բարով եք եկել, քյոխվաներ, — ասաց նա:

Նրանք մինչև գետին խոնարհվեցան, երկրպագություն տվեցին և կանգնեցան ոտքի վրա:

Ասես թե, խանը այսօր մի առանձին ակնկալություն ուներ այդ երկու անձերից, նա խոսում էր նրանց հետ սիրով և մինչև անգամ հրամայեց նստեցան յուր մոտ: Այդ պատիվը նրա կյանքում նրանից չէր վայելած ոչ մի հայ մարդ: Այնուհետև հրամայեց ծառաներին հեռանան և ոչ ոք չթողնեն իրանց մոտ:

— Ռես, բերե՞լ եք այն թղթերը, — հարցրուց խանը:

— Հրամեր եք, խան, — պատասխանեց նա:

Եվ Ռեսը դրեց խանի առջև երկու մեծ տետրակները — «Ազատ ժամեր» և «Հիշատակարանը»:

— Ի՞նչ են գրված այդ տետրակների մեջ, — հարցրուց խանը թերթելով նրանց:

— Երկար քննություններ հարկավոր չեն, որ դուք հասկանաք այդ գրվածքների միաքը և հեղինակի գաղափարները, — ասաց պարոն Վասակյանը: — Միմիայն դուք կարդալով մի ոտանավոր, որ ես թարգմանել եմ «Ազատ ժամեր» կոչված տաղաչափություններից, կարող եք հասկանալ, թե ինչ հոգվո տեր մարդ է դրանց հեղինակը:

Եվ պարոն Վասակյանը տվեց խանին պարսկերեն թարգմանյալ հետևյալ ոտանավորը.

Երանի մի ժամ, երանի մի օր՝
Գեթ ես լինեի անմահ թագավոր,
Սուրբ Մասիս յուր գլուխը
Խոնարհեցներ ինձ աթոռ:

Ախ թե մի րոպե… գուցե մի վայրկյան
Ձեռումս կրեի տիրոջ գավազան:
Ամպերու վրա
Դնեի ես գահ,
Երկինք-երկիր
Դողացներ իմ ահ:

Գոռայի բոցով, որոտ-կայծակով.
Հայոց քաջերը զարթնեին շուտով,
Սուրբ բղբղային, նիզակք խաղային,
Վառոդք կապարած կարկուտ տեղային:

Գլխով, լեշով լցնեի
Արարատյան ձոր ու փոս.
Երեսը դաշտին ներկեի
Խոխոջներով կարմրահոս:

Հա՛յր Երասխ, ալիքներդ
Հրճվելով խաղ առնեին.
Մեր թշնամյաց լեշերով՝
Մասսի կուրծքը զարդարեին.
Մեր թշնամյաց արյունով՝
Նորա թշեր ներկեին:

Հիմքից դեպ վեր շրջեի
Արյունախում……
Ինտոս գետի ափի մոտ՝
Հաղթության դնեի արձան:

Ոտքի տակ ես փշրեի՝
…………………………
…………………………
…………………………

Պահանջեի որդիքս,
Որքան կուլ տվեց անհագ.
Ժողովեի հայ ազգը՝
Իմ հաղթող դրոշիս տակ:

Հայոց փշրված քաղաքներ
Վեր կանգնեի փառավոր,
...ծովի ափի մոտ
Ես դնեի իմ աթոռ:

Ռուբինյան վեհ թագը,
Անփշելին գավազան
Թող հովվեր հայոց ազգը
Միշտ, անփոփոխ, անսասան:

Ո՜հ, լռվեցեք, տխուր մտքեր
Իմ հոգվույս մեջ դուք անշարժ,
Այդ մեծ բախտը, այդ սուրբ օրեր՝
Հայի ճակտին չե՜ն գրված…:

— Արդարև, այդ մարդը հասարակ մարդերի կարգից չէ, — կրկնեց խանը կարդալը վերջացնելով: — Այդ մարդը մի վտանգավոր մարդ է:

— Մինչև հիմա ձեզ ասում էի, դուք չէիք հավատում, — խոսեց մելիքը. — բայց այսօր ձեր աչքով տեսաք նրա գործքը, ձեր ականջով լսեցիք նրա խոսքերը, և այդ թունավոր գրվածքները ցույց են տալիս նրա զարհուրելի մտքերը:

— Արդարև, դա վտանգավոր մարդ է, — դարձյալ կրկնեց խանը:

— Այդ մարդը, ոչ թե լոկ խոսքերով քամիներ է փչում, — պատասխանեց Ռեսը, — այլ նա աշխատում է յուր չար մտքերը կատարելագործել և գործով: Այս տարի նա սարում զտել է իրանց սրտակից բարբարոսների մի մեծ բազմություն, որոնց մեջ կան մոտ հազար հոգու չափ պատերազմող տղամարդիկ, որոնք, իրանց անպարտելի քաջությամբ և հաջողությամբ կռվի մեջ, կարող են նվաճել մի մեծ թագավորություն: Որպես ինձ հայտնի եղավ ստույգ տեղեկություններից, այդ բարբարոսների հետ, նա միաբանվել է՝ հարձակվիլ ձեզ վրա, տիրել Զարեհավանը և հաստատել այստեղ իրան համար անկախ տերություն:

— Ուղղո՞րդ — հարցրուց խանը զարհուրելով:

— Ճշմարիտ, այդպես է, — վկայեց մելիքը: — Բացի այն բարբարոսներից և Զարեհավանի հայերից շատերը միաբանվել են նրա հետ:

— Իհարկե, և զարեհավանցիները նրա հետ կմիաբանվեին, — նրա խոսքը կտրեց Ռեսը: — Որովհետև այդ մարդը միշտ և անդադար քարոզում է ազատություն… ազատություն... ազատություն...: Թե հայոց ազգը յուր հատուկ իշխանությունը և յուր հայրենի երկիրը պիտի ունենա, թե պետք չէ ծառայել ուրիշ ազգերին, և թե ամեն մի հայ պիտի սիրե յուր կրոնը, լեզուն, գրականությունը և յուր հայրենի հողն ու ջուրը: Նա խաբում է բոլորին, ասելով, թե հայերն էլ մի ժամանակ ունեին տերություն, իշխանություն և զորություն աշխարհի մեջ, և թե այդ հողը, որի վրա տիրում է — նրա խոսքով — բռնակալի գավազանը, մեր հոր տունն է, մեր պապերի բնակարանն է:

— Դուք ի՞նչպես եք մտածում, — հարցրուց խանը:

— Մենք մեր աչքերը բաց ենք արել, մեզ ձեզ ծառա ենք տեսել, — խոսեց մելիքը: — Մենք այսքան գիտենք, որ հայ ազգը, սկզբանե մինչև այսօր ապրում է ուրիշի հրամանի տակ: Այդ պատճառով, մենք և մեր որդիները, որքան կենդանի ենք, ուրախ ենք միշտ ընդունել ձեր կարող ձեռքի հովանավորությունը: Այդ խոսքերը, որ նա խոսում է, այդ ոտանավորները, որ նա գրում է, խանգարված երևակայության ցնորքներ են, փտած գլխի մտածմունքներ: Մեր ականջները միշտ փակ են այդ մոլորությունները լսելու, մենք միշտ պատրաստ ենք ձեզ հնազանդությամբ ծառայելու:

— Շատ լավ... — կրկնեց խանը: — Ես հասկացա բոլորը…: Ես կմտածեմ դրա ճարը...: Միայն դուք ասացեք, ի՞նչ է ձեր կարծիքը օրիորդ Սալբիի մասին, մինչև այժմ ես չեմ կարողանում հասկանալ այդ օրվա գաղտնիքը... այդ դարաչի կինը զարհուրեցնում է ինձ:

Պարոն Վասակյանը չուզեց այդ հարցմունքին պատասխան տալ: Որովհետև մելիքի կամքը, օրիորդ Սալբին խանի ձեռքը զցելու, բոլորովին նրան ընդդեմ լինելով, չէր կամենում այս առարկայիս վրա զրույց լինի: Բայց մելիքը ասաց.

— Այն զարհուրելի դարաչի կինը միևնույն օրիորդ Սալբին էր, միայն կերպարանափոխված, որովհետև այդ դևի կաթ ծծած աղջիկը մի կատարյալ կախարդ է, նրան դյուրին է ընդունել ամեն կերպարանքներ և հարկավորված ժամանակ աներևութանալ:

Մելիքի պատասխանը, յուր սրտին խիստ մոտիկ լինելով, Ռեսը շուտով ուզեց հետևցնել նրանից մի ուրիշ եզրակացություն, թե մի կախարդ կին անվայել էր խանին, ասելով. — Ճշմարիտ է խոսում մելիքը, խան, այդ աղջիկը կատարյալ կախարդ է. նա ուսել է այդ արհեստը պարոն Աշխարունու վարժարանում, ուր սովորեցնում են կատարյալ կախարդություն: Եվ այդ վարժարանի մասին պետք է ձեզ անհոգ չլինել, որովհետև այդ աղբյուրից բխում են այդ բոլոր չարությունները...: Բայց թող մնա այդ, խոսքը փոխեց նա, վարժարանի համար կմտածենք հետո...: Բայց այժմ, եթե կընդունեք ծառայիդ անկեղծ խորհուրդը, և ամենևին կամք չեմ տալիս ձեզ ունենալ մի այդպիսի վտանգավոր կախարդ կին:

— Ո՛չ, ո՛չ, — նրա խոսքը կտրեց մելիքը. — սկսյալ մեր պապերից, խաները միշտ իրավունք են ունեցել մեր ազգի գեղեցիկ աղջիկներով զարդարել իրանց հարեմատունը. բոլորովին անխելքություն է մի այդպիսի սիրունը բաց թողնել:

Մելիքի խոսքերի մի փոքր ռոմանական ձևը, շարժելով խանի հեշտախտությունը, խոսեց նա. — ես երբեք բաց չեմ թողնելու օրիորդ Սալբին, մի անգամ տեսել եմ նրան դաշտում որսորդության ժամանակ, և մինչ այսօր նրա սիրուն պատկերը չէ հեռանում իմ աչքերի առջևից:

Ռեսը լռեց, երբ նկատեց նրանց երկուսի կամքը միացան, բայց նա յուր հնարագիտությունից վստահ էր, թե օրիորդ Սալբիին չէ թողնելու, բացի Սոլոմոն՛ բեկից, զրկե մի այլ մարդ:

— Ի՞նչ պետք է արած օրիորդի մասին, — հարցրուց խանը:

— Ես կասեմ թե ինչ պետք է արած, միայն դրա ժամանակն չէ, — պատասխանեց մելիքը. — որովհետև, քանի այդ մարդը ապրում է մեր երկրի մեջ, դժվար է հափշտակել նրա ձեռքից նրա սիրուհին. դուք մտածեցեք նրա կորուստը, այնուհետև օրիորդը ձերն է:

Դուրս գալով խանի տանից, ճանապարհում մելիքին ասաց Ռեսը. — Աղա, դուք իզուր մտածում եք օրիորդ Սալբին տալ խանին, որովհետև այդ մի օրինավոր հնարք չէ, ձեր որդու սերը նրանից հեռացնելու:

— Ինչո՞ւ, — հարցրուց մելիքը բարկությամբ:

— Ներեցեք, խնդրեմ, որ մի քիչ երկար կամենում եմ պատասխանել ձեր ինչուին, — խոսեց խաբեբան յուր սովորական կոկ ոճով: — Այն մի իրողություն, որ կամենում ենք գործել մենք, պետք է հառաջագույն մտածել, թե ի՞նչ խոսելու է դրա վրա հասարակաց լեզուն, կամ ի՞նչպես նայում է դրա վրա հասարակաց աչքը, ամեննին տեղի չտալով վատ կարծիքների և չար բամբասանքների: Բայց մի այդպիսի իրողություն, որով դուք մտածել եք հեռացնել ձեր որդու սերը մի աղքատ աղջկանից, ոչ միայն հեռու չէ կացուցանում ձեր անձը ժողովրդի չար վատաբանությունից, այլև կոտրում է ձեր պատիվը և համարումը:

Հասնելով տունը մելիքը, հանկարծ նրա սենյակը մտավ Սոլոմոն-բեկը, քանի օրվա հիվանդությունից բոլորովին նիհարացած և տկարացած, ընկնելով հոր ոտքերը, նա ասաց. — հայր, ողորմություն արեք, լսեցեք ձեր որդու աղաչանքը, այդ ի՞նչ մտածմունք է, որով դուք կամեցել եք իմ պատճառով կորուսանել օրիորդ Սալբին: Դուք չե՞ք իմանում, ես սիրում եմ նրան, այո, մի կատաղի և ցնորված սիրով: Երբ նա ինձ համար չկա, և իմ կյանքը նրա հետ կորած է: Երբ դուք մտադիր եք նրան մատնել խանի ձեռքը, լավ է, հառաջագույն սպանեք ինձ. թող իմ աչքերս չտեսնեն այդպիսի դժբախտություն:

Ասիացի ծնողք չեն կարող առանց բարկության լսել իրանց որդիների և աղջիկների անկեղծ խոստովանությունը սիրո մասին: Վերջին աստիճանի անհամեստություն համարելով յուր որդու խոսքերը, կոչեց մելիքը զազանաբար. — Ձայնդ կտրիր, հիմար, դու ցնորված ես, դու գժված ես, եթե երկար կխոսիս այդպիսի բաներ՝ քեզ կարտաքսեմ իմ տանից, զրկելով բոլոր ժառանգությունից:

— Ես բոլոր հոժարությամբ կամեի զրկվիլ աշխարհի ամեն փառքերից, ամեն հարստությունից, բայց օրիորդ Սալբիից ոչ երբեք, — ասաց Սոլոմոն-բեկը և դուրս եկավ հոր սենյակից:

Ռես Վասակյանը, նույն գիշեր, անգիտելի է, թե ինչ խորհրդով, մնաց Ավզակենց տունը. հանդիպելով հուսահատված և սիրտը կոտրված Սոլոմոն-բեկին, ասաց. — Ձեզ պետք չէր առանց իմ խորհրդին խոսիլ ձեր հոր հետ՝ ձեր սիրո մասին. ես միշտ խրատել եմ ձեզ հետևիլ իմ կանոններին:

Գիշերից բավական անցել էր: Օրիորդ Սալբին, տեր-Առաքելենց տանում, յուր սիրականի հետ նստած, խոսում էին այն օրվա անցքի մասին: Պարոն Ռուստամը զարմանալով հիշում էր դարաչի կինը և հետաքրքրությամբ հարցնում էր օրիորդից նրա մասին: Բայց օրիորդ Սալբին չուզեց նրան հայտնել և ոչ մի բառ Խլվլիկի մասին, որ աներևութացնելով օրիորդը, առել էր դարաչու կերպարանք:

— Այլևս ժամանակ կորցնել հարկավոր չէ, — ասաց պարոն Ռուստամը յուր ճանապարհի պիտույքները խուրջիններում հավաքելով. — երեք ժամ լուսաբացին մնացած, Սալբի, դուք պատրաստ եղեք գյուղիցը դուրս, ավերված ջրաղացի մոտ. մենք այնտեղ կհանդիպենք միմյանց. ձեզ համար առանձին ձի կբերեմ. այնտեղից մենք երեք հոգի ճանապարհ կընկնինք, ես, դու և մեր Խաչոն:

— Շատ լավ, — պատասխանեց օրիորդը:

— Միայն դուք փոխեք ձեր զգեստը, հագնվեցեք տղամարդի ձևով, վեր առեք ձեր զենքերը և այն մորթուքավոր դիմակը դրեք ձեր երեսին:

— Շատ լավ, — կրկնեց դարձյալ օրիորդը: — Բայց իմ վառոդը սակավ է, տվեք ինձ մի փոքր վառոդ և մի քանի գնդակներ:

— Առ քեզ, — ասաց պարոն Ռուստամը, տալով նրան մի աման լի վառոդով և գնդակներ: — Եթե կամենում եք, Խաչոյին առաջագույն կուղարկեմ ձեզ մոտ, որ շալակե ձեր ճանապարհի մթերքը և հասցնե մինչև ավեր ջրաղացը գյուղից դուրս:

— Պետք չէ, ես ինքս կշալակեմ իմ ճանապարհի պիտույքը և կհասցնեմ մինչև նշանակյալ տեղը: Այսուհետև պետք է մեր անձը սովորեցնել դժվարություններին...:

— Դե, գնացեք, ժամանակը կորչում է, լսեցի՞ք ինչ ասացի ձեզ:

— Հա, մնաք բարյավ:

— Օրիորդը հեռացավ

Ներս մտավ Խաչոն:

— Իմ բարեկամ, — ասաց նրան պարոն Ռուստամը, — լուսաբացին չորս ժամ մնացած ձիաներին գարի տուր, թամքիր, որովհետև երեք ժամ մնացած լուսանալուն մենք պիտի ավերված ջրաղացի մոտից ճանապարհ ընկնինք:

— Հրամեր եք, — ասաց ծառան:

— Դուք մի քնեք, բայց և մի մոռանաք ինձ շուտ զարթեցնել, ես կամիմ մի փոքր հանգստանալ:

— Լսում եմ, աղա:

Պարոն Ռուստամը, յուր ճանապարհորդության բոլոր պատրաստությունները կարգի դնելեն հետո, որովհետև այն օրը խիստ շատ հոգնած էր, այնպես յուր ճանապարհի զգեստով գլուխը բարձին դրեց, չուշացավ և քունը շուտով թափեց նրա վրա յուր թմրության բաժակը:

Բայց երանի թե նա քնած չլիներ... այդ դժբախտ քունը պատճառ եղավ նրա կորստյան: Հանկարծ մի քանի հոգի մտան նրա սենյակը, և գտնելով նրան բոլորովին անզգա քնած, հափշտակեցին նրան յուր մահճի միջից...:

Հասավ նշանակյալ ժամը: Օրիորդ Սալբին միայնակ սպասում էր ավեր ջրաղացի մոտ: Այնքան երկար սպասեց նա, մինչև արևը ցոլացրուց յուր ճառագայթները նրա երեսի վրա, բայց տակավին պարոն Ռուստամը չեկավ...:

Հետ դառնալով դեպի գյուղը, նա տեսավ բոլոր գյուղացիները հավաքված տեր-Առաքելենց դռանը: Խղճալի օրիորդը իսկույն հասկացավ, թե պատահել է մի օտարոտի անցք: Հասնելով ծերունի Մկրտչի տունը, օրիորդ Նազանին արտասուքը աչքերում, պատմեց նրան. — Գիտե՞ք ինչ է պատահել, Սալբի, այս գիշեր պարոն Ռուստամին հափշտակել են յուր սենյակից. գյուղացիները նրա արյունոտ հագուստը գտել են հեռու, Աղվանս սարերում...:

Կայծակի հարված ունեցավ այդ բոթաբեր լուրը խեղճ օրիորդի սրտին, նա շփոթվեցավ... խելքից գնաց... ուշաթափ եղավ...

Աստված իմ, աստված, բարերար աստված,
Ամեն քաղցրության լեղի՞ ես խառնած.
Աստված իմ հզոր, միշտ հանապազօր՝
Խավա՞ր պիտ անես անմեղներու օր:

Ինչո՞ւ ոչ չարը, այլ խեղճ անճարը՝
Բար օր տեսնելու՝ չունենա չարա:
Անօրենն յուր զահեն՝ խլում չէ զեհեն,
Միշտ արդա՞ր Աբել պիտ սարսի քո ահեն:

Ափսոս չէ՞ վարդը. — սիրուն զվարթը.
Դեղնի, թառամի, — ծաղկոցի զարդը.

Ափսոս չէ՞ շուշան սիրո միակ նշան,
Փուշի մեջ բուսնի, թողնելով յուր գյուլշան:

Եթե դու ես տեր, միշտ եղիր արդար
Չարը խափանիր, բարվույն խնամք տար:
Երբ որ սատանան՝ առանձին բնություն,
Ես դորան կասեմ. — անիրավություն...

.

www.ingramcontent.com/pod-product-compliance
Lightning Source LLC
Chambersburg PA
CBHW031251090426
42742CB00007B/400